融媒时代普通高等院校新闻传播学类
核心课程"十三五"规划精品教材

编辑委员会

主编 张 昆 （华中科技大学）

编委 （以姓氏拼音为序）

蔡 琪	（湖南师范大学）	舒咏平	（华中科技大学）
曹 丹	（黄淮学院）	唐海江	（华中科技大学）
陈先红	（华中科技大学）	陶喜红	（中南民族大学）
陈信凌	（南昌大学）	魏 奇	（南昌理工学院）
董广安	（郑州大学）	吴廷俊	（华中科技大学）
段 博	（河南师范大学）	吴卫华	（三峡大学）
方雪琴	（河南财经政法大学）	吴玉兰	（中南财经政法大学）
何志武	（华中科技大学）	肖华锋	（南昌航空大学）
季水河	（湘潭大学）	萧燕雄	（湖南师范大学）
姜小凌	（湖北文理学院）	徐 红	（中南民族大学）
靳义增	（南阳师范学院）	喻发胜	（华中师范大学）
廖声武	（湖北大学）	喻继军	（中国地质大学）
刘 洁	（华中科技大学）	张德胜	（武汉体育学院）
彭祝斌	（湖南大学）	张举玺	（河南大学）
强月新	（武汉大学）	郑 坚	（湖南工业大学）
邱新有	（江西师范大学）	钟 瑛	（华中科技大学）
尚恒志	（河南工业大学）	邹火明	（长江大学）
石长顺	（华中科技大学）		

新媒体广告

融媒时代普通高等院校新闻传播学类核心课程『十三五』规划精品教材

丛书主编◎张昆

主　编◎康初莹

副主编◎张合斌　陆　南　梅晓春

华中科技大学出版社
http://www.hustp.com
中国·武汉

内 容 提 要

本书立足于新媒体给广告行业及广告传播带来的巨大冲击和变革，从研究新媒体现状与新媒体广告基础理论入手，对新媒体环境下广告运作流程及品牌传播形态演变的规律进行了解读，围绕新媒体广告的参与主体分别展开梳理与研究，在新媒体广告的效果评估和经营管理方面也有所阐述，并从全球化、数字化、媒介融合、整合传播等视角对新媒体广告的发展进行了展望。本书对新媒体广告及其运作过程进行了较为详细的讲解和分析，包括新媒体广告调查、新媒体广告策划、新媒体广告创意、新媒体广告的设计与制作、新媒体的选择与组合等，并对移动广告、微信广告、互动广告、数字技术广告等新形式广告进行了介绍，同时针对新媒体传播环境中广告策划与创意、品牌营销与传播等核心问题，提出了相应的策略与操作方法。

本书内容新颖，结构清晰。通过阅读本书，读者可以清晰地了解和认识新媒体广告的表现形态、传播特征，并掌握新媒体广告的基本运作思路和方法，有助于进一步把握未来广告行业的发展趋势。

本书可作为广告学专业学生的用书，也可以作为广告从业人员业务进修的参考用书。

图书在版编目(CIP)数据

新媒体广告/康初莹主编.—武汉：华中科技大学出版社，2016.8(2021.7 重印)
融媒时代普通高等院校新闻传播学类核心课程"十三五"规划精品教材
ISBN 978-7-5680-1942-2

Ⅰ.①新… Ⅱ.①康… Ⅲ.①传播媒介-广告-高等学校-教材 Ⅳ.①F713.8

中国版本图书馆 CIP 数据核字(2016)第 138975 号

新媒体广告 　　　　　　　　　　　　　　　　　　　　　　　康初莹　主编
Xinmeiti Guanggao

策划编辑：肖海欧　杨　玲
责任编辑：殷　茜
封面设计：范翠璇
责任校对：张　琳
责任监印：周治超

出版发行：华中科技大学出版社(中国·武汉)　　电话：(027)81321913
　　　　　武汉市东湖新技术开发区华工科技园　　邮编：430223
录　　排：武汉正风天下文化发展有限公司
印　　刷：武汉科源印刷设计有限公司
开　　本：787mm×1092mm　1/16
印　　张：26　插页：2
字　　数：603千字
版　　次：2021 年 7 月第 1 版第 5 次印刷
定　　价：58.00 元

本书若有印装质量问题，请向出版社营销中心调换
全国免费服务热线：400-6679-118　竭诚为您服务
版权所有　侵权必究

总 序

当前,世界新闻传播学的发展正处在一个关键的历史节点,新闻传播学科国际化、实践化趋势日益凸显。尤其是现代传播技术的发展,新兴媒体层出不穷、迅猛崛起,媒介生态格局突变,使得新媒体与传统媒体共生的格局面临着各种新的问题。传播手段、形式的变化带来的传播模式的变化,媒体融合背景下专业人才需求的演变,媒体融合时代传统媒体的生存与发展战略,网络化时代的传播自由与社会责任,新的媒介格局决定的社会变迁,全球化语境下国家软实力建构与传播体系发展,等等,这些问题都不是传统意义上的新闻传播学所能完全解释的。

传统意义上的新闻传播学本身需要突破,需要新视野、新方法、新理论,需要拓展新的思维空间。新闻传播学科"复合型、专业化"人才培养模式改革势在必行,尤其是媒介融合时代专业人才需求的演变,使得已出版的教材与新形势下的教学要求不相适应的矛盾日益突出,加强中国新闻传播教育对交叉应用型人才培养急需的相关教材建设迫在眉睫。毋庸置疑,这对新闻传播学而言,是一种巨大的推力,在它的推动下,新闻传播学才有可能在现有基础上实现新的超越。"融媒时代普通高等院校新闻传播学类核心课程'十三五'规划精品教材"正是在这种巨大推力下应运而生。

为编写这套教材,我们专门成立了编委会,编委会成员有国务院学位委员会学科评议组新闻传播学科组成员、新闻与传播专业学位教育指导委员会委员,教育部高等学校新闻传播学类教学指导委员会委员,以及中国新闻传播教育理事会、中国新闻史学会、中国传播学会、中国网络传播研究会、中国广播电视学专业委员会、中国广告教育学会的专家学者,各高校新闻传播学院(系)院长(主任)和主管教学的副院长(主任)与学术带头人。

在考虑本套教材整体结构时,编委会以教育部2012年最新颁布推出的普通高等学校本科专业目录新闻传播大类五大专业核心课程设置为指导蓝本,结合新闻传播学科人才培养特色和专业课程设置,同时以最新优势特设专业作为特色和补充,新老结合,优势互补,确定了以新闻传播学科平台课及新闻学、广播电视学、广告学、传播学(网络与新媒体)等四大专业核心课程教材共计36种为主体的系列教材体系。其中,新闻传播学科平台课程教材8种,即《新闻学概论》、《传播学原理》、《传播学研究方法》、《媒介经营管理》、《媒介伦理》、《传播法》、《新闻传播史》、《新媒体导论》;新闻学专业核心课程教材6种,即《马克思主义新闻学经典导读》、《新闻采访与写作》、《新闻编辑学》、《新闻评论》、《新闻摄影》、《新闻作品赏析》;广播电视学专业核心课程教材9种,即《广播电视导论》、《电视摄像》、《广播电视编辑》、《广播电视新闻采访与报道》、《广播电视写作》、

《电视专题与专栏》、《广播电视新闻评论》、《电视纪录片》、《广播电视节目策划》;广告学专业核心课程教材8种,即《品牌营销传播》、《广告学概论》、《广告调查与统计》、《新媒体广告》、《广告创意与策划》、《广告文案》、《广告摄影与设计》、《广告投放》;传播学(网络与新媒体)专业核心课程教材5种,即《人际传播》、《公共关系学》、《活动传播》、《网络新闻业务》、《新媒体技术》等。

  为提高教材质量,编委会在组织编写时强调以"立足前沿,重在实用;兼容并蓄,突显个性"为特色,内容上注重案例教学,加强案例分析;形式上倡导图文并茂,强调多通过数据、图表形式加强理论实证分析,增强"悦读性"。本套教材的作者都具有比较丰富的教学经验,他们将自己在教学中的心得和成果毫无保留地奉献给读者,这种奉献精神正是推动新闻传播学科教育发展的动力。

  我们期待"融媒时代普通高等院校新闻传播学类核心课程'十三五'规划精品教材"的出版能够给中国新闻传播学科各专业的教材建设、人才培养乃至学术研究注入新的活力,期待这套教材能够激活中部地区的新闻传播学科资源,推动中青年学术英才在科学思维和教学探索方面攀上新的台阶、进入新的境界,从而实现中国新闻传播教育与新闻传播学术的中部崛起。

国务院学位委员会学科评议组新闻传播学科组成员
2006—2010 教育部高等学校新闻传播学类教学指导委员会副主任委员
华中科技大学新闻与信息传播学院教授、博导

张昆

2016 年 8 月 1 日

目录

第一章 新媒体与新媒体广告概述/1

第一节 新媒体的概念与发展/3
一、新媒体的概念/3
二、新媒体传播的特征/4
三、新媒体影响媒介生态/6

第二节 新媒体对广告的影响/9
一、广告媒体形态的演变/9
二、新媒体在广告运动中的作用/12
三、新媒体广告行业的发展趋势/13
四、研究新媒体广告的意义/15

第三节 新媒体广告的概念、分类与特征/15
一、新媒体广告的概念/15
二、新媒体广告的类型/17
三、新媒体广告的特征/21

第二章 新媒体广告基础理论/27

第一节 新媒体广告与传播学/29
一、新媒体广告传播的构成与分类/29
二、新媒体广告信息的传播/29
三、新媒体广告传播的基本环节/30
四、新媒体广告的传播功能/31

第二节 新媒体广告与市场学/32
一、新媒体广告与市场营销/32
二、市场细分与新媒体广告定位/32
三、产品生命周期与新媒体广告策略/34
四、整合营销与新媒体广告传播/35

第三节 新媒体广告与消费者行为/36
一、消费者行为构成/36

二、消费者的类型分析/44
三、消费者行为研究对新媒体广告策划的意义/46

第四节 新媒体广告与社会文化/47

一、新媒体广告对社会文化的影响/47
二、新媒体广告的社会伦理冲突/50
三、新媒体广告的社会责任/51
四、新媒体广告与亚文化/52

第三章 新媒体广告调查/55

第一节 新媒体广告市场调查的特征、目的与要求/57

一、新媒体广告市场调查的特征/57
二、新媒体广告市场调查的目的/58
三、新媒体广告市场调查的要求/59

第二节 新媒体广告市场调查的内容与范围/60

一、新媒体使用环境调查/60
二、新媒体广告产品消费者调查/62
三、新媒体广告主调查/67
四、新媒体广告产品调查/68
五、新媒体广告产品竞争状况调查/70

第三节 新媒体广告市场调查的方法与技巧/73

一、新媒体广告市场调查的基本方法/73
二、新媒体广告市场调查的常用技巧/75

第四章 新媒体广告策划/89

第一节 新媒体广告战略策划/92

一、新媒体广告战略策划概述/92
二、新媒体广告战略目标/96
三、新媒体广告战略设计/98
四、新媒体广告预算策划/103

第二节 新媒体广告策略策划/111

一、新媒体广告目标市场策略/111
二、新媒体广告定位策略/113
三、新媒体广告诉求策略/115
四、新媒体广告表现策略/119

第五章 新媒体广告创意/141

第一节 新媒体广告创意概述/143

一、新媒体环境下广告创意理念的变革特征/143
二、新媒体广告的创意形态/147
三、新媒体广告创意策略/150

第二节 新媒体广告文案创意/153
一、新媒体时代广告文案的主流特征/153
二、新媒体平台下广告文案的主要形式/153
三、新媒体广告文案的创意原则/154
四、新媒体广告的创作技法/155

第三节 平面类新媒体广告创意探析/162
一、概述/162
二、平面类新媒体广告/164
三、平面类新媒体广告的品牌营销/166

第四节 视听类新媒体广告创意探析/170
一、视听类广告创意/170
二、视听类广告的营销策略/171

第五节 互动类新媒体广告创意探析/173
一、概述/173
二、互动类新媒体广告创意的模式/177
三、新的研究学科——交互式设计/180
四、互动户外广告的创意策略/183
五、情景互动广告/187

第六节 其他类新媒体广告创意探析/190
一、跨界融合媒体的传播方式/190
二、新媒体广告创意发展的趋势/196
三、新媒体时代与广告创意/198

第六章 新媒体广告的设计与制作/203

第一节 新媒体广告的艺术表现手法/205
一、新媒体的表现及内涵/205
二、新媒体广告的艺术表现手法/206

第二节 新媒体广告的设计方法/209
一、新媒体发展对广告设计的影响/209
二、新媒体广告的设计原则/210
三、新媒体广告的设计方式/213

第三节 新媒体广告的多媒体设计/216
一、新媒体广告的多媒体设计类型/216
二、新媒体环境下互动广告创意设计的基本要素/219

第七章　新媒体的选择与组合 /223

第一节　新媒体的商业价值 /225
一、媒体商业价值与价值评估 /225
二、新媒体价值评估 /226
三、新媒体商业价值的量化评估 /228
四、新媒体商业价值的质性评估 /232
五、新媒体商业价值的效益评估 /234

第二节　广告传播中新媒体选择的影响因素与优化组合 /237
一、影响广告新媒体选择的因素 /237
二、广告新媒体选择的优化组合 /240

第三节　广告传播中新媒体选择的方法与原则 /243
一、广告传播中新媒体选择的方法 /243
二、广告传播中新媒体选择的原则 /244

第八章　新媒体类广告组织 /249

第一节　新媒体类广告组织概述 /251
一、新媒体广告产业的构成 /251
二、新媒体类广告组织的职能与机构设置 /255
三、新媒体类广告组织业务运作的一般程序 /258

第二节　新媒体经营类广告公司 /260
一、新媒体经营类广告公司的分类与业务范围 /260
二、新媒体经营类广告公司的组织结构与管理模式 /270
三、新媒体广告代理 /272

第三节　新媒体广告主 /274
一、新媒体广告主的类型 /274
二、新媒体广告主的行业分布 /275
三、广告主如何选择新媒体广告公司 /278
四、新媒体类广告公司与广告主的互动关系 /279

第九章　新媒体广告受众 /283

第一节　新媒体广告与受传者 /285
一、新媒体广告信息的受传者与传播方式 /285
二、新媒体广告信息的核心——接受者需要 /289
三、新媒体广告受众的群体特征 /292

第二节　新媒体广告与消费者 /294
一、消费者与新媒体广告目标受众 /294

二、消费者的人口统计特征/295
三、消费者的消费心理/300
四、消费者的购买行为/301

第十章 新媒体广告投放及传播效果测评/307

第一节 新媒体广告的投放/308
一、新媒体广告的投放方式/308
二、新媒体广告投放的误区/314
三、新媒体广告投放规范管理/315

第二节 新媒体广告的传播效果测评/316
一、新媒体广告传播效果测评及其意义/316
二、新媒体广告传播效果测评的原则/317
三、新媒体广告效果测评的特点/317
四、新媒体广告传播效果测评数据的获取/319
五、新媒体广告传播效果测评的内容及指标/320

第三节 手机广告传播效果测评/326
一、手机广告媒体层次的评价指标体系/327
二、手机广告受众层次的评价指标体系/329
三、手机广告广告设计开发制作层次评价指标体系/330
四、手机广告商品方层次评价指标体系/330
五、手机广告传播效果测评具体应用/331

第四节 新媒体广告的微博整合营销传播及其效果/332
一、杜蕾斯的微博广告传播/332
二、《爸爸去哪儿》新媒体整合营销传播/332

第五节 新媒体广告的微信传播及其效果测评/343

第十一章 新媒体广告经营与管理/349

第一节 新媒体广告企业经营/351
一、网站经营战略的选择、评价与实施/351
二、我国互联网媒体的组织架构/354

第二节 各类型网站的营销方式/356
一、门户网站的营销方式/356
二、社交网站的营销方式/358
三、视频网站的营销方式/359
四、搜索引擎的营销方式/361
五、网络与新媒体广告代理模式/365

第三节 新兴营销方式/368
 一、移动营销/368
 二、网络广告联盟/369
 三、实时竞价/370
第四节 新媒体广告产业监督管理/372
 一、网络与新媒体广告监管现状/372
 二、中国网络与新媒体广告监督管理的问题与对策/374

第十二章 新媒体广告发展展望/379

第一节 新媒体的发展趋势/380
第二节 新媒体广告的新理念/384
 一、蓝海战略/384
 二、长尾理论/386
 三、SNS 理论/389
 四、创意传播管理理论/392
第三节 新媒体广告的发展趋势/399
 一、新媒体广告市场前景展望/399
 二、新媒体广告的发展趋势/399

后记/405

第一章 新媒体与新媒体广告概述

本章导言

1. 认知新媒体的概念和新媒体广告的内涵。
2. 了解新媒体怎样影响媒介生态。
3. 洞悉广告媒体形态的演变和新媒体广告行业的发展趋势。
4. 把握新媒体的传播特征和新媒体广告的特征。
5. 知晓新媒体广告的分类。

本章引例

2015年的别样春晚——红包一夜之间改变了中国人的生活方式

案例回顾：

不知从何时开始，春节的记忆便离不开春晚，一家人坐在一起看春晚逐渐成为一种习惯。在2015年的春节，央视春晚一如既往成为人们饭桌上谈论的话题，然而不同的是，微信"摇一摇"的红包为这个除夕增添了别样的味道（见图1-1）。

图1-1 2015春晚"撞上"微信红包

新媒体广告

2015年的春节期间,微信红包与央视春晚合作,在春晚节目进行过程中由主持人口播,让观众一起"摇一摇"抢红包,而红包则由广告品牌商赞助,抢到的红包也将显示"某品牌给你发了一个红包"类似内容。根据微信官方提供的数据显示,除夕当日微信红包收发总量达到10.1亿次;在20点到零点48分的时间里,春晚微信"摇一摇"互动总量达到110亿次,互动峰值出现在22点34分,达到8.1亿次/分钟。摇红包成为伴随整个春晚过程中的互动方式。同时,除了现金红包之外,用户还可以摇到祝福语、互动页面、祝福贺卡,甚至上传全家福等等,这都让红包内容更加丰富和生动。

2015年的开年之际,央视春晚与微信的携手就为传统媒体与新媒体的合作点燃了希望之火。微信红包从个人社交场景转向了企业营销场景,并借助春晚列车,在中国进行广泛的市场渗透,推动"微信支付"向三四线市场渗透。而且,红包还由广告主买单,这无疑是一个多方共赢的策略。

案例点评:

从春节晚会抢红包事件我们可以看出,随着移动互联网及移动应用的火爆,大众的生活、工作、娱乐等方式已经被全面改变,甚至很多风俗习惯也悄然发生变化。春节期间新增的"拜年红包"以及除夕前期的预热则有效培养了用户使用红包的习惯。此外,广告主的信息不仅在电视上呈现,还会伴随着人们抢红包和分享红包的过程继续向下传播,层层递进。不但改变了传统的单向、单层的传播模式,而且顺着微信群的"强关系",品牌信息将会带来多层的裂变式传播。

透过"发红包"现象,我们看到主流媒体利用新媒体使用工具的趋势。过去几年,在新媒体的冲击下,央视春晚影响力下降的趋势似乎不可逆转,而这次在与新媒体的融合中似乎又露出新的光亮。2015年春节"抢红包"的媒介行为,印证了新媒体使用工具的威力,也印证了主流媒体放下身段迎头而上的姿态。可以预测,媒介利用新媒体工具与受众互动、牵引受众的做法将会成为一种"新常态"。

知识要求

了解新媒体的出现对整个媒介生态的影响;理解新媒体的演变和特性;掌握新媒体广告的特征以及新媒体传播的特征。

技能要求

了解新媒体广告的内涵及特征;理解新旧媒体之间共同搭建广告平台;能够利用新媒体做出行之有效的产品广告。

第一节 新媒体的概念与发展

一、新媒体的概念

对于新媒体的界定,学术界可谓众说纷纭,至今还没有严格而统一的定论。现在的期刊经常会出现新媒体的字眼,但在新媒体标题下所刊载的内容却不尽相同。有人说新媒体应该是数字电视、移动电视、手机媒体、IPTV 等,也有人把博客、播客等也列入新媒体。那么,到底什么是新媒体?

其实,新媒体是相对于传统媒体而言的,新媒体是一个不断变化的概念。所说的时间起止点不一样,新媒体的范围也就不太相同,因此新媒体是一个相对的概念,"新"是相对于"旧"而言的。在今天,有些学者认为我们的媒体在网络基础上又有延伸,无线移动的应用以及出现的其他的新媒体形态,跟计算机相关的,这都可以说是新媒体。也有专家提出:"只有媒体构成的基本要素有别于传统媒体,才能称得上是新媒体。否则,最多也就是在原来的基础上的变形或改进提高。"

目前,学界较为典型的说法包括以下几种:

清华大学熊澄宇教授指出:"今天的新媒体主要指在计算机信息处理技术基础上产生和影响的媒体形态,包括在线的网络媒体和离线的其他数字媒体形式。"①

中国人民大学匡文波教授认为:"新媒体是在报刊、广播、电视等传统媒体以后发展起来的新的媒体形态,包括网络媒体、手机媒体、数字电视等。新媒体亦是一个宽泛的概念,是利用数字技术、网络技术,通过互联网、宽带局域网、无线通信网、卫星等渠道,以及电脑、手机、数字电视机等终端,向用户提供信息和娱乐服务的传播形态。严格地说,新媒体应该称为数字化新媒体。"②

上海交通大学蒋宏教授则认为:"新媒体是指 20 世纪后期在世界科学技术发生巨大进步的背景下,在社会信息传播领域出现的建立在数字技术基础上的能使传播信息大大扩展、传播速度大大加快、传播方式大大丰富、与传统媒体迥然相异的新型媒体。"③

传媒研究专家陆小华认为:新媒体,"不同时期的答案显然有所不同。今天人们口中的新媒体,大概只是短信、手机电视等";"至少,现在已经是新媒体群"。④

基于上述观点,本书采用"有别于传统媒体"的反向规划方法给出新媒体的概念,即我们所讨论的新媒体是相对于传统意义上的报刊、广播、电视等大众传播媒体而言的,在新的技术支撑体系下出现的媒体形态,如以数字传输为基础、可实现信息及时互动的

---

① 参见熊澄宇教授在 2003 年中国网络媒体论坛上的发言。
② 匡文波.2006 新媒体发展回顾[J].中国记者,2007(1).
③ 蒋宏,徐剑.新媒体导论[M].上海:上海交通大学出版社,2006:14.
④ 陆小华.新媒体观——信息化生存时代的思维方式[M].北京:清华大学出版社,2008:151,157.

媒体形式,其终端显现为网络链接的计算机、手机、电视等。

二、新媒体传播的特征

较之于传统媒体,新媒体自然有它自己的特征。有学者认为,相对于旧媒体,新媒体的第一个特点是它的消解力量——消解传统媒体(电视、广播、报纸、通信)之间的边界,消解国家之间、社群之间、产业之间的边界,消解信息发送者与接收者之间的边界等等。

还有学者指出,新媒体可以与受众真正建立联系,同时,它还具有交互性和跨时空的特点。同时,新媒体给媒体行业带来了许多新的理念和模式,如节目专业化越来越强、卖方市场转向买方市场等。

也有研究者从另一个角度提出,新媒体近乎于零费用信息发布,对受众多为免费,这对传统媒体的新闻产品制作成本造成挑战。学者张毓强还以"伦敦爆炸案"为个案,提出了新媒体的多媒体整合态势:市民威廉·达顿拍摄了手机照片,在朋友的博客上以近乎于图片直播的方式报道了灾难现场状况。这些照片很快进入各大电视网的新闻头条。在这次报道中,手机、博客、互联网以及"播客"密切配合,将第一时间、第一现场牢牢抓在手中,新的媒体形式与媒体工具的结合,显示出了巨大威力。

与传统媒体相比,以新技术为基础的新媒体拥有一些传统媒体无法比拟的优势特征。从传播信息形式看,新媒体能充分发挥互联网、无线通信网络的技术优势,融合多媒体、动画、互动技术、数字内容等多种信息形式,信息的实时性、灵活性和丰富程度都高于传统媒体。从信息传播的状态看,新媒体可以实现P2P"多对多"的信息传播模式,通过互联网、手机短信等新媒体方式,任何人都可以经济而便捷地以众多形式向他人传播信息,且信息反馈及时便捷。从传播受众看,新媒体的受众群体从大众转向小众。新媒体被称为细分媒体,可以通过技术手段、传播模式等方式针对特定受众进行信息传播。

综上所述,我们可以将新媒体传播的特征归纳为以下几点。

(一)表现形式多样性和主动性增强

随着多媒体技术的发达,互联网在表现形式上可以做到融合报纸、广播、电视的各种表现手段,成为一种丰富媒体,传播行为也将更加自由。传播者与信息接受者之间的界限不再分明,受众信息接收的主动性也大大增强。通过发送手机短信、撰写博客日志、发起网络群聊,任何人都可以在"任何时候、任何地点、对任何人"进行信息传播,传统主流媒体的话语权垄断得以突破。

(二)传播更为个性化

不同于传统媒体信息生产的模式化与大众化,新媒体针对大众需求提供个性化的内容。比如博客、播客等新的传播方式,其传播过程强调信息传播者和信息接受者的平等交流,使得每一个人都能成为信息的发布者,个性地表达自己的观点,传播自己关注的信息。

"多对多"的信息交流方式使得传播内容与传播形式等完全是"我的地盘我做主"。不过个性化的传播方式,一方面让众人体会着发布信息、影响他人的快感,另一方面也带来了个人隐私泛滥、内容良莠不齐的弊端,为管理带来困难,也对受众的信息选择能力提出了更高的要求。

(三)接受方式从固定向移动转变

无线移动技术的发展使得新媒体具备移动性的特征,用手机上网、看电视、听广播,在公交车、出租车上看电视等越来越成为普遍的事情。随着3G技术的普遍应用和4G技术的推广,移动性的特点将成为未来新媒体的主要特性。

导致媒体移动化的最重要因素来源于人们对摆脱束缚、实现自由的强烈渴望,移动通信使人们摆脱"固定"的束缚,获得联系的便利和自由。新媒体的发展从PC、笔记本终端走向手机终端,网络视频、博客、播客等新媒体,从固定走向移动化。

(四)传播速度实时化

技术的简单便捷使得新媒体可以在全球实现实时信息传播,而不再需要复杂的剪辑和烦琐的后期制作与排版。这一优势是任何传统媒体都无法比拟的。目前一些大的门户网站基本上都可以实现视频、音频的实时传播,时空的距离被缩到最小。

(五)多方面实现单一到交融

与传统媒体相比,新媒体在传播内容方面更为丰富,文字、图像、声音等多媒体化成为一种趋势。与此同时,交融性可以表现在终端方面。例如,一部手机不仅可以用来通话、发短信,同时还可以用来听广播、看电视、上网,多种媒体的功能集合为一身,而这些功能的实现是以互联网、通信网、广播电视网等多种网络的融合为基础的。

新媒体的交融还体现为全球化与无国界。例如,互联网从一开始诞生就是一个全球媒体。原则上,只要不存在语言的障碍,你可以在世界上的任何地方看到该网站。全球化不再只是一个简单的名词,而是实实在在的现实。

(六)传播方式从单向转变为双向

传统媒体的传播方式是单向、线性、不可选择的,传播者具有较强的垄断性和控制权。它集中表现为在特定的时间内,由信息发布者向受众传播信息,受众被动地接受,没有信息的反馈。这种静态的传播方式使得信息不具流动性。

而新媒体的传播方式是双向的,传统的发布者和受众现在都成了信息的发布者,而且可以进行互动。比如北京交通广播电台这两年发展非常好,一个重要的原因就是在于通过短信这种方式加强和受众的互动,使得信息变得更有价值,同时,听众也强烈地体会到一种参与感,主动性和积极性被极大地调动起来。信息的互动性也使得受众实现了被动到主动的改变。

以上是目前新媒体的一些共同特征。新浪网副总编孟波先生曾这样概括新媒体的传播特征:

（1）全时传播。信息传播的时效性有四个发展阶段：定时、即时、实时、全时。其中，全时传播指的是信息随时可以进行发布。

（2）全域传播。地域和空间限制越来越少，只需要设备和传输信号就可以发布信息。

（3）全民传播。传播不再是机构、媒体单位的事情，每一位民众都可以参与其中，谁都可能是记者或编辑。

（4）全速传播。传播速度比旧媒体快，在事件发生的同时就能够进行传播活动。

（5）全媒体传播。传播信息不单是文字或者图片，还附有音频、视频等多触觉通道。

（6）全渠道传播。客户端多样化，比如计算机、手机、短信等都可以进行信息发布。

（7）全互动传播。新闻的线索搜集、采访、发行等一系列活动，所有用户都有机会参与进去，并且在事后发表评论。

（8）去中心化传播。不存在类似于"头版头条"这样的状况，不同的受众可以选择出很多主题进行讨论。这也从一个侧面反映出新媒体使新闻多元化。

（9）去议程设置传播。信息传播不再是比较固定的用词模式，不同的消息发布人可以使用自己的语言习惯进行传播。

（10）自净化传播。虽然在新媒体的传播过程中，负面信息的传播面积是正面信息的 4 倍，但是一般小道消息都会有相关人员出面澄清，所以造成的误会基本可以得到有效的遏制。

三、新媒体影响媒介生态

（一）媒介生态的概念

媒介生态学是媒介研究的分支学科，是从生态想象介入传播研究，在负责的社会生态体系内，透视人、媒介和社会各种力量的共栖关系，以期望达到生态平衡的一门新兴学科。

媒介生态学，顾名思义，借鉴了生态学的基本思想。"生态"一词原本用于指自然环境中各种因素的相互作用，特别强调这种互动如何产生一种平衡和健康的环境。随着生态学的思想被借鉴到越来越多的领域，生态与媒介的结合便显得十分自然。用麦克卢汉的思想解释来说，就是媒介作为技术的主要代表，媒介的产生会极大地改变人们感官的均衡状态，从而产生一个新的环境，影响社会的发展。

1964 年，加拿大学者麦克卢汉在《理解媒介：论人的延伸》一书中提出"媒介生态"（media ecology）的概念，以环境作为特定的比喻，来帮助我们理解传媒技术和媒介对文化在深度和广度方面所引起的生态式的影响。一年后，美国学者波兹曼在其演讲中进一步阐释媒介生态，并将媒介生态学定义为"媒介作为环境的研究"。自那以后，媒介生态作为新闻传播学的一个重要领域，受到学者们的高度重视。

无论是麦克卢汉还是波兹曼，他们的根本关注点是技术，尤其是媒介技术发展对人类文化的影响和塑造，并由此阐发以技术为核心的媒介环境如何改变了人类的思考方式和组织社会生活的方式。技术、媒介与社会成为媒介生态研究中三个重要的元素。

在西方学者那里,关于媒介生态的论述主要集中在技术或者媒介对文化和人类的影响,或者说对媒介的使用本来就构成了文化的一部分。而中国学者在引入媒介生态学的时候,与西方学者走的是一条截然不同的路子。我们的研究以媒介为中心,主要研究影响媒介存在和发展的一系列影响因素,如政治、经济、文化、受众因素等。

这里我们所说的媒介生态,就是指大众传播机构生存和发展的环境,它主要由政策环境、资源环境、技术环境和竞争环境构成。而"媒介生态"这个概念,其中与媒介产生一定互动关系的非物质环境都可以是媒介生态里的要素或子系统,包括经济、政治、文化、技术的使用等方面。各个子系统之间的互动便形成了媒介生态。

那么,在新技术成熟下诞生的新媒体会给媒介生态造成怎样的影响呢?

(二)新媒体影响了媒介生态

1. 改变媒体市场格局,导致受众迁移到新媒体

新媒体产业发展引发了传媒产业变局,对媒体市场份额进行了重新分割。新媒体大量涌入,对传统媒体冲击加强,替代趋势加强。新兴的媒体已经在逐渐抢占传统媒体的受众资源。2015年底,国际电信联盟发布了年度互联网调查报告。报告显示,目前全球已有32亿人联网,而移动通信正在快速发展,全球手机用户达到71亿。《2013中国网络购物用户行为与态度研究报告》称,近八成的网民被访者认为网络已经成为他们生活中必不可少的一个组成部分。从调查中可以看到,网民的生活方式因为网络的出现而发生了变化,其中受影响最大的是沟通方式和信息获取方式。互联网已经和电视、报纸一起成为网民获取信息的最重要来源,大多数网民上网以后看电视的时间相应减少了。

根据美国的一项调查,一般家庭在主要时段的电视收视率已由40%下降到30%,只有2%的人访问网络的时间比看电视的时间短。中国传媒大学广告主研究所的研究表明,被访企业连续4年分配在新媒体的广告费用占媒体广告投放总体费用的比重逐年上升。从2004年到2011年,中国网络广告市场规模复合增产率达到了50%左右,新媒体广告价格的低廉以及用户的逐渐迁移使得广告主从成本较高的传统媒体转向新兴广告媒体。新媒体加剧了媒体市场的竞争,影响了整个媒体产业的生态环境,使媒体的市场格局发生巨大变化。

2. 新媒体成为热点产业

新媒体现在已成为许多人关注和投资的热点,自网络经济发展以来,互联网媒体关于投资、收购、合并等产业变革的举动始终没有断过。从产业政策来看,国家出台的各项政策表现出对新媒体产业的发展空前重视。早在2006年,《国家"十一五"时期文化发展规划纲要》第十六条就指出:"发展新兴传播载体。充分发挥国家主流媒体在信息、人才等方面的资源优势,发展手机网站、手机报刊、IP电视、移动数字电视、网络广播、网络电视等新兴传播载体,丰富内容,创立品牌,不断提高市场占有率。"国家政策的支持为新媒体产业提供了进一步发展的契机。

3. 新媒体将融合传统媒体

新媒体在独立发展自身优势之外,从媒体属性看,它与传统媒体是交叉融合的。传统媒体在内容生产、品牌传播中有独特优势,新媒体凭借技术和渠道优势也占据强者地位,两者融合可以互赢互利。另一方面,传统媒体的生存空间被挤压后,一些传统媒体也开始将目光对准新媒体。所以不管从媒介本身还是从产业经济利益方面,在现在的传媒市场中,新旧媒体是一种竞合的状态,两者之间是一种相互依存、相互借鉴、共同发展的互补关系。

具体来讲,新旧媒体的融合有以下几种形式:一是传统媒体与互联网的融合。传统媒体与网络媒体融合,借助网络传播的优势提升自己在传统领域的内容优势。传统媒体可以开办自己的网站,越来越多的电视在网站上同步直播,报刊也有在线版本。品牌强大的电视或报纸媒体可以通过创建网站实现快速发展,比如国内的新华网、人民网等;影响力小的传统媒体则应该专注于内容优势,借助新媒体实现网络传播。二是传统媒体与手机的融合。传统媒体与手机的融合已经成为传统媒体拓展受众市场、细分受众群体和实现媒体内容商业延伸的有效方式。例如,随着4G技术的成熟与手机业务模式的深入开发应用,手机电视、手机报等传统媒体与手机融合的新媒体形式,将为传统媒体带来比单一媒体更优越的效益和盈利增长。三是多种媒体的融合。基于受众对于不同媒体的接触时间、接触机会存在差异,媒体之间通过互补能够更好地实现强强联合。如今一档火爆的电视栏目,特别是现在日益兴盛的选秀节目,除了在电视上进行首播外,我们可以通过计算机、手机等实现在线或下载后重复收看,用户可以免费使用三种媒体,实现了电视、网络与手机三者的融合,充分发挥电视内容丰富、网络覆盖面广、手机携带方便和可移动接收的多重优势。四是传统媒体与新媒体的并购和合并。新媒体与传统媒体的融合,除了传统媒体涉足新媒体,更直接的是两者之间的并购。国内外众多并购与合作案例,正是传统媒体为寻求生存和发展、扩大媒体市场影响力、开展多元化经营以及提高核心竞争力而与新媒体产业进行深入融合的例证。

4. 盈利模式在发展变化

在传统大众传播的背景下,受众主要通过购买投放广告的产品付费给广告主,然后广告主再付费给大众传媒。而现在,受众为获取信息将需要直接付费给媒体。这表现为获取有些网站的信息是需要付费的,受众在收看部分网络电视、收听部分广播节目时也要付费。这就必将在媒介生态环境中引起盈利模式的变化。目前新媒体产业的发展还无法绕开通过产品和服务进行盈利的问题,新媒体发展商业利益是第一位的,所以新媒体的发展前进还需要进一步去探索盈利模式的改革。

5. 注意力的稀缺促使受众导向时代的真正来临

现代社会信息量的爆炸和社会成员的不增长导致注意力日益成为"稀缺"的资源。新媒体使受众在传播活动中占有突出的地位。信息时代中的知识经济本质上是一种"注意力经济"。注意力经济赋予了稀缺注意力的所有者亦即"受众"或"信息的消费者"前所未有的显赫地位,使其主体性不断凸显。受众成为注意力经济的统治者。在整个社会范围内,一场"权利下移"的运动以种种显性或隐性的方式进行着,传统媒体的信息把关人把权利移交给了受众。如今我们不得不说,受众导向的时代已经来临。

第二节 新媒体对广告的影响

一、广告媒体形态的演变

媒体的演变依附着科技的进步,受到政治、经济、文化等因素的干预。广告形式与媒体形态具有同一性,媒体是广告宣传的平台,而广告是媒体的承载内容之一。所以整个媒体形态的演变也包含着广告媒体的流变,从漫长的历史过程上来看,它们是共进退的。媒体形态的逐渐演变是由多种因素推动的,大多数学者认为媒体形态演变的原因包括政治需要、经济需要、技术进步和受众需求四个方面。

(一)媒体形态演变的原因

1. 政治需求

媒体历来都是统治者的重要传播工具,媒体的每一个发展阶段都反映着政治发展的不同需求,媒体和政治之间的关系十分密切。所谓媒体是"政府的喉舌",一方面,政治指导和决定着媒体的信息发布和发展方向;另一方面,政治的革新也需要媒体的宣传和推动,两者相互依存、相互促进。总体而言,媒体的演进与政治社会的发展呈现互动关系。媒体与政治之间密切的联系深刻体现在政治传播中,例如,马克思、恩格斯在《〈新莱茵报·政治经济评论〉出版启事》中指出:报纸最大的好处,就是它每日都能干预运动,能够成为运动的喉舌,能够反映出当前的整个局势,能够使人民和人民的日刊发生不断的、生动活泼的联系。另外,大众媒体在建构良好的政府形象和现代政党选举中也具有极为重要的作用,如大众媒体在美国总统选举中逐渐发展到登峰造极的地步,总统竞选运动日益成为典型的媒体事件。由此可以看出,政府对宣传政治的迫切需求,在很大程度上推动了媒体的发展。

2. 经济需求

所有的上层建筑都取决于经济基础,媒体形态的物质基础当然也是经济基础。随着经济的发展,更好的经济条件为新媒体的诞生提供了必要的物质保障。经济基础决定上层建筑,每个时代经济的发展都对媒体形态提出了更高的要求,经济的有利条件促使更高级的媒体形态不断出现,而更符合经济需求的媒体在一定程度上又促进了经济的发展。广告主发布广告,理想的媒体形式对广告信息进行传播,帮助其实现了很好的经济效益。从这最根本的广告运作中我们不难看出,媒体与经济的关系是相辅相成、相互促进的。

3. 技术进步

科学技术的进步从根本上支撑和推动了媒体的发展,使每个重要的技术革命时期都出现了相应的新传媒技术。现代印刷的出现产生了现代意义上的报纸广告;电子技术的发展促使电子媒体的出现,使媒体形态发生划时代的变化;无线电广播技术的出现成就了无线电广播的诞生;图像传播技术令电视媒体出现并迅速普及;以计算机和通信技术为基础的网络技术的出现催生了网络媒体,使人类的思维方式和信息消费方式发生重大变化。今天,现代科学技术的快速发展使媒体技术实力不断增强,媒体形态演变的速度可能会呈现出一种加速度的状态。

4. 受众需求

受众需求一直是驱动媒体变化的重要力量。受众对信息的渴求促使媒体不断前进,受众的规模、受教育程度、生活习惯、收入、爱好兴趣等因素决定了媒体形态的发展方向,媒体形态正是在满足受众日益增长的各种需求的过程中发展更新的。因此,在各种媒体趋于融合的时代,媒体不仅需要深度解读受众的生活形态和行为轨迹,更加需要关注受众的需求和偏好,使媒体按照受众的需求轨迹定义媒体形态。新媒体使大众潜在的传播需求可以较为经济地得到满足,这也是即时通信、微信、微博等大行其道的原因。

(二)广告媒体形态演变的过程

影响媒体形态演变的诸多因素与其相应的社会形态成为媒体演变与交融的土壤,不同的广告形式也在其中孕育生成。人类传播媒体形态的发展从口头媒介走到文字印刷媒体再到电子媒体,人类也从部落社会到脱部落社会再到如今的地球村。广告隶属于讯息范畴,依附并嵌入于媒体,两者又植根于共同的时空范围,即便广告得以保持其相对独立和稳定的形式,但也只是在相应的媒体形态下存在。

在西方,吟游诗人和口述师在公众聚集的场合通过吟唱大做广告,使得口头广告在中世纪的欧洲发展起来;在中国,早在殷周时期,口头广告便存在于市井之中,其中陈列和叫卖是比较原始的广告形式。在西方,最早的文字广告是公元前3000年古埃及底比斯城散发的"广告传单",内容主要是悬赏追捕逃走的奴隶;到了15世纪,古登堡印刷术的发明和革新助推欧洲报业逐步走向繁荣。工业革命的大背景下,西方广告业有了更为先进的传播手段,随着广告传播范围的空前扩大而一扫之前缓慢发展的低迷态势,实现了飞跃。在中国,报纸等文字印刷媒体已有两千多年的历史。世界上迄今发现的最早的印刷广告物是现藏于中国历史博物馆的北宋济南刘家功夫针铺的雕刻铜版,这得益于隋唐时代就出现的雕版印刷技术。可是由于广告媒体的发展还受着政治、经济等因素的制约,所以我国的媒体在两千多年的封建社会里不仅承受着精神桎梏和政治藩篱的双重压制,而且闭门锁国的经济状态并不能给予其更多的物质支持,这使得中国广告在接受欧风美雨的洗礼和民族产业的自觉之前已经落后西方太多。

印刷媒体要求高认知度与高注意度,再加之印刷难以完美,表现形式单一,广告形式在文字印刷媒体形态中还有很大的局限性。1858年,横跨大西洋海底的电缆竣工使接近于实时传播速度的远距离信息传递变成了现实。继印刷媒体之后,我们的社会迎来了电子媒体的时代。通过传送声音或图像,广告在电子媒体广泛应用之初就得到了质的改善。电播拉近了人与人之间耳朵的距离,而电视拉近了人与人之间眼睛的距离,这种具有声效和形象感知的广告赋予了产品更丰富的表达。

随着计算机科学技术的普及,广告媒体形式发生了里程碑式的改变,数字化技术和通信技术的迅猛发展使传播媒体实现了史无前例的跳跃式前进,以至于业界把在它之前的媒体形态都统称为传统媒体。与传统媒体相比,新兴媒体使媒体形态凸显出时空上的无限性和传播上的交互性,更具备互动、精确、便捷等优势。因此,依附于新媒体的广告形式更加丰富多样,互动性和个性化的特征更为突出。

纵观广告媒体形态演变的过程,无论是在广播、电视、还是在互联网,抑或是在网络平台上催生的其他新兴媒体,如今媒体融合时代的种种诱因刺激着广告形式正在不断发生改变。以互联网为首的新媒体正以一种前所未有的姿态接纳其他媒体形态的加入,网络不仅承载起报纸、广播和电视的功能,还能实现广播、电视、网络的"三网融合"。将来不仅能够实现不同媒体在现实中的共存,也将达到真正的媒体融合。人类对讯息的不断需求和主宰外界的欲望以及技术、经济、市场将合力把广告形式推向极致,并渗透进媒介所能接触到的每一个角落。

另外,我们细细品味广告媒体的流变可以发现,不同的广告形式与同时代相应的媒体形态相辅相成,广告依附于媒介,存在地域空间上的共通性,然而在文明颠簸与科技进退等相对因素的干预下,又有其时间上的独立性和持续性。那么这种演变又遵循着怎样的规律呢?

(三)广告媒体形态演变的规律

媒体形态的变化,通常是由于可感知的需要、竞争和政治压力,以及社会和技术革新的相互作用引起的。通过研究作为一个整体的传播系统,我们将看到新媒体并不是自发、独立地产生的——它们从旧媒体的形态变化中逐渐产生。比较新的传媒形式出现后,比较旧的形式通常不会死亡——它们会继续演进和适应。

广告媒体形态的演变遵循着如下规律。

1. 共同演进

自口头广告出现以来,时至今日我们仍能接触到许多口头广告。不管今天我们发展了怎样的新媒体,也不管它具有多么强大的优势,都不可能真正代替掉之前的任何一种媒体形态。新媒体茁壮成长以来,大家一直为传统媒体担忧着,始终以"弱势媒体"的旗号来探讨着所谓的"弱势媒体"该何去何从。但是直到今天,广播的出现并没有消灭报纸,电视的出现也没有代替任何形态,甚至集众多媒体功能于一身的互联网也没有完全替代掉以前的媒体形态。因此我们可以看出,媒体演变的规律并不是新的替代旧的,新的出现就意味旧的走向消亡,而是新的媒体形态总是对原有的媒体形态或产生影响,或走向合作和融合。

2. 蜕变和汇聚

纵观广告媒体形态的演变历史,广告媒体整体的发展是从单一的形式走向两个或更多的多媒体形式,通过科技革新走向更高形式的蜕变,但这种蜕变又与既有媒体有着千丝万缕的关系。在某个特定的时间,更多种的传播形式会集合为一个整体的任何媒体。例如,电视媒体的出现就像口头、广播等传播形式汇聚在了一起,这种汇聚更像是交叉路口走到了一起,看似偶然,却有着时代和人类需求的必然性,其结果是引起每一个汇聚实体的变革,并创造出新的实体。

3. 生存复杂性

和其他生态系统一样,媒介生态环境也是一个复杂的、有适应性的系统。每一种新媒体的出现都会对整个媒介生态产生一定的影响。所有形式的媒介都生活在一个动态的、互相依赖的环境中。当外部的压力产生、新技术革命被引入以后,每一种形式的媒介都会受到系统内部自发的影响,传播媒体及媒体企业为了在复杂多变的媒体环境中获得生存,唯有适时而变。所以每一种现存的媒体形态会发生改变或者蜕变出一种新的媒体形态,我们应该清醒地认识到,新媒体的出现不是孤立的,它具有很强的复杂性。

4. 机遇需求

每一种媒体形态的诞生取决于科技文明的发展,但是这种媒体形态能否兴盛则取决于人类社会的需求。例如,智能手机的技术虽早已成熟,但是智能手机的广泛应用要依赖于市场机会和用户的认可。手机这种广告媒体形态能不能闯荡开,就要看用户的媒体体验和生活习惯是不是可以接受。就如苹果电脑早年曾经以性能优越著称,但是广大用户在使用习惯和媒体经验上并不认可,最终在个人电脑市场竞争中败给了IBM公司。因此,在手机的研发上苹果吸取教训,更多的是看中用户的体验感觉,先培养需求后推动媒体发展,取得了成功。

二、新媒体在广告运动中的作用

(一)新媒体作为媒体本身的基本作用

新媒体也是一种媒体,也是承载广告信息的一种传播工具,新媒体作为广告媒体有着自身的媒体作用。新媒体具有大众传播的功能,可以适时准确地传递广告信息;新媒体形式丰富,具有一定的特色,可以强有力地吸引特定消费者对广告信息进行关注;新媒体也具有其他广告媒体的适应性强的功能,新媒体的广告形式可以灵活多变,充分满足广告信息的特定需要,向消费者提供有利的广告信息。另外,新媒体本身就是广告运动中的一部分,它是产品经过一系列策划最终与消费者见面的桥梁——企业通过媒体宣传其生产的产品,广告因消费者的媒体接触而产生效果。

(二)新媒体在广告运动中的"新"作用

相对于报刊、户外、广播、电视这些传统媒体而言,数字杂志、数字报纸、数字广播、手机短信、移动电视、数字电影、数字电视、网络、桌面视窗等新媒体形式充塞着我们的生活:公车上和地铁里的车内视频,是新媒体;等候电梯外的视频,是新媒体;用手机接收到的广告信息,是新媒体;网站里的专栏与博客,也是新媒体;微博、微信等还是新媒体。新媒体的广告形式丰富,在传播方面具有互动性强、传播速度快、覆盖率高、受众主动接收等特性,因此新媒体在广告运动中又起着特殊的作用。对企业来讲,这种价值是非常宝贵的,因为新媒体的广告宣传能为企业吸引更多的潜在顾客。传统媒体的广告费用非常高昂,有些国际企业巨头每年花费在传统媒体上的广告费用甚至达到上百亿美元。而和传统媒体相比,新媒体在预算方面可以灵活掌控。有选择性地使用新媒体来打广告,不但节约广告成本,效果也不会比传统媒体差,同时还可以实现大众到小众的覆盖。在广告运动中,可以有目的地选择覆盖率高的和细分化的新媒体,对受众进行面点结合式的广告信息发布。

（三）新媒体在广告运动中的融合作用

新媒体除了在广告运动中具有单方面传递广告信息的桥梁作用,在当今的时代中还具有参与企业宣传战略的资格,以及整合各种信息渠道和实现销售的融合能力。相较于传统媒体,新媒体在广告运动中的融合性更强,比如受众看到广告信息后可以马上登录该网站或直接运用搜索引擎寻找该产品的任何信息,从而做出反馈,甚至在查阅后就利用手机媒体进行购买。

在传统媒体中,广告主利用消费者无法避开接触大众传播媒体的机会,将广告信息无时无刻、无孔不入地传送给消费者。但是传统媒体的单向传输方式使广告只停留在信息宣传这一单一层面上。而新媒体的广告发布具有战略性的思维,融合了包括阶段性的、以实现营销目标为主的整合营销传播（IMC）所涉及的各类信息。利用一些成本较低而小众灵活的新媒体形式,比如建设普通的企业形象信息网站、销售商网站等,或者结合手机媒体进行宣传,企业既可以达到眼前的促销功效,还具有从长远着眼的品牌形象建设的意义。

此外,新媒体互动性的突出作用使广告运动环节的最后一环消费者能够对广告主进行直接的反馈。在新媒体融合条件下,由于广告信息的发布与受众的互动性增强,大大拓宽了受众进行产品反馈的渠道,消费者可以通过关键字、超链接等方法将单个商品的局部特征扩大到整个商品的完整形态,进而延伸到整个品牌的形象以及相关信息。在数字信息技术日益发达的今天,通过这样的信息服务整合,消费者对产品信息的反馈已完全成为真正的双向的、互动的、参与式的、整体性的沟通行为。所以,在新媒体的参与下,消费者的信息反馈也将成为广告运动中的重要环节。

三、新媒体广告行业的发展趋势

随着数字信息技术的快速发展,新媒体语境下的广告行业正蓬勃发展,广告形式层出不穷。针对日益繁荣的新媒体市场,我们的新媒体广告行业将有着怎样的发展趋势呢？

在早些时期,传统媒体雄霸着整个广告行业,一些时兴的新媒体也只是在小打小闹,敲敲边鼓。但互联网广告崭露头角后,这些年广告额的增长态势便一发不可收拾。企业看到了新媒体广告带给自身的利润后,便将目光从传统广告转向这个起初在边缘的新媒体广告。另外,新媒体的技术越来越成熟,也为新媒体渐渐成为企业的宠儿提供了重要保障。在新媒体的巨大价值被发掘以后,新媒体广告行业将来的发展会引入越来越多的资本投入,一是传统媒体对新媒体领域投入的增多,二是投资公司和商业公司对新媒体投入的加强。例如,2006年,中央电视台成立新央视国际网络有限公司,对CCTV.COM进行改版；凤凰卫视于2006年底推出视频；湖南卫视全新打造的新媒体

新媒体广告

网络视频门户金鹰网,于2008年7月15日改版上线;国内排名居前的视频网站我乐网也是多次受到风险投资商的追捧。

针对新媒体广告行业,中咨网研究部认为,当前新媒体环境下我国广告业的发展,主要呈现出市场多元化、服务内容纵深延展、品牌一体化服务公司崛起等三个发展的趋势。

1. 向专业化、多元化发展

广告市场专业化,就是指要有鲜明的行业背景和明确的市场定位,形成广告服务的独特性。每个广告公司都应该基于专业化服务,拥有自己特定的行业范围,这是未来广告公司发展的必由之路。在多元化发展上,一是要增加广告公司的控股股份,调整公司的股权结构;二是通过和其他同类广告的合作或并购等方式,不断完善和逐步实现自己的战略布局,做大做强;三是建立和整合媒体资源,通过提升专业化,扩张媒体代理业务。

2. 服务内容向纵深延展

随着手机上网、数字有线电视、移动多媒体平台等多种终端设备的出现,新的传播媒体不断普及,业务功能不断延伸,对广告传播提出了新的要求。在新媒体环境下,广告与营销的界限越来越模糊,传播的门槛降低,传播的内容海量化,许多广告公司开始向顾问咨询型公司转变。以前那种以传统大众媒体为核心的传统广告服务模式已经不能满足企业的需求,必须高度关注如何创新广告服务模式,从而改变目前国内市场中营销与广告传播各自为战的局面。目前,部分广告公司开始更多地介入企业的营销和管理领域,或者在继续提供传统广告业务的同时,进入企业的产品研发、通路设计、品牌管理等领域,或者直接选择营销及广告运作的前端(咨询、策划等),它们中的多数已经不再介入末端的具体执行(制作、发布等)。由于专业化分工,出现了营销策划型、客户代理型、媒体代理型、专业制作型、技术服务型、信息咨询型、综合服务型等专业公司。

3. 品牌一体化服务公司崛起

伴随着市场经济的发展,人们的生活水平不断提高,逐渐形成了讲究生活品质的观念,这为品牌一体化服务公司的"出生"提供了丰富的"营养"。未来的品牌一体化服务公司重视形成差异化的优势,追求长期的广告效果,以建立和发展品牌为广告服务的目标。典型的说法就是"品牌管家",广告公司的价值是提升产品为品牌,这样的广告公司在客户的眼中具有不可替代的高价值的地位。

在新媒体环境下的广告市场中,广告公司不仅要能够为客户提供品牌整合服务,还应该把各种专业的力量融合在一起,整合调研公司、影视制作公司、印刷公司、服装厂、工程承包商等类似的传媒资源,用先进的文化、理念和运行机制统一合作伙伴的思想,使客户尽享完美品牌的超值服务,为客户提供全方位品牌服务。

今天,广告依靠新的媒体形态得到了快速发展,新媒体也通过广告传播实现了自己的价值,但是新媒体广告传播的发展中也出现了一些问题。例如,违规广告屡禁不绝,无论是在网络还是在手机这样的新兴媒体上,违规广告反而更方便迅速地发展起来。正是由于新媒体的监管难度大、不完善,才使新媒体上的违规广告得不到有效遏制。在我们风风火火研究新媒体的发展前景时,也不可忽视新媒体广告带来的诸多问题,在新媒体发展趋势的预测中,我们最好能早早预备下解决这些问题的灵丹妙药。

四、研究新媒体广告的意义

一旦我们的学习、工作和日常生活完全被"新媒体"包围和左右,我们就不得不认真去思考和探索。认真观察、深入思考这一新生事物与人类文明的互动关系,探究其规律和趋势,是社会各界尤其是广告业界和广告学界都应担当的。

研究新媒体广告,对广告主来讲,增加了广告投放的选择,使广告预算更为合理。随着新媒体行业的成熟,人们对新媒体越来越热衷,新媒体广告不断得到广告主的认可,新媒体广告传播精准、广告成本低、受众参与程度高、受众抵触情绪小等优势使广告主在媒体投放方面的资金已经越来越多地放在了新媒体上。因此,研究新媒体广告可以帮助广告主更清楚地认识新媒体广告,帮助其在节约成本的情况下更好地传播产品(含服务,下同)。

对于广告和媒体从业者来讲,新媒体广告为广告业的蓬勃发展提供了更为有效的传播载体。新媒体创新速度快、新产品不断涌现,其广告投放金额不断增多,这为广告和媒体从业者提供了前所未有的市场空间。新媒体对传统媒体的冲击,迫使媒体人要注入新的"基因",传统媒体要转型,新媒体要探索,而研究新媒体广告则更是要求广告从业者"摸着石头过河"。研究新媒体广告对广告和媒体从业者来说不仅仅是意义,更多的是责任。

而对于受众来讲,随着工作节奏加快、生活规律被打乱,他们接触传统媒体广告的时间越来越少,相比而言,他们接触新媒体广告的时间越来越多。电梯、地铁和公交里的视频,手机中的各种广告,浏览网页时的广告信息等等,新媒体广告无所不在、无孔不入地包围着我们的生活。而且与传统广告不同的是,受众本身也会主动去寻找广告,借助网络技术,受众可以有选择性地寻找自己所需要的广告信息,受众在广告传播中的地位有了前有未有的提升。我们研究新媒体广告,是要其更加迎合受众的生活,满足他们工作和娱乐之外对广告信息的需求,尊重广告受众的自主性,注重广告的娱乐性和消费者的参与性,合理地诱发他们的消费欲望并促成购买。

第三节 新媒体广告的概念、分类与特征

一、新媒体广告的概念

(一)新媒体的冲击引发我们对广告重新定位

我们曾经对广告进行了无数次的定义,对广告形式的探索付出了很多的心血,但是广告依附于媒介,当一种新媒体以高昂的姿态进入时,它就稀释了我们之前的种种努力。今天,传统媒体一次又一次地忍受着新媒体的冲击,受众被抢夺,注入资本被抢走,传统媒体失去了往日的骄傲,在新媒体的步步紧逼下逐渐让出了自己的一些领地。另

一方面,传统媒体以海纳百川的姿态迎接了新媒体。比如,传统的纸质媒体与新媒体融合,发展出报纸网络版、手机版、电子杂志等;占统治地位的电视媒体演变出数字电视,数字电视从依赖广告费逐渐发展为收取收视费,专门化的电视购物频道悄然兴起,抢走了传统电视广告很大一部分市场。电视购物频道的内容固然有广告的成分,但究其本质更是电视上的体验营销。

媒体形态响应着时代的号角,那么,依附于媒介的广告的存在方式、所支撑的广告概念及内涵,又有着怎样的演变呢?

(二)新媒体广告概念及内涵的演变

广告最早的意思是"印在纸上的推销术",其内涵一直与时俱进地演变着。

一个影响较大的现代广告定义是1948年美国营销协会的定义委员会(The committee on Definitions of the American Marketing Association)所下的,其后历经几次修改,形成了迄今为止影响较大的广告定义:广告是由可确认的广告主,以任何方式付款,对其观念、商品或服务所做的非人员性的陈述和推广。这个定义最重要的一点是指出了在广告中要有可以确认的广告主。另外,这个定义也强调了广告是付费的和"非人员性的"。这些都是现代广告的重要特征。

丁俊杰教授在《现代广告通论》一书中定义道,广告是由可识别的出资人通过各种媒介进行的,有关商品(产品、服务和观念)的,通常是有偿的、有组织的、综合的和劝服性的非人员信息传播活动。

我国2015年修订的《广告法》第二条规定:"在中华人民共和国境内,商品经营者或者服务提供者通过一定媒介和形式直接或者间接地介绍自己所推销的商品或者服务的商业广告活动,适用本法。"

基于以上的广告概念,我们能够得出广告的共同内涵:广告必须有可识别的广告主;广告主在一定程度上控制着广告活动;广告通过一定的媒介进行传播;广告所传播的不单单是关于有形产品的信息,还包括关于服务和观念的信息;广告(一般指商业广告)是有偿的;广告是由一系列有组织的活动构成的;广告是劝服性的信息传播活动。

目前的广告概念,是在传统媒体基础上形成的。当前媒体与时代环境急遽变革,既有的广告内涵产生缺失。在新媒体环境下,我们结合新媒体的特点重新审视新媒体的内涵。比如将新媒体的互动性、主动性及二次传播等引入广告中会发生怎样的改变,舒咏平所倡导的"广告"内涵演进取向是"品牌传播"。他认为,传统广告受到严格的限定,仅被看作是营销传播的多种渠道之一,与公关、新闻、终端、营销、客户、管理等并驾齐驱。如此一来,受传统广告内涵之约束,广告的生命力受到了极大制约,其核心的策划能力无法施展。在新媒体环境下,新媒体的融合及整合能力带来营销传播方式的变革,这必然导致广告作为营销延伸的内涵演进。这种演进的理由如下。

(1)新媒体的互动性,决定了不仅受众可以选择广告信息,广告主更可以利用便捷的自媒体自主传播广告信息,从而使新媒体双向对称的传播特性得以凸显。

(2)新媒体的受众主动性,为广告主提供了自主、便捷地传播广告信息的条件,这些广告信息不仅包括直接的、功利的产品信息,还包括突出广告主良好形象的品牌信息。新媒体催生了多方面"品牌传播"。

如今,在新旧媒体并存的环境下,新媒体广告的内涵既包括传统媒体上的付费的信息传播活动等,还应包括广告主在新媒体上的品牌传播概念。

(三)新媒体广告

相对于传统广告,越来越多的人开始关注新媒体广告的概念。美国得克萨斯大学广告学系早在1995年就提出了"新广告"概念,他们认为,未来的经济社会和媒体将发生巨大变化,广告的定义不应该局限在传统的范围内,"从商业的角度来讲,广告是买卖双方的信息交流,是卖者通过大众媒体、个性化媒体或互动媒体与买者进行的信息交流"。

我国最早将"新媒体"与"广告"相结合的是北京大学陈刚教授,他在针对网络时代的广告进行系统研究的时候看到广告已然发生了改变。虽然并未真正直接提出"新媒体广告",但是他将最具新媒体代表性的互联网与广告进行了联系,提出了"后广告"的概念。他在《后广告时代——网络时代的广告空间》中是这样说的:"在我们所熟知的'广告'前加一个'后'字并不意味着一种决裂。……我们之所以提出后广告的概念,只是为了表明作为一个怀疑者、思考者,同时也希望是一个建设者的态度,那就是在受到网络时代各种新的因素不断渗透与影响而不断变化的广告空间里寻找并探索一个新的世界秩序与生存逻辑。……网络引发并实现了一次媒体的革命。而作为这次革命动因的核心就正是'互动'。"①"后广告"的提出,对未来广告做了更加准确的界定,认为一方面后广告并未脱离广告,它还是传统广告的延续,同时也指出后广告也是适应未来媒体环境的更具互动性的广告形式。

到了2007年,我国明确提出"新媒体广告"概念的文章开始陆续出现,如舒咏平的《新媒体广告趋势下的广告教育革新》②、刘国基的《新媒体广告产业政策的应对》③、吴辉的《时髦话题的理性思索——我国新媒体广告研究综述》④、宋亚辉的《广告发布主体研究——基于新媒体广告的实证分析》⑤,还有实力传播给出的《新媒体广告成长力预测》⑥等。这些论文就新媒体的出现对广告做出了思考,在新媒体的大环境下提出自己的想法,但是就新媒体广告内涵的定义并未形成统一的看法。

结合上述内容,本书将新媒体广告定义为:新媒体广告是指以数字化技术为基础的,区别于传统媒体的,建立在具有即时互动、多种传播形式与内容形态的多媒体平台上,并且可以不断更新的、有利于广告主与受众进行信息沟通的品牌传播行为与形态。

二、新媒体广告的类型

目前新媒体本身的种类就繁多,而新媒体广告以新媒体为平台,所以新媒体广告的

---

① 陈刚.后广告时代——网络时代的广告空间[J].现代广告,2001(7).
② 舒咏平.新媒体广告趋势下的广告教育革新[J].广告大观(理论版),2008(4).
③ 刘国基.新媒体广告产业政策的应对[J].广告大观(综合版),2008(6).
④ 吴辉.时髦话题的理性思索——我国新媒体广告研究综述[J].东南传播,2007(12).
⑤ 宋亚辉.广告发布主体研究——基于新媒体广告的实证分析[J].西南政法大学学报,2008(6).
⑥ 实力传播.新媒体广告成长力预测[J].声屏世界·广告人,2007(1).

类型至今也没有统一的标准。其实,对于新媒体广告类型的划分,依据不同,划分出的类型也就不尽相同。

(一) 以广告信息的识别度来划分

1. 硬广告

在硬广告的情形下,企业或品牌把纯粹的带有产品/品牌信息的内容直接地、强制地向受众宣传。其特点是目的的单一性、传播的直接性和接受的强制性。传统意义上的网络广告和富媒体广告都应属于硬广告这一大类别。目前,新媒体硬广告可分为品牌广告(利用新媒体,以提升品牌形象和品牌知名度为目的)、产品广告(利用新媒体,以提升品牌和产品认知度、驱动购买为目的)、促销广告(利用新媒体,以刺激消费者购买、提高市场渗透率为目的)、活动信息广告(利用新媒体,以告知消费者促销信息为目的)等。

其中,品牌广告中的品牌图形广告是品牌新媒体营销传播的重要形式,主要投放在综合门户网站、垂直类专业网站上,其功能是增强品牌广告的曝光率。品牌图形广告是一个较为宽泛的定义,根据其位置和形式,可以具体分为横批广告、按钮广告、弹出广告、浮动标示/流媒体广告、"画中画"广告、摩天楼广告、通栏广告、全屏广告、对联广告、视窗广告、导航条广告、焦点幻灯广告、弹出式广告和背投广告等多种。

2. 软广告

在软广告的情形下,企业将产品/品牌信息融入新闻宣传、公关活动、娱乐栏目、网络游戏等形式的传播活动中,使受众在接触这些信息的同时,不自觉地也接受到商业信息。软广告具有目的的多样性、内容的植入性、传播的巧妙性、接受的不自觉性等特点。新媒体中的软广告主要以植入式广告为主。按照广告植入平台类型的不同,新媒体软广告又可分为视频植入广告、游戏植入广告等。

(1) 视频植入广告。视频植入广告的手段运用得最为纯熟。在视频中最常见的广告植入有产品植入(包括产品名称、标志、产品包装等)、品牌植入(包括品牌名称、LOGO、品牌包装、专卖店或者品牌广告语、品牌理念等)、企业符号植入(包括企业场所、企业家、企业文化、企业理念、企业精神、企业员工、企业行为识别等)。

(2) 游戏植入广告。游戏植入广告(in game advertising, IGA),是在游戏中出现的商业广告。它以游戏的用户群为目标对象,依照固定的条件,在游戏某个适当的时间和某个适当的位置中出现。

(二) 以新媒体广告信息作用于消费者的方法来划分

1. 整合类新媒体广告

这是把广告主或品牌自身所建立的、可向受众提供较全面完成品牌信息的媒体平台概括为信息量丰富的整合类新媒体广告。其主要体现形式为企业的品牌网站。企业网站作为企业的自有媒体,可以在网站上进行除主要产品宣传外的与企业有任何有利信息的宣传,具有多方面的传播效应。

2. 推荐类新媒体广告

利用新媒体可以进行相互链接的特点,新媒体广告可以展开有目的、有重点、有目标的品牌信息推荐服务,从而将相关信息送达至有需求的消费者或受众。推荐类的广告一般由推荐的信源优化、推荐的中介渠道和推荐的目标受众三个环节组成。

3. 发布类新媒体广告

即类似于传统广告形式,直接对受众进行产品/品牌信息发布,但是因为这类广告基于数字化技术而实现,所以也属于新媒体广告。发布类新媒体广告的主要呈现方式有户外超大视频广告、楼宇视频广告、车载视频广告、网络上具有明显识别性的广告等。

4. 体验类新媒体广告

从产品经济到体验经济,从消费者的生理需求到心理需求,广告在产品宣传的基础上也越来越注重消费者的体验和感受。体验营销就是从消费者的心理感受出发,为消费者设置特定的体验场景,使消费者具有切实的产品消费体验,以此促进销售。而体验类新媒体广告,则是利用新媒体广告可以营造虚拟、逼真的消费场景的特点,使消费者能更多地获得广告产品的真切体验,实现相应的消费。

5. 暗示类新媒体广告

暗示类新媒体广告,指的是在不影响受众正常使用媒体的情况下,在人们关注的相关信息中,巧妙地植入有关产品/品牌信息,对受众进行潜移默化的影响,从而实现产品的销售。一般包括植入式广告、新闻类软文、博客等。

(三)以新媒体广告的形态来划分

随着新媒体广告的日益成熟,本书按照媒体形态整一性来划分,从用户使用较多的媒体大类出发,将新媒体广告分为以下几类:

1. 数字电视广告

数字电视(DTV),指从电视节目采集、录制、播出到发射、接收全部采用数字编码与数字传输技术的新一代电视,是在数字技术基础上把电视节目转换成数字信息(0、1),以码流形式进行传播的电视形态。数字电视广告则是依附于数字技术,在数字电视这一媒体形态上传播的广告。数字电视广告可以具体划分为:

1) EPG 广告

EPG 即电子节目菜单,EPG 广告即运营商在 EPG 的各个界面上发布的广告。EPG 是所有的数字电视用户必须操作的界面。它具体又包括:

(1) 开机画面广告。

开机画面广告,是所有数字电视用户打开机顶盒之后显示在电视机上的全屏画面。大小为全屏;形式为 GIF 图片或 HTM 格式;广告时间在开机后播放;广告长度为 3~5 秒。

(2) 主服务菜单广告(门户广告)。

主服务菜单广告可出现在 EPG 主服务菜单的任意位置,用户进行 EPG 操作时即可接触到广告信息。大小为 1/4 屏左右;形式为图片格式;广告时间为用户进行 EPG

主菜单操作时;广告长度依用户操作时间长短不等。

(3) 频道列表广告。

频道列表广告可出现在 EPG 频道列表菜单的任意位置,用户通过 EPG 转换频道时即可接触到广告信息。大小为 1/4 屏左右;形式为图片格式;广告时间为用户进行 EPG 频道操作时;广告长度依用户操作菜单时间长短不等。

(4) 节目预告广告。

节目预告广告可出现在 EPG 节目预告菜单的任意位置,用户通过 EPG 浏览节目预告时即可接触到广告信息。大小为 1/4 屏左右;形式为图片格式;广告时间为用户选择 EPG 节目预告时;广告长度依用户操作菜单时间长短不等。

2) 互动广告

互动广告与传统广告有很大区别,它添加了更多的互动元素,可以让用户更主动地接触广告信息。互动广告的形式是用户在正常收看电视节目的同时,在电视屏幕上出现一个广告角标。用户如对信息感兴趣,可通过遥控器,激活更多的广告信息。

3) 增值业务中的广告

随着有线网络双向改造完成,未来的数字电视广告能够实现真正的双向互动;后台数据库能够收集、分析用户使用资料;在充分了解用户的基础上,实现定向发送广告和数据库营。

数字电视平台能够在传统的频道收视之外,向用户提供文字消息、电视邮箱、电视 BBS 等多种形式的增值服务。用户使用增值服务时,多处于主动寻求信息的状态,因此在增值业务平台上向用户传送广告信息,能够起到良好的广告效果。它具体又包括:

(1) 文字消息广告。

文字消息,是在屏幕上方或下方播出的滚动字幕。它不仅具备公告通知的功能,而且也支持个性化的消息通知。作为广告媒介使用时,它传递的信息较为简单,但形式灵活,并且可以指定用户或指定频道发送消息。

(2) 电视邮箱广告。

电视邮箱能够储存用户接收到的信息。广告主既可在电视邮箱的界面上直接发布广告,也可通过电视邮箱发布文字+图片形式的广告。

(3) 电视 BBS 广告。

电视 BBS,即电视论坛。用户能够通过手机短信或者互联网络将文字内容实时显示在电视机上。

2. 手机广告

随着智能手机的普及以及 4G 时代的到来,各种多媒体形式也将充分展现在手机媒体上,基于此,广告在手机这一媒体上就有了大展身手的空间。简单来讲,手机广告就是通过手机来做的广告。手机广告的实现主要依赖于网络技术的实现,实际上就是一种互动式的网络广告,具有网络媒体的一切特征,同时比互联网更具优势,因为唯一与受众 24 小时亲密接触的媒体平台是手机。手机广告可以具体划分为:

1) 短信广告

包括短信群发广告、短信抽奖、短信促销等,这在国内应用中已经非常普遍。

2) 手机电视广告

手机电视就是利用具有操作系统和流媒体视频功能的智能手机观看电视的业务。手机电视广告具体又包括：

（1）门户广告。

指在通信运营商的手机电视门户上投放的广告。门户是用户使用手机电视业务的必经之路，访问量很高，运营商也充分注意到控制门户的内容，提高门户的形象。在手机电视门户上投放广告，是一种集中覆盖、打造品牌的方式。但是，手机电视门户版面有限，有吸引力的资源并不是很多。

（2）分散式广告。

可通过以下手段聚合分散的受众。一是同类内容聚合：把每个视频节目都贴上类型标签，广告主挑选某一类型的节目投放广告。二是建立视频网站联盟：广告主可在某一类型的众多视频网站上投放足够多的广告。三是利用用户智能定位技术：系统根据用户的属性来分配广告内容，不同的用户在广告位上呈现不同的广告。

（3）基于数据库的"一对一"广告。

通过系统平台，可以识别出用户的身份和特征，并记录下用户在手机电视平台上的消费行为轨迹，为精准广告投放服务。

3) 间隙广告

指在下载手机电影、游戏时插播的广告。其中视频广告形式最为常见。

4) 手机游戏广告

指在手机游戏中插入广告。目前以条幅形式最为常见，通常以横幅形式出现在手机屏幕的上方。开发者在应用中加入一个或多个"互动广告位"代码，即可自动播放平台提供的各种广告。

手机广告的一大优势在于广告发布与销售渠道可以同步完成，用户看到视频或者图片的广告产品后，如果感兴趣就可以直接拨打销售电话、发送订购信息甚至直接采用手机支付。

3. 基于移动网络技术的户外新媒体

多媒体移动广告面向移动终端（手机、笔记本、PDA、MP4等），以广播方式传送广播电视信号，技术实现方式为卫星覆盖、地面补点。结合地面数字技术，我们的广告形式摆脱了静止的人群，依附在各种交通设施上追随着忙碌的移动大军，从而使移动媒体如移动电视、车载电视、地铁电视等也成为户外广告投放的主要形式。

三、新媒体广告的特征

新媒体广告的特征在很大程度上依赖于新媒体的特征，新媒体相对于传统媒体具有多种传播优势，因此，新媒体广告针对传统广告来讲也具有自己新的特征。

（一）新媒体广告的基本特征——交互性

以最具代表性的新媒体——互联网来说，互联网上的广告的互动性传播方式比传统广告更为有效,广告内涵也得到了新的扩展。广告信息发送者和接受者在网络传播中实现即时的双向互动。这样,发送广告信息一方能根据受众的需求,抓住消费者的心理特征,从而即时调整自己的广告信息。广告信息的反馈使广告的发布不再是单向劝服,而是一种对话式沟通。另外,新媒体的主动性使广告信息不再是过去的"推",而是现在的"拉",即用户针对自己的产品需求可以主动上网找寻需求信息。网络无线的虚拟空间可以使广告主把产品的信息全部详尽地传送到网上,这些资料还可以扩展到企业形象等相关内容。新媒体广告不仅在产品与消费者之间架起了一座桥梁,更是在营销品牌传播方面构建起一种互动沟通,网络"一对一"的互动传播使企业与消费者之间形成了"一对一"的营销关系。

广告人刘国基曾说:广告,作为传统上以企业主为主体的大众化传播,在互联网络高度发达的今天,已进化为双向的、互动的、参与式的、数据库驱动的沟通行为,甚至消费者已经成为"需求广告"的发布者,彻底颠覆了传统受讯者的被动角色,主动形成各种发讯者构成的粉丝圈群,对各种品牌体验自动出击表态,形成舆论社群,全面摆脱企业主通过广告发布话语控制权。[①] 新媒体的成熟使原来只是理论上的受众导向变得更为现实。此外,以前消费者在听到或看到广告信息后需要经过实体购买这一环节才能完成购买行为,而在网络中,受众在看到广告信息后就可以直接进行购买,这种参与到整个营销过程的互动机制正是新媒体更强大的优势所在。

(二)新媒体广告内容广,形式兼具性,理念创新性

由于新媒体相比传统媒体在功能上有了重大的突破,能发布大量的广告信息,如LED液晶显示屏能持续滚动播出多条广告信息,并且能播放声音、动画等,因此,新媒体广告在推广新产品、宣传企业形象、提高企业知名度等方面都能广泛地发挥作用。互联网等新媒体集多种传播形式于一身,新媒体广告在内容展示的形式上也多种多样,具有文字和色彩兼备功能,甚至可以从平面到立体,从产品商标、品名、实物照片、色彩、企业意图到文化、经济、风俗、信仰、规范无所不包含。新媒体广告通过构思和独特创意,紧紧抓住诱导消费者购买欲这一"环",以视觉传达的异质性达到广告目的。而且它形式灵活多变,针对小众新兴媒体,可以更精准地接触目标消费者。

新媒体之所以"新",首先最基本的是具有原创性。这里的原创性是指一段特定的时间内时代所赋予的新的内容的创新,是区别于前时代形式或理念上的一种创新。例如,分众传媒就是一种新兴媒体,具备原创性,它之所以可以称为原创,是因为它把原有的媒体形态嫁接到特定的空间上,形式上是嫁接,理念上却是原创。高品质的新媒体广告需要诸多因素的配合,不仅需要视觉传达方面的设计,还需要程序设计等,这样才能创造出不同的表现方式。

(三)新媒体广告对品牌信息的整合性

新媒体广告最显著的特点是时刻都不能远离广告策划,因为这也是新媒体独一无

---

① 刘国基.新媒体广告产业政策的应对[J].广告大观(综合版),2008(6).

二的优点,即整合品牌信息传播的能力。舒咏平主编的《新媒体广告》一书中曾提到:新媒体广告的品牌信息整合既包括阶段性的、以营销目标实现为主的整个营销传播所涉及的各类信息,又包括相对稳定、战略性的品牌信息,如品牌历史、品牌实力、品牌理念、品牌的产品线、品牌动态、品牌服务等。从而使得新媒体广告既具有眼前的促销功效,又具有从长远着眼的品牌形象建树之意义。①

消费群是由作为个体的人组成的,每一个受众都不会具有完全一样的特征。就像这世界找不出完全相同的两片叶子一样,人与人也不会完全相同,他们总是在年龄、性别、职业、收入等人口统计特征上存在差异,还会在心理方面千差万别。如果我们把消费群看成是一个市场,那么这个市场就太碎了。所以对一个品牌进行传播时,我们总是对消费者进行细分,并且消费者细分得越准确,广告信息就越有效。但是现在,规模性的生产和统一性的传播并不能对应受众细分的理念,这时新媒体广告的信息整合能力就显得尤为突出。例如,无论哪种类型的人接触互联网广告,他都可以通过链接来了解详细的品牌内容,也可以与企业进行直接互动,那么这些信息最后都汇聚到一起。

(四)新媒体广告信息管理的即时性

新媒体广告之所以能即时管理信息,主要是基于新媒体广告的互动性技术的成熟。消费者通过即时沟通,减少了购买的焦虑,而商家通过信息追踪,即时调整产品策略。与传统广告的静止模式不同,新媒体广告可以与消费者进行实时动态的联系,实现信息沟通管理,如可以进行个体咨询答疑、受众投诉处理、受众发帖管理和品牌危机公关等。

(五)新媒体广告的反馈性和选择个性化

反馈性增加了受众对媒体的控制性,可控性增加了受众对媒体使用的公平感,消费者可以更多地参与到企业的营销活动过程中。新媒体广告把媒体选择权更多地交到了受众的手中,受众可以主动掌控产品/品牌信息的获得,能不受时间空间限制,选择自己接受的广告信息方式和类型,甚至可以向广告商定制广告或产品,从而提高广告效率。

本章关键概念

新媒体(new media)
新媒体广告形态(the new form of media advertising)
新媒体广告(new media advertising)
新媒体传播(new media spread)

---

① 舒咏平.新媒体广告[M].北京:高等教育出版社,2010:8.

新媒体广告

本章思考题

一、简答题

1. 什么是新媒体？
2. 新媒体广告的内涵是什么？
3. 新媒体有哪些传播特征？
4. 新媒体广告有哪些特点？
5. 新媒体怎样进行分类？
6. 新媒体对现有媒介生态造成哪些影响？

二、案例分析

小刘研究生毕业以后应聘到郑州某高校学生办工作，主要做学生管理工作。由于小刘在上学期间所学的专业是生物专业，她在组织学生进行文艺活动的时候总是困难重重。经过几次失败之后，小刘决定报名参加一个舞蹈班，这样以后指导学生时也不会完全搞不懂。

可是她询问了好几位同事，没有人给她更多的建议。不过这可难不倒小刘，她来到电脑前马上开始了行动。遇到问题上网查询对于小刘来说几乎已经形成了条件反射。小刘首先上百度输入"舞蹈培训"四个字，出现的结果如下：

小刘先对自己听说过的舞团逐个点开链接看了看，然后又依次把其他的几个链接打开看。经过对各个培训学校和舞团的粗略比较，她将目标范围限定在了龙舞天团、奥

尔华艺培训机构和欣灿艺术培训学校上。通过网站上的客服电话,小刘分别给三家机构的客服热线打电话咨询了内容和价钱。一番比较后,她决定先去试听课程。于是她登录 Google 地图,输入龙舞天团,地图显示了很多红色气球,她选择了离她的住址最近的一个。用同样的方法,小刘也找到离她最近的另两家培训学校的教学点。通过对教学点距离、教学环境、试听情况等的综合比较,小刘最后选择了龙舞天团。

问题:

在这个活生生的例子里,我们看到广告的影子了吗?传统广告最难的就是到达目标受众,但是小刘却可以利用网络主动寻找广告主,我们该如何解读呢?

本章推荐阅读书目

《新媒体激变:广告"2.0 时代"的新媒体真相》

作者:中国传媒大学广告主研究所

出版社:中信出版社

出版年:2008 年

内容简介:

数字化技术如雨后春笋般迅猛崛起,新一轮激荡悄然而至。从街头到电梯,从手机到网络的新媒体风暴席卷全国,广告似乎也进入了类似网络的 2.0 时代,如同膨胀的网络博客一样,广告的未来充满谜团……未来扑朔迷离。

铺天盖地的液晶屏幕已经让广告业产生震荡,新媒体的崛起究竟隐藏着怎样的真相?广告业的未来究竟是怎样一番图景?而你和你的企业如何在激变中完整广告布局,实现战略构想?这正是本书试图告诉你的一切。

本章参考文献

[1] 陈刚.新媒体与广告[M].北京:中国轻工业出版社,2002.

[2] 蒋宏,徐剑.新媒体导论[M].上海:上海交通大学出版社,2006.

[3] 田智辉.新媒体传播[M].北京:中国传媒大学出版社,2008.

[4] 宋安.网络广告媒体策略与效果评估[M].厦门:厦门大学出版社,2008.

[5] 舒永平.品牌聚合传播[M].武汉:武汉大学出版社,2008.

[6] 舒永平.新媒体广告[M].北京:高等教育出版社,2010.

[7] 张惠辛.超广告传播:品牌营销传播的新革命[M].上海:东方出版中心,2007.

[8] 中国传媒大学广告主研究所.新媒体激变:广告"2.0 时代"的新媒体真相[M].北京:中信出版社,2008.

[9] 高丽华.新媒体经营[M].北京:机械工业出版社,2009.

第二章 新媒体广告基础理论

本章导言

1. 了解新媒体广告与传播学的关系。
2. 掌握新媒体广告传播的基本环节。
3. 洞悉市场细分与新媒体广告定位。
4. 把握新媒体消费者的行为类型。
5. 体会新媒体广告与社会文化关系。

本章引例

体验经济下的新媒体广告

案例回顾：

图 2-1 展示的是美特斯·邦威网上终端截图。

图 2-1 美特斯·邦威网上终端截图

美特斯·邦威（简称美邦）品牌新媒体广告三部曲如下。

第一步，重视虚拟营销基因。美邦集团董事长周成建只有初中文化，当过农民，做过裁缝，搞过服装批发，不到 20 岁就开始创业，是一位典型的"温州式"

企业家，但他却喜欢做有文化品位的事情。2005年，他花费2000万元建起一座2000平方米的服装博物馆。迄今10余年，这家休闲服装公司没有生产过一件成衣，全部由国内200多家服装厂OME(代加工)；公司本身也不卖衣服，而是由分散全国的1200多家加盟店销售。正是靠了这种"虚拟经营"模式，周成建已经做到了20亿元的销售额，要知道他经营的品牌是年轻群体的一个品牌，这意味着单品价值不高，也就意味着一年要销售2000多万件套。

第二步，倾力打造美邦新媒体品牌。1994年，周成建创立美特斯·邦威品牌，但没有沿着普通扩大化生产的老路走下去，而是剑走偏锋，闯出自己的一套独特经营方式——一个只直接运营品牌和管理数据的公司。

第三步，广泛进行新媒体营销合作。美邦与爱奇艺自制综艺节目《奇葩说》第一季创造总播放量破2.3亿的成绩后，《奇葩说》第二季也登上屏幕，美邦继续与其合作。同时在实体店内针对节目进行特定的装饰，实现线上线下同步造势。另外，双方还在爱奇艺电商平台以及美邦的官方渠道加强衍生品的宣传与销售。2016年，美邦旗下的有范APP成功冠名《奇葩说》第三季，美邦实现"三连冠"。

案例点评：

美国经济学家约瑟夫·派恩等人把"体验经济"看作一种经济的新形态，因为一方面技术的高速发展增加了如此多的体验，另一方面竞争越来越激烈，驱使商家们不断追求独特卖点。但是最有力的原因在于经济价值的本身，以及它趋向进步的本性——从产品到商品再到服务。

在新媒体环境下，广告主可以营造虚拟、逼真的消费场景，能让消费者更多地获得广告产品的真切体验，以导向相应的消费。通常体现为设置于品牌终端店的视频、品牌网站上的产品陈列室、网络上的品牌商店以及商业电视频道的专题栏目。如在美邦的网站上，由各款产品的展示、模特穿着效果、设计理念、面料质地说明、标价等构成的体验空间，可供消费者进行互动沟通，从而形成一个立体虚拟性的体验性场景。

知识要求

掌握新媒体广告的基本理论，从总体上把握新媒体广告与传统广告的差异；明确新媒体广告传播的基本环节；洞悉新媒体广告与市场营销的关系；掌握新媒体消费者行为的六种类型；宏观上把握新媒体广告与社会文化的关系。

技能要求

了解新媒体广告的基本理论；熟悉掌握新媒体环境下消费者的行为方式；能够运用市场细分对新媒体广告进行定位。

第一节 新媒体广告与传播学

一、新媒体广告传播的构成与分类

就现阶段而言,新媒体指的是以数字传输为基础,可实现信息即时互动的媒体形式,其终端显现为网络链接的计算机、手机、电视等多媒体视频。

新媒体广告的传播包括以下四个方面:

1. 电子菜谱新媒体传播

以中高档餐厅里平板电脑电子菜谱为媒体,充分利用时尚的概念,通过高清大图、3D效果、视频效果、音频效果、超链接效果、电视节目效果来增加品牌的公众认知度。其面对的受众都是高收入的人群,使品牌传播达到最佳效果,是到目前为止最年轻时尚的新媒体。

2. 户外新媒体传播

目前在户外的新媒体广告投放包括户外视频、户外投影、户外触摸等。这些户外新媒体都包含一些户外互动因素,以此来达到吸引人气、提升媒体价值的目的。

3. 移动新媒体传播

以移动电视、车载电视、地铁电视等为主要表现形式。通过移动电视节目的包装设计,来增加受众黏性,便于广告投放。

4. 手机新媒体传播

手机媒体是到目前为止所有媒体形态中最具普及性、最快捷、最为方便并具有一定强制性的平台,它的发展空间将非常巨大。未来的两到三年内,4G手机逐渐普及,手机媒体将成为普通人在日常生活中获得信息的重要手段。

二、新媒体广告信息的传播

新媒体广告,是本书的核心概念。在新媒体广告概念得到界定的基础上,要清晰认识新媒体广告信息传播的规律,还得对传统广告的传播规律进行讨论。

目前的广告概念,是在传统媒体基础上形成的。第一章已经阐述了,目前人们对广告概念的认知基本有个共识,即广告的核心要素包括广告主的付费、可识别对广告主有利的信息、非个人的传播等。如果将此内涵的广告置身于大众媒体环境,紧紧对应以广告公司、媒体广告经营主构成的广告行业,自然没有不妥。可以说,既有的广告概念与内涵,是特定时代的产物,且依然具有其合理性和生命力。

但是,在新媒体环境下,我们将全新的广告形态及其一些主要特点,如互动性、消费者主导、广告主自主传播等引入到广告内涵中进行审视,可以发现:作为广告主的企业已经不再单纯地将商业信息的发布仅仅寄托于如上界定的纯广告,而是越来越多地付诸可自我掌控的、付费支出方式多元化的会展、活动、终端、新媒体、关系管理等。而由营销学界提出的"整合营销传播"(integrated marketing communication,IMC)则越来越深入地影响广告界,也就是说,在 IMC 的思想体系中,传统的广告受到严格的限定,仅被看作营销传播的多种渠道之一,而与公关、新闻、终端、营销、客户管理等同等齐观。如此一来,受到传统广告内涵的约束,广告的生命力也受到极大制约,其核心的广告策划几乎丧失了空间。也就是说,在新媒体及其所带来的营销传播方式变革的背景下,作为营销延伸的广告之内涵也必然会发生演进。

新媒体环境下,新媒体广告信息的传播取向是品牌传播,其理由如下。

(1) 新媒体的互动性,决定了受众可以选择广告信息,广告主也可自主传播广告信息,双向对称的传播特性得以凸显。

(2) 新媒体促使广告主可以自主、便捷地传播广告信息。这里的广告信息,不仅是直接的、功利性的产品信息,还包括突出广告主良好形象的品牌信息,而产品信息又是归属于商标品牌的,因此新媒体催生了品牌传播。

(3) 新媒体固然使得营销传播一体化,但整合营销传播思想更突出营销且由营销学专门研究;而其中的传播成分,则应归属于品牌传播,从而使得广告研究具有特定对象并进而具有独立性。

在新旧媒体并存的环境下,新媒体广告信息的传播既包括传统媒体上付费的、可识别的商品信息传播,还包括新媒体上广告主各种类型信息内容的品牌传播。

三、新媒体广告传播的基本环节

传统广告受大众媒体空间与时间的限制,广告信息往往是提炼又提炼、精炼又精炼之后才予以发布,其信息量必然非常有限。同时,这种广告信息的有限又与强迫性地让泛众化的消费者接触相关,毕竟大多数的广告受众并非特定广告商品的消费者,不期而遇的广告某种意义上是对他时间和空间的无情侵占。于是,传统广告与一般受众的接触,不仅具有强迫性,还具有偷袭性,即以精美的、简短的广告出其不意地偷袭着一般受众的神经。如此,就决定了传统广告信息提供的简短与有限。

而就新媒体广告而言,由于更多的是由目标受众有目的、有意识地进行检索获得,从而导向新媒体广告中产品/品牌信息的提供与服务的发生。人们有意识地搜索获取信息,一般来说,是在某个具体契机通过某个端口进行而后沿着该信息端口依次进行信息的深度搜索与获取。新媒体广告因此也通过数字传输链接的便捷性,呈现出信息服务的链接性。如图 2-2 所示。

由图 2-2 可见,具体消费者出于广告信息需要,通过新媒体广告终端来进行信息搜索,他可依次或非线性地获得某品牌广告主的网页文章、网上商店或电视购物栏目的产品信息,还进一步可链接到该品牌网站主页,进而浏览该品牌的各项深度信息;如需咨询,则还有各种互动渠道进行对话交流。显然,新媒体广告所具有的信息服务链接性能够对应性地满足消费者的信息需求。

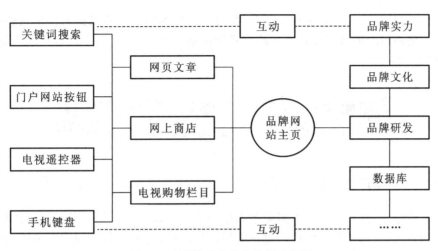

图 2-2 新媒体广告信息传播示意图

四、新媒体广告的传播功能

新媒体是一种不断发展但尚未成熟的媒体形态。它并不是大众传播在数字传播平台上的简单延伸，也不仅仅局限于网络媒体。新媒体是对大众传播的超越，是人类所进入的一个新的传播阶段。

新媒体广告传播的功能主要体现在以下几个方面。

1. 新媒体广告的互动功能

互动性可以说是新媒体区别于传统媒体最显著的特征。在大众传播时代，受众只能被动地接受各种信息，但是新媒体则可以通过先进的技术手段，使信息发布者与受众实现互动式的交流，从而使信息传播方式发生根本性变化。

2. 新媒体广告的全民功能

从信息传播者来看，新媒体所带来的一个巨大的变革，就是任何网络的使用者都可以通过在网络平台上发布信息、言论等进行交流，所有处于传播中的人都可以成为传播的主体。大众传播时代文化与传播精英对信息传播的操控被大幅度地弱化，原来处于弱势的"草根"阶层得以发出属于自己的声音，传播者和接受者成为对等的交流者。2002年底，美国硅谷最著名的IT专栏作家把这种变化概括为"we media"。

3. 新媒体广告的跨时空功能

在空间维度上，传统的大众媒体由于技术的限制，其发布的信息覆盖率实在有限。而随着新媒体传播技术的发展，在新媒体的平台上，只要不是人为因素干涉限制，所发布的每个讯息理论上都是可以面对全球所有的网络使用者的。

在时间维度上，传统的大众传播中，信息是按照时间性分布的形式存在的，因此受众只能被动接受大众媒体在某一时间点上所发布的单一信息。而在新媒体时代，传者与受者的距离趋近于零，全球皆可成为一个传播整体。

4. 新媒体广告的多元功能

博客、播客等新的传播方式，使得每一个人都成为信息的发布者，个性化地表达自己的观点,传播自己关注的信息。因此,新媒体传播的内容所涉及的人类生活的广度、对各类问题所讨论的深度以及形式的多样性都是前所未有的,几乎可以展现人类现有的所有文化形态。

第二节 新媒体广告与市场学

一、新媒体广告与市场营销

作为营销沟通的延伸,广告实际上本质是追求互动性的。如果说早期广告偏重的是推销功能,其本质还是单向性的商业宣传,那么今天我们所认识的广告传播,它所追求的双向互动性,却是一个渐进的过程。从早期广告人将广告创意建立在市场调查基础之上开始,就是为广告活动设下了消费者即广告受众这一前提,透射出一种由产品转向消费者的互动追求。此后,艾·里斯和杰克·特劳特所提出的定位论与唐·舒尔茨所主张的整合营销传播,则更显示出这种由单向往双向转化的广告互动性趋势。①

而一旦以互动性为特征的新媒体代表——互联网诞生,广告的互动性也就得到了突出的体现,广告主与消费者之间的互动代理商也应运而生。美国的《广告周刊》每年对互动式广告代理商进行排名,Agency.com、Avalanche Systems、CKS Group、Dahlin Smith White 等都是排名常在前十的互动广告代理商。② 新媒体环境中互动性的比重越来越大,新媒体广告的互动性自然也日益显著。

资深广告人刘国基说过:广告,作为传统上以企业主为主体的大众化传播,在互联网络高度发达的今天,已进化为双向的、互动的、参与式的、数据库驱动的沟通行为,甚至消费者已经成为"需求广告"的发布者,彻底颠覆了传统受讯者的被动角色,主动形成各种发讯者构成的粉丝圈群,对各种品牌体验自动出击表态,形成舆论社群,全面摆脱企业主通过广告发布话语控制权。③ 也就是说,在新媒体环境下,原来只是理论上的受众导向变得更为现实,成为广告信息需求者、品牌信息搜索者、需求信息发出者。由此,作为强调双向沟通的"品牌传播"内涵的新媒体广告,则不再是广告主或代理广告主利益的广告公司、广告媒体成为主导方,而是让位于兼为潜在消费者的受众。其产品开发的目标市场调查、产品/品牌信息发布、满足受众信息需求的咨询答疑,均成为互动沟通性的新媒体广告,并表现出鲜明的受众导向的互动性。

二、市场细分与新媒体广告定位

在市场细分的基础上,通过新媒体相互链接的特点,新媒体广告展开有目的、有重点、有目标的产品/品牌信息推荐服务,从而将相关信息送达到有需求的消费者或受众。

按照新媒体广告与消费者的互动过程,新媒体广告的市场定位一般由以下三个环

---

① 舒咏平.广告互动传播的实现[J].国际新闻界,2004(5).
② 马文良.网络广告经营技巧[M].北京:中国国际广播出版社,2001:30,31.
③ 刘国基.新媒体广告产业政策的应对[J].广告大观(综合版),2008(6).

节构成。

1. 新媒体广告信源优化定位

即在消费者进行消费信息检索中,最终推荐给消费者深度知晓的品牌网站优化建设。如网站 SEO(search engine optimization)技术,就主要是指针对搜索引擎工具而使得网站内容能够容易被搜索引擎获取,同时能够在搜索结果中占据优势位置,也就是所谓的搜索引擎最佳化结果。SEO 是依据长期摸索、观察得出来的网络技术与经验,它是利用搜索引擎的工作原理和关键词检索规则,对网站的整体构架、布局、导航、分类、内容等进行优化,进而实现网站在搜索引擎过程中的优化。经过 SEO 优化的网站建设,能够实现信息的科学条理化,使庞杂的信息显得井然有序,便于检索获取。

2. 新媒体广告中介渠道定位

其实,该中介渠道就是搜索引擎。受众或消费者需要获得产品/品牌信息,借助这一中介渠道,就能满足他的信息搜索需求,而新媒体广告主则成为向受众或消费者提供产品/品牌信息的推荐者。

搜索引擎作为新媒体广告中介渠道,具有一个其他广告媒体都无法比拟的特点——它能使广告增值。如果广告主所设的关键词为产品名称,或品牌名称,或与之密切相关的词语,那么受众在搜索这些关键词时,搜索结果可能会出现广告主已经付费了的关键词网页链接中,这一般排在搜索结果的前几位。然而,受众一次搜索的结果往往有上千条,除了前几位,其他信息都是广告主所设关键词的相关信息,一般出现在新闻、行业动态、别人的评价文章中。这些信息往往成为影响受众对产品/品牌态度的主要因素。这就是搜索广告的信息附加值。比如输入关键词"联想",搜索结果除了有联想的品牌网站,更多的是有关联想的新闻信息和各种渠道的网络信息。受众往往在这些信息的参照比较中来接受有关信息。

目前世界上的搜索引擎数量甚多,但在信息服务效率上做大做好的几家搜索引擎已经基本形成,即谷歌(Google)、雅虎(Yahoo)、MSN、百度等。越强势的搜索引擎媒体越容易赢得用户,并形成集群效应。目前,搜索引擎的排序一般是竞价购买,即在同一个关键词的搜索下,谁出的钱多,谁的网站排名位置就靠前。此外,也还有由点击率来计算付费并进行排序的方法。

3. 新媒体广告目标受众定位

如果说,通过搜索引擎上的排名推荐以及相应的关联性网页信息推荐主要是对广大的受众或消费者进行信息推荐,那么,建立客户数据库,点对点地进行相对应的产品/品牌信息推荐,则是对目标受众或消费者锁定的精准推荐。

有学者认为:如果说 20 世纪 70 年代以前的营销属于以广告为主的大众营销时代,那么自当时兴起的直效营销直至发展到 90 年代的数据库营销,则成为分众化的营销时代。这种变革不但来源于市场和消费者的变化、企业的变化,而且受到计算机领域、数据库领域和数据计算领域的技术进步的影响,是信息时代大潮向各个领域渗透引起的变革之一。相对大众营销,数据库营销显示出如下区别(见表 2-1)。①

---

① 罗茂初,等.数据库营销[M].北京:经济管理出版社,2007:1,6.

表 2-1 数据库营销与大众营销的区别

比较项目	大众营销	数据库营销
营销对象	典型客户	个体客户
对客户的认知	匿名客户	客户特征描述
生产	批量生产	按需定做
配送	大宗分配	单独配送
信息	大众广告	个性沟通
价格/优惠	统一价格	差别定价
信息传递	单向沟通	互动沟通
盈利手段	规模经济效益	范围经济效益
目标	市场份额	客户份额
营销策略出发点	所有客户	盈利客户
战略方向	发展客户	挽留客户

由表 2-1 可以看出,数据库营销已经不仅仅是一种营销工具,而是一个活生生的"消费者导向"的营销理念,更是新媒体广告的定向品牌传播方式。美国宾州大学沃顿商学院的克斯等人曾经提出一个分析框架：发展新客户的边际收益应该等同于保持现有客户的边际收益。这种边际效益的产生,主要体现在产品/品牌信息传播的精准与有效性上。毕竟,成功的营销一大半是传播与沟通,当推荐类的新媒体广告锁定了目标消费者,有针对性地进行了产品/品牌信息的推荐且跟进沟通互动,营销成交就是水到渠成的了。

三、产品生命周期与新媒体广告策略

我们在认识新媒体广告之时,一定要有一种颠覆传统广告的心理准备,即新媒体不再仅仅是一种静态的产品/品牌信息作品方式的存在,而是互动的、由消费者可以主动掌控的产品/品牌信息的获得。如此,根据具体受众而不是泛泛的大众的具体需要,进行相应的信息供给,满足一个个具体受者的信息需要。而个性化的信息供给,不但需要前面所述及的各类深度信息的整合传播,还需要根据产品生命周期进行即时性的信息沟通策略管理。这种即时性的信息沟通策略主要体现为以下几点。

1. 产品导入期——个体咨询答疑

即个体消费者接触新媒体广告信息之后,以帖文、邮件、电话、短信等方式发来有关咨询,广告主进行即时、真实、坦诚的沟通答疑。应该说,倘若不断有个体消费者发来咨询,恰恰说明了新媒体广告有了前导性效果,因为消费者如果没有关注到新媒体广告上的产品/品牌信息,没有对产品/品牌信息的深度了解,没有产生消费的意向,他是不可能花宝贵的时间,并提出他所关心的咨询问题的;而品牌的信息管理员针对咨询进行答

疑沟通,则是新媒体广告的有机组成部分。

2. 产品成长期——受众投诉处理

如有受众通过新媒体广告的沟通渠道进行投诉,广告主需要建立一个如此基本的联系与思考:其一,该投诉的受众要么是对本品牌的商品进行了消费,要么是对本品牌的信息进行了深度的关注,且结合自身需求与利益,产生负面的影响,故此就具体问题或信息提出投诉;其二,该投诉的受众对品牌依然是存在信心与希望的,他期待着该品牌针对投诉进行相应的改进与完善。有如上两点基本思考,那么就需要品牌的信息管理员即时性地与投诉者沟通,获取详情,采取对策,并将对策落实过程与结果反馈给投诉者,从而获得良好的新媒体广告口碑效果。

3. 产品成熟期——受众发帖管理

这里的受众发帖,一是指受众在品牌自身网站的论坛上发帖,二是指受众在相关网站的社区及论坛上发帖,而任何发帖,均存在对新媒体广告的品牌正面或负面的传播效应。如在有关社区,会有潜在消费者向其他网民咨询某品牌详细信息,随后就有热心的"专家"提供权威的回帖。其回帖内容往往很有说服力,有的是该品牌事实消费者,将很有体会地解说优点与不足;有的是该行业的关注者与研究者,他也会提供比较客观的解说意见。对于这种最为真实、客观的帖文信息,显然品牌的信息管理员应很乐意采纳;即使存在激愤性的负面信息,也需冷静对待,在采集其中有益成分后,再以中立者身份进入论坛进行相应的安抚。

4. 产品衰退期——品牌危机公关

新媒体本身,一方面为新媒体广告提供了便利,另一方面也为可能酿成危机事件的信息传播提供了渠道,同时,也为即时展开品牌危机公关提供了最为迅捷的媒体工具。例如,在三聚氰胺引发的牛奶行业危机、因旗下高端子品牌"特仑苏"的OMP成分超标引发的品牌危机,蒙牛品牌网站均快速地进行了反应,表明态度,采取对策,即时与消费者及公众进行沟通。显然,没有新媒体广告信息沟通管理的特点与功能,及时化解品牌危机则要困难得多。

上述各种信息沟通管理固然需要秉承公开、透明、公正、坦诚等原则,因事而异、因时而异地采取具体对策,但有一个基本的特性是需要坚守的,那就是即时性。因为新媒体广告所依赖的新媒体本身是一个可以迅速放大信息,既可造成负面影响、也可造成正面效应的即时通的媒体网络。在信息管理中遵循即时性无疑可为新媒体广告的品牌传播带来主动。

四、整合营销与新媒体广告传播

对应于消费者关于品牌信息的深度需求,新媒体广告主体(广告主或曰品牌主)会进行品牌信息的整合性的传播供给。如果说,在广告主的整合营销传播中,是根据消费者的需求,通过广告、公关、新闻、营销等渠道,统一地发出一个声音,那么,新媒体广告由于本身就具有信息服务的链接性,所需要重点体现的则是品牌信息的统一整合。

新媒体广告的品牌信息整合既包括阶段性的、以营销目标实现为主的整合营销传播所涉及的各类信息,更包括相对稳定、战略性的品牌信息,如品牌历史、品牌实力、品牌理念、品牌信誉、品牌的产品线、品牌动态、品牌服务等。从而使得新媒体广告既具有眼前的促销功效,又具有从长远着眼的品牌形象建树之意义。

在现代社会及市场环境中,兼为消费者的受众高度"碎片化",即因职业、收入、文化、年龄、性别、区域、个性、喜好、心境等方面的差异,市场成了无数的碎片。如此,各品牌商针对不同的"碎片群落",细分市场、细分产品,乃至进行媒体细分性的选择,以求进行相对应的满足。根据碎片化需求细分性的服务固然是大势所趋,但现代生产又是规模性、集约性的,即需要在生产、营销、传播上富有规模性。新媒体广告的品牌信息整合性由此产生。

第三节 新媒体广告与消费者行为

一、消费者行为构成

消费者的在线行为类型多样,如同传统消费者行为的划分,其分类并无统一的标准。传统的消费者购买行为模式,一般按购买行为发生的先后次序划分为若干阶段,最具代表性的当属美国著名营销学者科特勒的五阶段购买行为模式,即认知问题、搜寻信息、评价备选方案、选择与决策、购后评价。

本书依据传统的购买次序划分方法,结合互联网平台上消费者在线行为的特点,将消费者在线行为分为以下六种:在线搜索行为、在线点击行为、在线定制行为、在线评价行为、在线互动行为及在线展示行为。当然,如同传统购买行为一样,消费者在线行为的这六种形态并不一定严格遵循购买行为发生的先后次序,换言之,以上六种在线行为主要是消费者网络消费行为的形态展现。

1. 在线搜索行为

自1990年搜索引擎的鼻祖Archie诞生,二十余年来,搜索引擎可以说引领了互联网的急速发展。如今的人们,在互联网上搜索各类信息已成为常见的网络应用之一。据第37次CNNIC报告显示,截至2015年底,我国搜索引擎用户规模达5.66亿,使用率为82.3%,用户规模较2014年底增长4400万,增长率为8.4%;手机搜索用户数达4.78亿,使用率为77.1%,用户规模较2014年底增长4870万,增长率为11.3%。搜索引擎是基础互联网应用,其使用仅次于即时通信;手机搜索在手机互联网应用中位列第三,使用率低于手机即时通信和手机网络新闻。

而对于消费者的在线搜索行为,Pew Internet等的调研表明:在美国,高达81%的在线消费者搜寻过相关产品或服务的信息;与此同时,高达71%的用户会依托网络上的信息以确保他们能够买到满意的产品。

依托于搜索引擎技术的发展,目前的消费者在线搜索行为呈现出以下三个明显特征:第一,搜索引擎的平台化应用,在线搜索功能的技术提升。

消费者在线搜索行为得益于搜索引擎技术的不断进步,从早期的搜索引擎局限于文字、图片等基本信息的搜索,到今天搜索引擎可搜索的内容无所不包,文字、图片、视频、声音……甚至于在未来触觉都可以利用搜索引擎来查询。这其中对在线搜索行为影响最大的即是搜索引擎的平台化应用,使得在线搜索功能不断提升。如前文所述,在线搜索行为的结果已形成一个平台,所有的资源都将汇集到在线搜索平台之上,从而完善在线搜索的功能,提升搜索结果的满意度。

第二,搜索引擎的链条化体验,在线搜索行为的信息聚合。

消费者在线搜索行为的结果不但将所有信息聚集在一个大平台之上,而且消费者在线行为能在信息聚合中实现链条化的体验,所有相关的信息或围绕一个中心呈网状,或组合成一种链式结构,而搜索引擎对在线搜索行为而言起着关键的桥梁作用。可以说,消费者在线搜索行为体验到的是链条化的搜索引擎技术,而真正实现的是在线搜索行为的信息聚合。

第三,搜索引擎的个性化追踪,在线搜索行为的快速回应。

目前的搜索引擎技术不断发展,在互联网平台上可以任意追踪消费者,并且针对不同的消费者提供不同的产品。例如,基于搜索定向的搜客即是如此,对在百度搜索过指定关键词的人,在其浏览企业主/广告主指定的投放网站时投放该推广组下的产品。消费者在线搜索行为随时都被购物网站所记录,例如消费者在该网站搜索了U盘,购物网站会在消费者的页面中推荐相关的产品,或发送消费者相关产品的邮件。因此,搜索引擎越来越个性化地追踪特定消费者,而消费者的在线搜索行为也能够得到快速、及时的回应。

2. 在线点击行为

一般而言,搜索是手段和目的,点击是需求和结果,二者存在一定的关联。因此搜索和点击常被人们连在一起使用,或者混为一谈。但本书认为搜索行为和点击行为有着本质区别。一方面,具有搜索经验的网民都会相信,搜索到的结果不一定就会点击,同时由于搜索到的结果内容庞大,消费者也根本不可能点击全部的搜索结果;另一方面,多数网民在浏览互联网页面时也会主动点击自己感兴趣的网页,显然此种点击行为属于消费者的漫无目的浏览,与前文所述的在线搜索行为有着本质的区别。

区别于在线搜索行为,消费者的在线点击行为之所以发生,主要由于以下三种情况。

1) 自主性的在线点击

自互联网平台诞生以来,受众的主动性便大大得到增强。在Web 1.0时代,虽然网民不能随意创造内容,但由于互联网空间的虚拟等特征,受众也可根据自身兴趣点击网络内容,可以说,受众的这种主动性是传统媒体所不能提供的。而进入Web 2.0时代后,网民的自主性得到空前提升,如今的互联网中,论坛、博客、微博、各类社交网站及购物网站等均成为网民自主性的活跃空间。不可否认,网民已不再是被动接受信息的受众,而是积极主动地参与到互联网平台的内容创造,成为信息的制作者、发布者和传播者。概言之,网民进入到了一个"高度自主"时代。

在网络购买行为发生的过程之中,不难理解,消费者的在线点击行为也多为用户自主的行为,用户根据自身的需求点击有兴趣的信息。

因此,从在线点击的方式来看,消费者多属于主动点击,当然除此之外,商家也会弹出广告窗口供消费者选择,但这种点击的主动性仍掌握在消费者受众手中(除了网站恶意的弹出式窗口)。

2) 推荐性的在线点击

除了受众的主动点击,消费者的在线点击行为之所以发生,还存在推荐化因素。这主要表现在网站方、商家的推荐以及消费者之间的推荐。

一方面,在互联网平台上,网站方及商家的角色不容忽视。除了由于消费者真实点击而形成的关注度较高的产品之外,网站方和商家也会使出各种手段极力推荐利益产品,通过制造虚假点击率或雇佣网络水军对相关产品进行推荐。虽然消费者可以自主选择是否点击推荐的产品,但不可否认,被网站方推荐的产品无疑会有更高的点击率。同时,技术上也不难实现,例如商家基于点击的定向广告投放,则针对在百度点击过已关联搜索推广计划的消费者,在其浏览指定的网站时投放该商家的广告。

另一方面,消费者自身也会通过其社交关系或借助互联网平台进行产品的推荐。这种自身推荐一般存在两种情况:强连接推荐和弱连接推荐。1974年,美国社会学家马克·格兰诺维特论述了著名的强弱连接理论。他指出:"强连接"(strong ties)现象存在于传统社会中,人与人通过亲情、爱情、友情等方式连接在一起,这种关系具有较强的稳定性,但它的传播范围十分有限;同时,马氏指出"弱连接"(weak ties)则更广泛地存在于社会生活之中,弱关系基于对社会的粗浅认知。人们街头的偶然邂逅、通过媒体的无意接触等均属于弱连接的范畴。[①]

对于在线点击行为的推荐性而言,其一,强连接推荐多指通过社交关系推荐给自己熟知的人,这种推荐比较真实可信。消费者在线点击行为产生的一个重要原因来自于其社交关系的推荐,即口碑传播。如同传统的消费者行为,消费者还会通过一定途径介绍给自身的亲朋好友。同时消费者还会通过咨询等手段从强连接处得到推荐信息。其二,消费者自身也会在互联网平台上进行弱连接推荐。消费者在购买行为发生之后往往会进行评价,由于互联网的开放性,任何用户都可以浏览到其他用户的评论,因此消费者可从弱连接推荐中得到相关信息。当然,这种推荐需消费者甄别信息真伪,自身做出理性的判断。

3) 假象化的在线点击

如前文所述,网站方或商家为了提高产品的关注度,会对特定产品进行推荐,或制造虚假点击率或雇佣网络水军,从而营造出一种虚假繁荣的购物场景。因此,这种在线点击行为存在较多假象化的情况。当然,普通消费者很难判断其真伪,在多数情况下,消费者会点击浏览相关信息。在线点击行为假象化的现实根源是互联网平台的虚拟性和仿真性。

第一,互联网是一个虚拟性的平台。

人类对于虚拟(virtual)的认识由来已久,从最早旧石器时代的岩画,到敦煌莫高窟

---

① Mark Granovetter.The Strength of Weak Ties[J].American Journal of Sociology,1973,78.

的彩绘,及至盛行于19世纪的西方全景画,无疑都是人类早期获取的身临其境的虚拟体验。而数字化时代的到来,将人类带入了一个全新的虚拟体验空间之中。计算机处理的数字化过程,将所有的文本(所有经过编码和解码的意义符号)都能够缩减成二进制元编码,并且可以采用同样生产、分配与储存的过程。① 因此,互联网通过虚拟合成,以"超越现实时空"的感受来展示现实的购物空间。互联网平台的虚拟性,来源于现实世界,但高于现实世界,这种平台既包含物理平台的特性,又兼具心灵平台的特点。一方面,在线购物平台拓宽了消费者的现实认识,让消费者购买行为保持多个维度与层面;另一方面,在线购物平台又能形成奇妙的拟像化世界,让消费者游离于虚拟与现实之间。因此,虚拟性是在线点击行为的根源之一。

第二,互联网是一个仿真性的平台。

互联网时空的仿真依托外界事物的参数变化,对现实时空系统进行场景变幻的动态模拟,常以内容全面、外观形象、表达生动等多维角度反映客观现实。首先,从消费者点击产品浏览的内容来看,其在线点击行为的内容较为全面准确,任何有网络购物经历的人都了解,购物网站上关于产品的信息资料非常翔实,可以让消费者全面了解产品的特征。其次,从在线点击的表现来看,在线点击行为视觉化体验感强,可让消费者仿佛置身于购物场所之中,可以说购物网站为消费者提供了立体展现的购物场景。最后,从消费者点击行为的发生过程来看,各种表达穿插其中,生动活泼的表达技巧吸引消费者的眼球。不难看出,仿真性是在线点击行为的另一根源。

3. 在线定制行为

除了互联网上正常的购买行为,消费者也可以通过定制行为在互联网上实现个人需求的满足。

定制最早出现于早期的农业社会,当时的手工制作产品能满足人们的基本生活需求,这可以说是定制的最早渊源。然而西方的工业革命使人类快速进入工业化社会,定制这种形式悄然消失。大规模的机器化生产带来海量的标准化产品,消费者只能被动地选择流水线上的产品,定制俨然成为人类被遗忘的而且是奢侈的梦想。然而,计算机技术、互联网技术等的高速发展,催生了定制经济的复活。早在2000年,《人民日报》就引用了美国乔治·华盛顿大学发表的《改变未来的十大科技》,其中大量定制被列为第四大科技:自1998年,戴尔电脑公司自创定制的营销模式,向个人用户出售电脑,大量定制的威力在当时已经显现。时至今日,戴尔公司的网络销售金额达到了每天1500万美元左右。在其他经理人发现戴尔的莫大成就时,整个企业界都已开始上网接受客户指定规格订购产品。到2007年时,虚拟购物总额可达到美国经济规模的1/3。② 如今的互联网,在线定制行为成为最具人性化的经济,备受各方推崇。而本书的调查也显示,分别有31.69%、25.14%及22.95%的用户赞同其会参考产品的相关定制信息。

通常来说,消费者的在线定制行为有以下三个明显特征:

第一,在线定制行为的个性化。

---

① 丹尼斯·麦奎尔.麦奎尔大众传播理论[M].4版.崔保国,李琨,译.北京:清华大学出版社,2006:100.
② 参见《人民日报》2000年6月29日第2版.

在线定制行为成为消费者获得产品的重要渠道。目前消费者需求的个性化体现在,越来越多的消费者已不再满足于传统的产品购买模式,相当比例的消费者的购物观念已从传统满足消费需求的传统购物服务,转化为"灵活、自由"等较高需求的个性化在线定制服务。因此,按照消费者的需求为其"量身定做"高度细化、个性化的产品,能够提高客户服务水平和满意度。

目前消费者在线定制行为个性化的发展,一方面,其影响到了生产环节。消费者订购符合自身需求的产品,可以反作用影响生产环节,商家可按照消费者的需求进行生产。另一方面,消费者在线定制行为已然自主化,并且目前品牌的网络营销也有这一趋势。例如,2012年情人节期间,德芙巧克力推出的定制巧克力个性化营销活动、飘柔推出的大型户外LED广告屏的个性化表白——"不一样的表白"营销活动等均利用在线定制服务来实现。可以说,品牌主的营销活动也早已瞄准消费者在线定制的个性化需求。

第二,在线定制行为的团体化。

以团购网站为代表,目前的消费者在线定制行为也有团体化的特征。在线定制行为往往发生在互联网上有相同需求的消费者之间,虽然彼此并不熟悉,但通过互联网平台可以组成团体化的临时组织,从而实现在线定制行为。由此可见,这种团体化特点与传统的定制行为有着明显的区别,其并不能维系恒久的关系。

消费者这种定制行为的团体化特征主要基于以下两方面的原因:一方面,同传统团体定制服务类似,在线定制行为往往价格低廉,以各大团购网站上的产品价格来看,团购价格一般都低于购物网站的同类产品价格,更低于现实市场中的产品价格。物美价廉往往是消费者选择定制行为的重要原因。当然,团购商家也往往以低价在激烈的竞争中取胜,如果价格过于昂贵,消费者则会大量流失。另一方面,在线定制的消费者往往兴趣相同,其形成相同兴趣的临时组织,从外部表现来看,具有显著的团体化特征。

第三,在线定制行为的公益化。

目前来看,与其他消费者在线行为有本质区别的是,消费者的在线定制行为有着明显的公益化特征。当然,这里所指的公益化,并非指所有的在线定制行为都存在,相反,多数在线定制行为均是消费者的商业需求。

除了商业定制,网络购物也有公益营销的趋势,如聚焦行动、聚菜行动等都激起了消费者的热衷参与。网络购物的公益营销应该说是购物网站发起,众多消费者积极热心参与而得以实现的。例如,淘宝聚划算团购网站推出的聚菜行动,整合了购物网站和消费者等多方力量,共同努力,帮助菜农解决蔬菜的销路问题。一方面,聚划算将菜农的蔬菜资源整合到互联网平台上,同时联系当地的大型超市,然后在网上发布团购信息。另一方面,则依托消费者的在线定制行为,消费者通过爱心接力,在聚划算平台上下单,共同帮助菜农渡过难关。可以看出,这种在线定制行为有着明显的公益化特征。

4. 在线评价行为

为了满足消费者网上购物的信用需求,各大购物网站纷纷建立了自身的信用评价体系,而消费者的在线评价就是这一信用体系中的重要环节。同时,各种在线点评类网站发展迅猛,以大众点评网、口碑网、驴友网等为代表的点评网站聚集了大量消费者的在线评价。可以说,购物网站自身评价系统和在线点评类网站成为了消费者在线评价行为的聚集高地。同时,消费者对网络评价信息有较高的兴趣。

通过梳理国内外学者的相关研究,在线评价多从口碑的角度理解。2001年,Harrison认为,在线评价行为指与商业无关的人和接收者之间进行的与产品、品牌或服务相关的非正式性的交流。2005年,Godes等也认为,在线点评可以看作是一种特别的口碑。Godes等则认为,在互联网空间中,在线评价行为全然不同于传统的评价行为。如仍按照对传统评价的理解来思考在线评价行为,已具有很大的局限性。总的来讲,与传统的口碑等评价行为相比,在线评价行为具有以下四个明显特征:

第一,在线评价行为传播空间广阔。

传统的口碑评价主要通过人际交流,以面对面或口头的形式传播。而在线评价行为覆盖面更大,传播空间广阔。无论是麦克卢汉眼中的"地球村"概念,还是尼葛洛庞帝所说的"比特没有颜色、尺寸或重量,能以光速传播",依托互联网平台,在线评价行为的触角能够延伸到世界的各个角落,并以"比特"的形式徜徉于网络世界之中。"信息传递时间的不断缩短,使得原来限制人们交流与交往的空间问题从某种意义上可以被忽略,即空间距离相对缩小……网络'超越了传统的国家界限,令距离感归于消失'。"[①]不难理解,在线评价行为会在整个互联网平台上进行传播。

第二,在线评价行为传播时间久远。

传统的口碑评价多发生在实时的人际交流之中。而在互联网平台上,Cheung等指出,消费者在线评价行为受到的时间限制较少,在线评价行为本身扩散时间较长。网民的在线评价行为的阅读时间和评价时间并不是同步进行的,在线评价行为时间的延伸主要归结于互联网平台的非线性传播和个性化传播。

一方面,传统媒体中的广播、电视时间均是按照线性传播依次发生,而在互联网中,时间则呈现出非线性传播的特征。互联网采用超文本及超链接方式进行非线性传播,这种非线性传播的方式将消费者在线行为从客观时间的限制中解脱出来。另一方面,互联网也是一种个性化传播的工具。传统媒体是面向大众进行传播的,因此很难实现个性化传播。虽然网络传播也是一种大众传播,但它同样包含人际传播、群体传播、组织传播等丰富的传播模式。因此,消费者在线评论行为在互联网上是一种个性化传播,消费者可以主动选择接受信息内容,以一种更为自由、灵活的方式进行评价行为。

第三,在线评价行为传播关系较弱。

传统的评价多发生在范围较小的社会团体之中,因此,这些评价通常在亲朋好友之间传播。按照格兰诺维特提出的强弱连接理论理解,亲朋好友之间属于强连接关系,联系相对比较紧密。而消费者的在线评价行为发生在虚拟的互联网平台之中,因此,评价行为的贡献者对其他人而言极有可能就是陌生的人。依据强弱连接理论,在线评价行为的观众与评价贡献者之间属于弱连接关系。因此,一方面,在线评价的可信度问题值得思考。在线评价行为本身可能会是虚假的评价内容,或者是商家的广告宣传,这在一定程度上降低了在线评价信息的可信度。另一方面,在线评价本身是匿名的,在网络虚拟社会之中,商家甚至会雇佣所谓的"五毛党"、"网络水军"等来制造虚假的在线评价。

---

① 董炎.信息文化论——数字化生存状态冷思考[M].北京:北京图书馆出版社,2003:92.

第四，在线评价行为传播控制容易。

传统的口碑评价由于发生在真实的社会关系之中，一般来说比较真实可信。亲朋好友相互传递评价信息，商家也很难控制这种评价的传播。而在互联网环境之中，商家就有机会和能力对在线评价行为进行控制，包括利用监测、引导甚至删除等手段参与到在线评价行为的传播过程之中。

例如，商家也可定期收集在线评价，然后对其内容进行分析整理，从而对企业的市场策略、营销行为等做出调整。商家也可以建立在线社区或官方网站，鼓励在线评价行为在其中传播，当然有利评价会予以强调，而不良评价则会被屏蔽甚至是删除。换言之，商家决定着哪些评价信息以什么样的形式出现在在线社区之中。由上可见，对商家而言，消费者在线评价行为的传播控制比较容易。

5. 在线互动行为

关于互联网上的交互性传播本质，前文已有论述，这里就不再赘述。有必要说明的是，本书认为，在线评价行为与在线互动行为有着本质区别，在线评价行为多指消费者购物后对产品的满意程度等方面做出相应的评判，而在线互动行为特指消费者与商家之间借助互动工具进行的关于产品的交流。因此，在线评价行为多由消费者进行（除了商家雇佣的网络水军），而在线互动行为则发生在消费者与商家之间以及消费者与消费者之间。

一般而言，在线互动行为需借助相应的互动工具。在线互动行为的工具众多，最为主要的包括以下四大类型：即时通信；博客、微博；BBS 论坛、贴吧互动；社交网站、网络调查、电子邮件。

1）即时通信

即时通信（instant message），最初是互联网上用于人际实时通信的工具，同时多人也可借助即时通信工具对文字、图片、音视频等信息流进行交互传递。目前的即时通信已包罗万象，形成了个人的综合信息在线平台。以 QQ 聊天工具为例，几乎腾讯自身的重要产品都集中到了 QQ 面板之上，包括 QQ 空间、腾讯微博、QQ 邮箱、QQ 钱包、腾讯网、QQ 游戏、QQ 宠物、QQ 音乐、腾讯视频、QQ 团购、QQ 电脑管家等腾讯主流产品。

目前消费者的在线互动行为主要通过购物网站提供的即时通信进行，辅以传统的通信工具，例如 QQ。购物网站即时通信工具以淘宝网的阿里旺旺为代表，给在线购物用户提供方便快捷的服务。消费者可通过阿里旺旺聊天平台即时与卖家沟通。在线互动行为的众多载体中，即时通信以其人际传播和私密传播见长。因此，利用即时通信进行的在线互动行为公信力高，往往成为消费者了解产品的重要工具。

2）博客、微博

博客，英文名 blog，又称"网络日志"。作为 Web2.0 最具代表性的技术应用，它的诞生让互联网进入了自媒体传播的时代。如今，晒心情、发日志、做评论已成为网民习惯的互联网行为。

博客的最早原型可以追溯到 NCSA 的"What's New Page"网页，主要是罗列 Web 上新兴的网站索引，该页面从 1993 年 6 月开始，一直更新到 1996 年 6 月为止。直至 1999 年，Peter Merholz 以缩略词"blog"来命名博客，成为今天最常用的博客称呼。博客作为自媒体的代表,能够使消费者在互联网平台上自由地发布相关产品的信息,同时也可在消费者之间进行自由互动交流。

作为博客的变形体,微博的诞生使得消费者之间的互动交流更进一步。微博指用户通过手机、移动通信、电子邮件等各种互联网平台在个人微博上发布的短信息(通常140字以内)。微博是用户社会关系网络与博客表达手段的完美结合,因此传播范围更广阔,传播手段更丰富。

3) BBS论坛、贴吧互动

BBS(bulletin board system),又称"电子公告板"或"网络社区论坛"。从诞生之日起,BBS就成为网民发表评论、交流互动的平台。

由于BBS的匿名性及公平性,其作为消费者在线互动行为的优势十分明显。任何消费者都可以在BBS上发表观点。从某种程度上来看,BBS成为社会普通大众发表产品言论的重要场所。

消费者在线互动行为通常发生在如下两类BBS论坛之中:一类是官方、半官方主办的BBS,另一类是商业网站主办的BBS。前者以"强国论坛"、"水木年华"等为代表,主要由媒体或高校主管;后者则以"天涯"、"猫扑"等为代表,均由商业网站经营管理。由于"强国论坛"等偏重时政,因此,消费者在线行为更多发生在高校BBS及商业网站BBS之中。

4) 社交网站、网络调查、电子邮件

社交网站(social networking services),又称"社会性网络服务"。它以人的社会关系为核心,同时在其平台上开设各种网络应用工具,进而增强人与人之间的联系。前文所述的博客、微博、即时通信等,从严格意义上来说,均属于宏观上的社交网站,本书所指的社交网站特指以交友和互动为主的专业社交网站。近年,社交网站发展迅速,以美国Facebook为代表的社交网站异军突起,成为互联网的新宠。

同其他多数Web2.0应用类似,社交网站也起源于美国。据全球最大的社交网站Facebook 2016年第一季度财报显示,其月活跃用户数量为16.5亿(同比上涨15%),移动用户数量为15.1亿(同比上涨21%);其日活跃用户数量为10.9亿(同比上涨16%),移动产品日活跃用户数量为9.89亿(同比上涨24%)。如此庞大的用户数据及随之产生的不计其数的消费者在线行为,将对购物网站的发展起着直接的影响作用。

网络调查同样是消费者和购物网站互动的一种方式,即消费者接受调查,通过填写购物网站的电子问卷来实现互动。同时,也可通过让消费者参与抽奖等购物网站的营销活动,为企业开辟出新的互动营销的空间。例如,美国社交网站Facebook上允许企业开设一个专区,然后通过各种形式聚集一批用户,并通过Facebook和用户互动,最后再投放广告。或者让消费者在Facebook上邀请自己的好友为自己的"重要时刻"呐喊助威,在Facebook上参与互动的好友越多,用户最终胜出的机会也越高。胜出者获得网站提供的奖品。

电子邮件具有社交和通信双重属性,与即时通信工具一样,电子邮件也可以进行人际交流或者通过群组的形式实现群体交流。目前来看,电子邮件互动多为购物网站发起,发送相关产品信息到消费者邮箱中,类似传统的"垃圾邮件"形式。所以从严格意义上讲,消费者和购物网站并没有实现真正的互动。

6.在线展示行为

展示,作为消费者自身表达的一种手段,在互联网平台上日益受到消费者的喜爱。目前来看,根据消费者消费行为发生的前后,可将消费者在线展示行为分为购物前展示以及购物后展示两种形式,当然,在线展示行为以购物后展示为主。

消费者的在线展示行为具有以下三个显著特征:

第一,在线展示行为的创造力。

消费者在线展示行为一般是消费者在互联网上主动分享自己的购物心得,因此,这种展示行为具有较强的创造力。一方面,在线展示行为可按照消费者自身的意愿来展示产品信息,这完全不同于商家的产品营销展示,因此,消费者的在线展示行为有产生创造力的基础。另一方面,消费者可以在互联网平台上分享自身的购物,同时可对购买的产品随意搭配,从而组合成其他消费者喜爱的产品。例如关于服饰的搭配千变万化,众多消费者的参与为在线展示行为自身提供了创造力的源泉。

第二,在线展示行为的诱导性。

由上所述,一般消费者进行展示行为时,多数表现的是对该产品的喜爱,这种喜爱会通过消费者的言语等表现出来,其他消费者看到该产品的展示时,会潜移默化地受到感染,从而增加对该产品的喜爱。同时,一般而言,在线展示行为虽没有目的性,但存在一定的推荐意义。在琳琅满目的产品中,消费者在线行为的展示无疑会对其他消费者产生诱导作用,促使其产生购买行为。与此同时,商家也有可能利用在线展示行为的诱导性迷惑消费者,达到销售产品的目的。

第三,在线展示行为的全面化。

消费者的在线展示行为全面化有两层含义:表达的客观以及内容的全面。一方面,表达的客观体现在消费者的表达多数是实事求是,从中立角度对商品进行展示。消费者在线展示行为多出于其自身的喜爱,一般不会对商品的缺点进行掩盖,这就不同于商家自身的广告宣传,多数商家都会极力回避缺点,放大美好。而消费者的展示则不然,所以,从这一角度来看,消费者在线展示行为相对客观真实。另一方面,消费者在线展示行为一般描述的内容较详细具体,能够给其他消费者提供清晰明确的解释。例如,驴友网上面关于自助游的游记,消费者记录的一般都非常全面具体,这种展示行为相对来说比较真实可信。

当然,商家也有可能利用消费者的在线展示行为进行营销。试想一下,假如互联网平台上出现大量真实的在线展示行为,例如消费者去哪里旅游、看了什么电影、在哪家餐馆就餐、买了什么衣服等等,这些都可以成为广告主营销的有效渠道。这种隐蔽的广告效果不言而喻。

二、消费者的类型分析

消费者是指大众传播所面对发言的无名个体与群体,是一切营销活动的出发点与落脚点。因此,消费者研究成为市场营销学研究的重心,且理论丰厚。在具体的把握上,单波教授指出:"回到日常社会层面可能是激活消费者研究的良方,既可在理论上扬弃概念化、类型化的消费者,建构为人而存在的主体间性传播关系,结合实践上意识形态对人的宰割,以及消费主义所带来的同质化、单一化,进而把握消费者的真实存在。""在日常生活中保持对消费者亲切体验与理性分析,这也许是消费者研究最好的归宿。"①由此,抽象的消费者研究在一定意义上是不存在的,这里我们也自然结合具体的新媒体广告来分析消费者的类型,具体如下:

1. 知识型消费者

以网络为代表的新媒体,其接触的首要前提即为具有一定的知识能力,而随着我国教育的发展,具备上网浏览能力的中高学历层次的消费者越来越多。在中国互联网发展过程中,新网民的不断增长,让互联网与经济社会深度融合的基础更加坚实。调查结果显示,2015年新网民最主要的上网设备是手机,使用率为71.5%,较2014年底提升了7.4个百分点。可以说,随着移动互联网的不断普及,当下时代,社会的中坚人群也因网络的普及几乎无一例外地需要运用网络。再加上,新媒体广告的设置与发布又需要精准地服务于该部分人群,因此知识化中坚化成为新媒体广告的首要群体。

2. 品牌型消费者

当今社会是高度消费性的社会。随着社会分工的细化、人们的收入水平提高、市场商品的丰富,人们的消费需求也得到空前的刺激,多种多样的产品均得到开发,消费成为人们生活的重要内容,也成为社会保持活力的重要方式。一般来说,拉动市场经济发展的动力,一是外贸出口,二是基建投资,三是内需消费。由此可见消费的重要性。但不同社会阶层,因收入不同、需求不同、观念不同,所进行的消费是不一样的。如农村老年人的消费就会大大逊于城市年轻人,而城市一般工薪阶层的男性消费又会逊于中高收入家庭的女性。而在消费意识与行为中,消费者又会对不同档次、不同个性、不同品质的品牌有所选择,如此就产生了品牌化消费的差异。正因为如此,承担着不同品牌传播使命的新媒体广告,其所诉求的消费者群体就形成了品牌型的消费者。

3. 个性化消费者

由于人们的观念、个性的差异,在社会群体中会产生各种各样的差异化群体。美国传播学者约瑟夫·塔洛就在其1997年出版的著作中写道:"一种共识就很快取得影响,即因为美国社会比以往任何时候都更为支离破碎,广告主需要各种视听形态以吸引比以往更狭窄和更确定的消费者。"②随着社会人群的无限细分,学者们则指出:"碎片化"已经成为了社会学、消费行为学、传播学界的一个热门概念,一种最真实的写照,其指的是社会阶层的多元裂化,并导致消费者细分、媒介小众化。③ 而这种社会群体、消费者、消费者的碎片化,其前提就是人们个性化力量的显示。为了尊崇消费者或消费者的个性,社会消费需求个性化特点日趋明显,市场的离散化程度越来越高,为了更好地满足市场的需求,品牌必须进行市场细分。市场细分客观上是按一定的依据将整体市场分

---

① 单波.译者序[M]//罗杰·迪金森,等.受众研究读本.北京:华夏出版社,2006:21.
② 约瑟夫·塔洛.分割美国:广告与新媒介世界[M].洪兵,译.北京:华夏出版社,2003:33.
③ 黄升民,杨雪睿.碎片化背景下消费行为的新变化与发展趋势[J].广告大观(理论版),2006(2).

解为许多同质性的细分市场,但是,市场细分不仅是一个分解的过程,也是一个聚合的过程。所谓聚合,就是把对某种产品特点最易做出反应的消费者集合成群,直到显示出一个有一定规模、能使企业细分化的生产富有利润的消费者市场。而随着互联网的广泛运用,消费者网上互动集群性增强,弥散的、碎片化的消费者及受者又按一定的特点标准聚合起来,新媒体广告要诉求也就是这样的既具有鲜明个性又在新媒体的黏合下重新聚合起来的人群。

4. 参与式消费者

新媒体本身是就人们具有高度的参与性互动性而设计的:面对有着上百个频道的数字电视,观众个体需要自己选频道、选节目;面对空间无限的网络世界,更需要网民个体进行网页的选择与点击;面对诱惑力无限且让你有成功感的游戏,同样需要游戏者参与其中;而在网络社区或论坛中,只要你参与,你的所有疑问、所有才华均可得到解答与展示。因此,新媒体广告的消费者群体必然有大部分属于参与式消费者。

三、消费者行为研究对新媒体广告策划的意义

新媒体技术的发展对社会受众的影响是极为深刻的,不啻为传播史上的一次重大变革。新时代的广告策划者针对这些新型广告受众群体,该如何进行广告策划呢?本书认为应该从以下方面入手。

1. 消费者的自主性

由于网络环境下消费者的自主性和个性自由的大大提升,传统的强迫性吸引受众注意力的方法只会适得其反。中国互联网信息中心、日本电通公司的调查都显示,绝大多数网民讨厌弹出式广告,甚至在下载相关的软件时会自动"关闭"掉弹出式广告。对于新型广告受众,我们应充分尊重其自主性,对其购买欲望进行有计划的引导。

2. 注重广告的娱乐性

传统的那些单调、呆板的广告表现形式已经远远不足以吸引消费者的眼球。快节奏的生活方式和海量的信息接触,使得新消费者们越来越追求时尚与个性,热衷于对解构严肃与权威的"恶搞"文化。因此,新媒体时代下的广告更应该主要表现广告的娱乐性。例如,现在越来越多的网络游戏开始植入广告,甚至某些游戏道具就是采用现实中产品的外形。

3. 消费者参与

Web2.0 时代的参与式营销,可以充分调动消费者的参与性,做到只耗费相对较少的资金投入,便将营销信息有效传递给成千上万的目标人群。可以说,新媒体广告是品牌营销、产品推广的"轻型、新式武器"。比如百事可乐"我要上灌"的活动,用户可以通过网站上传个人照片,若投票获胜,便可以在百事可乐的罐子上展示自己风采。又如惠普"我的电脑,我的舞台"的活动,可以让参与者特别是大学生用户展示自己的创意,在网上创作出绘画等作品,满足年轻人展示自我、张扬个性和创意的需求。不仅需求是多层次的,不同的人群需求也是不同的,所以,需要根据自身的特点和目标用户群的核心

需求设计出良好的互动体验。

4. 长尾市场

互联网降低了接触更多人与信息的成本,个人基本需求的满足引发了个性化需求的增加,这种趋势使得长尾市场呈现增多、扩大的趋势。当今消费者的个性化逐渐变得主流化,企业若想继续在市场上站稳脚跟,就必须对长尾人群予以足够的重视。

企业可以通过口碑宣传、建立推荐系统的方式对这些长尾受众进行引导,更应该积极主动地寻找这些利基市场并采取有效率的营销策略。

5. 社区化营销

广告主与用户之间信息的互动和反馈固然重要,但更重要的是要形成用户之间的互动。在受众的眼中,自身与企业永远不会处在对等位置,用户之间更容易进行广告信息的交流。社区代表着小众,它把一群基于共同的兴趣、爱好、自我认知的受众联系在一起,在互联网等媒体上集结。在社区中,人际联系更加紧密,信源也相对真实,信息更容易被社区其他人接受。此外,每一个社区群体都有一个"代言人",他们是被社区人公认的权威,虽然广告受众行为日趋个性化,但在无意识中仍然会处于一种"权威崇拜"中。广告主如果能及时地发现社区,找到这些社区代表并对其进行有计划的引导,通过口碑宣传从而创造出社区内的"病毒式"营销,这无疑是一种全新的传播策略。

第四节 新媒体广告与社会文化

一、新媒体广告对社会文化的影响

在人类悠久的发展历史中,每一种新媒体的产生总会带来新的信息传播方式,从而影响人类的思维方式、交流方式、艺术形式等。媒体在不断演进的过程中终于进入了一个全能传播的状态。目前,报纸、杂志、电视和新媒体之间是在竞争中发展、在发展中竞争,每一种媒体都能充分地发挥其各自的作用,它们同时保持一种互相参与、互相渗透、互相联合的关系,借助于其他媒体发展自身。任何一种媒体的出现,都是由人的需求带动的。媒体背后的技术不能自发产生,运用媒体进行传播也是只有在人与人之间才有意义。媒体先是一种人化的产物,然后才是一种社会化的产物。

新媒体广告的优势无疑是巨大的。从传播技术来看,以互联网技术为核心的各种高新技术孕育了网络媒体的诞生,并伴随其成长;从传播方式看,新媒体广告不仅融合了以往各种大众传媒的优势,能通过文字、图像、声音同时发送信息,而且还具有了各种大众传媒所不具备的特点,如跨时空性、可检索性、超文本性、和交互性等;从新媒体传播的功能看,它能使信息传播具有高速、高质、超量、多样化、超时空、超文本的特征,既可同步传输,也可异步传输,正是由于它的出现,打破了传统传媒受时空限制的因素,变得随时随地都可以接收;从传播的方向和机制看,新媒体突破了以往大众传媒单向传播的模式,能使信息传播具有双向传播的特性。

媒体的发展史在某种程度上也是社会的发展史。新媒体发展的迅速及其复杂性给社会生活带来的冲击是多方面的。就新媒体广告对社会文化的影响而言，主要体现在以下五个方面：

第一，新媒体广告进一步分化了受众群体，使个人化消费趋势加剧。

从历史发展的进程中不难看出，媒体发展的历史就是新技术不断涌现的历史，就是受众群体不断分化的历史。电影的出现，使受众分化为以剧场为单位的小群体；电视的出现又将受众锁定在以家庭为单位的私人空间里；而如今新媒体广告的发展更是一日千里，它们进一步分化了受众群体，制造了更加个人化的消费模式。网络媒体使"点对点"、"一对一"的传播成为可能，互联网可以根据个体的个别需求提供相关信息和服务。这也就是我们常说的个性化服务。实际上，个性化是网络媒体的技术特点所带来的理论上的结果。虽然目前互联网上的个性化服务还很粗略，但是网络技术为个性化消费提供的可能却是不容置疑的。

第二，新媒体广告改变了受众的媒体消费习惯，使受众的主体性增强。

网络传播打破了传统大众媒体的单向传播模式，从而使信息传播有了双向交互和"一对一"的特点。这种传播特点决定了受众获取信息的方式：一是主动的，二是个人的。也就是说，在网络传播中，受众不是被动地接收信息，而是主动地发现信息、选择信息、处理信息。这就彻底改变了受众被动接收的消费习惯，同时使传者和受者之间的关系发生了根本的变化。"受者中心"代替"传者中心"，受众地位受到充分的尊重，受众的主体性增强。

第三，新媒体广告颠覆了受众对特定媒体外形的固有印象。

例如，长期以来广播的传播方式几乎没有太大变化。绝大多数的人对广播的理解仍然保持着"线性传播、过耳即逝、你说我听"的印象。相对于传统广播而言，播客则是一种彻底的颠覆。传统广播的特点是即时性，播客的特点则是自主性；传统的广播模式是"你说我听"，而播客则是"在我想听的时候听我想听的"，而且还可以"你听我说"。在这种模式下，受众不再是媒体内容的被动接收者和消费者，而是媒体内容的选择者，同时也是内容的主动参与者和创造者。

第四，新媒体广告赋予并进一步扩大了受众权利。

网络具有交互性的特点，受众因此享有了前所未有的参与权。一方面，用户在网络上获取信息时可以有更多的自主权和选择权，可以自己控制"何时"、"何地"、"用何种方式"获取"何种"信息；另一方面，先进的网络技术使受众可以把自己的意见和建议及时反馈给信息发布者，同时还可以和其他用户进行交流和沟通。网络传播还扩大了受众使用媒体的权利。此外，网络还使传统媒体的权利受到监督和制约。受众可以根据网上获得的多方信息对大众媒体的公正性、中立性和可信性提出质疑和挑战。

第五，新媒体广告影响了受众的思维模式和生存方式。

众所周知，网络信息具有海量和超链接的特点。网络信息的无限性和个人时间、精力的有限性是一对天然的不可调和的矛盾，这势必使得受众对媒体信息进行选择性收看和接受。选择性收看带来视觉上的"拼贴状态"和无序性，使人习惯于碎片式思考。网络世界中沟通的主动性、对话的平等性、传播的广泛性以及交流的匿名性使得信息传播过程中去中心化、去权威化、去地区化、去现实化的趋势日益明显。

当然,新媒体在对我们的生活产生积极的影响时,存在的问题也不容忽视,而这就要从我们的文化结构谈起。

当我们去探索中国的社会文化时,会发现中国的社会文化是传统文化的现实体现,而这个文化结构以儒家文化为主体,以道家、佛家文化等为辅助,它已成为中华民族文化的根源。儒家文化在人际关系、社会伦理、价值观、人生观等方面的内容,经过历史的沉淀和现实的筛选,或多或少融入了社会生活的方方面面,成为中国人为人处世的价值标准和行为准则。虽然近年来,西方文化以及日韩文化,如一波波洪流,不断涌向神州大地,对中国的传统文化和社会文化造成了一定程度的冲击和影响,但依旧无法改变传统文化在人们心中根深蒂固的地位。因此,在新媒体的发展过程中,不因过分地追求新潮而只顾把一些过于前卫的思想和行为推到发展的主流线上,而应时刻关注着中国人的主流价值观以及审美情操。在这种双向结合的推进过程中,才会让新媒体以一种独特的方式前行。

中国的媒体用户,分为传统和新兴两派。传统用户更注重信息的真实性和公信力。新媒体在传播的过程中,在这两方面还需要下很大的功夫。新媒体广告将真实和虚拟的间隔进一步消融,许多信息经过技术加工和传播后,变得更加真假难辨。传统用户在积极参与到网络世界中的时候往往会更容易对周围的危险掉以轻心。而一旦新媒体不能及时传递正确的信息,对传统用户的思维进行了误导,传统用户很可能在发现之后立刻选择拒绝接受新媒体而回归传统媒体,这对新媒体的发展会造成很大的影响。新兴用户对信息的接受更具主动性和选择性,因此,新媒体在发展过程中,应时刻保持内容的新颖程度和文化内涵深度,信息的流行程度与否,直接影响新兴用户的接受和认可程度,也直接影响新媒体的发展速度。总体来说,新媒体在对信息的传导过程中,需要以传统的思维角度去宣传新兴的事物,让不同年龄的用户都能在其中获得自己所需要的东西。这对新媒体的发展无疑提出了很高的要求。

同时,长久以来受传统文化的影响,人民群众对于自己的想法,通常是埋在心里,任其自生自灭。但自从新媒体出现后,越来越多的普通百姓通过这一平台表达出了自己的想法。借助网络媒体,人们对越来越多的社会事件发挥话语权,并且在很大程度上影响着事件的走向,最终推动了一些问题的解决。正如香港文汇报社社长王树成说:"中国网络舆论对于社会的影响程度之深,在世界上是罕见的。网络舆论的力量对于推动事件的直接进展,起着重要作用。网络舆论的监督与制约力量,对于促进社会系统的健康运行,也具有积极意义。"依托新媒体的优势,相信在之后的中国社会发展中,人民的政治诉求将会得到更好的满足,社会的民主性将得到更加大的提升。

传媒先知麦克卢汉曾创造性地指出,媒介最重要的方面,并不是植根于与文化内容有关的问题,而是在于传播技术。这个观点很好地为我们分析了该如何以正确的心态面对新媒体的出现。作为一种新兴的媒体工具,其作用即在于以一种更高效的形式向大众传播信息,而并非改变文化本身的形态以及之前所有的价值观念。很多人在关注新媒体的过程中,错误地将其利用,从而对大众的情感和思想进行了错误的导向,致使新媒体在发展和使用的过程中进入了一些不必要的误区,也影响了它正确的发展方向。

因此，我们在对待新媒体与社会文化的关系时，应当把它当作一种新型的工具，以它能更加快捷地让我们了解讯息、方便我们的生活为基础。并且其传播的信息应该符合主流价值观，让更正确的思想以最直接、最便捷的方式进入人们的生活之中，向社会文化注入新鲜血液，让我们的文化软实力借助新媒体这一平台得到新的发展和壮大。同时我们也要能以辩证的思维来识别与化解新媒体洪流中的种种陷阱和危机。唯其如此，才能真正把握时代赋予我们的机遇，不断推动新媒体的发展，使其成为真正有用于人们、真正方便这个时代的新型传媒工具。

二、新媒体广告的社会伦理冲突

1. 新媒体广告的伦理困惑

涉及广告伦理问题，有两个概念需要区分：道德沦丧和伦理困惑。道德沦丧一般是明显的违法行为。我国法律对广告内容的合法性有明确规定，这种行为的性质比较容易界定。如《广告法》中规定："广告不得含有虚假或者引人误解的内容、不得欺骗、误导消费者"。问题往往就出现在伦理困惑上。如果广告由"伦理困惑"走向"道德沦丧"，那就不是社会无法容纳广告，而是广告自我走向衰亡。

不同于传统广告的道德沦丧，新媒体广告的伦理困惑的产生是因为对伦理问题的解释尚无定论。

首先，"有权做的事"和"做正确的事"之间是有区别的。例如，新媒体广告主是否应该劝说贫穷的青年购买价格昂贵的旅游鞋？法律并不反对这种做法，但社会的道德责任感会约束这种做法。又如，某品牌牛仔裤系列新媒体广告中的模特看上去只有15岁，穿着极少，而且还摆出极具性暗示的姿势，这也是典型的具有伦理问题的新媒体广告。这些"问题广告"在经济生活中随处可见。

其次，夸张与欺骗之间常常觉得也仅一步之遥。新媒体广告的夸张一方面受到所表现产品本身特性的制约，另一方面又要受到目标对象的心理与习惯理解接受与否的制约。如某保健品新媒体广告，说喝了之后考试可以得一百分，这显然是夸张过度，成了欺骗性广告。必须清楚夸张的适用范围，哪些可以夸张，哪些不可以夸张。在新媒体广告中，有关产品的功能、效用、品质等事实部分应准确明白，不允许有任何程度的夸张。

此外，信息不充分是滋生伦理困惑的又一个温床。新媒体广告主往往突出其品牌的优点而省略中性之处或缺点，即广告所描述的一切都是真实的，但未讲出全部事实。还有，利用科学技术歪曲形象，只表现产品最好的一面，也有可能引发新的伦理问题。例如，通过技术处理，新媒体广告中的模特可以显得比本人实际更苗条。由此可能造成的社会后果是，年轻女性中饮食不正常的比例呈上升趋势。

2. 新媒体广告与社会文化的伦理冲突

第一，性别歧视。

美女、动物、婴儿是广告情感化策略的"三大法宝"，尤以美女运用得最为广泛。然而新媒体广告中的女性形象有被过分强化的趋势，性别意识过分凸显，形成新的层面上的性别歧视。适度的女性形象有利于新媒体广告的发展，提升人们的审美情趣。问题是目前的一些新媒体广告中,女性的形象被完全商品化,成为一种包装、一个卖点、一种装饰,成为商家同受众之间的交换价值。有些新媒体广告主无视社会责任,滥用女性形象进行宣传,加深了女性被固定在角色的错误模式,误导女性相信外在美是女性价值的全部和唯一的体现,仅通过使用一些外部的化妆手法增加形体的吸引力,便可达到改变个性甚至命运的目的。这种认识的存在将会对社会道德造成负面的效应。

第二,媚俗低劣。

《公民道德建设实施纲要》中对广告道德建设提出这样的要求:"要注意文化艺术品位"。然而由于各种原因,新媒体广告无论在文化内涵上还是在艺术表现上都呈现出良莠不齐的现象,媚俗低劣的新媒体广告大有存在。这些新媒体广告倡导不健康的价值观念和生活观念,宣扬陈腐落后、低级庸俗的社会文化,一味崇洋媚外,妄自菲薄,对人们的价值观、审美观、行为规范产生误导,严重污染精神文化环境,亵渎民族语言文化,丧失民族自尊和民族特色。

第三,歪曲和误导价值观。

新媒体广告在宣传产品的同时,还承载着传播文化观念的功能,对人们的价值观起着潜移默化的作用。一些违背民族传统美德和过分强调、攀比物质享受的新媒体广告将在一定程度上误导人们的价值观。这在前面已做过详细叙述。

第四,违背社会公德和商业道德。

为追求私利,新媒体广告违背商业道德的现象屡见不鲜。有的经营者为追求短期利益或不正当利益,故意发布不正当比较的新媒体广告,捏造与散布虚假事实,以诋毁竞争对手的产品或企业信誉,或者恶意利用客观事实,渲染竞争者偶然或意外的缺陷来贬低其产品,或者将自己产品的优势与竞争对手的劣势进行比较来误导消费者。这些行为从法律上来说属于不正当竞争行为,从伦理的角度审视则是违背商业道德的行为。更有甚者,有的新媒体广告一心追求经济效益,竟然粗暴地践踏社会公德,引起社会的强烈质疑和反感。这些严重违背社会公德的新媒体广告,未成年人可能深受其害,对成年人也是百害而无一利。

新媒体广告不仅仅是单纯的商业信息传播,同时,也传承着文化,构建着文化。在培育健康的社会文化方面,广告的功能不可小觑。我们需要的是健康、积极、向上的广告。一定要加强广告从业者文化素质建设,强化广告人的社会责任感,培育健康的广告文化,构建健康的社会文化。

三、新媒体广告的社会责任

新媒体广告在实现其经济目的的同时,也承担着重要的社会伦理责任。强调新媒体广告的社会伦理责任是社会文化建设的需要。新媒体广告运作的过程有别于一般的宣传教育活动,作为一种经济活动,新媒体广告所获得的经济支持大大超过一般的宣传教育活动。

市场经济越发展,新媒体广告的经济资源越丰富。人数众多、业务精良的新媒体广告专业队伍和多种多样的大众传媒,使新媒体广告在社会生活中有着巨大的影响力。经过精心包装的广告所蕴涵的人生观、道德观、价值观,更容易为大众特别是青少年所认同和接受。加强思想道德建设需要强调广告的社会伦理责任,不同的新媒体广告会对社会文化建设产生不同的效果。一个"好"的新媒体广告对于社会文化建设的支持和推动有着难以估量的作用,而一个"坏"的新媒体广告则败坏了社会道德风尚,腐蚀了受众的人生观和价值观。

强调新媒体广告的社会伦理责任,是树立良好的企业形象的需要。在市场营销中,由于经济的发展,产品之间的差异变得越来越小,而某些差异对消费者来说并没有很大意义。一个企业的生存和发展,只靠自己产品的特点已远远不够了,企业的声誉和形象显得越来越重要。新媒体广告能够较好地履行社会的伦理责任,就能更好地塑造企业的形象。

四、新媒体广告与亚文化

亚文化,又称次文化(subculture),原是社会学中的名词,是指在某个较大的母文化中,拥有不同行为和信仰的较小文化。亚文化群和其他社会团体之间的差别,在于其成员有意使自己的服装、音乐或其他兴趣与众不同。

新媒体广告与亚文化息息相关,具体体现在以下几个方面。

第一,新媒体广告要与亚文化相适应。

不同的亚文化群体的广告需求的差异性很大。一方面,广告要适应当地的亚文化,以使新媒体广告更容易被接受;另一方面,在广告创意中也可以倡导其独特的价值,从而在当地形成一种时尚,引导人们在消费中感受那种新媒体广告中蕴含的特有的文化。不同亚文化背景的受众对同一新媒体广告的内容会有不同的感受和理解,同样的广告也会在不同的国家和地区产生不同的宣传效果。新媒体广告定位时必须充分了解并尊重受众的亚文化差异。另外,融合两种或两种以上的亚文化的优势在新媒体广告中同样很重要。一方面,要有本民族文化特色才能吸引受众,另一方面,只有适应受众文化的广告才能被接受。在消费主义和个性文化盛行的时代,适应所有群体的老少皆宜的新媒体广告很难真正赢得目标群体的真心青睐。人们在异质愈来愈高的都市中,要求得到与众不同的心理满足感,就更需要获得某种意义上使自己满足的归属感。新媒体广告中把握得当的亚文化恰恰能满足大众的这种心理。因此,某种意义上说,在做新媒体广告之前,真正了解目标群体的亚文化特质、语言、偏好,是新媒体广告成功的关键。

第二,在亚文化群中,青少年群体是构成主体之一,而青少年群体往往又是广告诉求对象的主体,因此,深刻揭示新媒体广告中青少年亚文化的文化内涵,挖掘其产生的社会动因,能够为正确认识和评价青少年亚文化现象提供科学依据和价值尺度。

青少年亚文化是相对于主流文化而言的,是指在青少年群体中存在的与成人文化有一定差距的价值观念和行为模式。它对传统文化具有一定的反叛色彩,适应青少年的需要,是青少年生活观念和行为的统一体,显示了青少年文化偏离、排斥"成人文化"或"主流文化"的总体态势。往往表现为服饰、发式上的标新立异,语言、行为、心理上的逆反和对传统文化的抗争,以及对某些传统规范的反叛,反映了青少年对环境朦胧的冲动和对自身价值的强调。青少年文化是一种典型的亚文化,具有那种"披头士列依式"、"充满愤怒"的反叛精神,只是从早期反叛阶级、种族、性别等主流文化转向"狂欢化的文化消费"的反叛。因为青少年群体内部的交流和互动相当频繁,具有互喻和互示的作用。从深层次上,这种互动要体现主流文化价值观和精神追求,但在表层次上,它不同于传统文化,而与商业文化、通俗文化结合在一起,甚至成为流行文化的主体和代表。

因此,在当今的新媒体广告表现中,我们看到许多与传统文化和固有思维相悖的形式、语境、表达的出现,主要目的就是使青少年乐于接受。在这种亚文化中不乏道德取向和道德规范的成分。而且采用视觉、听觉双重形式的新媒体广告,比单纯的视觉形式或听觉形式的广告更能给青少年留下深刻印象。

第三,新媒体广告作为亚文化或流行文化的表现形式,越来越受到受众的关注。

特别是青少年在接受新媒体广告传播的过程中,自觉不自觉地对新媒体广告中所传递的信息不加选择地全盘接受,这与文化所具有的强大影响力和渗透力有关。新媒体广告在传递信息的过程中有意识地加强了力度,并且有些时候新媒体广告在制作和创意的初期就针对青少年这一亚文化的情感和生理特点着重加以诉求。为了迎合青少年独特的审美趣味,广告将人们在长期实践中总结出的美的惯常概念——打破,从而为青少年创造某种新的价值观念和行为模式提供了基础。

第四,新媒体广告在采用亚文化诉求时应该注意,如果能将地方亚文化的新奇性、神秘性、知晓性、形象性很好地挖掘出来,新媒体广告必将获得成功。

新媒体广告只有针对目标受众的需求才能实现其预期的效果。在社会生活中,我们每一个人、每一个群体只要是理性地存在、明智地选择,事实上总是在主文化群和亚文化群的两个队列间不停穿插;即便十恶不赦的人也有附和主流之一面。在这个意义上我们可以说,民主社会中并不存在谁对谁的绝对服从、谁对谁的绝对压迫,大家都不过是在相互的服从和相互的压迫之下共同维系并不断创造着群体的秩序。

第五,文化不仅构成了新媒体广告表现的基本内涵,也制约着新媒体广告的创意水平。

在这里,中国新媒体广告不仅需要很好地表现文化,更需要实现文化的超越,从而达到文化意识上的自觉和思维上的创新,以具有独特个性和审美趣味的新媒体广告创意弥补制作技术的不足。现代的新媒体广告人不仅要把握当前的流行文化思维,也要深入理解传统民族文化中的道德观念及审美倾向。没有了文化,新媒体广告就成为了一种赤裸裸的叫卖。中国新媒体广告制胜之道在于新媒体广告的文化。新媒体广告创作一定遵从受众不同的亚文化特色和价值观念,尽力消除亚文化差异对新媒体广告宣传的负面影响,从不同的亚文化中找到人们对某一事物认识的契合点。只有定位和创意都顺应文化传统与风情习俗的新媒体广告,才能打动目标受众,实现新媒体广告的真正目的。

本章关键概念

新媒体广告(new media advertising)
市场细分(market segmentation)
产品生命周期(product life cycle)
整合营销(integrated marketing)

本章思考题

1. 新媒体广告的传播本质是什么?
2. 新媒体广告传播的基本环节有哪些?
3. 市场细分与新媒体广告定位有何联系?
4. 如何划定新媒体广告消费者的行为类型?
5. 如何把握新媒体广告的社会责任?

本章推荐阅读书目

《解码新媒体》

作者:赵凯

出版社:文汇出版社

出版年:2007年

内容简介:

进入21世纪,"新媒体"这个词的使用频率越来越高。人们将所有新的信息传播工具和信息接收工具统统称为新媒体。

当今世界,媒体形态和传播环境日新月异,各种新媒体层出不穷,引起了社会、政治、经济、文化、伦理等各个领域的深刻变革。新闻传播业首当其冲,也给社会发展和学术科研带来了许多崭新的课题。

"新媒体"是当今社会的热门话题。本书试图用通俗易懂的语言,对新媒体进行简明扼要的描述。对于复旦大学新媒体研究中心来说,这仅仅是最初步的工作,是对新媒体深入研究的基础。本书能够帮助读者对新媒体有一个比较全面的认识。书中阐述,今天新媒体的发展日新月异,要不了多久,今天的新媒体就会变成传统媒体,技术更新的速度甚至可能超过写书和再版的速度。因此,这本书也只能帮助读者对新媒体有一个初步的认识。

本章参考文献

[1] 陈刚.新媒体与广告[M].北京:中国轻工业出版社,2002.

[2] 蒋宏,徐剑.新媒体导论[M].上海:上海交通大学出版社,2006.

[3] 舒咏平,陈少华,鲍立泉.新媒体与广告互动传播[M].武汉:华中科技大学出版社,2006.

[4] 张惠辛.超广告传播:品牌营销传播的新革命[M].上海:东方出版中心,2007.

[5] 田智辉.新媒体传播[M].北京:中国传媒大学出版社,2008.

[6] 中国传媒大学广告主研究所.新媒体激变:广告"2.0时代"的新媒体真相[M].北京:中信出版社,2008.

[7] 舒咏平.品牌聚合传播[M].武汉:武汉大学出版社,2008.

第三章 新媒体广告调查

本章导言

1. 由于数字网络技术的介入、数字网络媒体特性与网民特性等因素的存在，新媒体广告市场调查呈现出不同于传统市场调查的新特征，其目的和要求也有所不同。

2. 新媒体广告市场调查的内容和范围主要包括新媒体使用环境调查、新媒体广告产品消费者调查、新媒体广告主调查、新媒体广告产品调查、新媒体广告产品竞争状况调查。

3. 新媒体广告市场调查的基本方法主要有在线信息搜索、网上访谈或在线座谈、采用电子邮件、网页调研。

4. 新媒体广告市场调查的常用技巧包括在线座谈会的运作、网页调查的运作、调查问卷的设计、随机抽样调查方法、非随机抽样方法、调查数据的处理与分析、调查报告的撰写。

本章引例

百事 Lay's Facebook APP 的市场调查

案例回顾：

2012年，百事旗下菲多利（Frito-Lay）食品公司推出一款新软件——Lay's Facebook APP，其目的就是想让 Facebook 用户为其新口味薯片提供建议，并且按下"我会吃这个"的按键，提交他们的偏好（见图3-1）。调查结果显示，在加利福尼亚州和俄亥俄州啤酒洋葱圈口味较受欢迎，而在纽约则是西班牙油条口味更受欢迎。此前，菲多利还在欧洲、亚洲、非洲和南美洲做过类似的调查以征集创意。于是，就出现了泰国辣螃蟹口味薯片、塞尔维亚腌黄瓜口味薯片、澳大利亚恺撒色拉口味薯

图3-1 百事利用 Facebook 进行市场调查

片、埃及虾口味薯片和波兰香肠口味薯片等等。

百事集团首席营销官(CMO)Salam Amin 说:"每个国家都有它独特的饮食口味。做这个调查就是想让人们把最喜欢的烹调口味告诉我们。这可以激发他们与品牌进行互动的热情,同时增加对品牌的忠诚度,这对于市场营销来说是最重要的。"

2013 年初,百事选出 3 种最受欢迎的口味,制作后投放市场,然后再请 Facebook 用户投票,评出最佳口味。最佳口味的提交者有机会获得 100 万美元奖金或者这种最佳口味薯片在当年净利润的 1‰ 的经济回报。

案例点评:

对于品牌来说,Facebook 已成为一种极为有效的市场调查工具。用户在社交媒体上实现的是按照身份、兴趣等的有机聚合。利用社交媒体做调查的优势表现如下:

(1)消费者身份更具系统性。社交媒体上所形成的群落是一些有机组合,人们因为自己在乎的兴趣点而聚集在一起。消费者往往基于自己的社交身份做出决定。

(2)可靠的决定。市场调查者希望在网络上与消费者进行真诚的交流。因此,利用社交媒体做调查与传统调查有两点明显的区别:一是调查者可以根据消费者的敏感点设置问题;二是通过设置有针对性的问题,可能无形中已经预先改变了消费者的想法。

(3)实时性。通过社交媒体上的实时调查,调查者不但可以了解消费者当下的想法,甚至可以判断出未来的市场趋势。

(4)更具性价比。利用传统方式做跨区域、跨品牌的市场调查并不便宜,而根据社交媒体的自身特点,其所需要的调查成本会大幅下降。

知识要求

了解新媒体广告市场调查的特征、目的和要求;理解新媒体广告市场调查的内容和范围。

技能要求

理解和掌握新媒体广告市场调查的基本方法和常用技巧;学会调查数据的收集、处理与分析;学会调查报告的撰写。

第一节 新媒体广告市场调查的特征、目的与要求

一、新媒体广告市场调查的特征

尽管与传统广告市场调查有很多的相似之处,但由于数字网络技术的介入、数字网络媒体特性与网民特性等因素的存在,新媒体广告市场调查呈现出不同于传统市场调查的新特征。

(一) 突破时空界限

利用数字网络技术的优势,新媒体广告市场调查可以跨越时间和空间的限制,调查的信息量和覆盖面大大增加。每天不间断的网络信息传播,使调查人员可以在任何时间上网收集相关信息;通过网络这一全球性的沟通平台,调查人员可以方便快捷地进行异地信息收集,既降低调查成本,又能提升工作效率。这与受区域和时间制约的传统调研方式有很大的不同。

(二) 凸显被调查者的主动性

在传统的市场调查中,被调查者往往处于被动地位。受调查人员自身素质以及被调查者心理素质的影响,信息反馈可能存在偏差。例如在面对调查员的追问时,被调查者基于防备心理,容易隐藏内心真实的想法。而新媒体广告市场调查的整个过程都是在网络上进行,被调查者不会受到调查员的主观影响,更容易如实地填写调查问卷,其主动性得以凸显,同时也能最大限度地保障其信息反馈的真实性和有效性。

(三) 调查过程方便快捷

数字网络媒体具有良好的互动性,其信息传播快速、反馈及时的特性使网络问卷的发放与回收变得非常方便、快捷。利用相关计算机统计软件,网上问卷可在回收的同时就自动进行数据资料的汇总、统计与分析。由于网上问卷从设计、发放、填写到回收、整理、分析这一系列的过程都可以在网上完成,因此可以节省整个调查过程中人力、物力、时间成本的投入,从而以低廉的时间成本和资金投入收集信息。以零点搜狐网上调查系统为例,该站点每天有400~600位主动浏览访问的网上朋友,在10天之内可以获得约5000位受访对象,而通过街头拦访或电话访问要获得同样的样本数量,需要2~3倍的时间。

(四) 标准化程度高

网络调查省去了编码录入环节,从而避免了数据录入过程中的遗漏与编误。调查人员借助自动统计软件,可以在较短的时间内完成标准化的数据统计分析工作,并在此

基础上对调查结果做深入分析与研究。同时,调查人员还可以根据实际需要,对分析应用软件进行改进和提高,以适应不同的调查和不同的统计分析报告。

(五) 更好的接触效果

传统方式的市场调查活动需要耗费大量人力进行,周期也比较长。如现在很多洗涤消费品、食品调查进行入户调查,调查人员既要担心是否被人拒绝,又要考虑不要与被访者的工作时间冲突。网上调查就避免了种种尴尬。由于网民较有规律地查询个人电子邮件,因此,网络成为能够准确抓住目标调查对象的有效工具。调查公司可以通过他们手中掌握的邮件列表对网络用户进行自愿调查,当然,适当赠送给网络用户一些纪念品是必要的。实践表明,网民大多不反感网上调查方式且乐于参与。

(六) 调查过程的可检验性和可控制性

网上调查问卷可以附加全面规范的指标解释,有利于消除因对指标理解不清或调查员解释口径不一而造成的调查偏差;问卷的复核检验由计算机依据设定的检验条件和控制措施自动实现,可以有效地保证对调查问卷全面的复核检验;通过对被调查者的身份验证技术可以有效地避免信息采集过程中的舞弊行为。

二、新媒体广告市场调查的目的

在传统广告活动中,市场调查是整个广告活动的起点,它为广告策划提供科学的依据,是保证广告策划完善而有效的前提和基础。同样,企业在选择新媒体广告运作的时候,针对新媒体广告的市场调查也是必不可少的环节。

(一) 为广告主企业制定决策或调整市场营销策略提供客观依据

经营决策决定了广告主企业的经营方向和目标。它的正确与否直接关系到广告主企业的成功与失败。广告主企业进行经营决策必须了解和掌握市场及其营销环境的基本状况及其发展趋势,了解和掌握企业自身的经营资源和条件,使企业的资源、活动范围和营销目标在可以接受的风险限度内与市场环境提供的各种机会相协调。进行系统、周密的市场调查和研究,为决策提供可靠的依据才能保证广告主企业的经营战略方向是正确的,广告主企业的战略目标是可行的,广告主企业营销活动的中心和重点是符合市场要求的,广告主企业的发展模式同外部环境是相适应的。

广告主企业针对某些问题进行决策或修正原有策略,如产品策略、定价策略、分销策略、促销策略等,通常需要坚持不懈地进行市场调查,不断收集和反馈消费者及竞争者的信息,才能正确把握营销策略的制定和调整,从而在市场上站稳脚跟,立于不败之地。显然,科学决策或调整策略必须以市场调查为基本前提。

(二) 帮助广告主企业及时发现市场机会,开拓新市场

市场机会与市场营销环境的变化密切相关。通过市场调查,可以使企业随时掌握市场营销环境的变化,并从中寻找到新的市场机会,为企业带来新的发展机遇和新的经

济增长点。随着科学技术的进步,新技术、新工艺不断涌现,企业只有通过市场调查,了解国际国内市场的需求情况,分析产品处在市场生命周期的哪个阶段,并分析市场空缺,才能确定在什么时候开发研制、生产和销售新产品,以满足消费者的需求,把握市场机会,使企业不断开拓新市场。

(三)有利于广告主企业进行准确的市场定位,更好地满足市场需要

企业要在竞争中求得生存和发展,关键是要比竞争者更好地满足目标消费者的需要。消费者的需求多种多样,而且会发生变化。企业只有通过市场调查,才能了解和掌握消费者的需求变化情况并进行准确的市场定位,按其需求提供其所需要的产品,才能提高消费者的忠诚度,从而确立竞争优势,使企业在激烈的市场竞争中立于不败之地。

(四)协助广告主企业建立和完善市场营销信息系统,提高经营管理水平

市场营销信息系统是指由人、设备和程序组成的一个持续的彼此关联的结构,包括内部报告系统、营销情报系统、营销调研系统和决策支持系统等四个子系统。其任务是准确、及时地为营销决策者收集、挑选、分析、评估和分配有关信息。其中,营销调研系统是对特定的问题和机会进行研究,是非常重要的子系统,缺少它必然影响整个市场营销信息系统的运行,影响企业的生产经营正常进行。通过持续的、系统的市场营销调研,可以加深对市场机制作用及方式的了解,提高对影响市场变化的诸因素及相互联系的认识,增强把握市场运行规律的能力,从而增强参与市场活动的主动性和自觉性,减少盲目性。同时,可以把握行业发展态势,了解消费者需求、竞争产品的市场表现,评估和监测市场运营情况,从而提高企业的经营管理水平。

三、新媒体广告市场调查的要求

(一)确定调查项目

第一,解答以下问题:
(1)为什么要调查;
(2)调查中想要了解什么;
(3)调查结果有何实际价值。
第二,做到以下几点:
(1)通过调查找出现有问题或潜在问题的关键所在;
(2)通过调查可以获得更具体的数据信息,使管理层认为值得且必须进行调查;
(3)调查要求已十分明确,使调查时能区别数据信息。

(二)制订调查计划

根据已立项的调查课题制订有效收集信息的调查计划。一个调查计划的设计应包括数据信息的来源、调查方法、调查工具、实施调查计划、完成调查报告等。

1. 数据信息的来源

主要是根据受众中存在的被调查群体的规模等来明确调查对象。调查对象可分为

四类:消费者、竞争者、合作者和行业内的中立者。应兼顾到这四类对象,但也必须有所侧重。特别在市场激烈竞争的今天,对竞争者的调查显得格外重要,竞争者的一举一动都应引起营销人员的高度重视。

2．调查方法

主要有在线信息搜索、网上访谈或在线座谈、采用电子邮件、网页调研等。

3．调查工具

可以利用电子邮件、新闻组及网站。如果企业网站已经拥有固定的访问者,可以利用自己的网站开展在线调查。如果企业还没有自己的网站,可以利用别人的网站进行调查,特别是借助访问率很高的知名网站。

4．实施调查计划

将计划付诸实施,是市场调查的关键。具体包括收集、整理和分析信息。可以利用计算机来快速地进行分析。这种分析结果通常是真实可信的。其中,人口统计分析是调查中很重要的一个部分。人口统计分析对访问本企业站点的人数进行统计,从而分析出消费者的分布范围和潜在消费市场的出现地点。现在已经有了一项人口统计技术,即目标对象识别法,这种技术能在被应用的站点上跟踪调查访问者,有助于准确地把握访问者的人口统计情况。

5．完成调查报告

在数据整理和分析工作完成之后,下一步就要写出调查报告,解释和汇报调查结果。

第二节 新媒体广告市场调查的内容与范围

一、新媒体使用环境调查

(一)政治法律环境

政治法律环境是由国家和地区的政治制度、法律环境所决定的,新媒体广告运作必须在相关政策、法规允许的范围内开展。在我国,不同省市地区的政策法规存在一定的差异,这就需要广告人开展细致的调查工作,从中找出对市场营销的有利之处,为新媒体广告决策提供政策依据。

(二)经济环境

经济环境直接影响新媒体的普及率以及新媒体广告诉求和广告表现。经济环境分析首先要了解国家的经济发展水平、国民收入、工农业发展状况等,经济发达程度直接决定消费水平。其次要了解新媒体受众的收入水平和消费结构,新媒体受众的收入水平是影响消费需求和消费结构的重要因素。经济分析还要了解人口情况,包括人口数量、增长率、性别、年龄及其分布情况。

(三)社会文化环境

社会文化是一个国家和地区的民族特征、价值观念、生活方式、风俗习惯、宗教信仰、伦理道德、教育水平、语言文字等的总和。社会文化对消费者的媒体接触习惯及消费观念的形成有着重要的影响。了解新媒体受众的社会文化环境有助于确定广告诉求、表现策略及广告发布时机,同时也影响着受众对新媒体广告的理解和接受程度。总之,新媒体广告的表现必须符合新媒体受众的价值观念和审美习惯。

(四)科学技术环境

科学技术环境不仅影响产品的生产、发明创造、更新换代,还在很大程度上影响着广告的行业环境,并对广告主体产生影响。科学技术的进步同时还影响着传媒形态的发展演变。基于互联网技术平台的新媒体本身就是科技进步的产物,广告人应该了解和掌握最新的网络技术与计算机技术,并将其更好地应用于新媒体广告的调查与制作等过程。

(五)自然地理环境

自然地理环境指目标市场中对企业营销产生影响的气候、地理因素。人们的生活、消费方式会受到气候或地理环境的影响。同样,不同的地理状况也会导致不同的交通、通信条件和资源的分布,造成经济发展的不平衡,影响人们的消费水平。

(六)新媒体广告发布平台

新媒体广告发布平台调查的目的是了解可能成为发布新媒体广告的网站的经营状况、工作效能和特征,以便在新媒体广告实施过程中正确地选择发布广告的网站,取得最佳的广告效果。主要包括以下因素。

1. 网站的访问量

网站的访问量是选择发布网络广告网站时要考虑的首要因素。

2. 目标受众的上网习惯

消费者个人的职业、年龄、文化程度、收入水平等情况不同,生活习惯不一样,对网站的选择习惯也就有不同。如青少年喜欢看娱乐、音乐、体育和游戏网站,而老年人则习惯于上戏曲网站等。

3. 不同网站的成本费用

在总的广告费用开支中,不同网站的费用支出各不相同,同一类型的网站,也会因为广告的时间和版面位置等的不同而有不同的收费标准。

4. 网站的技术状况

对初步选出的网站进行评测,所使用的指标包括站点的浏览器兼容性、引擎上的出现率、站点速度、链接的有效率、被链接率、拼写错误率、站点设计等方面。通过对这几个方面的综合评估得出一个站点的最后得分。

二、新媒体广告产品消费者调查

不了解消费者,就无法预测其需要与欲望,也无法对其需要做出恰当的反应。发现消费者现在需要什么是一个复杂的过程,但一般说来,它可以通过定性或定量的专项调查予以实现。以下从消费行为调查和消费者市场细分两个方面阐述消费者调查的相关内容,消费行为调查是消费者调查的研究内容或研究对象,而消费者市场细分则从营销应用与目的的角度展开对消费者的分析,两者密切相关。

(一)消费行为调查

消费者市场由为个人消费而购买或取得产品和劳务的全部个人和家庭组成。所谓消费行为调查是指研究个人、集团和组织究竟怎样选择、购买、使用和处置产品、创意或经验,以满足他们的需求和欲望。

1. 消费者和消费行为

对消费者的理解有广义和狭义之分:狭义的消费者指消耗产品的使用价值的人;广义的消费者包括产品的需求者、购买者和使用者。相应地,消费活动也应该包括需求过程、购买过程和使用过程。

按照对某一产品的消费状态,消费者可以分为现实消费者和潜在消费者。现实消费者指对某种产品有需要,并且已经有实际消费行为的消费者。潜在消费者指对某种产品有需要,虽然尚未有实际的购买行为,但在未来的一个时期内很有可能产生消费行为的消费者。

按照消费的目的,消费者可以分为终端消费者和生产资料消费者。终端消费者是指为了个人或者家庭得到满足而消费某种产品的消费者,因而又称个体消费者或家庭消费者。生产资料消费者是指为了转卖或者作为生产其他产品、进行经营活动的工具而购买产品的消费者。

早期,营销人员能通过向消费者销售的日常经验来很好地了解消费者。企业和市场规模的扩大使许多营销决策者失去了同消费者直接接触的机会,营销决策者不得不越来越多地借助于消费者调查。其中对于消费行为的调查,一般基于以下关于消费行为的认识。

1) 关于购买行为

(1) 购买者——谁构成某产品的市场。
(2) 购买对象——他们购买什么产品。
(3) 购买目的——他们为什么购买。
(4) 购买组织——谁参与购买。
(5) 购买行动——如何购买。
(6) 购买时间——在什么时间购买。
(7) 在什么地方购买——购买地点。

2) 消费者的购买角色

不同的消费者在购买行为中可能担任不同的角色,消费者在购买行为中的角色主要有以下几种:

(1) 建议者——第一个建议或者想到要购买某种产品的人。

(2) 影响者——其看法会影响最终购买决策的人。

(3) 决定者——最后部分或全部地做出购买决定的人。

(4) 购买者——实施实际购买行为的人。

(5) 使用者——消费或使用该产品的人。

3) 消费行为的一般特征

(1) 自主性——消费者在购买时一般是自主决策的。

(2) 有因性——消费者产生某种消费行为有其特定的原因。

(3) 目的性——消费行为产生于特定的目的。

(4) 持续性——消费者的行为是持续的活动过程。

(5) 可变性——消费者的行为是可变的。

2. 影响消费行为的因素

消费行为在很大程度上受到文化因素、社会因素、个人因素和心理因素的影响。尽管其中大部分因素是营销人员无法控制的,但是必须充分予以重视。因此在关于消费行为的调研中,常常会涉及对这些影响因素的了解与分析。

1) 文化因素

文化对消费者的行为产生最广泛而深远的影响,而影响消费者行为的文化因素中又包含亚文化和社会阶层等因素。广义的文化指人类在社会历史实践过程中所创造的物质财富和精神财富的总和;狭义的文化指社会的意识形态及与之相适应的制度和组织机构。这里所说的文化指狭义的文化。任何社会都有其特定的文化,它是处于这个社会中的人的欲求与行为的最基本的决定因素。

任何文化都包含着较小的群体即所谓的亚文化,它以特定的认同感和社会影响力将成员联系在一起。亚文化包括民族亚文化、宗教亚文化、种族亚文化、地理亚文化四种类型。消费者因民族、宗教信仰、种族和所处地域的不同而有不同的生活习惯、价值取向、文化偏好和禁忌,这些因素都会对他们的购买行为产生影响。

社会阶层是指社会中按层次排列的较同质且持久不变的群体,每一阶层的成员具有类似的价值观、兴趣和行为。同一社会阶层内的人,其行为要比来自两个不同社会阶层的人更相似;人们以自己所处的社会阶层来判断各自在社会中占有的地位高低。某人所处的社会阶层并非由一个变量决定,而是受到职业、收入、财富、教育和价值观等多种变量的制约。个人能够在一生中改变自己所处的阶层,既可以向高阶层迈进,也可以跌至低阶层,但这种变化的程度会因某一社会的层次森严程度不同而有所不同。不同的社会阶层在衣着、业余活动及所使用的家具、家用电器等方面表现出明显的产品和品牌偏好。

2) 社会因素

消费者的行为也会受到相关群体、家庭、社会身份、地位等社会因素的影响。

相关群体指能直接或间接影响个人的态度或行为的一切群体,包括所属群体和非所属群体两种类型。所属群体又称认同群体,是指人们所归属并对他们产生直接影响的群体,如家庭、朋友、邻居、同事、宗教群体、专业性协会、同业公会等。非所属群体最主要的类型是人们热望归属的群体,即崇拜性群体。如对青少年来说,明星群体就是他们的崇拜群体,他们的态度和行为会受到明星群体的巨大影响。人们至少在三个方面受到相关群体的影响:相关群体向人们展示新的观念、行为和生活方式;相关群体影响个人的态度和自我观念;相关群体能够对人们形成某种令人遵从的压力,影响人们对产品和品牌的实际选择。

家庭是对消费者的态度和行为影响最大的相关群体,消费者的行为受到从小成长的家庭即父母的许多影响。消费者个人的家庭即由配偶子女组成的家庭是最重要的购买组织。夫妻双方在不同产品的购买决策中起着不同的作用,女性一般是日用消费品购买的主要决策者,而价值昂贵的产品的购买决定则由双方共同进行。

每个人在不同的群体中都有不同的身份和地位,不同的身份和地位具有不同的被认同与尊重的标志,所以常常会影响消费者对产品和品牌的选择。

3) 个人因素

影响消费者行为的个人因素包括年龄、职业、经济状况、生活方式、个性与自我观念等。处于不同年龄段的消费者对产品有不同的需求,不同职业的消费者对不同类型的产品有明显的偏好。经济状况决定着消费者的购买欲望和购买能力,而生活方式、个性和自我观念则决定了消费者的活动、兴趣和思想见解。

4) 心理因素

消费者的行为还受到动机、感觉、后天经验、信念与态度等心理因素的影响。消费动机包括消费者无意识的心理动机和有意识的需求两个方面。消费者受动机的驱使可能产生购买行为,但具体的行动如何则取决于他们对情景的感觉,具体包括对广告、店面促销、人员促销和产品本身的感觉。比如,两个有同样动机、处于同样客观情境中的消费者,可能因为有不同的感觉而采取不同的行动。后天经验指人类由于经验而引起的个人行为的改变,它对于营销者的重要性在于,它将产品与由于经验而造成的强烈的内驱力联系起来,利用积极强化的方式,造成消费者对产品的需求。通过行动与后天经验,人们树立起对企业和产品的信念与态度,这些信念与态度又影响其购买行为。

3. 消费者购买过程

消费者如何进行购买决策、如何完成整个购买过程,也是广告人的研究目标,因此也成为消费行为调查关注的重点内容。消费者的购买过程一般要经过以下五个阶段。

1) 确认问题

消费者发现或者意识到自己有某种需求并且决定通过购买某种产品来满足这种需求。

2) 收集信息

消费者一旦决定购买某种产品,就进入到信息收集阶段。他们收集信息通常有两种状态:一般的收集状态,即注意可以接触到的产品信息,如广告、店面促销、产品目录、产品样本等;积极的收集状态,即积极主动地采取行动来了解关于产品的更多信息,而不仅仅局限于已经提供的信息,如打电话向生产商或销售商咨询、向专家咨询等。

消费者的信息来源有以下几种：人际来源——家庭、朋友、邻居、熟人等；商业来源——广告、售货员、经销商、包装、展览、促销活动等；公众来源——大众传媒、消费者组织等；经验来源——自身使用产品的经验等。

3）评估备选产品

消费者通过收集信息了解到一组备选产品，然后对它们的属性、品牌进行评估，从而形成对某一品牌的偏好和购买意愿。

4）购买决策

消费者对某一品牌产生购买意愿并不等于一定会购买该品牌产品，因为还有两个重要因素会影响他们的购买决策。首先是他人的态度，如果某些对消费者有影响力的个人或群体对消费者的购买意愿持否定态度，消费者就有可能改变购买意愿。反对者的态度越强烈，与消费者的关系越密切，消费者改变购买意愿的可能性就越大。其次是非预期因素的影响，如消费者产生对某一品牌的购买意愿之后突然获得了另外一个品牌的购买优惠券，而且其优惠幅度的吸引力抵消了原来希望购买的品牌的吸引力，此时消费者就极有可能改变购买意愿。

5）购买后行为

在购买产品之后，消费者会感到某种程度的满足或不满足，它们会直接影响到消费者后续的购买行为，所以许多生产厂家都通过广告或其他手段来加强消费者购买后的满足感。

4. 消费者购买行为类型

1）复杂的购买行为

当消费者专门仔细地购买并注意现有各品牌间的重要差别时，他们会采用复杂的购买行为。消费者对产品所知有限，需要了解许多关于产品的信息，而且由于所要购买的产品相对比较昂贵，所以对品牌的要求比较强烈。购买者经过认知性的学习过程，建立对产品的信念，再转变成对产品的态度，最后做出慎重的购买决定。

消费者一般对花钱多的产品、偶尔购买的产品、风险产品以及炫耀性产品等的购买都非常专心仔细。例如购买汽车、结婚钻戒等。

2）减少失调感的购买行为

有时，消费者即使购买品牌看似没有什么差别的产品，也持慎重的态度。他们会四处查看，了解何处可以购买到该产品。但由于产品的品牌差异不明显，购买行为将很迅速，但是购买后可能因为发现产品的某些缺陷而产生失调感。因此，他们会努力去了解关于产品的更多信息，以确定原决定是正确的，从而降低失调感。为了降低消费者的失调感，营销人员应该提供有助于消费者在购买后对其决定感到心安理得的信念与评价。这类购买行为通常发生在那些花钱很多的产品、偶尔购买的产品和风险产品上。

3）寻找多样化的购买行为

由于产品价值较低、品牌多样，消费者在购买时往往追求多样化，因此常常会转换品牌。例如，消费者在购买饼干时一般不先做充分评价，只是挑选某一品牌的小甜饼，待到入口时再对它进行评价。但在下一次购买时，消费者也许想尝新鲜，或想体验一下不同口味，因而购买另外一种品牌。在这种情况下，消费者品牌选择的变化往往不是因为对过去购买的产品不满意,而是因为在这种类型的产品市场中有非常繁多的品牌可供选择,品牌的多样性促成了消费者的品牌转换。

4) 习惯性的购买行为

由于产品的价值较低,品牌差异对消费者的意义较小,所以消费者在购买时并不经过"信念—态度—行为"的决策过程。许多产品的购买是在消费者低度介入的情况下出于习惯而完成的。消费者对大多数价格低廉、经常购买的产品介入程度很低。由于产品的价值较低,他们并没有对品牌信息进行广泛研究,也没有对品牌特点进行评价,对决定购买什么品牌也不重视。相反,他们只是在看到电视或阅读印刷广告时才被动地接受信息。在这种情况下,广告的重复往往可以形成品牌熟悉感,但不会形成品牌忠诚。消费者选择品牌只是因为熟悉,而不是出于明确的信念。例如在购买瓶装水的时候,很多消费者在柜台前大多会不假思索地要求购买自己能够脱口而出的品牌。

5. 消费行为分析方法

上述关于消费者行为的界定、影响因素、具体表现等内容,都可能成为消费者消费行为研究的目的和内容。综合来看,较为常见的研究内容包括消费者的实际消费状态(如谁是购买者、购买的动机、购买的时间与地点、购买行为、使用的状态等),消费者对产品的看法(如消费者对产品的评价、消费者所认为的产品在市场中的地位等),品牌渗透的情况(如消费者对品牌的认知、消费者心目中的品牌形象等),消费者的基本属性(如性别、年龄、文化水平、职业、家庭结构、收入等)以及其他(如消费者的生活方式等)。

有关消费行为的研究方法丰富多样,几乎所有的调查方法都可以应用于消费行为研究,具体方法的选择依据研究目的和内容而定。不论采用何种方法,对消费行为的研究至少分为两个层面的内容:一是先对消费者进行分类;二是在分类的基础上,研究不同消费者的具体消费行为等方面的问题,如购买动机、产品的使用状态等。

(二) 消费者市场细分

有关消费行为的分析通常会成为市场细分的基础资料。与消费行为分析相一致,消费者市场细分常用的变量同样主要有两大类型:一种是根据消费者特征细分市场,经常使用的变量是地理因素、人口统计因素、心理因素和行为因素等;另一种是通过消费者对产品的使用反应进行市场细分。

地理因素要求把市场划分为不同的地理区域和单位,如国家、省、城市、地区、县、城镇、街道等。企业可以在一个或多个地理区域开展业务,甚至去开拓面向国际化的市场。在进入一个地理区域之前,企业首先要对地区之间的需求和偏好差异进行较为深入的调查和研究。

人口统计因素是将市场按照人口统计变量,如年龄、性别、收入、职业、受教育程度、宗教、种族、国籍、社会阶层以及家庭人口数、家庭生命周期为基础划分为不同的群体。人口统计变量是区分消费者群体最常用的基础变量,因为消费者某些欲望、偏好和使用情况与这些人口统计变量有非常密切的关系,而且人口统计变量比其他类型的变量更容易衡量。

心理因素中,根据购买者的生活方式或个性特点,将消费者划分成不同的总体。企业对于消费者的生活方式和个性方面的差异越来越关注,主要原因就是在同一人口统计变量群体中的消费者可能表现出反差极大的心理特性,而这些心理特性可能导致差异极大的消费状态。消费者的人口特征和关于产品的使用情况等方面的数据,因大多偏向于事实行为,在测量时相对容易收集。而心理特征方面的数据在测量时,通常有一定的难度。

行为因素中,根据购买者对一件产品的了解程度、态度、使用情况或反应,将他们划分为不同的群体。行为变量是建立细分市场至关重要的出发点,主要包括使用时机、追求的利益、使用情况、使用率、品牌忠诚状况、对产品的态度等。

地理区域及人口统计方面的资料大多依赖于二手资料的查询或购买即可获得。但在市场营销实践中也常常面临这样的问题:所收集到的资料针对性不强,难以据此对市场做出准确判断。这时就需要开展专门的消费者调查以解决实际问题。对于心理细分和行为细分,由于所研究的问题通常较为微观、具体,因此基本上都需要根据实际的需求,开展专项的消费者研究。此时由于研究相对复杂,应借鉴本企业或其他机构以往类似研究的方法及结果,以提高研究的效率。

另外,从行为细分中消费者对产品使用的角度来看,可以将消费者区分为若干个细分市场。

按照消费者对产品的使用情况,可以将消费者分成从未使用者、曾经使用者、潜在使用者、首次使用者和经常使用者;按照产品被使用的程度,可以将消费者分成少量使用者、中度使用者和大量使用者(重度使用者),其中大量使用者虽然占消费者市场总人数的一小部分,但是在产品的消费中所占的比重很大。

根据消费者对品牌的忠诚程度的不同(绝对、强烈、一般、无),可以将消费者分成品牌忠诚顾客、竞争对手顾客和游离顾客三个群体。其中在品牌忠诚顾客群中,按照忠诚的程度还可以分成坚定忠诚顾客(自始至终购买一种品牌的顾客)和中度忠诚顾客(忠诚于两三个品牌的顾客)两个群体。

通过消费者调查以及对调查数据的分析,可以依据不同的分类方式寻找出不同类型的使用者,并进一步从人口统计、消费行为、购买经历、生活方式等方面,对各种不同类型的使用者加以描述,并据此对不同的消费者细分群体采取有针对性的营销策略。

企业可以从分析品牌的忠诚度中学到很多东西:首先研究自己的品牌忠诚顾客的特征,以确定企业的产品战略;其次通过研究竞争对手顾客,可以确认自己最有竞争性的品牌;同时通过考察从自己的品牌转向其他品牌的顾客,可了解企业营销中的薄弱环节,并及时纠正。但需要留心的是,品牌忠诚者也可能是因为其消费习惯、无差异性、低价或者高转换成本等原因造成的,所以了解其购买模式后面究竟是什么原因,并确认其是否真是品牌的忠诚顾客将是非常重要的一个环节。

三、新媒体广告主调查

新媒体广告主是在新媒体上发布广告的企业、团体或者个人。对于从事新媒体广告经营的广告公司而言,对新媒体广告主情况的详细调查是非常必要的。通过掌握广告主的真实情况,可以最大限度地避免广告经营者因广告主的信誉、经营等方面出现问题而蒙受损失。同时,广告主的信息情报也是广告人制定广告决策时的重要依据,通过了解和掌握广告主的历史和现状、规模及行业特点、行业竞争能力,可以有的放矢地制定广告策略,强化广告诉求。

新媒体广告主的情况调查内容主要包括广告主企业名称、企业组织结构与经营范围、行业背景、企业诚信度、企业经营状况与财务指标、企业的广告计划与广告费预算、企业的联络信息及相关联络人员等。这些都是广告主企业的基本信息与背景资料,是广告策划人员首先要了解的信息情况。除了上述基本情况,广告策划人员还应了解广告主企业的经营理念、目标消费者、市场状况、营销计划等方面的信息。具体来说包括以下几个方面。

（一）企业历史

指广告主企业是老企业还是新企业,在历史上有过什么成绩,其社会地位和社会声誉如何等。

（二）企业设施和技术水平

指与同类企业相比,本企业的生产设备是否先进,操作技术是否先进,发展水平如何。

（三）企业人员素质

指企业人员知识构成、技术构成、年龄构成以及人员规模、科技成果与业务水平等。

（四）经营状况和管理水平

指企业的成绩如何,工作机构和工作制度是否健全,工作秩序是否良好,企业的市场分布区域、流通渠道是否畅通以及公关业务开展情况等。

（五）经营管理措施

指企业有什么样的生产目标、销售目标、广告目标和新的经营措施,采用什么样的经营方式等。

四、新媒体广告产品调查

产品调查是以产品为中心,以消费者为对象,服务于广告主企业制订营销计划所进行的市场调查。产品调查的最终目的是了解消费者对某种产品存在的有效需求,以及可以形成的有效购买有多大。调查内容一方面是对产品的概念、包装、价格、促销方式等属性进行测试,以了解其是否为目标消费群体接受,另一方面是估测目标消费群体所形成的细分市场的规模。

与产品本身和产品附加属性有关的调查内容包括测试产品的外形、包装、质量、口味等属性是否为消费者所满意,为产品定价,测试某种产品创意是否具有可行性,测试产品的促销计划是否有效等。具体而言,新媒体广告产品调查的主要内容有以下几点。

（一）产品原型调查

产品原型调查是测试消费者对样品的反映。这种最初产品（或产品原型）原则上是按创意筛选和产品评估检测发展起来的。在原型检测中，将产品提供给目标群体中的消费者，供他们的家庭使用。在使用一段时间之后（通常为两周），对他们进行再次访问。访问的目的是调研消费者是否喜爱这一产品及产品上市后他们购买的可能性。

（二）产品价格调查

产品价格调查常与产品研究结合进行。价格研究的目的一般是要衡量消费者对不同价格的满意程度和了解消费者认为合适的产品价格。

（三）产品包装测试

包装一般被认为是产品的一部分。包装有两种用途：保护产品（例如保鲜）和销售产品。包装的前一种用途与产品有关，后一种的主要目的是促销。

包装的许多方面都要依据市场调查而定（如包装检测），例如：哪种颜色和图案最能吸引消费者注意？购买者希望何种包装方式（如罐装、玻璃瓶装）？哪种包装外形最受欢迎？

（四）产品创意测试

产品创意是针对一种新产品和对现有产品的重大改进的创意。新产品开发过程是从新产品的产品创意的形成开始的。通常，这一过程产生的新产品创意会大大多于可能开发的创意。在任何产生创意的过程中，既有好的创意，也会有不够好的创意。为寻求值得进行深入研究的创意，市场研究人员需要转向市场进行评估。

创意测试有两类：

第一种测试是创意筛选，其目的是从大量的想法和创意中确定那些具有开发潜力的创意。另外，市场调研人员还可以运用创意筛选测试将那些具有成功开发潜力的创意进行排序。这种创意测试通常在新产品开发周期初始阶段进行，其目标是在企业开始大力投资前明确哪些创意只有有限的成功希望。一些大的企业通常在一定时期内拥有很多超过其可投资数量的新产品创意，研究人员需要明确哪些创意缺乏市场吸引力，哪些创意有一定吸引力但需要修改以备日后开发。

第二种测试是创意评估测试。在这一阶段，市场调研人员测试的是已通过初次筛选的创意。创意评估测试的目的是更好地预测产品可能有的销量，区分可能购买者的特征，确定产品定位，发现创意缺陷以便改正。

市场调查人员通常运用一些标准程序进行创意评估测试。这些过程与收集数据、抽样和分析相关。

（五）产品促销计划调查

1. 广告文案测试

文案测试，即对广告的原稿进行测试，通过调查一定的样本了解它的效果是否令人满意。这里的文案,并不是单指广告的文字形式,而是通指任何形式的广告原稿,包括文字、图像、语音、影像和多媒体等。不同于制作广告过程中的设计人员的小组讨论,文案测试并不是一种广告制作方法,而是对广告小组制作出的正式原稿进行测试。正式原稿一般有几个备选方案,文案测试的目的是在这些正式原稿中挑选出最优方案,所选方案即进入正式投放阶段。

2. 媒体调查

媒体是广告传播使用的通道,媒体是否畅通有效是广告能否起到作用的决定因素,因此,广告主们投入的广告费用有70%~80%用于使用媒体的支出。媒体调查就是对用于广告传播的各种媒体的特性进行调查,了解新媒体受众接触各种媒体的状况。

3. 广告效果调查

广告效果的测评尺度一般有两个,一是传播尺度,二是销售尺度。

传播尺度以广告信息的传播效果作为衡量广告效果的标准。广告活动,首先是确定广告主的要求,然后根据要求制作出广告原稿,最后选择合适的媒体进行投放。广告的直接任务就是将广告主所要表达的信息成功地传达给消费者。那么,衡量广告的效果就是要测试广告是否将信息传递给了消费者,以及是否引起了消费者态度和行为的改变。

销售尺度以广告过后产品的销售变动情况来衡量广告效果。虽然传播信息是广告的主要任务,但广告主做广告的最终目的仍然是追求销售额的增加,因此以销售额的变化情况来衡量广告效果就成了一个很自然的标准。可是,要直接计算广告投入和销售额的变动之间的关系是非常复杂的。首先,影响销售额变动的因素有很多,比如产品质量、包装、价格,以及销售网络变化、竞争企业行为、经营形式、消费者嗜好等,很难全部考虑到。其次,在这些因素中,有些无法进行量的估测,或需要很高的成本才能估测。当然,以销售额作为尺度测评广告效果也有明显的好处,那就是容易取得分析所需的数据,广告投入、销售额、价格变化、销售网络变化、行业市场总量等都是可以通过相对简单的方法获得的。这一优点,为销售尺度衡量广告效果的方法提供了发展的动力。

五、新媒体广告产品竞争状况调查

竞争者调查是企业了解竞争对手的一个重要手段,主要包括竞争情报收集、竞争者的识别以及竞争者分析等内容。

(一)竞争情报收集

竞争情报工作就是建立一个情报系统,帮助管理者分析竞争对手,以提高自身的竞争效率和效益。情报是经过分析的信息,当这种信息对企业来说意义重大时,它就成为决策情报。竞争情报工作有助于管理者预测商业关系的变化,把握市场机会,对抗威胁,预测竞争对手的策略,发现新的或潜在的竞争对手,学习他人成功的经验,吸取失败的教训,洞悉对企业产生影响的技术动向,并了解政府政策对竞争产生的影响,从而提高决策效率和企业效益,为企业带来更高的利润回报。

1. 竞争情报的内部来源

企业内部很可能已经存在着大量关于竞争对手的信息,关键在于如何去收集和整理。例如,销售人员是企业内部最能收集竞争情报的员工,而且天天都能收集。由于销售人员直接与消费者打交道,所以他们很容易获得有关竞争对手的定价、卖点和促销活动等信息。销售人员还可以直接观察和询问竞争对手。利用销售人员系统地收集竞争情报的最好方法是将这一工作制度化。企业还可以充分利用互联网或局域网资源进行内部竞争情报的收集工作,生成内部竞争情报手册。竞争情报的其他内部来源包括顾客订货单、展销会咨询情况、促销印刷品、应收账款记录、返回的货物单据、保修卡和维修记录等。这些资料都能够提供有关竞争情报。

2. 竞争情报的外部来源

竞争情报的外部来源途径非常多,关键是要知道该去哪里找。常见的竞争情报的外部来源途径包括专家和顾问咨询、商业或行业出版物、供应商、促销资料、展示会等。

(二)竞争者的识别

竞争者调查的首要问题是确定某一细分市场上特定的竞争对手,即那些与本企业提供的产品相似,并有相似目标顾客的企业。通常可以从行业和市场两个角度识别企业的竞争者。

从行业角度来分析,提供同一类产品或者可相互替代产品的企业,构成一种行业,如汽车行业、医药行业等。一种产品价格上涨,就会引起另一种替代产品的需求增加。企业要想在整个行业中处于有利地位,就必须全面了解本行业的竞争模式,以确定竞争者的范围。从市场角度来分析,竞争者是那些满足相同市场需求或服务于同一目标市场的企业。

(三)竞争者分析

企业确定了其竞争对手并收集到相应的竞争情报之后,就可以对竞争对手进行分析了。竞争者分析的内容很多,这里主要介绍竞争者战略和目标分析、竞争者市场份额分析以及竞争者营销活动分析等。

1. 竞争者战略和目标分析

一个企业必须不断地观测竞争者的战略。富有活力的竞争者将随着时间的推移不断地修订其战略。例如,当美国汽车制造商注重质量时,日本的汽车制造商又转至知觉质量,即汽车及其部件更加好看,使人感觉更加良好。

一个企业对其主要竞争者及其战略进行识别和了解后,还需要进一步确定竞争者的市场目标是什么。一般来说,所有的竞争者都有利润最大化的目标,然而,不同竞争者侧重的目标组合不同,这些目标组合包括获利能力、市场份额、现金流量、技术领先、产品和企业形象等。了解竞争者的重点目标是什么,有助于推断竞争者对其目前所处地位和利润状况的满意程度,并由此推断竞争者改变战略的可能性以及对于外部事件(如经济周期)或其他厂商的行动做出反应的程度。例如,一家将保持投资收益率作为其主要目标的厂商和一家以销售的稳步增长为目标的厂商,可能对于它们的竞争对手的市场占有率增长会做出迥然不同的反应。又如一个以低成本领先为主要目标的企业,对其竞争者在降低成本方面取得技术突破的反应,要比对其增加广告预算的反应强烈得多。

对竞争者的未来目标的分析应主要包含以下问题:

(1) 竞争者的财务目标是什么?在目标确定中竞争者如何做出权衡,如长期经营活动与短期经营活动之间的权衡、利润和收益增长之间的权衡等。

(2) 竞争者对风险抱什么态度?如果财务目标基本上是由获利能力、市场地位、增长率以及适当的风险水平组成,那么竞争者将如何平衡这些因素?

(3) 竞争者是否拥有广泛分享或由高层管理部门掌握的组织准则或信条?这些准则或信条是否大大影响其目标?

(4) 竞争者的组织结构如何?对于像资源分配、定价和产品变化之类的关键决策,该组织是如何分配责任和权利的?

(5) 控制和奖励制度是否适当?包括如何对高层管理者给予报酬,经理人员是否拥有股份,是否有适当的分期付酬制度,经营活动定期跟踪的措施是什么,等等。

(6) 是否有适当的会计制度和惯例?竞争者如何看待存货?如何分配成本?这类涉及会计政策的问题会强烈地影响竞争者对其经营活动的理解力、对其成本的看法以及定价的方法。

2. 竞争者市场份额分析

竞争者的市场份额分析中最重要的一个指标是市场占有率。市场占有率是评价企业业绩、反映企业竞争能力的重要指标。某一时期某一品牌产品在某地区的市场占有率是指这一时期内该品牌在该地区的实际销售占整个行业的实际销售的百分比,通常可用销售量或销售额来计算。

3. 竞争者营销活动分析

主要内容包括竞争对手产品经营方针分析、竞争对手广告活动分析以及竞争对手分销服务分析等。

1) 竞争对手经营方针分析

在对竞争对手的产品经营方针进行调研时,应有目的地收集以下主要信息:

(1) 竞争对手是否在系统地开发新产品,新产品的开发活动是如何组织的,是否依据产品经营方针策划开发战略;

(2) 竞争对手要推出的是各种不同的产品,还是同属于一类的系列产品;

(3) 竞争对手的产品设计和产品包装有何特点;

(4) 竞争对手的产品质量方面是否会出现某些变化,产品品种会增加还是会减少,产品质量水平会提高还是会降低。

2) 竞争对手广告活动分析

具体做法如下:

(1) 竞争对手在各种杂志和报纸、电视和电台上所做宣传广告是否定期推出,推出

的版面有多大、推出的具体内容是什么;

(2) 就所选择的广告媒体而言,除了解竞争对手的广告播出时间的长短,还要注意覆盖面的大小和播出成本的高低;

(3) 调查竞争对手采用何种广告媒体来实施自己的意图,这些广告媒体所起的作用是否相互协调和适应;

(4) 跟踪观察和分析竞争对手所选择的各种广告媒体组合,如广告牌、视频投放等各占多大的广告预算比;

(5) 注意观察竞争对手如何用广告去刺激和引导顾客群体;

(6) 注意观察和分析竞争对手采取的公关措施;

(7) 在研究本企业的市场状况时,同时附带研究竞争对手采取的广告措施的实际效果,并尽可能获得多一些的信息。

3) 竞争对手分销服务分析

需要收集的竞争对手分销服务方面的信息主要有:

(1) 竞争对手对产品分销的重视和依赖程度;

(2) 竞争对手拥有多大市场份额;

(3) 竞争对手实施的分销方针是什么,竞争对手依靠何种销售渠道(如通过公司销售、委托专营、代销、小摊销售、中间商包销等),以及有何促销活动;

(4) 主要竞争对手的分销成本如何;

(5) 所依靠的销售渠道的形象如何。

第三节 新媒体广告市场调查的方法与技巧

一、新媒体广告市场调查的基本方法

(一) 在线信息搜索

在线信息搜索系统的核心是搜索引擎,它需要从纷繁复杂的大量信息中筛选出符合调查者需求的信息。搜索引擎通过搜索引擎数据库的采集/调用来实现导航功能。搜索引擎的明显特征是能够为用户提供所需要信息的途径,以及连接到保存所需信息的计算机的链接点。

1. 全文索引

全文索引技术是目前搜索引擎的关键技术,采用这一技术的代表性企业有 Google 和百度。其基本原理是先定义一个词库,然后在文章中查找每个词条出现的频率和位置,把这些频率和位置信息按照词库的顺序归纳,这样查找某个词的时候就能很快地定位到该利用公告栏收集资料词出现的位置。全文搜索引擎根据搜索结果来源的不同可分为两类:一类是拥有自己的检索程序,俗称"蜘蛛(spider)"程序或"机器人(robot)"程

序,能自建网页数据库,搜索结果直接从自身的数据库中调用;另一类则是租用其他搜索引擎的数据库,并按自定义的格式排列搜索结果,如 Lycos 搜索引擎。

2. 目录索引

目录索引虽然有搜索功能,但严格意义上不能称为真正的搜索引擎,只是按目录分类的网站链接列表而已。用户完全可以按照分类目录找到所需要的信息而不是依靠关键词进行查询。目录索引中最具代表性的有雅虎、新浪分类目录搜索等。

3. 元搜索引擎

元搜索引擎接受用户查询请求后,同时在多个搜索引擎上搜索,并将结果反馈给用户。著名的元搜索引擎有 InfoSpace、Dogpile 和 Vivisimo 等,中文元搜索引擎中具有代表性的是搜星搜索引擎。

(二)网上访谈或在线座谈

即直接在网民中征集与会者,并在约定时间举行网上座谈会。该方法适用于需要进行深度或探索性研究的主题。很多企业都希望能有这样一个机会,去与网络用户一对一地直接交流。有的企业与网站达成协议,企业为这个站点中某个与该企业产品相关的栏目提供赞助。同时,企业希望网站能设立一个专门的讨论组,由企业的专家或销售人员与网络用户进行各个方面的交流和讨论。这样,企业就可以通过这个窗口与消费者建立长久的联系。企业可以通过这个窗口了解网络用户对其产品的看法,有什么问题、有什么想法、有什么对企业好的建议,都可以通过它来解决。网上在线座谈应遵循网络规范和礼仪。下面重点介绍两种方法。

1. 专题讨论法

专题讨论法可通过 Usenet 新闻组、BBS(电子公告牌)或 E-mail(电子邮件)列表讨论组进行。

其步骤如下:

(1)确定要调查的目标市场。

(2)识别目标市场中要加以调查的讨论组。

(3)确定可以讨论或准备讨论的具体话题。

(4)登录相应的讨论组,通过过滤系统发现有用的信息,或创建新的话题,让大家讨论,从而获得有用的信息。

具体地说,目标市场的确定可根据 Usenet 新闻组、BBS 讨论组或邮件列表讨论组的分层话题选择,也可向讨论组的参与者查询其他相关名录。还应注意查阅讨论组上的 FAQ(常见问题),以便确定能否根据名录来进行市场调查。

2. 在线问卷法

在线问卷法即请求浏览其网站的每个人参与企业的各种调查。在线问卷法可以委托专业公司进行。

具体做法如下:

(1)向相关的讨论组通过 E-mail 发去简略的问卷。

(2) 在自己的网站上放置简略的问卷。

(3) 向讨论组送去相关信息,并把链接指向放在自己网站上的问卷。

(三) 采用电子邮件

采用电子邮件方式主要以较完整的 E-mail 地址清单作为样本框,采取随机抽样的方法发放 E-mail 问卷,然后再对受访对象使用 E-mail 催请回答。在广告调查实施中,访问者通过多媒体技术,可以向受访者展示包括问卷、图像、样品在内的多种测试工具。这种调查方法较具定量价值,在样本框较为全面的情况下,调查结果可用于推论研究的总体,获取特定网民的行为模式、消费规模、网络广告效果、网上消费者消费心理特征等多方面的准确资料。

采用电子邮件的调查方法简单方便,容易实施,而且调查的结果准确可靠。在我国,采用这种方式尤其有它的优越性。

(四) 网页调研

即将设计好的问卷放在网站的某个网页上。问卷一般都设计得比较吸引人,而且易于回答。

网民可以根据自己的情况,决定是否参与调查。方法一般是给调查对象发 E-mail 或以公告形式,向对方解释该调查的性质、意义并希望他们能够参加。邮件中有调查问卷的超级链接,只要点击该链接,浏览器就会打开显示问卷的相关页面。调查的结果自动进入数据库,便于快速处理。

这种调查方式类似于传统调查中将问卷刊登在报纸杂志上的调查。如果研究者能方便得到目标群体的名单,网站调查的效果是可以保证的。例如,进行员工薪酬满意度调查,有公司员工的名单;进行公司的决策团队和管理团队的薪酬结构调查,有相关的薪酬数据和人员名单、公司的 E-mail 地址。这种类型调查的缺点主要是主动回答的样本可能不具有代表性,为此需要前期有效的研究设计和对对象的一定了解,进行有效"邀请"。

二、新媒体广告市场调查的常用技巧

(一) 在线座谈会的运作

1. 甄别与会者

根据每一次研究的要求,在调查研究者的基础资料库或网站内的访问者中初选合格的与会者,再用传统的电话甄别方式确认与会者的资格,最后用 E-mail 的方式发给符合资格的与会者进入虚拟座谈会的时间和个人密码。

2. 设置虚拟的座谈会议室

调查机构的在线座谈会软件含有多窗口的界面,允许调查者在"虚拟的单透镜"后观察此次调查活动的主持人同与会者的交谈,并且同时也可以单独与主持人沟通。

3. 虚拟的座谈会议

一般情况下,调查机构将邀请8~10名与会者,在特定的时间里,进入虚拟会议室,进行120~150分钟的讨论。调查机构将根据研究的需要,将相关的文字、图片、声音、影像通过网络给予与会者做评价。

调查机构将会提示与会者提早15分钟进入座谈会区域,其技术人员将测试并帮助每一位与会者来回答问题和解决疑难问题。客户可以在自己认为方便和舒适的地方,上网观看座谈会的整个过程,并可以同时与主持人沟通。

4. 研究结果

完成在线座谈会后,调查机构马上就可以提供完整的座谈会的原始记录,定性研究人员会在不超过一周的时间内完成专业的定性分析结果给予调查者。报告形式可以是电子版或打印稿。

需要注意的是,在线座谈会也存在一定的应用局限。首先,该方法不适合于市场调查中需要与会者接触产品或尝试产品的项目,如口味测试。其次,主持人看不到与会者的表情反应和肢体语言,一定情况下会影响研究员的分析。第三,打字速度快的与会者会占有回答的优势,主持人要有适当的控制。第四,在亚洲地区其文字的输入较英文困难,与会者需要有熟练的打字速度。同时一些没有上网设备的人士或不懂上网的人士将没有机会参与这种研究,所以访问对象有所局限。

(二)网页调查的运作

1. 在网站上制作电子问卷

在网站页面的特定位置设置电子问卷链接地址,便于用户点击进入问卷界面进行答题和提交。电子问卷更有利于后台工作人员对用户数据进行即时处理和分析,提高调查工作的效率。

2. 甄别被访者

根据每一访问的要求,采用以下三种方式进行:

(1)在调查机构的数据库中以随机抽样方式进行初步选择,然后以 E-mail 发出简单的邀请通知,并附上邀请其到调查机构特定的网络平台接受访问的网址。问卷的第一部分为甄别题目,只对符合甄别条件的被访者继续访问。

(2)在人流量大或符合特定条件的网站上开设 POP OUT(弹出式)邀请通知,并附上邀请其到调查机构特定的网络平台接受访问的网上地址。同样问卷的第一部分为甄别题目,只对符合甄别条件的被访者继续访问。

(3)由调查者以其他方式,用类似以上的方法邀请其到调查机构特定的网络平台接受访问。

3. 甄别合格的被访者

要求被访者在线做完问卷并提交全部问答。在这个过程中,调查机构特定的网络平台不断地跟随被访者的回答给出下一步的提问,并做逻辑的检查。当然,网络平台还可以提供更多的多媒体展现给被访者。

4．研究结果

根据调查者的要求，提交给被调查者的研究结果可以为以下两种形式：

（1）由调查机构的资深研究人员分析数据并提交研究报告；

（2）提交原始数据。

（三）调查问卷的设计

1．设计原则

调查问卷是否成功可以从两个方面来衡量：一是问卷能否将所调查的问题明确地传达给被调查者，二是被调查者是否愿意合作，这决定了被调查者能否真实、准确地回复问卷问题。在实际的调查问卷设计中，被调查者综合素质的不同、问卷设计人员专业知识和技术水平的不同，都会影响调查结果的精度。因此，调查问卷的设计应遵循一定的原则：

1）目的性原则

即问卷询问的问题与调查主题、目的应密切相关，重点应突出。明确市场调查的目的和内容，这不仅是问卷设计的前提，也是问卷设计的基础。

2）可接受性原则

被调查者是否回复、回复哪一项有自己的自由，因此，问卷设计要容易让被调查者所接受。对涉及个人隐私的问题，如个人收入等，被调查者一般不愿意或拒绝回复。因此，关于个人隐私的问题不应出现在调查问题中，以免引起被调查者的反感。

3）简明性原则

首先，询问内容要简明扼要，使被调查者易读、易懂。其次，在语言措辞上也应有相应的调整。调查问题的描述不能含糊其辞、引起歧义或不够专业，否则会造成被调查者难以决定最适合的选项，不仅影响调查结果的可信度，甚至可能使得参与者未完成全部选项即中止调查。例如，针对家庭主妇的调查，在语言使用上必须尽量通俗；而对于文化水平较高的城市白领，在题目和语言难度的选择上就可以有一定的提高。

4）匹配性原则

问卷设计应根据调查的目的充分考虑后续的统计分析工作：针对市场调查问卷的主观类题目，在进行文本规范的同时应有较强的总结性；而针对问卷的数据类题目，设计必须录入方便，数据口径一致，数据统计与分析易于操作。在调查结果统计处理时往往会发现，有些调查数据并没有多少实际价值，或者与调查报告所需要的信息不一致，这样不仅造成了调研资源的浪费，也会影响调查报告的价值。所以对访问者回复的问题应便于检查、处理、统计和分析，以提高市场调查工作的效率。

5）问题数量的合理性原则

问卷题目的形式和内容固然重要，但是问题的数量同样是保证一份问卷调查成功的关键因素。被调查者一般不愿意接受一份繁杂冗长的问卷，并且容易产生厌烦情绪，因此，问题数量应在能完成调查目的的情况下尽量减少。

6）逻辑性、规范性原则

企业在设计问题时，也要注意语言应用的规范性和题目的逻辑性，并且尽量避免假设性问题，保证调查的真实性。

2．调查问卷的设计步骤

1）明确主题

调查人员明确调查目的之后，应该明确问卷设计的主题。主题要尽量小而不泛，调查之后要能解决实际问题，定位要准确，内容要精。

2）设计问卷初稿

根据调查对象的特点，调查人员按照主题要求确定问卷的形式之后，应列出调查项目，编写提问命题和填写说明，设计出问卷初稿。问卷初稿一般包括四个部分：一是被调查者的基本情况，如被调查者的年龄、性别、文化程度、职业、住址和家庭人均月收入等情况；二是调查内容本身，也就是调查的具体题目，这是问卷的核心部分；三是调查问卷说明，主要是说明被调查者需要注意的事项、填表要求和目的等；四是编号，编号的目的便于分类归档、汇总统计。

3）小样本试调查

调查人员将问卷初稿送请少数符合调查要求的人员试测，对问卷的信度与效度进行测度。在进行实验性测试过程中，被测试人员的数量应合理，一般以30～50人为宜。参与测试调查的人员需要满足被调查对象的要求，并且最好是在被测试者不知情的情况下进行，这样得出的实验信度与效度才具有一定的意义与参考价值。

4）设计正式问卷

调查人员根据小样本试调查的结果，分析和整理其中发现的问题，对问卷初稿进行一定的修改和补充之后，设计出正式的调查问卷。在这一过程中，相关人员需要严格把关、集体决策，通过共同讨论的方式来完善问卷。如有必要，可再次进行小样本试调查以完善问卷。

5）对正式问卷再次核实

一般要求调查人员对问卷设计中所提出的问题、实现调查目的的可行性和必要性进行论证，核实问卷题目是否简明、准确，是否有趣味，是否符合调查对象的综合素质水平，等等。

3．问卷题型

1）封闭题

又称定选题，是指已给好备选答案的题目，受调查者从问卷已列出的多个答案中选一个或多个答案。封闭题的回答是标准化的，容易进行编码及统计处理；回答者容易作答，无须自己填写内容；避免回答者答偏题。例如"您多久看一次电视？"，题目本意是问看电视的频度，而回答者可能回复"我想看就看"之类不贴切的答案。将题目改成封闭性题目，提供"每周一次"、"每周二至五次"等答案，回答者就不会答偏了。封闭题的缺点表现为：问卷中若没有适当的答案，回答者难以作答；自由选择的范围小，难以看出不同受调查者回答上的差异；容易发生书写错误，如本想圈第2个答案，却圈在第3个答案上。

2）开放题

即不给受调查者提供具体供选答案的题目。开放题能让被调查者充分陈述自己的看法，给其较多的自我表达机会。适用于答案多且分散的较复杂的问题。缺点表现为：回答问题需要较多时间，容易遭到拒绝；回答结果非标准化，难以统计；要求受调查者有较强的书面或口头表达能力。

4. 问卷题目的设计方法

1）二项选择法

可获得明确的答案；快速、操作方便。得到的只是一种定性分析，即说明不同回答所占比例，比例大者影响力或重要性较大，但无法体现出被调查者不同意见的程度。

例如：

　　你看过有关香水的广告吗？

　　　　是□　　否□

2）多项选择法

可使被调查者具有展示其态度的机会。答案需包括所有的可能情况，但避免重复。选项不宜设置太多，以不超过10个最理想。

例如：

　　你认为轿车进入家庭的主要障碍是什么？

　　　　□ 家庭收入较低
　　　　□ 轿车保养费太高
　　　　□ 国家政策限制
　　　　□ 汽车尾气控制标准太高
　　　　□ 交通太拥挤
　　　　□ 没有合适的停车场
　　　　□ 不合理收费太多

3）排序法

列举若干项目以决定其重要顺序。可获得关于竞争性的定量资料。

例如：

　　　　你最喜欢哪两种洗发水品牌？

　　　　　　a. 第一次提及＿＿＿＿＿＿＿＿；

　　　　　　b. 第二次提及＿＿＿＿＿＿＿＿。

4）回想法

用于了解消费者对品牌名、公司名、广告等的印象、记忆强度和对此行业的知晓范围。可比较广告活动前后消费者对品牌的回忆差异，以反映广告效果。

例如：

　　　　请列举出最近你在电视广告上所看到的化妆品名称。

5）再确认法

用于调查品牌名、公司名、注目字句、广告文案等知名、认知之程度，询问方式须经过提示，如文字、照片、图画等，令其回忆确认。应考虑提示资料之提示顺序，可用卡片形式，以便提示时使顺序混合。如提示名称，则不宜超过10个。

例如:
　　以下列有几种数码照相机的品牌名,请你列举出你所知道的。
　　□知道＿＿＿＿＿＿＿＿＿＿　　□不知道＿＿＿＿＿＿＿＿＿＿

6) 配合法

是再确认法的另一变则,用再确认法把商标与公司名、品牌名或提示文句等之间的某些关系连接起来。可发现认知程度及了解程度。

例如:
　　左侧的各种营养保健药与右侧的哪种效能有较深的关系,请用画线方式把它连接起来(两种效能以上亦可):

　　营养保健药　　　　　效能
　　海王金樽　　　　　　消除疲劳
　　朵而　　　　　　　　养血补血
　　昂立一号　　　　　　护肠胃
　　安神胶囊　　　　　　养颜美肌
　　红桃 K　　　　　　　补钙
　　盖中盖　　　　　　　解酒强肝

7) 倾向偏差询问法

主要用于询问对品牌的忠诚度(或者说对品牌的支持程度)。通过调查,可了解品牌到底偏差到何种程度,被调查者方可改用其他品牌的产品。

例如:
　　Q1　现在你用什么牌子的面膜?
　　答品牌 A
　　Q2　目前最受欢迎的是品牌 B,今后你是否仍打算买 A?
　　答"是"或"否"
　　Q3 (对 Q2 答"是"的人):据说 B 的价格要降低 20%,你还用 A 吗?
　　答"是"或"否"

8) 强制选择法

同时列出两种以上的描述句,要求被调查者选出最接近自己看法的一句。这些描述句必须是同一方向的:全好或全坏。可避免因社会压力、舆论迫使或社会传统等因素而造成不按其真正想法作答的现象。

例如:
　　你觉得箭牌口香糖的味道如何?
　　□ 箭牌口香糖具有迷人的滋味
　　□ 箭牌口香糖吃起来感觉不错

9) 李科特(Likert)打分法

例如:
请就下列问题的重要程度在相应的数字上画圈。

问　　题	极不重要	不重要	中立	重要	极其重要
Q1 如何看待轿车的价格？	1	2	3	4	5
Q2 如何看待轿车的外形？	1	2	3	4	5

5. 问卷设计应避免的问题

1）问题顺序安排不合理

合理的提问顺序可以有效提高问卷回收率，提高调查结果的真实性和可靠性。科学的排序应该合乎问题之间的逻辑，前后连贯。在进行问题顺序安排时可参考以下几点原则：

（1）调查的基本信息应安排在最前面，分类信息居中，鉴别信息放在最后。

（2）先易后难，容易、直观、清楚的问题置前，困难、复杂、敏感和窘迫的问题置后。随着调查的进行以及调查人员与被调查者交流的深入，被调查者可能降低或消除原有的戒备心理，愿意回答一些复杂、敏感的问题，从而使调查获得尽可能多的信息。

（3）总括性问题应先于特定性问题。

2）不遵循网上行为规范和文化准则

网络市场调查不能用轰炸式的邮件调查方式，因为不经受众允许就发给其调查表是一种侵犯隐私权的行为。网络是一种非正式场合，问卷可轻松诙谐一些，以提高调查的趣味性。

此外，在网络调查问卷中也可以大胆地借用网络强大的表现力，利用多媒体技术设计出声形兼备、别具一格的问卷来。例如，在对手机款式的偏好调查中，可以插入或链接图像、声音文件，使被调查者能在调查活动中看见手机外形、倾听手机铃声、知晓手机功能等。

3）问题具有诱导性

有些调查问卷将设计者的个人观点融入其中，使用了带有感情色彩和倾向性的词语，这些富有感情色彩的词语会对被调查者起到诱导、暗示作用，有可能使被调查者放弃自己的本来观点。因此，合格的问卷应该是中立的、客观的，问卷中不应带有某种诱导性问题。

4）用词不准，语义模糊、有歧义

问卷中的每个问题对于每个被调查者而言，都应该代表同一主题，只有一种解释。用词不准、问题含糊都会使问题的含义不清楚、不明确或有歧义，这样会让被调查者有无所适从的感觉，影响市场调查结果的准确性。对于一些易于产生语义模糊、歧义的抽象概念问题，应先通过操作化过程，将所研究的概念或变量变为具体可测的指标，避免一些被调查者难以理解此类问题，影响问卷回答的质量。因此，问卷设计中一定要讲求用词规范、语义明确，使被调查者能正确理解问题。

5）答案设计不合理

在问卷的设计中经常会出现答案不穷尽、不互斥，或不处于同一层次、同一维度的情况，这样也会影响调查结果的准确性。问题设计时应尽可能考虑周全，不能遗漏重要的问题选项,尤其对于专业性较强、对调查结果影响程度较大的调查问题选项,更要仔细斟酌,任何一项重要信息的遗漏都可能降低调查结果的效度。

（四）随机抽样调查方法

1. 简单随机抽样

也称为纯随机抽样,是对调查对象不做任何分类、排队等加工整理,完全按随机原则抽取样本单位的一种随机抽样的组织形式。简单随机抽样的实施会受到总体单位数是否有限的影响。通常有限总体的随机抽样是在对总体编号的基础上进行的,具体方法有抽签法、摇号法、随机数表法。

简单随机抽样从理论上来讲,最能保证每个总体单位都有同等被抽中的机会,是最符合随机原则的,是其他抽样方法的基础。其优点是:方法简单直观,当总体名单完整时,可直接从中随机抽取样本。由于抽取概率相同,计算抽样误差及对总体指标加以推断比较方便。局限性则表现在:采用简单随机抽样一般须对总体各单位加以编号,而当总体十分庞大时,编号几乎是不可能的;当总体的标志变异程度（方差）较大时,简单随机抽样的误差将会比较大;由于抽出样本单位较为分散,所以人力、物力、费用消耗较大。因此,这种方式只适用于总体单位数不太多以及总体分布比较均匀的情况。

2. 等距抽样

又称系统抽样,就是先将总体各单位按一定顺序排列起来,然后按一定间隔来抽取样本单位。单位顺序的排列方式有两种:一种是排列顺序与调查项目无关。例如,在住户调查中,选择住户可以按住户所在街区的门牌号码排队,然后每隔若干个号码抽选一户进行调查。另一种是按与调查项目有关的标志排队。例如,住户调查时,按住户平均月收入排队,再进行抽选。

等距抽样与简单随机抽样比较,可使中选单位比较均匀地分布在总体中,尤其当被研究现象的标志变异程度较大,而在实际工作中又不可能抽选更多的样本单位时,这种方式更为有效。因此,等距抽样是市场调查中应用最广的一种抽样方式。

等距抽样也有一定的局限性,表现在:

（1）运用等距抽样的前提是要有总体每个单位的有关材料,特别是按有关标志排队时,往往需要有较为详细、具体的相关资料,这是一项很复杂和细致的工作。

（2）当抽选间隔和被调查对象本身的节奏性（或循环周期）重合时,就会影响调查的精度。如对某公交线路每周的客流量情况进行抽样调查。若抽取的第一个样本单位是周末,抽样间隔为一星期,那么抽取的所有样本单位都是周末,而周末往往客流量较大,这样就会发生系统性偏差（即各样本标志值偏向一边）,从而影响等距抽样的代表性。这时要用半距起点等距抽样或随机起点对称等距抽样。

（3）等距抽样的抽样误差计算较为复杂。

3. 分层抽样

又称分类抽样或类型抽样,是指先对总体每个单位按有关标志加以分层（类）,然后再从各层（类）中按简单随机抽样或系统抽样方式抽取一定的单位构成样本的一种抽样方式。分层抽样与等距抽样不同,它只能按照有关标志进行分层。例如,对上海市居民的家庭年收入状况进行调查,可以将居民家庭按照收入的高低来分成高收入、较高收入、中等收入、较低收入、低收入共5层,再从各层中随机抽取居民家庭,但是不能按照姓氏笔画这样的无关标志分层。

分层抽样是在实际中最常采用的抽样技术之一,它具有以下优点:

(1) 由于分层抽样在各层中进行,因此,各层样本除汇总后可用于总体参数的估计外,还可用来对层的参数进行估计。例如一项全国性抽样调查,若以省为层,那么调查以后既可得到有关全国的数据,也可同时获得有关各省的数据。

(2) 分层抽样实施灵活方便,便于组织。由于抽样是各层独立进行的,允许根据各层的具体情况采用不同的抽样方式。此外,分层抽样的数据处理比较简单,各层的处理可以单独进行,而层间汇总方式又非常简单,对估计量而言仅是对均值估计的加权平均或是对总量估计的简单相加。

(3) 分层抽样样本单位分布比较均匀,提高了样本的代表性和调查精度,这是分层抽样最大的优点。

分层抽样的样本单位来自于各层,在总体中的分布均匀,样本代表性强。分层抽样的精度(估计量的方差)仅取决于各层内方差的大小,与层间方差无关,而层内方差的大小远远小于总方差,分层抽样的精度将比简单随机抽样高。实际上,人们正是利用这一特性,事先将性质类似的单位归成一层(类),使层内的方差尽可能小、层间方差尽可能大来进一步提高分层抽样的精度。

4. 整群抽样

又称为分群抽样或集团抽样,它是将总体划分为若干群,然后以群为单位从中按简单随机抽样或系统抽样方式抽取部分群,对中选的群中的所有单位进行调查的抽样方式。整群抽样和分层抽样相比,虽然两者都要将总体划分为许多组,但分组的作用却不同。分层抽样划分的组称为"层"、"类",它的作用是缩小总体,使总体的变异减少,而抽取的基本单位仍是总体单位;整群抽样划分的组称为"群",它的作用却是要扩大单位,抽取的基本单位不再是总体单位而是群,这样抽样的工作要简便多了。在大规模的抽样调查中,如果总体单位多且分布区域广,缺少进行抽样的抽样框,或者在按经济效益原则不宜编制这种抽样框的情况下,宜采用整群抽样方式。如对小学生的身体生长情况进行调查,采用整群抽样,就可以学校为群进行简单随机抽样。

整群抽样中的群主要是自然形成的,如按行政区域、地理区域等划分群。由于整群抽样的样本单位的分布集中于群内,显著地影响了总体中各单位分布的均匀性,因此,整群抽样与其他抽样方式相比,在相同的条件下,抽样误差较大,代表性较低。在实际工作中,一般都要比其他抽样方式抽取更多的单位来降低抽样误差,提高抽样结果的准确程度。

整群抽样的抽样精度与群的性质有很大的关系。在多数情形下,由于每个群内的单位多少有点相似,如果样本容量相同,整群抽样的抽样误差要比简单随机抽样的误差大。但由于整群抽样节省费用,可以抽较多的样本单位而同时做到误差小且节省总费用。对于少数情形,由于群的特殊结构,群内单位的差异很大,此时即便抽取同样数目的样本单位,整群抽样的精度也比简单随机抽样高,其优点就更明显。

5.多阶段抽样

又称多级抽样,它是一种将抽取样本单位的过程划分为几个阶段,然后逐阶段抽取样本单位的抽样方式。在许多情况下,特别在复杂的、大规模的市场调查中,都采用多阶段抽样方式。例如我国城市住户调查采用的就是多阶段抽样,先从全国各城市中抽取若干城市,再从城市中抽街道,然后从各街道中抽选居民家庭。多阶段抽样在抽取样本及组织调查时很方便,但在设计抽样调查方案、计算抽样误差和推断总体时比较复杂。

多阶段抽样有以下两个特点:一是对抽样单位的抽选不是一步到位的,至少要两次;二是组织调查比较方便,尤其对于那些基本单位数多且分散的总体,由于编制抽样框较为困难或难以直接抽取所需样本,就可以利用地理区域或行政系统进行多阶段抽样。

(五)非随机抽样方法

非随机抽样是指抽样时不遵循随机原则,而是按照研究人员主观判断或仅按方便的原则抽选样本。通常,采用非随机抽样是因为:受客观条件限制,无法进行严格的随机抽样;为了快速获得调查结果;在调查对象不确定或无法确定的情况下采用,如就突发(偶然)事件进行现场调查等;总体各单位间离散程度不大,而且调查员具有丰富的调查经验。主要方法有:

1.方便抽样

又称任意抽样、偶遇抽样,是指样本的选定完全根据调查人员的方便来决定。实施方便抽样时,样本单位一个一个地抽取,直到满足样本容量要求为止。这种抽样方法的一个基本原则是假定总体的特性是相同的,认为任意选定的样本单位的特性与总体无差别。

方便抽样是所有抽样技术中成本最低的(包括经费和时间)。它实施简单,速度较快。抽样的单元是可以接近的、容易测量的,并且是合作的。但这种形式的抽样还是有严重的缺陷,存在许多可能的选择偏差,包括被调查者的自我选择。方便样本不能代表任何定义的总体,一般只用于市场预调查和试探性调查。

2.判断抽样

又称目的抽样、立意抽样,是指根据调查人员的主观经验从总体样本中选择那些被判断为最能代表总体的单位做样本单位的抽样方法。这种抽样方法多应用于总体小而内部差异大的情况,以及在总体边界无法确定或因研究者的时间与人力、物力有限时采用。例如,要对江西省旅游市场状况进行调查,有关部门选择庐山、龙虎山、三清山、井冈山等旅游风景区作为样本调查,这就是判断抽样。典型调查就是一种判断抽样。

判断抽样具有简便易行、方便快捷、操作成本低,符合调查目的和特殊需要,可以充分利用调查样本的已知资料,被调查者配合较好,资料回收率高等优点。其缺点是抽样结果受研究人员的倾向性影响大,一旦主观判断出现偏差,则很容易引起抽样偏差;不能直接对调查总体进行推断。

3.配额抽样

又称定额抽样,是非随机抽样中使用最为广泛的一种抽样方法。是指对总体依据一定标准或某种特性(这些属性、特征称为"控制特征")分成不同群体并事先分配各群体的样本数量,然后再由调查人员按分配的样本数量在群体内主观地抽取样本。配额抽样类似于随机抽样中的分层抽样,有两点重要区别:首先,配额抽样的被调查者不是按随机抽样的原则抽选出来的,而分层抽样必须遵守随机抽样的原则;其次,在分层抽样中,用于分类的指标,应联系研究目标来选择,而配额抽样无此要求。

4. 滚雪球抽样

是指在对个别符合要求的受调查者进行调查的基础上,根据他们提供的信息,进一步对其他相关人员进行调查,直至满足样本量要求为止。由于一开始可能根本不知道总体构成,所以只能通过间接方式逐渐了解。例如,要调查某个地区家政服务员的素质及服务质量情况,就可以采取滚雪球的方式:先找到某个家政服务员,通过他再得到其他家政服务员的信息。

滚雪球抽样的优点是调查费用大大减少,然而这种成本的节约是以调查质量的降低为代价的。整个样本很可能出现偏差,因为那些个体的名单来源于那些最初调查过的人,而他们之间可能十分相似,因此,样本可能不能很好地代表整个总体。另外,如果被调查者不愿意提供人员来接受调查,那么这种方法就会受阻。

5. 自愿样本抽样

自愿样本不经过调查者的抽取,而是由自愿接受调查的用户直接组成样本。如在网上直接刊登出调查问卷,让网民参与,就某事发表个人的看法。自愿样本组织方便、成本低廉,而且参与者大多是对调查内容的关心者,对他们态度的分析更具价值性。但自愿样本往往集中于某些特定的用户群,与总体结构相距较远,调查结果不能完全反映总体状况,不能依据样本的信息推断总体。

(六)调查数据的处理与分析

1. 调查数据的编码与录入

1)事前编码

设计问卷时,在问题后统一位置留出相应位数用于编码,而且位置的编排应统一醒目。这里应注意,如果有项目无回答,应返回问卷改正,但有时实在无法得到答案,应编上专门表示无回答的码,不能"漏码"。另外,表示无回答的编码不能与合理回答的编码互相重复。例如询问家中电视机台数时,答案为 0 表示家中没有电视,如果无回答也用 0 表示,编码就不能如实反映原数据了。这一点也适用于其他类问题的编码设计,下面不再重复。

2)事后编码

有些调查事先无法确定问题的答案,有些问题的答案无法预料或难以完全罗列,但又希望定量分析答案的频数分布和变量间的关系,这种情况下,一般要采用后设计编码方法,在数据收集完成后再进行编码设计。实践中主要的应用对象为无结构问卷和结构式问卷中的文字开放题。

3)调查数据的录入

对于计算机辅助电话调查(CATI)和计算机辅助面访(CAPI),数据收集与录入可以同时进行,无须再单独进行数据的录入。就大多数调查而言,还需要进行数据录入。目前应用最多的是键盘录入,当然还可以采用扫描、光标阅读器等其他方式。数据的录入可以利用数据库的形式,优点是清楚、便于录入查错,而且可以直接进行分析;缺点是对变量的个数有限制,当变量的个数太多的时候,需要几个数据库分别录入,增加了组织和操作上的工作量。还可以采用其他一些专门的数据录入软件,如 SPSS 中的 DATA、ENTRY 等。

2. 调查数据的统计预处理

1) 缺失值处理

主要有四种方法:使用变量的平均值代替;由某些统计模型计算得到的比较合理的值来代替;删除有缺失值的个案;保留有缺失值的个案,仅在相应的分析中做必要的排除。

2) 加权处理

在进行数据分析之前,应先考察一下样本在一些主要特征上的分布对总体是否有代表性。如果样本分布与总体分布有显著的差异,用这样的样本数据去推断总体就肯定会出现偏差。这时就需要调整数据,使样本在一些主要指标上的分布与总体基本上保持一致。常用的方法就是进行加权处理。加权就是给每个被调查者(个案)赋予一个权数,该权数可以反映该被调查者(个案)相对于其他被调查者的重要性。权数为 1 相当于没有加权。

3) 变量的转换处理

根据数据分析的需要,在分析之前可能要对现有的变量进行一定的修改或产生新变量。常见的方式主要有:对变量重新定义;变量转换;为便于进行定量分析,有时要把定类变量转换为 0 或 1 变量,但这里的 0 和 1 没有大小和顺序关系,仅代表类别。例如,性别区分为男性和女性两类,0 代表男性,1 代表女性。为了某些特定的统计分析(如拟合模型),需要把几个变量重新组合为一个新变量,重新进行定义。

3. 调查数据的描述统计分析

调查数据分析是利用各种数据分析的方法,尤其是统计分析的方法对调查获取的数据进行加工处理。数据处理能为撰写调查报告提供有力的数据支持。

(七) 调查报告的撰写

调查目的不同,调查报告的内容会有一定的区别,但其基本内容应包括以下几点:

1. 对调查目的及所要解决问题的说明

市场调查需要解决一定的市场经营问题,带有一定的目的性。调查报告的撰写应对市场调查的目的及所要解决的问题进行说明,以便使决策者能明了报告的主题。

2. 介绍背景资料

即对市场调查所获得的基本情况进行介绍,这是报告的基础和主要内容,要用叙述和说明相结合的手法说明调查对象的群体特点和实际情况。在具体的写法上,既可按问题的性质采用设立小标题或者摘要显示的形式,也可以采用数字、图表或图像等加以说明。此外,背景资料的介绍应力求做到准确、具体,富有条理性。

3. 调查方法的介绍

在市场调查与分析中,调查人员应介绍调查样本的抽取及资料的收集、整理、分析技术等情况。如果有些内容很多,在正文中说明有些头重脚轻之感,那么应有详细的工作技术报告加以补充说明,附在市场调查报告的附件中。

4. 数据统计与分析

不管采用哪种调查方式,对数据进行有效的统计与分析都能及时把调查问卷中的调查数据汇总、排列,并转化成信息。由于不同的数据处理过程可能产生不同的调查结果,因此,调查人员有必要对数据统计与分析的过程进行详细的说明。

5. 提出论点

根据市场调查数据的统计与分析,撰写人可以提出自己的观点和看法。这些观点和看法应建立在实事求是的基础上,不能凭空捏造。

6. 解决问题的建议、方法和步骤

问题的解决是市场调查报告撰写目的和宗旨的体现,要在调查情况分析的基础上,提出具体的建议和措施,供决策者参考。这些建议和措施应具有针对性和可行性,能够切实解决实际经营问题。

7. 预测可能遇到的风险,并提出对策

这是在对调查所获基本情况进行分析的基础上对市场发展趋势做出预测,它直接影响到有关部门和企业领导的决策行为。该部分应对调查所获得的资料进行科学的研究和推断,并据以形成符合事物发展变化规律的结论性意见。用语要富有论断性和针对性,做到析理入微、言简意赅,切忌脱离调查资料随意发挥。

本章关键概念

新媒体(new media)
广告调查(advertising survey)
随机抽样(random sampling)
非随机抽样(non-random sampling)
调查报告(investigation report)

本章思考题

1. 新媒体广告调查与传统广告调查无论在技术、调查方法、数据收集和处理等方面都有很大的差异,这些差异将会对调查结果产生什么样的影响?是如何影响的?
2. 网络调查使调查对象可以避免调查人员的诱导和提示,在相对轻松的环境中从

容答卷,从这个角度看,提高了调查结果的客观性;但从另一方面看,调查对象在无任何压力和责任的情况下答卷,也很容易导致其在回答问题上的随意性,甚至弄虚作假。如何看待这两种结果?怎样才能进一步提高网络调查的效果?

3. 以加多宝为背景,如何利用多种网络工具开展以用户对品牌忠诚度为目的的网络调研工作?

4. 以大学生旅游消费为背景,如何利用多种网络工具进行网络调研?消费者消费意向分析报告的撰写步骤是怎样的?

本章推荐阅读书目

《SPSS 22.0 统计分析从入门到精通(升级版)》

作者:李昕　张明明

出版社:电子工业出版社

出版年:2015 年

内容简介:

本书以 SPSS 22.0 为平台,由浅入深地全面讲解 SPSS 软件的相关知识,通过图文并茂的方式讲解各项操作,深入浅出,实例引导,讲解翔实,清晰、直观、易学易用。

全书分为三部分共 19 章,详细介绍 SPSS 的界面、数据文件的编辑、数据文件的整理、基本统计分析、参数估计与假设检验、非参数检验、方差分析、相关分析、回归分析、聚类分析、判别分析、因子分析、对应分析、信度分析、生存分析、时间序列分析、统计图形的绘制、SPSS 在企业经济活动和房地产中的应用等内容。本书涉及面广,涵盖了一般用户需要使用的各种功能,全书按逻辑顺序编排,自始至终结合实例进行描述,内容完整且每章相对独立,是一本详细实用的 SPSS 参考书。

本章参考文献

[1] 高丽华,等.新媒体广告 [M].北京:清华大学出版社,2011.

[2] 路盛章.网络广告实务 [M].北京:中国广播电视大学出版社,2008.

[3] 李国强,苗杰.市场调查与市场分析 [M].2 版.北京:中国人民大学出版社,2010.

[4] 郭强.调查实战指南:网络调查手册 [M].北京:中国时代经济出版社,2004.

[5] 史海霞.网络营销 [M].成都:西南财经大学出版社,2010.

[6] 廖进球,李志强.市场调查与预测 [M].长沙:湖南大学出版社,2009.

第四章 新媒体广告策划

本章导言

1. 新媒体广告战略策划要服务于整体营销战略和品牌战略,着眼于新媒体传播平台的开发和应用,合理分配新媒体广告预算,规划新媒体广告战略思想、战略目标和战略内容。

2. 新媒体广告策划重点围绕新媒体传播思维模式,综合运用目标市场策略、定位策略、诉求策略和表现策略,实现新媒体广告策划与品牌传播目标。

本章引例

墨迹35 ℃计划,玩转"夏日生态圈"

——携手雪碧&麦当劳跨媒体整合营销与广告传播

案例回顾:

每到夏季,全国各地高温不断。政府消暑津贴演变成地方性的绿豆汤,办公室空调超负荷工作依然无法降温,户外工作人员更是毫无保障。基于自身平台特性,墨迹天气希望借助高温天气下用户的高关注和强需求,打造一场全民回馈计划。当时雪碧正在传播"释放夏日100招"的品牌理念,号召年轻人走到室外,对抗夏日。2015年墨迹天气成功携手雪碧&麦当劳,启动35 ℃计划(见图4-1)。

联手移动互联网的营销合作不单是对技术手段的运用,更是通过占据流量入口以及生活场景的嫁接真正被消费者感知。

高温噱头　认知品牌调性

随着夏日气温持续升高,人们对于高温防控愈发关注。从早前每晚七点央视天气预报,到各地方卫视不同时期天气预报,人们对于天气预知的需求度不断提升,而在持续高温生活下如何增减衣物也成为人们正常生活的需求。

图 4-1 "墨迹 35 ℃ 计划"宣传

2015 年,墨迹天气首次结合温度做由头,将天气温度这个全民热议的话题搬到公众视线,将墨迹天气这一品牌服务与高温深度关联,让使用群体不断加深对于天气预报、天气资讯、紫外线指数、穿衣指数等信息检索,形成强互动性的一批使用群体。墨迹天气的这次跨媒体整合营销,不仅让大众自主感知天气对于生活的影响,而且在提醒受众气温升降的同时,号召全民关注全球变暖、空气污染等环保性问题,将健康绿色环保的思维带入受众群体。

绑定雪碧　整合跨界营销

在激烈的竞争下,传统饮料积极推陈出新进行探索,试图拉近与年轻消费者的距离,却依旧无法扭转碳酸饮料的颓势。饮料的主要消费者始终是年轻群体,企业必须采用更加适合年轻消费群体的广告与营销方式,才能适应如今消费环境和消费行为的变化。雪碧作为知名的传统碳酸饮料,面对新饮品的竞争,在炎炎夏日更要发挥自身优势,利用多年来持续打造的"透心凉"品牌联想,同时结合"释放夏日 100 招"传播主题,将雪碧作为 35℃ 天气下最贴心的礼物回馈给墨迹用户。

时下,线上 APP 营销多趋于线上直营、线上推广、线上收益的格局。线上软件与线下实体产品结合,这种营销方式较之于单一产品营销的效果更好,顾客可以得到实体奖励,企业可以互利共销。组合营销可以将两类产品的不同受众群体交互,扩大产品实质受众。

创意多样　扩大市场影响

O2O模式广告案例已经不再稀罕，打造实体＋服务，实现企业和企业、用户和企业多方盈利才是市场的新需求。本次活动的创新点在于地推活动易操作，线上营销方式多样，多类别企业合作，90后"快闪"聚焦视线等。

1. 地推活动易操作

中国经济迅猛发展，各类别地推活动日益繁多，随着移动客户端的大力发展，街边扫码送饮品的活动大肆泛滥。人们对于这种传统方式已经见怪不怪了。而有的企业由于线下活动成本高、企业成本低等因素，将活动流程增多，比如增添长问卷、问询客户信息等。这样高难度的地推活动很难达到预期效果。本系列地推活动采取只要下载墨迹天气即可赢取雪碧券、线上区域超温即可领券等方式。整个活动惠及全国26个省、市、自治区的189个城市，领取雪碧券478.7万张，兑换75.5万杯，转化率高达15.8%，联合APP推广PV（页面浏览量）超过300万。

2. 线上营销方式多样

线上营销多采取官网软广、平行推广、合作推广等方式。此次活动中，用户转发活动相关微博，即有机会获得墨迹天气送出惊喜奖品；美图秀秀、时光网等数家知名APP联合开屏曝光，同道大叔等微博、微信大号通过原生植入让话题发酵，为活动升温。坚持硬广主推受众面，软广感性赢取品牌受众欢迎度。

3. 多类别企业合作

合作共赢是本次活动的最大卖点，比起单独完成某项活动所需承担的费用和时间，与多家企业协作承办，成本更低、效果更好。融合交互性跨界整合营销成为时下市场的新需求，将多类别产品交互营销、互利共赢也成为一个好的个案。无论是前期直接到麦当劳门店领取雪碧，中期各类生活APP共同宣传，到后期H5游戏推广，整合线上各类资源，资源共享，将资源共享成为未来市场的新方向。

4. 90后"快闪"聚焦视线

"快闪"这一地推活动在国外地面营销已为常事，而在国内很少有企业透过"快闪"来博眼球，很重要的一点是，现场把控和最终效益在营销成果上很难有数据考证。墨迹35℃却邀请90后coser进行街头快闪，带动年轻受众参与热情，增强品牌认知，并且为高温室外工作者送去免费雪碧券，真正体现墨迹天气深切的人文关怀。

案例点评：

广告目标：打造品牌联想，加深墨迹用户活跃度和使用黏度。

广告效果：整个活动惠及全国26个省、市、自治区的189个城市，领取雪碧券478.7万张，兑换75.5万杯，转化率高达15.8%，联合APP推广PV超过300万。

创新点：高温噱头首次使用，90后coser快闪吸引眼球。

策略亮点：首次选择高温噱头让受众认知品牌调性，绑定雪碧饮品回馈整合跨界营销，线上线下同步传播：线上微博大V传播，合作APP扩散传播；线下90后coser快闪，赠送户外工作者清凉饮品，体现人文关怀。

知识要求

了解新媒体广告战略策划的相关基本概念;掌握新媒体广告策划的核心内容,即目标市场策略、定位策略、诉求策略和表现策略。

技能要求

运用本章知识进行新媒体广告的战略设计和预算策划,能够在新媒体广告策划实务中灵活运用目标市场策略、定位策略、诉求策略和表现策略。

第一节 新媒体广告战略策划

新媒体广告,是在电子化、信息化、网络化环境下开展的广告活动,它是以现代广告传播和营销理论为基础,利用高科技,最大限度地满足企业和用户的需求,以达到传播信息、实现沟通、开拓市场、增加盈利的目标。新媒体广告是整体营销与广告战略的一个组成部分,是企业的一种传播沟通手段。

在进行新媒体广告战略策划之前,首先要明确,战略和策略是两个相对而言的概念。企业的广告战略在一定历史时期内是具有相对稳定性的;而策略具有较大的灵活性,策略是指为实现战略任务而采取的手段,是战略的一部分,它要服从于战略,并为达到战略目标服务。战略任务必须通过策略来逐步完成。两者的关系反映了全局与局部的关系。它们的区分是相对的,而在同一范围,两者间的区别又是确定的。

一、新媒体广告战略策划概述

在这个新媒体环境发展日益成熟的时代,广告产业也正经历着从传统媒体环境走向新媒体环境的转变之路。伴随着现代电子、数字技术的发展,很多先进的传播技术被应用到传媒领域,从而赋予大众传媒新的表现形式。广告信息的发布需要有适合信息自身特点的投放平台,所以新媒体技术的出现,对广告行业的发展起了很大的推动作用。新媒体环境的产生、发展、成熟,对广告战略提出了更高的要求。

(一)相关概念

进行新媒体广告战略策划,首先必须明确几个相关概念。

1. 战略

战略本是一个军事用语,《现代汉语词典》将"战略"解释为指导战争全局的计划和策略。《辞海》中的解释,"战略"一是军事战略的简称,二是泛指对社会政治、经济、文化、科技和外交等领域长远、全局、高层次重大问题的筹划与指导。

2. 广告战略

战略这一术语运用在广告学中,就称为"广告战略"。

广告战略是指在一定时期内指导广告活动的带有全局性的宏观谋略。

3. 新媒体环境与广告战略策划

新媒体环境,是指在互联网之后发展起来并建立在网络数字技术基础之上的渐成体系的新兴媒体环境。其特点是融合了多种传播技术手段,使信息传播可以在更加多元化的方式下实现。

新媒体环境的"新"首先体现在它的传播方式上。它弥补了以往大众传播中目标不确定的缺点,能准确地将要传播的信息"交付给"目标受众。

其次,新媒体环境的"新"体现在它的传播渠道上。它不像传统媒体那样可独自发挥作用,而是把新兴技术与原有技术进行各种巧妙的组合,其信息传播的速度、数量、质量乃至信息传播的模式等,均发生了巨大变化。

最后,新媒体环境的"新"体现在它的服务功能上。现代社会向着需求个别化、多样化发展,而新媒体环境正是更加细分化地适应社会的多样化需求,极大地丰富了人们的选择余地。

在此前提下,广告战略策划有了更大的空间和平台,也带来更多的挑战。新媒体环境下的广告战略策划,更需深入评估分析企业和品牌所处的客观环境,对整个广告活动的指导思想、目的、原则等进行宏观运筹与谋划。

(二) 新媒体广告战略策划的特征

1. 新媒体环境的特征

1) 新媒体的技术创新

新媒体环境的主要特征是信息的实时性、准确性、大容量、易检索和多通道传播。从技术的角度看,数字化是新媒体的共性。在传统媒体中,信息的处理、传播和存储一般是以模拟技术为基础的,这些会使不同媒介工具之间信息相互转换和共享比较困难。鉴于此,新出现的媒介工具几乎都变成了以数字技术为基础,也就是说,数字化是现代传播的一个共通现象,既包括一些本身就利用了数字技术的媒体,也包括非数字媒介借助数字平台进行传播的媒体。

2) 新媒体的互动传播

从现代传播途径来看,能够与传统传播方式进行区别的,不是某个单个的媒介,而是数字化。这样,用"数字"来概括新媒体的技术特点就更为科学、全面,避免了将各种传播媒介孤立起来考察的弊端。从发展趋势看,数字化的特征是一种比较稳定的现象,它不受载体的发展变化的影响。新媒体具有互动性,所谓互动性,是指运用新媒体,信息的传播者与受传者之间能够进行及时或实时的信息交流。新媒体从根本上改变了过去单向传播的劣势,可根据传受双方的需要,在文本、音频之间任意转换,体现出新媒体本质上是互动媒体的特性。

3）新媒体变大众传播为分众传播

新媒体环境为人们提供了个性化、可选择的服务。传统的大众媒体进行的是点对面的传播，在这一传播过程中，传播者作为"把关人"处于控制地位，而受众没有主动选择的余地，从而使受众的个性化需求受到了相当程度的限制。长久以来，受众已经习惯被动性地接收信息，在传播活动中处于弱势地位。而数字互动媒介使"点对点"、"一对一"的传播成为可能，使传受双方的"互动"成为可能。这样就可以根据受众个体的个别需求，提供相关信息和服务。更为重要的是，在新媒体中，信息的获取者不是被动地接收信息，而是主动地发现信息、选择信息，这就使得传者和受者之间的关系发生了根本性的变化，受众的主体性和选择性从根本上得以增强。

2. 广告战略策划的特征

无论是新媒体还是传统媒体条件下，广告战略策划都具有以下基本特征。

1）广告战略对广告活动的指导性和方向性

广告战略是企业广告策划的核心。广告战略一旦确定，就对广告策划、广告创意、广告作品设计与制作具有指导意义。广告战略还规定了整个广告活动发展的方向，战略是实现广告目标的核心机制，直接制约其他一切因素在特定的目标条件下如何去做。

2）广告战略的科学性和创造性

广告宣传成功的关键是要有一个科学性的、创造性的广告战略，这也是整个市场战略获得成功的关键。广告战略不是市场营销战略的简单翻版，而是在市场营销战略指导下，对其进行创造性的发展。它的形成是一个创造性的过程，它会因市场条件和营销目的的不同而不同，是一个具体的、可执行的广告战略。

3）广告战略的全局性和长期性

广告战略并不是一时心血来潮、突发奇想的权宜之计，而是在周密的市场调研的基础之上，从企业的发展全局出发，为企业的长期发展考虑，审时度势精心谋划制定出来的。它与一般性策略的不同之处，就在于它具有鲜明的全局性和长期性的特征。

4）广告战略的抗衡性和协调性

广告战略作为市场竞争的一种谋略，通常是依据某一具体的营销目标、某一特定的竞争形势，或某一特定的竞争对手而制定的。所以，必须考虑到与竞争对手在市场上的抗争与制衡问题。在考虑具体竞争、抗衡的同时还要从长远的发展角度和全局的高度协调好广告战略与各个社会环境因素、传播环境因素的关系，协调好全局与局部的关系、战略与战术的关系等。

（三）新媒体广告战略策划的程序

新媒体广告战略策划程序一般包括四个方面。

1. 确定广告战略思想

广告战略思想是广告活动的指南，开展新媒体广告活动首先要解决"为什么做广告"的问题。这"为什么"包含两层含义：一是对开展新媒体广告活动意义的认识，要弄清新媒体广告活动对企业的整个经营会产生什么影响;二是对新媒体广告预期达到的效果要心中有数。要解决"为什么"的问题,其关键在于新媒体广告战略策划中要有明确的战略思想。

可供选择的战略思想常见的有以下几种。

(1) 积极进取的观念。持积极进取观念的广告战略策划者对广告的作用十分重视,在思想和行为上是积极进取的,战略目标是扩张型的,战略姿态是进攻型的,对市场环境的变化反应敏捷,期望通过有效的新媒体广告策划主动争取市场领导者地位或进行新产品推广和市场开拓。

(2) 高效集中的观念。持高效集中观念的广告战略策划者很重视广告的近期效益,在新媒体广告战略策划中强调"集中优势兵力,打歼灭战",以集中的广告投资和大规模的广告宣传,在某一个市场或某一时间内形成绝对的广告竞争优势,以求短期内集中奏效。

(3) 长期渗透的观念。持长期渗透观念的广告战略策划者特别重视广告的长期效应,在新媒体广告战略中强调"持之以恒,潜移默化,逐步渗透"。

(4) 稳健持重的观念。持稳健持重观念的广告战略策划者对广告的作用也比较重视,但在思想和行为上却比较谨慎,一般不轻易改变自己的战略方针,主要以维持企业的现有市场地位和既得利益为主要目标,很少有进一步扩张的要求。

(5) 消极保守的观念。持消极保守观念的广告战略策划者对广告的战略作用不很重视,在思想和行为上比较消极被动,广告活动的主要目标在于推销产品。

以上五种观念都产生于一定的客观条件,同时又与特定的客观条件相适应。广告战略策划者应当根据新媒体广告活动所处的客观条件确立与之相适应的广告战略观点,这样才能使广告战略具有正确的指导思想。

2. 调查分析环境

企业的环境因素对广告战略的制定有着关键性的影响作用。广告策划者要想制定一个能引导企业的广告活动走向成功的新媒体广告战略,就必须全面调查和分析企业的环境因素,包括内部环境和外部环境。内部环境指企业自身的规模、产品、资金、人员、经营发展战略、营销战略等方面的情况。外部环境指了解和分析与本行业有关的经济、生产、市场、技术、竞争对手和有关政策等因素,尤其要把握在现有市场中可以使用的新媒体技术条件。

3. 确定目标任务

在调查和分析环境的基础之上,企业可以确定围绕新媒体广告策划活动的基本目标和任务。任何一个广告活动,只有确定其基本目标和任务之后,才能有效地制定战略规划。新媒体广告活动的目标和任务往往取决于营销目标和任务的设定。

4. 制定战略内容

基本目标和任务确定后,就要着手制定新媒体广告战略的内容。广告战略内容一方面包括一些指导性的政策,以引导广告活动实现其目标,另一方面就是制定职能战略。职能战略主要包括市场、产品、广告媒体、广告表现、广告实施等一些特殊领域内的战略。

随着越来越多的企业由交易性营销(transactional marketing)转向关系营销(relationship marketing),企业与顾客和其他利益相关者之间建立、保持并巩固长远关系变得日趋重要。这种关系营销发挥作用的有效途径和有力保障便是整合营销传播。整合营销传播把企业营销和传播过程统一起来,融合了所有营销传播组合的要素,形成一种贯穿组织的整合性力量。媒体的分众化是整合营销传播的现实需求,而新媒体平台给整合营销传播提供了实现的可能。图4-2展示了整合营销传播的策划流程。

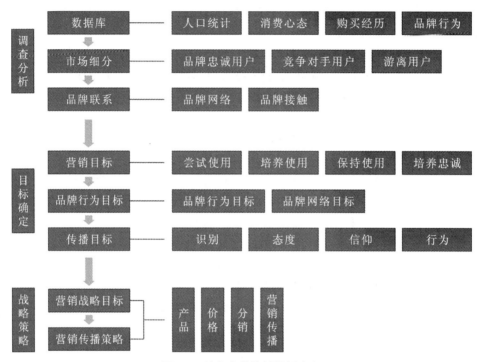

图 4-2　整合营销传播策划流程

这个模式使广告战略策划融入整个营销传播策划过程中,与各个要素紧密结合在一起,使得所有营销形式转变为传播,所有传播形式转变为营销。新媒体条件下的整合营销传播使企业和广告公司以新的角度和观念面对空前广阔的领域。

二、新媒体广告战略目标

新媒体广告策划过程中,对广告活动所要达成的目标的策划,是确立广告战略策划的中心环节。新媒体广告战略目标是围绕新媒体广告活动而要达到的预期目标。作为广告活动的总体要求,广告目标规定着广告活动的总任务,决定着广告活动的行动和发展方向。

(一)新媒体广告战略目标的分类

从不同的角度,用不同的标准对广告战略目标进行划分,可以有众多不同的广告战略目标。

按不同的内容,新媒体广告战略目标可以划分为产品推广目标、市场拓展目标、销售增长目标、企业形象目标。

按不同的阶段,新媒体广告战略目标可以分为创牌目标、保牌目标、竞争广告目标。

按广告效果,新媒体广告战略目标可以分为广告促销效果目标和广告传播效果目标。

按重要程度,新媒体广告战略目标可以分为主要目标和次要目标。

按不同层次,新媒体广告战略目标可以分为总目标和分目标。

按不同的着眼点,新媒体广告战略目标可以分为外部目标和内部目标、近期目标和长远目标。

(二)新媒体广告战略目标的制定

通过系统分析企业的内部环境和外部环境,重点把握所处的新媒体环境和可利用的新媒体条件,制定出明确的新媒体广告战略目标,并通过广告活动实践,借助一种或多种新媒体或整合使用新旧媒体,达成该战略目标。通常制定的目标有以下几种。

(1) 以提高产品的占有率为目标。介绍新产品的质量、性能、用途和好处,促使新产品进入目标市场。

(2) 以扩大产品的销售量、延长产品的生命周期为目标。介绍老产品或改进后的产品所具有的新用途或改进后的好处。

(3) 以扩大产品的市场占有率为目标。增加产品的销售量,突出产品的质量和特殊好处,激发消费者直接购买的欲望,提高销售增长率。

(4) 以维持原有利润水平为目标。保持原销售数量,稳定老客户的购买额度,吸引新媒体受众和潜在客户。

(5) 以支持人员推销为目标。用新媒体广告开路,造成推销人员未到而产品名称和企业名称早已引起消费者注意的态势,节约一定的推销费用。

(6) 以树立品牌形象和企业形象为目标。提高产品知名度和信任度。

(7) 以扩大销售区域为目标。开辟新市场或吸引新客户。

(8) 以增进与经销商的关系为目标。

(9) 以抢占同类产品在市场上销售的制高点为目标。提高与同类产品竞争的抗衡能力或压倒同类产品。

(10) 以延长产品购买时间或使用季节为目标。

(11) 以消除令人不满的印象为目标。通过新媒体平台解答消费者提出的问题,排除消费者的疑惑和消费前的种种障碍。

(12) 以为消费者提供售后服务、建立商业信誉为目标。

(13) 以提高社会对企业的信任度为目标。建立友谊,沟通感情。

(14) 以调动员工的积极性为目标。增强员工对企业的自豪感和责任心。

(15) 以维护企业的长期利益为目标。

制定新媒体广告战略目标要从企业的具体情况出发,选择切实可行的战略目标。战略目标虽具有一定的稳定性,但不能一成不变,尤其是在瞬息万变的新媒体环境下,要根据实际情况做出调适。

广告战略目标的确定在许多情况下很可能不止一种,而是具有多元或多重目标。在这种情况下,必须分清层次。应该明确哪些是总目标,哪些是分目标;哪些是外部目标,哪些是内部目标;哪些是主要目标,哪些是次要目标;哪些是近期目标,哪些是长远目标。在选择和确定新媒体广告战略时,应抓住总目标,突出主要目标,兼顾分目标和次要目标,并努力协调好外部目标与内部目标、近期目标和长远目标之间的关系,使企业内部目标的落实为外部目标的实现创造条件,使近期目标的落实为长远目标的实现创造条件。

三、新媒体广告战略设计

战略思想的确立是新媒体广告战略策划的基础,广告目标的制定是新媒体广告战略策划的核心,对内外环境进行分析是新媒体广告策划的前提,而广告战略设计则是新媒体广告战略策划的关键。广告战略设计就是设计众多广告战略方案,并从中选择最能体现广告主战略思想、符合新媒体广告策划实际、适应企业市场营销需要的广告战略方案。

(一)新媒体环境下的广告创作战略

新媒体广告创作涉及战略、策略、创意和制作等诸多环节,是新媒体广告运作中至关重要的一环,也是充分体现新媒体广告创造性和挑战性的一环。新媒体广告创作过程充满着变化和刺激,体现着理性与激情,新媒体广告创作战略则为广告创作提供了协调统一的指导。

新媒体广告创作战略是广告战略和目标在广告创作领域的具体体现和运用,和其他广告战略一样构成总体设计的一部分。

1.战略任务:通过对新媒体广告创作的战略决策指导广告作品对消费群体的影响

新媒体广告要达到最终目标,必须通过对消费群体观念和行为施加影响。要影响消费群体的观念和行为主要凭借广告作品,而成功的新媒体广告作品则来自广告创作过程的巨大努力。新媒体广告创作就是将恰当的广告信息要素以有效的形式形成广告作品,借由新媒体平台传达给消费群体的过程。广告信息要素包括主题、创意、文字、图形、色彩、画面、音响等诸多方面,新媒体广告信息要素依托互联网、移动终端、数字技术等不同的载体,全方位地呈现广告战略决策。广告创作战略长期从总体上指导广告作品对消费群体观念和行为的影响。

2.基本原则:预期信息与可接收信息可靠的一致性

新媒体广告主发布广告的目的就是向消费群体传递其有意图的广告信息。这种广告主意图传递的广告信息就是预期信息。广告创作就是要将这种预期信息经过合理有效的选择、组合和表现出来形成新媒体广告作品。消费群体通过广告作品接收到的信息就是接收信息。接收信息的多少和程度决定了广告的效果和影响。成功的新媒体广告创作,无论采取什么方式,总能够将广告的预期信息巧妙而且强烈地传递给消费群体,并牢固影响其观念和行为。因此,新媒体广告创作的基本原则就是预期信息和接收信息可靠的一致性。这里的"可靠"是指广告作品传递预期信息的方式具有很强的说服力和可信度;"一致"是指预期信息和接收信息的完全符合,广告不能有偏差地传递信息,消费群体也不会有偏差地接收信息。因为广告作品的缘故而带来的任何偏差信息会对整个广告活动造成难以估计的消极影响。

3. 新媒体广告创作的战略定位

新媒体广告创作战略对具体的创作策略和过程从总体上进行指导,主要体现在对创作的战略定位上。新媒体广告创作的战略定位是指对广告创作进行的整体性、方向性规划,以指导具体的广告创作过程,从而在总体上达到一致的理想效果。

新媒体广告创作的战略定位从影响广告创作的诸多因素中选择对产品或品牌具有核心意义的要素或组合进行区分。这些要素包括创作风格、主题与题材、广告信息、顾客需求等方面。

新媒体广告创作的战略定位保证了新媒体广告创作总体上的特征性与一致性,有利于塑造品牌和强化对消费群体的影响。需要注意的是,战略定位的指导方向并不是绝对的,由于特殊情况的需要而进行的不同导向的策略性新媒体广告创作并不违背总体定位。新媒体广告创作的战略定位选择取决于企业的经营战略和竞争情况。新媒体广告创作的战略定位应随着企业经营和竞争的不同状况进行调整。

(二)新媒体环境下的消费群体广告战略

消费群体广告战略是新媒体广告策划的战略和目标在消费群体领域的具体体现,为随后其他广告策略的实施和运用提供方向性和原则性的指导。要达到促进销售的基本目的,新媒体广告要将恰当的信息通过最有效的渠道传递到恰当的对象,并最终通过影响消费者的观念和行为来逐步实现。消费群体广告战略设计正是要在总体上明确新媒体广告策划所应面对的消费群体和努力方向。我们通过以下的具体内容来具体理解。

1. 战略任务:通过对消费群体的战略决策影响其观念和行为,促进最终销售

新媒体广告和传统广告在本质上一样,同是营销手段和信息传播工具,新媒体广告活动和新媒体广告策划最终都是要实现特定信息传达和有效地促进销售的目标。作为消费群体领域的广告战略,成败与否在于能否针对消费群体采取有效战略达成该目标。因此,消费群体广告战略的基本任务,就是通过对消费群体的战略决策,明确传达特定信息,影响其观念和行为,促进最终销售。明确了战略任务,就知道新媒体环境下对于消费群体战略的所有努力的取向。

2. 基本原则:对消费群体有条件的最大有效影响

当我们考虑战略细节、权衡取舍时必须有一个可以参照的基本原则,并以此来指导战略内容的设计。对消费群体有条件的最大有效影响就是消费群体广告战略的基本原则。广告是商业活动,需要有代价和回报地利用经济资源。所谓"有条件"是指针对消费群体影响的范围和程度要受到当前条件的限制,包括现有新媒体资源、企业经营方针

和营销战略策略等。"最大",就是要充分利用新媒体广告的经济资源产生最大的影响。"有效",是因为这种影响必须是符合消费群体广告战略的目的和任务,符合营销战略和任务,对新媒体广告主和消费群体双方来说都是合意的。

3. 战略概况:特征群与基本点

我们不可能将大量的资源耗费在毫无针对性的消费群体上,因此,广告需要面对有某种共同特征的或大或小的消费群体;这些群体具有多种多样的特征,但总有一些是新媒体广告活动所能利用的。因此,消费群体战略首要的内容是对消费群体的战略概况,即总结出"特征群"和"基本点"。

"特征群"是指新媒体广告活动中具有概括性和战略性共同特征的群体,是新媒体广告所需面对的消费群体在战略上的概括。概括性是指对群体的描述是定性的,是对消费群体的总结。战略性是指这种描述是有战略意图的,为随后的策略实行提供方向性的指导。

新媒体广告活动的特征群概括性和战略性的共同特征就是"基本点"。基本点为消费群体广告战略提供了努力的中心和焦点。例如,可口可乐针对新媒体开展的广告活动延续一贯的特征群即"热爱生命和享受生活的人",基本点为"生命与生活";百事可乐新媒体广告活动的特征群可概括为"希望和充满年轻活力的人",基本点为"年轻活力"。特征群和基本点的差异,使得两者的新媒体广告活动从总体上会呈现不同的风格和方向。

特征群和基本点与广告策略中目标市场策略的细分市场和基本特征不同。特征群和基本点着重战略性、长期性、方向性和抗衡性,是所有广告活动和广告策略在消费群体方面共同围绕的中心;细分市场和基本特征则是针对广告活动的特定化和具体化的衡量,强调为其他广告策略提供明确的依据和标准。特征群和基本点在相当长的时期内保持不变,除非营销广告战略发生重大转变;细分市场和基本特征则可以随着某一广告活动和运动的目的而改变。例如,我们可以把百事可乐新媒体广告活动的细分市场和基本特征表述为"15~35岁左右,追求时尚与先锋、年轻活力的人",或者出于特定活动的需要表述为"18~25岁左右,喜爱体育运动的在校大学生"。

4. 针对观念和行为的努力方向

新媒体广告对销售和品牌的作用是通过影响和改变消费群体的观念和行为来实现的,因此,要从战略上明确新媒体广告活动在观念和行为两方面的努力方向。

从长远看,新媒体广告活动对消费群体观念和行为的影响包括创造观念和诱发吸引、培养观念和鼓励购买、维持观念和持续购买、转变观念和重塑习惯。通过以上四个方面,消费群体广告战略从总体上为新媒体广告活动提供了针对消费观念和行为的努力方向。新媒体广告策划者可以为广告策略的开展和实施选择适合产品现阶段营销状况的组合。针对观念和行为的努力方向为整体广告活动提供了统一协调的聚合力,使得新媒体广告活动和广告策略能够朝着一致的方向多样化发展。

5. 消费群体的战略组合

在明确了消费群体广告战略的努力方向之后,消费群体广告战略还需确定实现这些努力的战略组合,包括扩张型群体战略、集中型群体战略、强化型群体战略、开发型群体战略和转变型群体战略等。

扩张型群体战略和集中型群体战略都是针对消费群体范围而言。扩张型群体战略是指新媒体广告活动的作用在于逐步扩大消费群体的战略,集中型战略则是指活动的作用集中于特定的消费群体的战略。

强化型群体战略和开发型群体战略则是针对消费群体的深度挖掘。强化型群体战略是指新媒体广告活动的作用在于强化特定消费群体观念和行为的战略,开发型群体战略是指新媒体广告活动的作用在于开发原有消费群体的战略。

与其他战略不同,转变型群体战略是指新媒体广告活动的作用在于转变消费群体的观念甚至原有消费群体观念的战略。

新媒体广告主和广告策划者可以根据需要选择合适的消费群体广告战略组合来实现有效的努力。例如,拥有潜在数量巨大的消费群体,意在争取市场领导地位的产品可以通过扩张型与强化型战略方针相结合的广告战略,在扩大市场份额的同时强化市场势力,以此巩固其市场地位;凭借某一新技术或新产品开辟市场的企业,则可以利用集中型和扩张型相结合的战略方式,在小范围市场争夺成功后转向大范围领域;重新进入市场的旧企业或品牌,可以选择转变型或扩张型战略方式,先扭转消费群体对其固有的形象,再逐步扩大市场影响。

(三)新媒体环境下的广告媒体战略

媒体是广告信息传递的渠道,是广告作品的载体,是广告主和广告策划者控制广告投入的有效工具。在新媒体环境下,广告媒体战略是广告战略和目标在新媒体领域的具体运用和体现,是媒体策略和计划的总体概论和指导。

1. 战略任务:通过对新媒体的战略决策影响新媒体广告与受众的接触

广告作用的发挥有赖于三方面的直接配合:合适的目标群体、优秀的广告作品以及有效的媒体接触。其中媒体作用的发挥对于广告活动具有更为关键的意义。新媒体有着与传统媒体不同的传播模式,以新的方式承担着沟通广告与受众、承载与传递信息的功能。作为广告职能战略之一的广告媒体战略,其应承担的基本战略任务就是通过对新媒体的战略决策影响新媒体广告与受众的接触。

2. 基本原则:高效率和高效益的信息传递与受众接触

新媒体的发展日益壮大和成熟给了新媒体广告主和广告策划者众多的选择和组合的机会,一方面为新媒体广告信息的传递和受众接触提供了高效率的可能,另一方面也为广告费用的有效使用带来更多的困难和挑战。在竞争日益激烈的今天,企业必须考虑新媒体广告活动的商业代价和收益,媒体费用占据了广告费用的主要份额,新媒体平台的多元化也给广告投放费用带来巨大的弹性空间。因此,作为媒体策划和计划的整体指导,广告媒体战略必须以高效率和效益为原则来衡量。高效率是指媒体策略和计划要考虑所采用的新媒体和新媒体组合能否高效地将广告信息传递给目标受众;高效益是指在这种新媒体或新媒体组合带来高效率的基础上,能否实现较低的费用和较好的效果。

3. 广告媒体的战略组合

在新媒体广告策划中,广告媒体战略组合主要包括扩张型媒体战略、稳固型媒体战略、收缩型媒体战略、持续型媒体战略以及间歇型媒体战略等。

按照整体广告活动利用媒体资源的规模状况,可以分为扩张型媒体战略、稳固型媒体战略和收缩型媒体战略。扩张型媒体战略是指整体广告活动利用媒体资源呈扩张趋势的战略。这种扩张趋势包括组合的扩大、投放频次的增多、媒体品质的提升和费用的增长等多种形式。稳固型媒体战略是指保持整体广告活动利用媒体资源的比例相对固定的战略,媒体组合、投放、媒体品质和费用都相对固定,没有战略上的变动。收缩型媒体战略是指整体广告活动利用的媒体资源呈缩减趋势的战略,表现为媒体组合、投放、媒体品质和费用的逐步减少。这三种媒体战略及变动取决于广告主的经营决策和营销战略。当新媒体广告主扩大经营和加大营销力度时,很可能引起扩张型媒体战略决策;反之,亦然。

按照整体广告活动利用媒体资源的时间发布,可以分为持续型媒体战略和间歇型媒体战略。持续型媒体战略指整体广告活动对新媒体资源的利用保持相对稳定和连续的战略。广告受众可以在长期内持续接收到来自新媒体的广告信息。间歇型媒体战略是指整体广告活动对新媒体资源的利用呈现间歇状态的战略。这种间歇状态的出现主要来自于新媒体广告主经营活动的战略决策的变化。

(四)可供选择的广告战略

广告战略按照不同的标准划分还有多种类型,在新媒体广告策划中制定广告战略时,可从以下广告战略类型中进行选择和组合。

1. 总体战略和职能战略

从整体与局部的关系来看,广告战略分为总体战略和职能战略。

总体战略,就是新媒体广告活动整体的全局性的战略。它主要说明新媒体广告活动的方向。因此,总体战略的基本内容是战略范围、资源部署以及有关全局性的方针和原则。

职能战略,主要是指消费群体、产品、广告媒体、广告创作、广告实施等一些特殊领域内制定的战略。

2. 守势战略、攻势战略、分析战略和被动型战略

从新媒体广告活动本身的目标和任务与环境提供的机会和可能受到的威胁相适应的关系来看,广告战略分为守势战略、攻势战略、分析战略、被动型战略等。

处于比较稳定环境中的企业多采用守势战略或称防御战略。企业为了维护自己的市场地位,经常运用不间断的新媒体广告来维持产品知名度和市场占有率。广告在这里不仅是为了推销产品,而且要维持和巩固市场地位。

采取攻势战略的企业正好与采取守势战略的企业相反,它们希望保持动荡不定的变化环境,并借此寻找开辟新产品、新市场的机会。

分析战略,是一种介于守势战略和攻势战略之间的战略。采取这种战略的企业,既想保持传统的产品和原有顾客,又想开辟新产品、新市场,故而采用稳定与相应变动相结合的较灵活的政策。对于这类企业,在新媒体广告策划中要注意企业现有利益与期望利益、长远利益与短期利益的结合。

一个失败的企业往往会对环境的变化反应迟钝,无法做出正确的判断或采取正确的措施,处于被动的状态。这类企业应选择被动型战略,在新媒体广告策划中不要急功近利,要针对问题的原因采取循序渐进的解决方法,使企业逐步适应市场环境的变化,再寻求发展。

3. 发展战略、稳定发展或保持现状战略、紧缩或转向型战略和放弃战略

从产品市场增长与市场份额变换之间的关系来看,广告战略可采取发展战略、稳定发展或保持现状战略、紧缩或转向性战略、放弃战略等。企业应根据产品的市场定位来调配本身的资源,对处于不同市场地位的产品采取不同的投资发展战略。

名牌产品采用发展战略最为合适;对于仍处于风险状态的产品,如果有希望转变为名牌产品的,亦应采用这种战略。这种战略就是给这些产品增加投资,提高产品质量,扩大市场销售量和本企业产品的市场份额,同时还应该放弃一些短期的利润而求得长期有利的地位和长期稳定的利润收入。新媒体广告宣传要紧紧配合这种战略需要,为创建名牌服务。因此发展战略也称为名牌战略。

在市场销路已经达到最高盈利水平的产品,不大可能再有较大的扩大,但要维持本身已占有的市场份额;不必再进行新的投资,还可收回大量的资金以支持其他方面的发展。因此,在新媒体广告策划中对这类产品以维持其市场占有率为目标,采取稳定发展或保持现状战略。

对一个处于风险状态又未能转向名牌的产品,或一些原处于盈利状态但开始转向滞销的产品来说,应采取紧缩或转向型战略。对这种产品不能增加投资,而应该撤退或进行产品的更新换代,或者转向别的新产品。

对处于严重滞销状态的产品,最干脆的方法就是放弃这种产品。因此,对于这种产品也就没必要进行任何形式的广告宣传,果断采取放弃战略。

4. 普遍性战略

从战略的普遍适用性来说,可采取普遍型战略,包括区别型战略、薄利多销型战略、重点战略等。所谓普遍型战略,是指各种企业都可以普遍采用的一种战略。

采取区别型战略,是为了使本企业所提供的产品区别于别的企业。也就是说,本企业所提供的产品的质量、设计、用途或其他方面要有自己的显著特点。只有这样,才能维持和扩大自己的市场,取得最大的利润。

采取薄利多销型战略,是指适当降低产品的价格来实现大量销售的目的,从而获取相对更大的利润。

采取重点型战略,则应把自己的产品重点放在某一地区或某些特殊的顾客方面。

四、新媒体广告预算策划

新媒体广告预算策划是在一定时期内,广告策划者为实现企业的战略目标,而对广

告主投入新媒体广告活动所需经费总额及其使用范围、分配方法的策划。如何合理而科学地确定新媒体广告投资方向,控制投资数量,使新媒体广告投资能够获取所期望的经济效益和社会效益,是新媒体广告预算的主要研究课题。

(一) 广告预算策划的作用和分类

1. 广告预算的作用

广告预算是以经费的方式说明在一定时期内广告活动的策划方案,在广告战略策划中具有以下作用。

1) 规划经费使用

广告预算的主要目的就是有计划地使用广告经费,使广告经费得到合理有效的使用。新媒体广告预算要明确说明新媒体广告经费的使用范围、项目、数额及经济指标,这对合理有效地使用广告经费具有指导性的作用。

2) 提高广告效益

通过广告预算,广告主或广告公司对广告活动的各个环节进行财务安排,发挥广告活动各个环节的工作效率。同时,通过广告预算增强广告人员的责任心,避免出现经费运作中的不良现象。

3) 评价广告效果

广告预算为广告效果的测评提供了经济指标。新媒体广告预算的目的是为了达到相应的广告效果,较多的广告经费投入就必然要求获得较好的广告效果。同时新媒体广告预算的策划又要求根据广告战略目标、要求提供相应的广告费用。

4) 控制广告规模

广告预算为广告活动的规模提供控制手段,广告活动的规模必然要受到广告费用的制约。就新媒体广告而言,广告的时间与空间、广告的设计与制作、新媒体的选择与使用等,都要受到广告预算的控制。通过广告预算,广告主或广告公司可以对新媒体广告活动进行管理和控制,从而保证新媒体广告目标和企业营销目标的协调一致,使新媒体广告活动按计划开展。

2. 广告预算的分类

从不同的角度划分广告预算费用,有不同的广告预算类别。

1) 按广告预算的使用者划分

按广告预算的使用者可分为自营广告费与他营广告费。自营广告费是企业为自行开展的广告活动或在自有媒体上发布广告所需支付的广告费用。他营广告费是广告主委托其他机构开展广告活动或在非自有媒体上发布广告所支付的广告费用。

对于传统企业来说,可将新媒体广告预算交由企业内的相关部门进行规划、运作与实施,也可将该部分费用和业务交由专业的新媒体广告代理公司;对于新媒体运营企业来说,如电子商务网站、网络游戏运营商、移动APP开发商等,可以将广告及其相关增值业务自行运营,也可委托广告公司代理运作。

2) 按广告预算的使用方式划分

按广告预算的使用方式可分为固定广告费和变动广告费。固定广告费是指企业按照固定的广告费用预算或固定的额度支付的广告费用。固定广告费通常用于广告人员的行政开支和管理费用,其支出相对稳定。变动广告费是指企业在广告费用预算之外额外支出的广告费用和没有支出计划而支出的广告费用。变动广告费是因广告实施量的大小而起变化的费用,在使用时要注意变动广告费的投入与广告目标效益的联系。

3) 按广告预算的用途方式划分

按广告预算的用途可分为直接广告费和间接广告费。直接广告费是指直接用于广告活动的设计制作费用和媒体传播所需要的费用。间接广告费是指广告部门用于行政管理的费用。在广告费用的管理上,要尽量减少间接广告费的比例,增加直接广告费的比例。在新媒体广告预算策划中就要尽可能将较大的费用比重用于新媒体广告的设计、制作及投放中。

(二) 新媒体广告预算的内容和步骤

新媒体广告预算策划是将广告预算的切入点和重心放置在对新媒体的使用上,通过合理规划和有效配置预算,实现新媒体广告预期的战略目标。

1. 新媒体广告预算的内容

新媒体广告预算的内容包括新媒体广告活动中所需要的各种费用,具体来说,有以下几个方面。

(1) 新媒体广告调查、策划费。包括进行新媒体广告活动所需开展的市场调研费用、购买各类资料和情报等费用、进行整体策划的费用。

(2) 新媒体广告设计、制作费。包括各种类型的新媒体广告的照相、翻印、录音、录像、文字编辑、网页设计、后期制作等费用。

(3) 新媒体广告投放、发布费。在各类新媒体载具中植入、投放、发布所需的费用。

(4) 新媒体广告行政管理费。广告人员的行政费用,包括工资、办公、出差和管理费用等。

(5) 新媒体广告机动费。指在新媒体广告预算中为应付新媒体广告活动中的临时需要而预留的费用。

2. 新媒体广告预算的步骤

新媒体广告预算的步骤包括以下几方面。

(1) 调查研究阶段。在编制新媒体广告预算之前必须调查企业所处的市场环境和社会环境、企业自身情况和竞争对手情况,尤其是对实施广告策划活动区域的新媒体投放与受众接触情况进行调查,这是新媒体广告预算制定的前提。

(2) 综合分析阶段。在进行了全面的调查后,要结合企业的新媒体广告战略目标和调查情况进行综合分析研究,进而确定新媒体广告预算的总额、目标和原则。

(3) 拟订方案阶段。根据已确定的新媒体广告预算总额、目标与原则,拟订广告预算的分配方案。新媒体广告预算方案的选择涉及许多部门和许多因素。因此,要集思广益,尽可能设计出切实可行的方案。如果有多种方案,就要通过反复分析与比较,从多种方案中确定费用相对小而收益相对大的方案。

(4)落实方案阶段。将最后确定下来的预算方案具体化。它包括广告经费各项目的明细表及责任分担、广告预算按新媒体类别的项目预算分配、新媒体广告计划细目的实施和预算总额之间的协调等。方案的落实是新媒体广告预算实现的保证。

(三)新媒体广告的付费模式

了解当前新媒体广告主要付费模式,是为了更好地进行新媒体广告预算策划。由于新媒体广告与传统广告有很大的不同,因此,它的付费模式也和传统的广告存在着极大的差别。一般来说,新媒体广告付费模式有以下几种。

1. 千人印象成本(Cost Per Thousand Impressions 或 Cost Per Mill, CPM)

它是以广告图形(即有广告画面的页面)在计算机上每显示1000次的收费模式。按访问人次收费指的是广告投放过程中,听到或者看到某广告的每一人平均分担到多少广告成本,传统媒体多采用这种计价方式。CPM是按照新媒体广告的显示次数收费而非按照浏览的时间收费。至于CPM究竟是多少,要根据以新媒体载具的热门程度(即浏览人数)划分价格等级,采取固定费率。图4-3为某移动互联网广告2015年刊例价格示例。

广告名称	格式	展示形式	容量/时间	效果说明	Android/iOS CPM
Banner图片	GIF/JPG/PNG	图片/HTML5动画	≤30 K	轮播投放;Banner尺寸适应不同的手机尺寸;点击跳转至客户指定界面或链接	18元/千次
插屏/全屏广告	GIF/JPG/PNG	图片	≤50 K	页面切换时弹出广告;点击跳转至客户指定界面或链接	28元/千次

图4-3 某移动互联网广告2015年刊例价格示例

按照每千人次访问收费,从理论上来说比较科学,既保证了广告主的利益,使其付出的广告费用和新媒体浏览的人数成正比,保证广告主的支出和浏览人数直接挂钩,又可以促使商业新媒体尽力提高自己的知名度,吸引更多的客户和浏览关注者。一般说来,网站广告、移动媒体广告比较喜欢使用这种收费模式。CPM只要求发生"目击"(印象或展露)就产生广告付费,它是目前诸多类型新媒体的主要收费方式。

按CPM收费的问题在于流量的计算。由于流量是按照新媒体广告被显示的次数来进行统计的,作弊起来十分简单,让一台计算机不停地载入就行了,或者编写一个小程序删除cookie或换代理服务器来载入页面。另外,大的网站流量是比较大,但这只是针对全体而言。对个体来说,情形则不一样,因为不同的网站有不同的客户。因此,要进行广告轰炸,也许小网站是最佳的选择,但如希望更多不同类型的人看到,应选择大的网站。一般说来,进行新产品的促销适用CPM模式。

2. 每千人点击成本(Cost Per Thousand Click-Through 或 Cost Per Click, CPC)

它是以广告图形被点击并链接到相关网址或详细内容1000次为基准的新媒体广

告收费模式。有时也以个人为单位,计算点击1次时的成本,即每点击成本。它只是CPM的一个变种,与CPM付费模式基本一致,但这种方式能比CPM方式更好地反映受众是否真正对新媒体广告内容感兴趣。同时,新媒体企业要更加努力提高自身的知名度和点击率。尽管CPC模式的费用要比CPM的费用要高很多,广告主还是比较愿意使用这一计费方式,因为广告主能看到具体的结果。但经营新媒体的企业认为,虽然浏览者没有点击广告,但他们已经看到了广告,应该也有广告效果,不付费是不合理、不公平的。有些新媒体企业不愿意使用这样的计费模式。CPC模式的问题在于无法控制网站的作弊,尽管广告主规定了点击率,网站仍可利用不停地删除(或修改)cookie及换代理服务器等方法来作弊。应用这种方式时应注意CPC的不足。当然,要使网站的访问量增加和点击广告的次数上升,采用CPC模式是比较好的选择。

3. 每行动成本(Cost Per Action,CPA)

CPA付费模式是指按广告投放的实际效果,即按回应的有效问卷或订单来计费,而不限广告投放量。广告主为规避广告费用风险,只有当新媒体用户点击网络广告或手机广告、链接到广告主网页后,进行有效的回答和购买才付给广告站点的费用。因此,CPA付费模式对于新媒体企业而言有一定的风险,但若广告投放成功,其收益也比CPM的计价方式要大得多。而广告活动的主动权掌握在广告主手中。使用CPA模式,不仅仅做广告,其实也是在为产品寻找产品的代理商,对双方都要求很高。这种方式目前使用较少,部分网络调查、网络游戏、移动APP广告会采取此收费模式,它要求目标消费者的点击产生购买行为才付费。这种模式使新媒体企业不易进行舞弊。

4. 每回应成本(Cost Per Response,CPR)

以浏览者的每一个回应计费。这种广告付费模式充分体现了新媒体广告及时、互动、准确的特点,根据实际浏览者的答复来计费。但是,这种属于辅助销售的广告计费模式,对于那些实际只要亮出品牌名字就至少达到50%要求的广告,很多的新媒体企业都会拒绝的,因为那样做的结果是得到广告费的机会比CPA还要少且不易作弊。一般的新媒体企业是不会做这种赔本的生意的。

5. 每购买成本(Cost Per Purchase,CPP)

广告主为规避广告费用风险,只在目标消费者接触或点击新媒体广告并进行在线交易后,才按销售数额付给约定的新媒体广告费用。无论是CPA还是CPP,广告主都要求发生目标消费者的"点击",甚至进一步形成购买,才能付费。这种模式能从根本上杜绝作弊现象的发生,按照实际发生的购买数量来付费比较客观。

6. 包月方式

目前国内很多新媒体是按照每个月固定费用的模式来收费的,这对广告主和新媒体企业都不太公平,无法保障广告主的利益。虽然国际上一般通用的网络广告收费模式是CPM和CPC,但在我国,很长时间内的新媒体广告和传统广告一样,都以媒体为主,媒体居主动、垄断和领导地位,计划经济色彩十分浓厚,媒体有权决定收费方式,买方处于被动的地位。采用包月模式,不管新媒体广告效果如何、访问量多少,一律每个月固定缴费,这种方式使用起来比较简单易行,深受媒体方面的青睐,因为一旦签约,媒体的效益就能确定,而不必管广告是否有效。现仍有一些中小新媒体企业使用包月制。

7. 按业绩付费(Pay-For-Performance,PFP)

近年来,新媒体广告呈爆炸性增长,经营模式的转变意味着盈利将成为新媒体广告发布商关心的首要问题,新媒体企业不讲效益和大笔花钱的历史已成为过去。新媒体广告的一大特点就是以业绩为基础,新媒体广告不能促使浏览者采取任何实质性的购买行动,广告主就不可能盈利,也就不可能给新媒体企业投入更多,而媒体也就得不到发展的机会。基于业绩(点击次数、销售业绩、导航情况)的定价计费模式可以肯定将得到广泛的采用。

8. 以收集潜在客户名单多少来收费(Cost Per Leads,CPL)

通过收集用户的电子邮箱地址和用户的名称等提供给广告主换取费用。实际使用时必须注意新媒体用户的隐私问题,应在征得新媒体用户同意的前提下,网站向广告主提供每个潜在顾客的名字,企业据此付费,按每一个名字多少钱来付,使用其地址进行广告宣传,这样才能不导致用户的反感。

9. 每次销售成本(Cost Per Sales,CPS)

以广告主实际每次的销售产品数量来计算广告费用,新媒体根据产品的销售情况按比例来提取相应的佣金。它和CPL一样都是广告主进行特殊营销时需要的特别计费方式。

10. 每网页浏览数成本(Cost of Page View,CPV)

它是CPM的一种变种。所谓page view是指"网页的阅览数",进入一个网站之后,很可能用户要浏览阅读好几层网页的内容,每看一张网页,就算一次page view,如果看了10张网页;那就算10次page view。现在,美国的网络广告业早已改用网页浏览数作为网络广告计价的标准,而非按照人次。企业要购买网络广告时,请记住不要被该网站的巨量点击率弄昏了头脑,应先看看网站具体的网页浏览数是多少,然后再决定要购买多少个page view。如果网络广告刊登的时段到了,而page view还未达到广告主的购买量,广告主可以明确要求网站补足,理所当然延长广告刊登的时间,一点也不用担心在购买网络广告上被蒙骗。

需要补充说明的是,虽然基于业绩的广告收费模式(CPC、CPA、CPP、PFP等)受到广告主的广泛欢迎,但并不意味着CPM模式已经过时。因为,从营销的角度来看,增加消费者的"印象"始终是广告主的重要营销目标之一,CPM仍有存在的必要。相反,相比而言,CPM和包月方式对网站有利,而CPC、CPA、CPR、CPP或PFP则对广告主有利。目前比较流行的计价方式是CPM和CPC,最为流行的还是CPM。

我们应该认识到新媒体广告本身有其自身的发展规律,广告主要想利用好新媒体来宣传自己的产品和服务,除了要求自身的产品过硬和有一定的知名度外,还要求新媒体要具备相应数量的媒体受众和一定的广告价值。那么,在目标市场决策后挑选不同内容的新媒体,进而考察其历史流量和浏览者进行估算,这样就可以概算出新媒体广告在一定期限内的大致价格。在这个价格的基础上,根据不同产品的生命周期阶段和相应的企业整体经营计划,进行新媒体广告的预算和新媒体广告活动的计划,分别计算

CPM、CPC、CPA 等。只有这样才能使企业的广告活动既经济又有效。

新媒体广告投放示例如图 4-4 所示。

选择投放受众：☐白领 ☐公务员 ☐商务精英 ☐大学生	
城市地区：（一类定向）	☐ 全国 ☐ 四川省 ☐广州 ☐杭州 ☐南京 ☐重庆 ☐成都
投放时间（时）：（一类定向）	☐ 周一至周日 （全天）早上7点-晚上24点，每天广告上限1000元，广告费用合理分配至早7点至晚上24点，一天广告费用消耗完，广告将自动下线；
投放平台：	☐全部 ☐Android☐iOS
手机网络：（二类定向）	☐全部 ☐2G ☐3G ☐Wifi
媒体分类：（一类定向）	☐全部 ☐工具 ☐游戏 ☐阅读 ☐娱乐☐商旅☐财经☐汽车 ☐女性（母婴服饰时尚）☐新闻☐生活☐体育☐新闻
投放类型：	☐CPM ☐CPC
日预算：	
广告创意	
创意来源：	☐点媒创意 ☐客户提供
创意形式：	☐图片 ☐GIF动画
创意交互形式：	☐网站交互☐拨打电话☐下载应用
网站交互功能：（仅限网站交互）	☐在线报名 ☐拨打电话☐相关链接跳转(如微博、官网) ☐图片轮播☐视频播放☐在线留言☐产品展示 ☐活动介绍

图 4-4　新媒体广告投放示例

（四）新媒体广告预算的分配

1. 影响新媒体广告预算分配的因素

1）产品因素

大多数产品在市场上都要经过引入期、成长期、成熟期和衰退期四个阶段，处于不同阶段的同一产品，其广告预算有很大的差别。企业要在市场上推出一种新的产品，广告预算无疑要多投入，以使产品被广大客户所接受。当产品进入成熟期，广告预算的费用则应稳定在一定的水平上，以保持产品的畅销状态。而一旦产品进入衰退期，广告费用将大幅消减，以节省费用。

2）销售量与利润率因素

为了增加销售量，往往会采取增加新媒体广告投入的方式。一般情况下，新媒体广告费增加了，企业的销售量和利润也相应增加和提高。反之，如果增加新媒体广告投入，销售量和利润上不去，那么肯定要挫伤企业的积极性而减少新媒体广告投入，消减新媒体广告预算。因此，新媒体广告产品的销售量与利润因素也是影响新媒体广告预算的一个方面。

3）竞争对手因素

新媒体广告是企业进行市场竞争的一个手段，新媒体广告预算也因而受到竞争对手的影响。竞争对手之间进行新媒体领域的市场竞争，往往以新媒体广告宣传的形式表现出来，在一定程度上，新媒体广告的竞争就变为新媒体广告预算的竞争。即竞争对手增加微弱的新媒体广告预算，企业为与其抗衡，也会迅速做出反应。

4）企业实力因素

新媒体广告预算的高低,受企业的财力状况、技术水平、生产能力和人员素质的影响。企业规模大,实力强,产量高,资金雄厚,当然可以把新媒体广告预算制定得规模宏大。反之,如果企业的资金、产品规模都比较小,则在编制新媒体广告预算时,应量力而行,不可盲目求大。

5）消费者因素

消费者是市场的主体,也是新媒体广告宣传的受众,消费者的行为不仅影响市场的走向,也影响新媒体广告预算的制定。当消费者对某种产品反映较为冷淡时,企业应该加大广告宣传的力度,刺激消费,使消费者逐渐认识产品;当广告产品已被消费者认同,在消费者心目中有较高的地位时,企业可以适当控制或减少广告预算的规模,以节省费用。

6）媒体因素

不同的新媒体有不同的广告受众、不同的广告效果和不同的价格。以网络广告为例,一般来说,网上搜索引擎广告的费用最高,其次是按网页内容定位的广告,再就是主要门户类平台的主页旗帜广告,而电子邮件类广告费用相对较低。又如网络视频类广告覆盖范围有大有小,收视率有高有低,网络电子报刊及图书这些媒体的权威性不同,其广告的价格费用也有明显的差别。因此,在制定新媒体广告预算时,必然考虑不同的媒体因素的影响。

2. 新媒体广告预算的分配方法

新媒体广告预算方法着重解决了企业对新媒体广告活动所需经费总量的投入问题,但尚未完成广告费用预算的全部工作,接下来要考虑的是如何使用这些经费。

1）重点对象分配法

重点产品分配法是将企业所经营的所有产品进行分类,凡可以一起做新媒体广告的产品归为一类,然后确定重点类新媒体广告产品,即主打产品。在进行新媒体广告预算分配时,首先保障主打产品对新媒体广告经费的需要,以主打产品的点带动整个产品的面的一种预算分配方法。

2）重点产品分配法

在企业财力有限的情况下,要避免将广告经费平均分配,盲目开展新媒体广告运动,而是在细分广告目标受众的基础上选择重点广告对象,对重点对象使用他们所能接触到的多种新媒体工具进行全方位接触,整合利用。

3）重点区域分配法

这里所说的区域是指新媒体广告信息的传播区域,而不是广告产品的销售区域。新媒体广告经费在进行地区分配时,要根据各个地区对产品的现实需求和潜在需求、细分市场和目标市场的分布以及市场竞争状况等因素进行合理分配。

4）重点媒体分配法

这种分配方法是按照媒体具体类型的不同来分配广告预算,以整合多种新媒体平台,进行立体传播。受产品与新媒体的相容性、新媒体的使用价格、受众对新媒体的接受程度、企业新媒体广告经费总额等因素的影响,在广告经费分配的实战过程中,要注意突出重点,合理整合。

5）重点时间分配法

重点时间分配法就是按照新媒体广告活动开展的时间来有计划、有重点地分配广告经费。一般有两种情况：一是按新媒体广告活动期限长短进行分配，有长期性广告预算分配和短期性广告预算分配，还有年度广告预算分配、季度广告预算分配和月度广告预算分配；二是按新媒体广告信息传播时机进行分配。

6）重点活动分配法

如果企业在规划期内要举行若干次新媒体广告宣传活动，则活动要有重点和非重点之分。对于重点新媒体广告活动，在广告预算经费的安排上要特别予以保障，而对于持续进行的新媒体广告活动，在广告预算的安排上，也要根据不同阶段、不同时期、不同区域的情况加以有重点的统筹分配。

第二节 新媒体广告策略策划

新媒体广告策略的核心内容包括目标市场策略、定位策略、诉求策略和表现策略。以下将分别阐述。

一、新媒体广告目标市场策略

随着消费市场的成熟分化，广告主的媒体观发生了巨大变化。针对媒体格局的变化，广告主改变了以往单一、粗放式的媒体投放战略，开始寻求媒体使用差异化战略，倾向于综合使用多种媒体，并且积极开发新媒体。目前，对新媒体的开发与创新，已经进入一个服务深耕阶段。

新媒体环境下的广告需要的不是在整个社会大范围的传播，而是找准目标受众，有针对性地投放，吸引他们的关注，也就是从"广而告之"到"准而告之"。吸引目标受众的关注度之所以有价值是因为如果受众不关注，那么不论广告主投放多少都是无效的。而作为广告主来说，可能更希望接触到相关信息的人是关注该信息的人。

对于目标市场策略，新媒体主要采用集中性目标市场策略、个性化目标市场策略、无差异性目标市场策略和差异性目标市场策略。这四种目标市场策略各有利弊。企业选择目标市场时，应考虑自身的各种因素和条件，如企业规模和原料供应、产品类似性、市场类似性、产品寿命周期、竞争的目标市场等。选择适合本企业的目标市场策略是一项复杂的工作。

（一）集中性目标市场策略

集中性目标市场策略，是指企业集中力量进入某一细分市场，针对该细分市场设计一套营销组合策略，实行专业化生产和经营，以获取较高市场占有率。集中性市场策略就是在细分后的市场上，选择两个或几个细分市场作为目标市场，实行专业化生产和销售，在个别或少数市场上发挥优势，提高市场占有率。采用这种策略，企业对目标市场应有较深的了解,主要适于中小型企业。这种策略有利于企业深入了解特定细分市场的需求,提供有针对性的服务;有利于企业在所选目标市场上巩固地位,提高信誉度;有利于实行专业化经营,降低成本。只要目标市场选择适当,企业还可在这个领域形成核心竞争力,获得较好的经济效益。

(二)个性化目标市场策略

新媒体技术的发展,使得市场能细分到每个消费者,定制产品的制造成本也日益降低。互联网极强的互动性和一对一独特的交流方式,使得在互联网上进行个性化营销比在其他任何媒体上都容易。个性化新媒体广告策略,是指企业将每个网上消费者都看作一个单独的目标市场,根据每个消费者的需求,安排一套个性化的广告策略,以吸引更多消费者。实施这种策略对企业来说有相当的挑战性,实施的前提是:每个网上消费者的需求都有较大的差异,而且他们有着强烈的满足个性化需求的愿望;具有同种个性化需求的消费者有着一定的规模;企业具备开展个性化广告的条件;个性化广告对交换双方而言都符合经济效益的要求。可以说,个性化目标市场营销是差异性目标市场营销的极致,是市场细分的极限化。

(三)无差异性目标市场策略

无差异性目标市场策略,就是企业把整个市场作为自己的目标市场,只考虑市场需求的共性,不考虑其差异性,运用一种产品、一种价格、一种广告传播方法,吸引尽可能多的消费者。采用无差异性目标市场策略,产品在内在质量和外在形态上必须具有独特的风格,才能得到多数消费者的认可,从而保持相对的稳定性。这种策略的优点是产品单一,容易保证质量,能大批量生产,降低生产和销售成本。但如果同类企业也采用这种策略,必然形成激烈的竞争。无差异性目标市场策略在新媒体营销中的体现是,企业将整个网络市场作为一个目标市场,面对所有的市场只推出一种产品并只实施一套营销组合策略,通过无差异性的大规模营销,以吸引更多的消费者。实施这种战略的前提是,即使消费者的需求有差别,他们也有足够的相似性被作为一个同质的目标市场来对待。所以,它只重视消费者需求的相似性,而忽略消费者需求的差异性。无差异性营销的理论基础是成本的经济性:生产单一产品,可减少生产和储运成本;无差异性的广告宣传和其他促销活动可节省促销费用;不进行市场细分,可减少企业在市场调研、产品开发、制定各种营销组合方案等方面的营销投入。这种策略对于需求广泛、市场同质性高、能大量生产大量销售的产品较合适。

(四)差异性目标市场策略

差异性市场策略,就是把整个市场细分为若干子市场,并针对不同的子市场,设计不同的产品,制定不同的营销策略,满足不同的消费需求。这种营销策略的优点是:小批量、多品种,生产机动灵活、针对性强,可更好地满足消费者的需求,由此促进产品销售。日用消费品大多采取这种营销方式。另外,由于企业是在多个细分市场上经营,因此在一定程度上可减少经营风险;一旦企业在几个细分市场上获得成功,有助于提高企业的形象和提高市场占有率。这种营销策略的不足之处：一是增加了营销成本。产品品种多会增加管理和存货成本；企业针对不同的细分市场制订独立的营销计划，会增加在市场调研、促销和渠道管理等方面的营销成本。二是使企业的资源配置不能有效集中，顾此失彼，甚至会在内部出现彼此争夺资源的现象，使拳头产品难以形成优势。对此，企业在采用这种营销策略时，要权衡利弊，分析、比较增加销售额所带来的利益与由此增加的营销成本之间的关系，进行科学的决策。

二、新媒体广告定位策略

借助新媒体舞台，新媒体广告凭借其独特的传播优势，日益成为企业普遍采用的一种促销手段。然而，新媒体广告的传播效果却不容乐观，新媒体广告策划定位不准确是造成这种现象的主要原因。由于新媒体广告具有非强迫性传达信息特点，因此，新媒体广告策划人员要善于使用新媒体广告的定位策略增强信息传播的质量和效率。

（一）新媒体广告定位的作用

所谓广告定位是指广告主通过广告活动，使企业或品牌在消费者心目中确定位置的一种方法。广告定位属于心理接受范畴的概念，也就是把产品定位在企业未来潜在消费者的心中。广告主与广告公司根据社会既定群体对某种产品属性的重视程度，把自己的广告产品确定于某一市场位置，使其在特定的时间、地点，对某一阶层的目标消费者出售，以利于与其他厂家的产品竞争。

1. 有利于借助强势媒体树立企业形象，实现品牌快速成长

企业形象是企业根据自身实际所开展的企业经营意识、企业行为表现和企业外观特征的综合。正确的广告定位使企业能够借助各类新媒体平台，加快品牌传播，树立良好的企业形象，从而使消费者对企业产生信任和好感，促进产品销售。

2. 有利于企业产品的识别

消费者在购买行为产生之前，往往需要此类产品的信息，更需要不同品牌的同类产品信息。新媒体具有时间和空间的非限制性以及信息查询的便捷性特点，消费者往往会迷失在信息的海洋中。而正确的广告定位往往能为消费者提供本品牌的特有性质和功能的信息，有利于实现产品的识别。

3. 有利于企业实现定向传播和精准营销

新媒体广告精准营销的主要形式除了传统的搜索引擎广告和分类广告，还有一些新的形式，如分众广告、富媒体广告、手机广告、博客广告、微信广告、数字户外广告、数字电视广告等，它们分别在网络媒体、流媒体、手机终端、自媒体、数字媒体等不同的平台上演绎着精彩的内容。广告定位有利于市场细分，针对特定消费者群体的需求和兴趣，策划和创作相应的广告作品，借助正确的广告形式有效地影响目标公众，实现定向传播和精准营销。

（二）新媒体广告定位策略

1. 市场定位策略

市场定位策略是依据市场细分原则，找出符合产品特性的基本顾客类型，确定目标公众。所谓市场细分，就是策划者通过市场调研，依据消费者的需要与欲望、购买行为和购买习惯等方面的明显差异性，把某种产品的市场整体划分为若干个消费群体。受众需求的日益细分使得新媒体要承担起提供更细分更专业的信息的责任。

新媒体广告作为一种有别于传统广告的新型传播形式，要突出其以消费为导向的个性化的特点，在广告的定位上注意了解受众的特点，瞄准受众的需求，寻找市场细分后的目标客户群，有针对性地传递信息，做到覆盖范围与目标消费者分布相吻合。

例如，作为较早尝试网络广告投放的传统企业养生堂公司，其新媒体广告的市场定位策略值得借鉴。"朵而"的主题活动——"在你最美的时候遇见谁"征文活动，养生堂在网络投放上选择了女性网民点击率较高的娱乐频道、娱乐新闻；而针对"清嘴"的消费群大多为25岁以下的年轻人，养生堂在网络媒体上选择了FM365、OICQ等深受年轻人喜爱的网站，收到了良好的投放效果。摩托罗拉在为其手机V70投放新媒体广告时，将其目标受众定位于25～34岁，受过良好教育，多分布于北京、上海、广州等一级市场，从事与艺术和时尚相关的行业，注重个人形象和时尚动向，追求个性，中等收入水平但处于事业的成长期，具有一定的消费能力和良好的消费形态，有能力营造良好的生活品质。

2. 产品定位策略

企业的产品具有多方面特性，拥有许多优势，网络广告由于受带宽的限制，其承载的信息量有限。如果企图详尽宣传产品的各个方面，目标过多，往往会导致宣传主题的弱化，降低宣传效果。因此，需要运用产品品质定位策略，一个广告只针对一个品牌、一定范围内的消费者群，并找出产品诸多性能中符合目标公众要求和产品形象的主要特征，通过简洁、明确、感人的视觉形象表现出来，使其强化，以达到有效传达的目的。例如，宝洁公司润妍洗发水在投放新媒体广告时，其产品的定位重点是：这是一个适合东方人用的品牌，有中草药倍黑成分。广告创意采用一个具有东方风韵的黑发少女来演绎东方黑发的魅力，通过Flash技术，飘落的树叶（润妍的标志）、飘扬的黑发和少女的明眸将"尽洗铅华，崇尚自然真我的东方纯美"的产品理念表现得淋漓尽致。在国内著名生活服务类网站投放的单日点击率最高达到了35.97％，达到了比较理想的广告效果。

3. 观念定位策略

所谓观念定位策略，就是在广告策划过程中，根据公众接受的心理，确定主题观念所采用的一种策略。根据诉求方式的不同，观念定位策略可分为正向定位和逆向定位两种。

1）正向定位策略

即在广告中突出产品在同类产品中的优越性。在广告作品中，找出目标公众的关心点，设计出相应有感召力的宣传词，充分展示商品的优势形象，从而产生良好的宣传效果。例如，东风本田新款CRV在上海举办的国际汽车展亮相时，为配合宣传，在投放新媒体广告时将其理念定位诉求于"精于心，悍于形"宣传语中，从而突出了其与一般越野车相比外观精致、充满美式 SUV 的感受的特点。

2）逆向定位策略

针对现代人所特有的逆反心理而采用的宣传方式。逆反心理是公众在外界信息刺激下，有意识地摆脱习惯思维的轨迹，而向相反的思维方式进行探索的一种心理取向。根据这种效应，可以策划"正话反说"的宣传作品，达到以退为进的目的。在这里，一些传统广告的成功经验值得网络广告的借鉴：如美国阿维斯公司强调"我们是老二，我们要进一步努力"，而七喜汽水的广告语是"七喜非可乐"；理查逊·麦瑞尔公司明知自己的产品不是"康得"和"Dristan"的对手，因而为自己的感冒药 Nyquil 定位为"夜间感冒药"，有意告诉消费者：Nyquil 不是白昼感冒药，而是一种在晚上服用的新药品，从而取得了成功。

面对蓬勃发展的新媒体经济，任何一种产品的畅销都会很快导致大量企业挤占同一市场，产品之间的差异变得越来越小。企业要在这种市场条件下生存和发展，不仅要突出产品自身的特点，更要利用有效的营销工具和促销手段，走到消费者的前面，去引导消费和"创造"消费。新媒体广告定位策略的灵活运用，可以避免设计上的盲目性，规定设计的方向性，使新媒体广告切实成为企业的营销利器。

三、新媒体广告诉求策略

广告诉求是产品广告宣传中所要强调的内容，也称之为"卖点"，在新媒体广告策划的大框架中，广告诉求策略是框架中的一项核心内容，体现了整个广告的宣传策略，其往往是广告成败关键之所在。倘若广告诉求选定得当，会对消费者产生强烈的吸引力，激发起消费欲望，从而促使其实施购买产品的行为。

新媒体广告要达到有效诉求的目的，必须具备三个条件：正确的诉求对象、正确的诉求重点和正确的诉求方法。

（一）新媒体广告的诉求对象策略

1. 新媒体广告的诉求对象不是所有消费者

正如并非所有的消费者都是某种产品的消费者和潜在消费者，新媒体广告的诉求对象也不是所有接触到的广告受众，而是一群特定的受众，即通过新媒体平台接触和影响的产品的目标消费群体。我们把通过各种新媒体接触到某一广告的人称为某一新媒体广告的受众，而把借助新媒体工具将某一广告信息传播所针对的那部分消费者称为新媒体广告的诉求对象。

在新媒体选择和组合得当的广告运动中，各类新媒体载具所覆盖的受众与广告的诉求对象应该完全重合，或者诉求对象完全包含在广告受众之中，受众的数量稍大于诉求对象的数量。

2. 制约新媒体广告诉求对象决策的因素

新媒体广告诉求对象应该是新媒体广告主产品的目标消费群体、产品定位所针对的消费者，而且是购买决策的实际做出者。

1) 诉求对象由产品的目标消费群体和产品定位决定

在新媒体广告策划中,诉求对象决策应该在目标市场策略和产品定位策略已经确定之后进行,根据目标消费群体和产品定位而做出。因为目标市场策略已经直接明确了新媒体广告要针对哪些细分市场的消费者,而产品定位策略中也再次申明了产品指向哪些消费者。

2) 根据产品的实际购买者决定新媒体广告最终的诉求对象

消费者根据在购买行为中所担任的角色不同,可划分为发起者、决策者、影响者、购买者和使用者。如儿童消费群体,他们是很多产品的实际使用者,广告中的代言人、卖场销售人员乃至父母的亲朋好友都可能承担影响者的角色,但这些产品最终的购买者和决策者却由其父母担任,因此儿童产品的广告应该致力于运用新媒体平台去接触他们的父母,并将父母作为新媒体广告的诉求对象。

(二) 新媒体广告的诉求重点策略

1. 新媒体广告不能传达所有的信息

关于企业和产品的信息非常丰富,但是并不是所有的信息都需要通过新媒体广告来传达,新媒体广告也不能传达所有的信息,原因如下。

(1) 新媒体广告活动的时间和范围是有限的,每一次新媒体广告运动都有其特定的目标,不能希望通过一次新媒体广告活动就达到企业所有的广告目的。

(2) 新媒体广告传播的时间和空间也是有限的,在有限的时间和空间中不能容纳过多的广告信息。

(3) 受新媒体载具自身传播形式和互动效果影响,若形式近似于传统媒体那样的单向传播,与受众之间不能形成很好的互动,那么受众对新媒体广告的关注时间和记忆程度也是有限的。而在很短的时间内,受众不能对过多的信息产生正确的和深刻的印象。

(4) 产品的目标消费群体有其特定的需求,他们通过新媒体平台搜寻他们感兴趣的或有需求的信息,而不是所有的广告信息。

因此,新媒体广告所要传播的不是所有关于企业和产品的信息,而只是其中的一部分,而且在新媒体广告中,对不同信息也各有侧重。我们将所有关于企业和产品的信息称为广告信息的来源,将所有通过某一新媒体广告传达的信息称为新媒体广告信息,而将在新媒体广告中向诉求对象重点传达的信息称为新媒体广告的诉求重点。

2. 制约新媒体广告诉求重点策略的因素

1) 新媒体广告目标

新媒体广告的诉求重点首先应该由广告目标来决定。如果开展新媒体广告运动是为了扩大品牌的知名度,那么广告应该重点向消费者传达关于品牌名称的信息;如果新媒体广告目的是扩大产品的市场占有率,那么广告的诉求重点应该是购买利益的承诺;如果新媒体广告目的是短期的促销,那么广告应该重点向消费者传达与即时购买的特别利益有关的信息。

2) 产品定位

产品定位的目的是树立产品在消费者心目中独有的位置,因此,新媒体广告的诉求应该完全围绕这个目的来进行,应该传达那些有助于消费者将本产品与竞争者相区别的信息,也就是关于本产品的独有优势的信息。

3) 诉求对象的需求

新媒体广告的诉求重点不应该是对于企业和产品最重要的信息,而应该是直接针对诉求对象的需求,即诉求对象最为关心、最能够引起他们的注意和兴趣的信息。因为企业认为重要的信息,在消费者看来并不一定非常重要。因此,诉求重点策略的决策应该在对消费者的需求有明确把握的基础上进行。

(三) 新媒体广告的诉求方法策略

1. 说服的概念

从本质上讲,广告是一种以说服为目的的信息传播活动,广告诉求策略也就是广告的说服策略。所谓说服,是通过给予接受者一定的诉求,引导其态度和行为趋向于说服者预定的方向,它作用于接受者的认知、情感、行为三个层面。其中,认知是情感和行为的基础,而行为则因认知和情感的变化而产生。

新媒体广告诉求是依托各类新媒体,通过作用于受众的认知和情感的层面使受众的行为发生变化,因此作用于认知层面的理性诉求和作用于情感层面的感性诉求就成为新媒体广告诉求两种最为基本的策略,在此基础上,又产生了同时作用于受众的认知和情感的情理结合诉求策略。

2. 理性诉求策略

这种诉求策略就是诉诸目标消费者的理性,以逻辑性的方式进行诉求,即通过对消费者意识理性层面的劝服而达到广告传播目标。这一诉求方式,一般都以真实、准确和必需的产品与企业信息为主要内容,让受众在经过认知、推理和判断之后做出购买的决定,而不是单纯地刺激受众的情感,以唤起受众对产品或企业的认同。由于人们大都是在理智的支配下从事各种活动,人们在购买产品时,面对众多的产品,需要一番了解、鉴别、选择和思考。特别是购买大件、贵重的产品时,更要认真思考、斟酌,才能决定是否购买,所以理性诉求广告采用"晓之以理"的途径,说服消费者相信产品,促使购买行为的发生。在广告诉求中进行理性传达,往往向受众传达彼此具有很强逻辑关系的信息,利用判断推理来加强广告的说服力。

理性诉求策略注重向消费者提供较为全面的产品信息,特别是对一些新产品,消费者了解的信息比较少,如高档耐用品、工业品、各种无形服务等,可以采用这种诉求策略,让消费者经过深思熟虑后决定是否购买。而对于市场知名度较高的产品,过于细致的信息和文字反而会令人厌烦。

理性诉求广告具有说明文、议论文或叙述文的文体特征,这些文体适合于传达复杂的广告信息,在人们需要做出理性的购买选择时,提供实际帮助和资料支持。这类广告的语言,严谨准确、平实简洁、环环相扣、层层递进,逻辑性强,不需要过多的修饰,却能引导消费者思维,起到广告传播的效果。

理性诉求策略的目的、功能与特征如表4-1所示。

表4-1 理性诉求策略的目的、功能与特性

目 的	改变消费者态度,建立品牌知名度,形成产品独特的形象
功 能	产品功能
	解决消费者问题
	带给消费者利益
	产品间差异化
特 性	广告强调物性化
	放大产品的功能
	通过利益诱导说服
	直接表达,强调购买产品的逻辑

3. 感性诉求策略

感性诉求策略又称情感诉求策略,即通过对消费者情感层面的劝服来达到广告传播目标。通常以向消费者的情感和情绪诉求为主,引起消费者的兴趣、启发联想,刺激购买行为的发生。人是有感情的,在广告诉求中,采用"动之以情"的途径,消费者往往会受到暗示而动情,受情绪的影响和支配而采取行动。广告作品中的情感表现,固然可以被视为一种表现方法,但更应视为一种创作原则、一种创作理念。随着经济的发展和人们生活水平的不断提高,人们的消费模式正在发生转变,由满足基本生存需求向满足情感需求转变。消费者已不再只是单纯追求产品数量和质量方面的满足,而是在追求质量的同时更多地从产品的形象出发,根据个人的好恶和心理要求去挑选产品。如果在广告创意中,定位准确,渗透情感攻势,就可能制作出观念新颖、人情味浓郁、体现现代文明价值的广告作品,成为赢得消费者的最佳选择,从而在消费者和产品或企业之间建立起一种好感,使消费者乐于接受该产品。一般日常用品,如化妆品、食品、服装以及涉及旅游、安全等方面的产品,在购买时选择性比较大,易受消费者情绪的影响,因而适合采用情感诉求策略。

由于情感诉求策略注重情感、情绪与企业、产品的联系,所以运用新媒体广告时,营造生活情景、表现生活片段的广告往往容易成功。值得注意的是,情感广告中蕴涵的感情应该真实、深切,情感的表达要自然、含蓄,避免虚情假意和生硬不自然。否则适得其反,会引起消费者的反感,进而影响消费者对广告中产品及企业的印象。

情感诉求广告一般并不对产品特性、外观或企业形象进行直接描述,而是让产品或企业成为某种情感环境中的重要道具。语言简洁凝练、生动形象,或华丽流畅甜美,或生活化、口语化。语气或强烈而煽情,或轻柔含蓄,通过环境烘托、情景描述来间接地唤起消费者的各种情感,体现出散文、诗歌的文体特征。

感性诉求策略的目的、功能与特征如表4-2所示。

表 4-2　感性诉求策略的目的、功能与特性

目　的	建立品牌形象,建立长久的消费者关系
功　能	引导消费者产生强烈的感情
	建立强劲的品牌形象
特　性	广告人性化
	人员接触
	温馨温暖的感觉
	软性打动

4. 情理结合诉求策略

情理结合诉求策略,是通过对目标消费者意识层面中情感与理性的共同作用,进行广告传播。由于情感诉求与理性诉求各有优势又各有劣势,对于广告来说,最美妙的效果是促进情感和理性的融合。既刺激消费者的情感获得认同,又尽可能多地传达产品信息;既"动之以情",又"晓之以理"。情理结合诉求方式的前提是产品的特性、功能与情感内容有合理的联系。情理结合诉求策略,既刺激消费者的情感,又能尽可能多地传递关于产品的信息,效果明显而突出。在文体方面,既呈现出散文、诗歌的文体特征,也呈现出说明文、论说文的文体特征。其语言也因需要显现不同的风格:当需要突出情感要素时,使用煽情手法,语言形象生动,充满抒情意味;当需要突出理性要素时,就要使用准确平实的语言,但必须协调情感诉求与理性诉求之间的语言差异,使文案风格达到统一,一气呵成。

四、新媒体广告表现策略

广告表现,就是借助各种手段将广告的构思创意转化为广告作品的过程,即按照广告的整体策略,为广告信息寻找有说服力的表达方式,以及为广告发布提供成型的广告作品的过程。而广告表现策略,就是包含在广告的整体策略中的关于广告信息的有效传达的指导性方针。

新媒体环境下,传统意义上告知性的由单一媒体形式发布的广告,其传播力日显薄弱。在数字技术日新月异的今天,各种新兴的媒体形式如雨后春笋般涌现出来,新媒体平台融合了图像、文字、声音、视频、交互等多种传播手段,极大地丰富了视觉传达的表现方式和范围。与此同时,整合营销传播理念的提出,为广告能够有效整合各种表现元素,用一个统一的声音对品牌进行全方位的传播提供了理论支持。

(一) 新媒体环境下广告表现的变革

广告表现是对广告创意的实现,是创意的一种物化形式,直接关系到消费者对广告产品及品牌的好恶。由于新媒体环境下传播模式的变迁及受众接受、处理信息的心理和方式的变革,广告表现从思维观念、形式调性、内容结构、文体语言上来说都较传统广告表现有了很大不同。

1. 广告表现思维观念的变化：更加强调精准、互动

数字时代下，指导广告表现的思维观念发生了很大变革。传统广告表现强调 ROI 原则，即相关性、原创性、震撼性，而数字时代的广告表现除了强调 ROI，更加强调在此基础上的精准性、互动性。精准性意味着广告要根据目标消费者的需求和喜好来表现广告诉求，而精准营销并实现高传播效果的实质在于一对一的个性化匹配。一些网络游戏的嵌入式广告就很好地利用了精准传播，再如微信广告中的一对一推送等。

互动性成为新媒体广告表现的又一利器。相对于传统的"推"式广告，数字时代的互动性广告更讲究"拉"，即把受众拉进广告中来，借此实现完整的广告表现，如网络互动广告、微博、微信广告等。传统媒体也努力通过跨媒体的形式实现广告的互动表现，如丰田汽车的杂志公益广告，读者用手机扫描二维码就会发现广告中路面上的人不见了，由此提醒人们开车勿看手机。该广告有效地吸引了受众的注意并激发了受众的参与，在有趣的互动中，广告主题也不明自现。

2. 广告表现形式调性的变化：风格多元化，时尚性、游戏性凸显

传统广告受制于技术限制，其表现空间有限，而新媒体技术的发展给广告表现注入了蓬勃生机和源源不断的创意源泉。从表现形式来讲，传统广告多为平面化、静态化的展示，这种被动的强制展示容易引发消费者的逆反心理，使传播效果呈负增长。而新媒体时代的广告表现则利用动态化、立体化、综合化的展示来主动吸引消费者，让生硬的单向传播转变为心灵的双向沟通。

有了新媒体技术的驱动，广告表现风格和调性较以往有了极大丰富。广告表现更加新颖，凸显出时尚化、游戏化的特性，怪诞、奇幻等超现实主义风格的植入使得广告表现更具张力。虽然广告表现元素没变，但元素的组合空间却大大提升了。传统广告表现中，图片、声音、文字等带给受众的多是视觉和听觉的感受，新媒体广告则利用这些元素，在技术的驱动下，超越时空、虚拟现实，带给受众视觉、听觉、嗅觉、味觉、触觉五感体验。广告本身意图被极大弱化，表现内容更加隐蔽。消费者积极地参与，也让这种娱乐性、游戏性强的广告全面渗透现实，成为日常生活方式的一部分。

3. 广告表现内容结构的变化：走向"协同"，创意传播呈现一体化

新媒体环境下，企业需要在与受众的互动中产生创意，在产生创意的过程中实施传播，广告创意与表现不再将受众排除在外，广告表现的结果最终是企业与受众协同创意的结果。不仅如此，广告创意与传播、营销与传播都将一体化了，创意的过程既是传播的过程，也是营销的过程。

因此，在这一原则指导下的广告表现内容和结构也发生了变革。广告表现不仅需要考虑文体、图案安排和内容如何有效融合，还要研究消费者的特性，广告内容必须是消费者易于也乐于接受的，能够反映他们的生活状态和价值取向，传播结构的安排要遵循他们的思维逻辑。所谓"大众智慧"、"众包"的概念即是如此，广告在表现过程中，需要激发大众的"点子风暴"，发挥群体智慧，让受众成为广告表现的另一主体，主动参与到广告表现中来，成为营销传播的一分子。

4. 广告表现文体语言的变化：更加个性化、自由化，自我价值凸显

广告语言是广告表现的重要组成部分，承担着表现主题、明确诉求、烘托氛围及与消费者沟通的作用。新媒体时代中，广告文体语言开始突破传统框架的束缚，变得更加个性化、自由化、互动化，并且可以在传播过程中引发受众的模仿创造，广告语言中自我价值的彰显变得尤为突出。

"凡客体"、"淘宝体"、"陈欧体"等一个个以"体"冠名的流行语让人目不暇接，一种契合数字新媒体语境的广告语言应运，在网上大量繁殖扩散。这些广告语言实际上承担着"沟通元"的作用，沟通元除了承担创意概念所包含的指向品牌信息、文化基因和创新观念等价值要素，同时还要包含直接指向表现的"创意框"，以此引导生活者的有效参与。因此，创造出契合消费者利益点，引爆传播流的广告语言异常重要。例如，"陈欧体"简洁、直白，以创始人陈欧自白的形式，依托梦想为载体，唱出一批人的心声，随即迅速引起网友的跟风模仿再创造，聚美优品也以低廉的广告运作取得了良好的传播效果和高额的市场回馈。

（二）新媒体广告表现的内容与特征

1. 新媒体广告表现的主要内容

新媒体广告诉求重点策略已经为未来的广告作品规定了所要传达的主要信息，但这些信息是直观的、生硬的，为了使它们更容易为受众所接受，新媒体广告策划者需要为它们寻找一些恰当的"包装"。因此，新媒体广告策划中广告表现策略包括以下三个主要内容和阶段。

广告信息的第一层包装就是新媒体广告主题，即广告信息所要传达的是什么样的核心思想。这里的核心思想，并不是说广告信息一定要传达观念性的内容，而是应该使新媒体广告受众通过恰当的广告主题，对广告信息要说什么有直观的、深刻的印象。

广告信息的第二层包装就是新媒体广告创意，它决定广告能否以对受众最有吸引力的方式传达已经被广告主题包装过的广告信息，这直接关系到新媒体广告的成败。

广告信息的第三层包装就是直接负载它们的物质载体，它决定广告信息最终是通过什么材质、以什么样的规格展现在新媒体广告受众面前的。

2. 新媒体广告表现的特征

1）新媒体广告表现的目的

新媒体广告表现的目的，就是为广告信息寻找最有说服力的表达方式并通过新媒体工具将广告信息有效地传达给受众，对他们产生预期的诉求效果。因此，新媒体广告表现的目的和出发点是具体而明确的。

2）新媒体广告表现的对象

新媒体广告表现的对象就是广告创意，而对于广告信息，又有真实（科学、实事求是地传达信息）、准确（没有夸大、歪曲、片面）和公正的要求。

3）新媒体广告表现的符号

新媒体类型的丰富性以及在承载和传达信息功能上的多元性，给广告表现带来了前所未有的广阔空间。综合来看,新媒体广告表现可以运用两大符号系统——语言符号和非语言符号。新媒体广告表现对语言符号的成功运用,体现在优秀的新媒体广告文案之中,而对非语言符号的运用,则体现在新媒体广告作品与广告信息完全符合且对受众产生巨大吸引力的图案、音响、视频和互动效果中。虽然在使用的符号上,新媒体广告表现与其他信息的传达并没有什么不同,但是新媒体广告表现对这些符号的运用必须是有创造性地运用,这种创造性突出表现在新媒体广告创意中。

4) 成功的新媒体广告表现的必备要素

(1) 醒目、鲜明。在这个传播过度的时代,即使是本身非常具有吸引力的信息,也很容易为其他"包装"得更为醒目的信息所淹没。因此,醒目和鲜明是对成功新媒体广告表现的首要要求。

(2) 简洁、易懂。新媒体广告受众每天通过各种媒介接触到大量的信息,对信息的有效注意时间非常有限,因此新媒体广告信息必须简洁易懂。

(3) 统一、均衡。在一次新媒体广告运动中,所有新媒介传达的广告信息应该是协调一致,以使受众产生统一的、完整的印象,作为广告信息"包装"的新媒体广告表现应该力求统一、均衡。

(4) 创新、变化。受众总是对于具有新奇感和更有刺激性的信息产生比较浓厚的兴趣和比较深刻的印象,因此,具有创新性和富于变化,是对新媒体广告表现的基本要求。

(三) 新媒体广告表现策略

下面将重点以新媒体互动广告、社交媒体广告、数字户外广告为例,阐述新媒体广告的表现策略。

1. 新媒体互动广告表现策略

新媒体的出现和数字技术的高速发展,带来了互动广告的新变革,而每次变革必将会为广告业注入新鲜血液,更多新的形式将被广泛应用。需要指出的是,互动广告并非是互联网技术出现后才有的新型广告,只是在新媒体出现后,得到了迅速发展。

新媒体环境下的互动广告主要包括以下形式:网络广告(如关键字广告、网站广告、博客广告等)、移动媒体广告、交互电视广告、其他数字形式互动广告(如二维码广告、互动投影广告、触控技术广告、镜面广告、虚拟现实技术广告、空间感应技术广告等)。

进入新媒体时代,广告的媒介、受众等都有了不同程度的发展,广告表现也必然要进行策略上的调整。要注重加强广告的创意性和体验性,吸引受众主动参与。常见的互动广告表现策略主要有以下几种。

1) 提供利益式互动表现策略

任何生物都具有趋利性。在互动广告活动中,广告主可以通过设置奖励,比如免费赠品、折扣等,来吸引消费者主动参与互动,从而获得奖励。从心理学的角度来看,行动源于需要而发于诱因,互动要有驱策力。"奖励"诱因是目标受众对广告与营销活动产生行动的原动力。在网络上,用户"点击广告"其实是消耗成本,需要以"奖励"作为回报,否则,互动难以实现。在微博上,最常见的就是有奖转发的广告。

2) 制造悬念式互动表现策略

提出问题、摆出困难,来吸引消费者参与互动,以获得解答。这种表现策略主要是利用人们对事物的控制欲望和知晓欲望。对于年轻的网民来说,这种策略能够诱发其猎奇心理,驱使其寻求问题的答案,使其从不自觉的被动状态变成自觉的主动状态,最终达到互动的效果。为引人注意,问题的设置应注意:或是人们在生活中遇到的难题,或是故意与事实违背……正面问、错问、激问皆可。使用与满足是广告互动传播的主要驱动力。如果广告内容能够满足受传者的信息欲求,解决正存在的问题,为其排忧解难,受传者就很可能向传播者主动传递信息。此类表现策略可从生活经验入手进行思考,对客户需求和产品优势进行深入调查,找到二者的契合点,把这一点转化成问题。

3) 游戏式互动表现策略

即以娱乐为诱因,以互动游戏为载体,在受众参与的过程中传播广告信息,从而达到潜移默化诉求的广告效果。网络互动、自主的传播特性,使受众可以只"点击"他们感兴趣的广告,这要求新媒体广告更加具备服务性或娱乐性,或者两者兼备,只有这样,才能增强新媒体广告的黏合力和吸引力。按照广告内容和游戏的融合程度,游戏互动表现策略分成两个层面。

第一个层面,在网站提供的免费游戏的开头、中间、结尾,或者游戏的四周发布广告。产品/品牌特性与游戏内容无明显关联。广告成为"免费游戏"的"附带条件",由于受众比较投入,对广告的注意值也较高。

第二个层面,将产品/品牌信息嵌入游戏环境当中,通过网民的互动游戏,产生更强的说服效果。可以特别定制,也可以改编已有游戏。如"可伶可俐"护肤品把油脂比喻成虫子,把产品比喻为快枪,通过游戏(枪打虫子)来吸引网民,突出产品功效。互动性、趣味性的游戏,使网民不仅从网页上简单获得产品信息,还能在游戏和游戏后出现的动画的过程中加深对产品印象。

4) 体验式互动表现策略

指通过利用虚拟现实等技术,引导用户参与使用产品/品牌,以预先获得消费体验,对该产品/品牌产生了解、认同和共鸣,从而达成广告目的。在新媒体广告中,这种"感受"是多感官立体式和即时的。体验式互动策略可以达到使消费者从知其名、到试用、再到进一步被说服并采取购买行动的多层次交互效果,并通常具有娱乐性。

市场营销理论认为,"求新"是消费者的基本购买动机。新的产品/品牌,容易激发试用欲望,新媒体上免费的、带有趣味性的"使用",自然会引发互动效应。

比如柯达胶卷的旗帜广告中显示一群儿童运动的照片,广告中的镜头取景框能随着鼠标移动,当移动到适合位置时,取景框中的画面会变成彩色。此时,只要按下鼠标,就能完成摄影,并及时显示效果和销售信息。

又如某一面粉在广告中引导受众体验使用面粉做馅饼的感觉,受众利用鼠标控制每一环节,既有趣又切合主题。

再比如图 4-5 中,引导消费者利用虚拟现实技术平台体验试衣的感觉,消费者利用该平台自行控制每一环节,既有趣又切合主题。

体验策略要让消费者体会到产品/品牌的优良品质,享受附加的心理价值。另外,体验模式要有多种选择，满足其自主和娱乐需求。

图 4-5　虚拟试衣体验

2．社交媒体广告表现策略

新的广告表现形式持续不断地出现，比如互动型病毒视频、微电影、Mini site、APP等，这表明，未来社交媒体广告表现不会受到投放平台、技术等因素的限制。相反，它借着社交媒体强大的优势抓住新技术所提供的各种可能，以更多新颖、有趣的方式呈现在消费者面前。

相对于"传统"互联网广告，社交媒体广告在应用中的表现，即使是同样类型的广告，比如文字、图片、视频等，也会比传统互联网广告更凸显个性化和精准性。从国内网络广告的发展现状来看，有许多品牌商或营销人员并未对社交媒体广告有正确的认识，这导致我们日常接触到的大多数所谓的社交广告还不能算完全意义上的社交媒体广告。例如，仅仅只是将广告生硬地投放在社交媒体上，定位不变、表现策略也不变，只是简单地将媒介换成了社交媒体，这样就不能指望社交媒体能瞬间发挥出它的魔力。只有当广告效果反馈回来，才会发现自己的社交媒体广告并不会给品牌或企业带来好的传播作用，难以达到社交媒体广告的实际效果。

事实上，社交媒体广告表现要注重两大关键点——广告内容和用户体验。广告内容的设定和用户体验的考量必须融合社交媒体的平台价值和用户属性，尝试用更有意思的形式去表现社交媒体广告，让广告的交互性变得更强、社交场景更丰富。这样制定出来的表现策略才有可能创造出真正意义的社交媒体广告。

除了最普遍的网幅广告之外，互动视频广告、插播式/弹出式广告、用户分享/自创、微电影、品牌主页、信息流广告等，是到目前为止品牌商与服务商最常用来表现社交媒体广告的几大表现形式。

1）原生广告表现策略

原生广告也称赞助内容广告。基于年龄、地理位置、兴趣爱好等用户数据的原生广告是社交媒体上出现的一种新型广告。它以一种更能融入网站环境本身的形态植入其中，不会干扰用户，是否要点开观看广告内容，皆取决于用户的选择。

社交媒体使互联网广告不再僵硬、直白地出现在用户面前。一个关键字、一个链接、一张图片,或是一部短片,都可以是一则广告。原生广告是一种从网站和 APP 用户体验出发的盈利模式,由广告内容所驱动,并整合了网站和 APP 本身的可视化设计。这种原生于网站的广告不会在边边角角上生存,也不会干扰到用户。它们存在于内容信息流中,如果做得好的话,它们还会因为这样的品牌内容形式——推广的视频、被赞助的内容、相关的优惠券及受赞助的文章发表,而为网站的用户体验带来新的价值。

2) 广告与社交应用或社交工具的创新结合策略

广告与社交应用或社交工具的创新结合,使内容分享更方便,互动更活跃。2013年3月1日是电商网站聚美优品三周年庆的日子。为了迎接周年庆,聚美优品从2012年底就开始了结合微博和微信的抢红包活动。如图4-5所示,用户用微信扫描微博上的活动二维码即可一键关注聚美优品的微信账号,参与活动,品牌与用户之间能够快速而亲密地进行互动。

图 4-5　聚美优品三周年庆抢红包活动

新型社交媒体广告在实践应用中的出色表现,或许正是要告诉我们技术的发展永远都是社交媒体广告创意表现的有力支撑。广告表现策略中新技术的应用将成为创新黑马,同时,技术的发展以其独特的方式为广告表现策略提供了一系列双向沟通和测量的可能性。新形态的社交媒体广告还在继续诞生。

3) 增强互动体验的表现策略

以往技术的落后很大程度上制约了新媒体广告的表现力,如今技术发展开始让体验更佳的社交媒体广告成为了可能。新产品上市想要一鸣惊人,就得利用创意的黏性吸引人们持续关注。

如雀巢在其新款咖啡上市的推广上,成功地在 Facebook 平台上用数字技术拼接制作了一款能实时反映咖啡豆消耗情况的互动广告界面。画面中,满满的咖啡豆配了一句简单的文案:"Our cover photo was turned into a display!"除此之外什么都没有,到底咖啡豆背后有什么呢?广告故意营造的神秘感,顿时勾起了受众的好奇心。雀巢宣称将一瓶新款咖啡藏在咖啡豆里面,希望粉丝互相邀约点"赞",越多粉丝点"赞",咖啡豆减少得越快,直到最后新款咖啡的神秘面纱终于被粉丝齐力揭开了。广告互动过程中,高度的交互性、可操作性以及可控制性使得受众感受到对信息的驾驭能力,而社交时代的集体参与体验可以让他们产生更大的互动热情。

3. 数字户外广告表现策略

广告表现过程所担负的首要任务,就是为实现广告创意寻找最具有表现力和感染力的视觉和听觉语言(符号),并由这些元素营造创意所要求的意境。不同广告媒介的传播特点决定了媒介表现力的不同。因此,必须结合具体的媒介特点和传播方式展开思维,有效地实现广告表现策略的要求和目标。

1) 公共空间互动表现策略

(1) 以人为本的互动表现。

城市就是一个大型社区,在这个大社区里有属于社区文化特色的宣传方式和媒介。数字户外媒体与人们日常生活的接触密集,就要注意以人为本的互动。

例如,情景互动式广告的表现方式具象化,表现力比一般户外平面广告大、感染力强。把以户外平面广告为主的情景互动式广告与户外数字技术结合,形成数字户外情景互动广告,依托数字技术,在参与者的互动中形成的广告情景,以其立体的互动体验和新奇的创意设计取悦每一个参与者,最大限度地满足受众的人本化互动体验和充满质感的视听享受。

广告主对城市生活细节的把握会创造广告价值,城市公共空间就是受众群体生活、工作的场所,利用数字户外媒体制作数字化情景互动式广告,以最贴近生活的环境和广告内容为产品宣传制造最佳的契合点。广告表现通过迎合人们日常生活行为而营造一种人本化、生活化的情景,创造一种与投放的广告之间的互动体验,并在受众体验生活化、人文化的细节中,把广告所要传达的产品信息或者品牌知识传达给受众。

(2) 艺术技术化的互动表现。

技术与艺术是两个截然不同的概念:"技术"是透析世界的工具,理性的代表;艺术是感悟世界的触角,感性的极致。技术改变了户外媒体的形态和媒介格局,互联网是数字户外媒体的基础技术支持。客户只要将编辑后的广告内容,输入后台服务器,经过短时间的数据处理,即可在全市所有视频终端实施播出,真正实现广告投放、品牌推广的一分钟全城启动,不但节约成本,也大大提高了传播效率。

例如,中国电信推出的"中国电信传媒楼宇视频",利用了中国电信网络,围绕中高端消费人群的工作及生活轨迹,在全国不同地市中高端消费人群经常光顾的政务楼宇、商务写字楼、三星级以上酒店、银政机构等场所广泛安装,搭建起了强大的楼宇网络视频平台。依托互联网这一优势平台,通过先进的联网集约播控系统进行统一管理、实时反馈,能实现"联网播放,同步展现"。客户可通过总部的 LED 联网监控中心实现视频的远程联播上画、定时开关屏、调整屏幕亮度、开启或关闭声音、远程控制重启、输出信号加密及解密控制,并且实现字幕信息的远程实时滚动。同时用户也可以查看分布于全国各地的 LED 广告播放情况,为客户节省时间,实现精准传播。作为依托的高新技术还包括边缘融合高清图像处理核心技术、虚拟现实技术、影像动作识别非接触式交互技术、3D 技术,以及一些国内广告公司开发的"Intersee"边缘融合高清图形系统、"vrMIX"互动投影、"EyeCatcher"捕捉眼互动系统等。

这些技术在国外虚拟领域、互动投影及视频领域都是前沿科技,被广泛运用于户外互动数字广告的传播活动中。在国内,这些高新技术的应用目前多限于某些国际大品牌的大型推广活动中,并没有大规模实现应用,因此在国内户外广告市场中,广告艺术的技术化表现之路的全面应用将成为未来技术发展趋势。

(3) 技术艺术化的互动表现。

人们无论做什么,都非常注重互动、体验和分享。以高科技技术为载体,表达艺术的同时满足受众互动、体验和分享的需求,这样的一次户外广告活动将成为受众视、听、感官的享受。加之,户外广告独具的天然传播优势,更有利于达到这样的传播效果。利用这些高科技技术,可以实现多通道、高层次、非接触的人机交互式传播效果。

例如法国麦当劳的户外互动广告"Come as you are"。在巴黎拉德芳斯区市中心,法国麦当劳打造的户外互动广告装置,分别以数字海报和传统户外海报两者兼具时代感的方式展开。人们被邀请拍照留念,同时,在装置的一侧,被拍下的照片会瞬间融入数字海报,以视频滚动的形式,不断变化交替着。而另一侧,所拍的照片随即被打印出来,每隔15分钟,人工更换传统张贴式海报中任何部分,脸孔、服装,甚至动作,形成一幅不断变化的大型海报展示。

2) 三维立体化表现策略

3D投影,在计算机科学领域被称为三维可视化,与电影院3D电影基于的3D显示技术有本质区别。简单来说,3D投影就是基于计算机图形绘制学中的平行投影及透视投影两种原理,将三维图像显示在二维的平面或者物体上。这种三维图像包括静止的图像以及动态影像。

(1) 3D Mapping 投影表现。

3D Mapping 投影,也称为3D立体幕墙投影、建筑投影、建筑立体投影等。可分为建筑外巨幅墙面投影以及建筑内巨幅墙面投影两种类型。是近年来最酷、最热门的数字户外广告形式之一,也是裸眼3D投影技术的表现形式之一。

3D Mapping 投影的特点表现为:无论是室内还是室外投影,展示的画面都非常巨大,内容新颖,科技感十足。幕墙投影采用的是大型工程投影系统,还可以使用激光效果。为了更好地表现主题,建筑外幕墙投影较多设计成立体感十足、画面炫酷的动感影像,由多台投影设备同时使用,配合灯光、视频、动画制作等,在建筑外墙或立体背景上,投射出具有高度真实感、立体感的超炫三维影像。墙面投影能通过不同的故事背景及独具创意设计和构思的内容迎合多变的户外投影场地结构,使之完美统一,从而凸显品牌的创新思维和品牌创意表现能力。

21世纪伊始,各种基于3D投影技术的应用开始在数字化广告传播中孕育并发展。在人群川流不息的户外环境中用极为震撼的视觉影像来高调地展示品牌、产品的核心卖点或品牌形象,利用人群口碑传播和网络的病毒式传播最大限度地实现广告的传播效果,树立产品的品牌形象。目前,3D Mapping 投影多用于游戏、奢侈品牌、汽车、电子数码产品等行业产品或品牌推广的展示活动中,开创了线上线下整合联动的营销新思路。

例如诺基亚、三星、耐克、宝马、现代以及大型游戏等知名品牌都已经在世界各地的城市代表建筑外墙上尝试使用过3D Mapping 投影。国内外视频网站YouTube、优酷、土豆网等高频的点击率以及Twitter、Facebook、微博的高频转载和评论都足以证明这种户外广告表现方式的传播效果。

(2) 3D全息投影表现。

20世纪末期,"全息"的概念开始被业界及学术界不同程度地探索研究。它的本意是指在真实的世界中呈现一个三维的虚拟空间。而真正的"全息成像技术"目前还处于研发阶段,并没有实际投入应用。我们现在所能看到3D全息投影的应用,只是一种"伪全息"技术——全息投影。全息投影本质上是利用光学原理,通过空气或者特殊的立体镜片形成的立体影像。全息投影需要通过投影设备将不同角度的影像投影至MP全息投影膜上,使观众看不到不属于自身角度的其他图像,从而实现360°立体影像投影。观众在无需配戴眼镜的情况下就可以看到立体的影像,并且从任何角度观看影像的不同侧面都不会失真。

目前,全息投影在博物馆展品展示中的应用较多。另外还适用于产品展览、汽车、服装发布会、舞台互动、户外广告互动等。尽管目前全息投影的应用已经开始逐渐显示出优势,但总体来说,因其高昂的成本及技术上仍需优化完善的现实,都表明要广泛使用这一技术还尚需时日。

(3) 3D虚拟互动投影表现。

互动投影系统是采用先进的计算机视觉技术和投影显示技术来营造一种奇幻动感的交互体验,可以在参与者身边产生各种特效影像。让参与者进入一种虚实融合、亦真亦幻的虚拟互动体验之中。具体应用包括地面互动投影、户外投影互动墙、虚拟翻书、互动吧台、互动多媒体投影沙盘、声控投影等。

耐克的日本户外互动投影,是利用一双耐克鞋与系统相连,只要参与者拿起鞋子并将其"玩弄"出不同形状,与装置相连的建筑投影影像则会产生不同形状的变化并伴有音效发生。参与者把鞋子玩的形状越多,影像的变化也越多,整体看上去就像这只鞋子真的撼动了一排房子那般真实。户外3D投影经人机互动表现之后产生的效果更加真实和震撼,从而很好地传达了耐克的广告主题和品牌诉求。

互动投影墙,因为外形上看似镶嵌在墙体内,像一面墙一样,故而叫之。目前,多在地铁出入口过道、公交地铁候车区、城市地下通道等环境中应用。互动投影墙包括与人体接触式与非接触式两种。顾名思义,接触式就是参与者需要身体碰触才能产生互动的效果;而非接触式,就是说当人一旦走近,互动墙会自动与之互动,这样突然出现的互动表现多会更加吸引人关注和参与,并主动与之互动,产生更强的互动效果。

阅读材料

如何制定一份高效的移动互联网APP推广策划案

随着移动互联网的飞速发展,PC端流量已经慢慢向移动端流量转移,移动互联趋势锐不可当。以下从几个方面来阐述如何制定一份移动互联网运营推广策划案。

一、竞品分析

(一) 选择竞品，做好定位

(1) 百度搜索类似产品关键词。假设你的产品是一款旅游分享类 APP，你可以输入主要关键词"旅游 APP"，一般排在自然排名前面、百度竞价推广前面的产品都是竞品。

(2) 各大移动应用市场上用关键词查找，如 91 应用市场、应用宝、豌豆荚等。

(3) 行业网站上查找最新信息，比如旅游 APP，你可以到专业旅游资讯网搜索 APP 相关信息。

(4) 咨询类网站(如艾瑞、DCCI、Alexa 等)是相对靠谱的渠道。

还有其他的方法，如通过参加行业展会、同行交流等渠道获取竞争对手信息。竞品分析一般选择两个产品，最多三个。

(二) 竞品分析，得出结论

一般来说，比较全面的竞品分析要从用户、市场趋势、功能设计、运营推广策略等方面来展开。这里我们把它细化成以下几个维度：①市场趋势、业界现状；②竞争对手的企业愿景、产品定位及发展策略；③目标用户；④市场数据；⑤核心功能；⑥交互设计；⑦产品优缺点；⑧运营及推广策略；⑨总结 & 行动点。

对于移动互联网部门市场推广总监来讲，可以只关心市场部分，功能及设计这块可以忽略，如从 1、2、3、4、7、8 这几部分对竞品进行分析，重点关注市场数据及运营推广策略。

这里拿一款移动旅游 APP 来说，运营数据可从下载量、用户数、留存率、转化率、活跃用户数、活跃时长等来进行竞品分析。运营及推广策略可从竞品的渠道管理来分析，如应用市场投放、移动论坛、市场活动、软文投放、社交化媒体表现等。

(三) 根据结论，得出建议

通过对上述竞品分析，可以大致得出一个比较有市场商业价值的结论。

二、产品定位

将产品定位单独一个篇幅来讨论可见其重要性，清晰的产品定位、目标用户群定位是运营推广的基石。目标用户群分析得越透彻、越清晰，对于后期产品推广所起的关键性助推作用就越大。

1. 产品定位

一句话清晰描述你的产品，用什么样的产品满足用户或者用户市场。

例如，陌陌：一款基于地理位置的移动社交工具；QQ 空间：一个异步信息分享和交流的平台，是 QQ 即时通信工具的补充；91 运营网：分享互联网产品，电子商务运营干货。

2. 产品核心目标

产品目标往往表现为解决目标用户市场一个什么问题。这个问题分析得越透彻，产品核心目标越准确。例如,360安全卫士解决用户使用电脑的安全问题;微信为用户提供流畅语音沟通的移动应用。

3. 目标用户定位

一般按照年龄段、收入、学历、地区几个维度来定位目标用户群体。

4. 目标用户特征

常用用户特征:年龄、性别、出生日期、收入、职业、居住地、兴趣爱好、性格特征等。

用户技能:熟练电脑办公,外语能力强。

与产品相关特征:①电子商务类:购物习惯、年度消费预算等;②交友类:是否单身、择偶标准等;③游戏类:是否喜欢3D游戏、是否有同类型游戏经验等。

5. 用户角色卡片

根据目标用户群体围绕目标用户特征建立用户角色卡片。

这里以一款比价APP为例,建立用户角色卡片:张三,30岁,互联网运营总监,年薪20万,已婚,居住地北京,喜欢电影、篮球、唱歌、游戏等,性格开朗阳光,文艺青年,电脑操作熟练,精通英文。

与产品相关特征:①喜欢网购,喜欢上的购物网站是淘宝、京东;②网购年消费额在2万左右,使用信用卡购物;③在家用iPad购物,在外用手机购物。

6. 用户使用场景

用户使用场景是指将目标用户群投放到实际的使用场景中。还是以上述比价APP为例,张三某天来到万达商场某体育用品店,看到了科比二代球鞋售价1400元,顿时心动想入手。他用比价APP进行二维码扫描发现京东售价800元,淘宝售价810元,APP主动提示建议在京东购买。张三迅速浏览了商品的高清图片和产品说明,因为店家可以包邮,所以张三放弃了在线下购买。

三、推广方案

在移动互联网行业,诸多创业公司适合多面出击,尝试能够想到的各种途径方式,用最小的投入将品牌效果最大化。在想到的100种方法里,不断测试出1种最有效的方法,剔除掉其中99种,集中火力把手里的资源集中在一个可能爆发的点上,不断放大,不断分析,等待爆发。最终吸引更多的注册用户,提高自己的市场份额。

(一) 渠道推广

1. 线上渠道

1) 基础上线

推广的第一步是要上线,这是最基础的。无需砸钱,只需最大范围的覆盖,包括各大下载市场、应用商店、大平台、下载站的覆盖Android版本发布渠道。

下载市场有安卓、机锋、安智、应用汇、91应用市场、木蚂蚁、N多、优亿、安机、飞流等;应用商店有Google商店、HTC商城、历趣、十字猫、开奇、爱米、我查查、魅族商店、联想开发者社区、OPPO应用商店等;大平台有MM社区、沃商店、天翼空间、华为智汇云、腾讯应用中心等;客户端有豌豆荚手机精灵、91手机助手、360软件管家等;Wap站有泡椒、天网、乐讯、宜搜等;Web下载站有天空、华军、非凡、绿软等;iOS版本发布渠道有 App Store、91 手机助手、pp 助手、网易应用中心、同步推、快用苹果助手、iTools、限时免费大全等。

2）运营商渠道推广

用户基数较大，可以将产品预装到运营商（中国移动、中国电信、中国联通）商店，借力于第三方没有的能力，如果是好的产品，还可以得到其补助和扶植。市场部门要有专门的渠道专员负责与运营商沟通合作，出方案进行项目跟踪。

3）三方商店

上述 A 类都属于第三方商店。由于进入早，用户积累多，第三方商店成为了很多 APP 流量入口，全国有近百家第三方应用商店。渠道专员要准备大量素材、测试等与应用市场对接。各应用市场规则不一，如何与应用市场负责人沟通，积累经验与技巧至关重要。资金充足的情况下，可以投放一些广告位及推荐等。

4）手机厂商商店

大厂家都在自己品牌的手机里预装商店，如联想乐商店、HTC 市场、OPPO NearMe、魅族市场等。渠道部门需要较多运营专员来跟手机厂商商店接触。

5）积分墙推广

"积分墙"是在一个应用内展示各种积分任务（下载安装推荐的优质应用、注册、填表等），以供用户完成任务获得积分的页面。用户在嵌入积分墙的应用内完成任务，该应用的开发者就能得到相应的收入。

积分墙起量快，效果显而易见。大部分是采用 CPA 形式，价格 1~3 元不等。但以活跃用户等综合成本考量，成本偏高，用户留存率低。业内公司有 Tapjoy、微云、有米、万普等。积分墙适合有资金、需要尽快发展用户的大型团队。

6）刷榜推广

这种推广乃非正规手段，但是在国内非常受欢迎，毕竟绝大部分苹果手机用户都会使用 APP Store 去下载 APP。如果你的 APP 都在前几名的位置，当然可以快速获得用户的关注，同时获得较高的真实下载量。

不过，刷榜的价格是比较高的，国内榜 top25 名的价格在每天 1 万元左右，top5 的价格每天需要 2 万多。由于这种推广成本比较高，所以一般会配合新闻炒作，这样容易快速出名。

7）社交平台推广

目前主流的智能手机社交平台潜在用户明确，能很快地推广产品。这类推广基本采用合作分成方式，合作方法多样。业内公司有微云、九城、腾讯、新浪等。

8）广告平台

起量快，效果显而易见。成本较高，以目前主流平台为例，CPC 价格 0.3~0.8 元，CPA 价格 1.5 元~3 元。不利于创业融资前的团队推广使用。业内公司有 admob、多盟、微云、有米、亿动等。

9）换量

换量主要有两种方式。

（1）应用内互相推荐。这种方式可以充分利用流量，增加曝光度和下载量，量级不大,但曝光度不错,有内置推荐位的应用可以相互进行换量。但这需要以一定的用户量作为基础。

(2) 买量换量。如果自身无法给某一应用带量或者量很小,可以找网盟跑量,以换取应用商店优质的资源位或者折算成钱进行推广。这种方式也是比较实用的方式,包括应用宝、小米等在内的商店都可以换量,通过某些代理,还能跟360等进行换量,可能会比直接在360做CPT效果更好。

2. 线下渠道

1) 手机厂商预装

由于出厂就存在,用户转化率高,预装是最直接发展用户的一种方式。用户起量周期长,从提交测试包测试—过测试—试产—量产—销售到用户手中需要3~5个月时间。推广成本:应用类产品预装量付费价格在0.5~1元不等,CPA方式价格在1.5~4元不等。游戏类产品,采取免费预装、后续分成模式,CPA价格在2~3元之间。业内公司有华为、中兴、酷派、TCL、波导、OPPO、魅族、海信等。其操作难点在于:品牌众多,人员层级多,产品项目多,需要有专业的团队进行针对性的推荐与维护关系。

2) 水货刷机

起量快,基本上2~4天就可以看到刷机用户,数量大,基本上一天可以刷几万台。重刷现象严重,基本上一部手机从总批到渠道到店面会被刷3~5次,推广成本剧增,用户质量差,不好监控。基本上刷机单一软件CPA为1~2元,包机一部机器价格在5~10元之间。业内公司有XDA、酷乐、乐酷、刷机精灵等。

3) 行货店面

用户质量高,黏度高,用户付费转化率高,见用户速度快。店面多,店员培训复杂,需要完善的考核及奖励机制。基本上CPA价格在1.5~3元之间,预装价格在0.5~1元之间。业内公司有乐语、中复、天音、中邮、苏宁等。

(二) 新媒体推广

1. 内容策划

内容策划前需做好受众定位,分析得出核心用户特征。坚持原创内容的产出,在内容更新上保持一天三条左右有趣的内容。抓住当周或当天的热点跟进。

创意,还是创意,让你的产品讲故事,拟人化。

2. 品牌基础推广

百科类推广:在百度百科、360百科建立品牌词条;问答类推广:在百度知道、搜搜问答、新浪爱问、知乎等网站建立问答。

3. 论坛,贴吧推广

机锋、安卓、安智……在手机相关网站的底端都可以看到很多的行业内论坛。建议推广者以官方贴和用户贴两种方式发帖推广,同时可联系论坛管理员做一些活动推广。发完帖后,应当定期维护好自己的帖子,及时回答用户提出的问题,搜集用户反馈的信息,以便下个版本更新改进。

4. 微博推广

内容:将产品拟人化,讲故事,定位微博特性,坚持原创内容的产出。在微博上抓住当周或当天的热点跟进,保持一定的持续创新力。这里可以参考同行业运营比较成功的微博大号,借鉴经验。

互动:关注业内相关微博账号,保持互动,提高品牌曝光率。

活动:必要时候可以策划活动、微博转发等。

5. 微信推广

微信公众号的运营推广需要一定时间沉淀。

内容定位:结合产品做内容聚合推荐,内容不一定要多,但是一定要精并且符合微信号的定位。

种子用户积累:初期可以定个 KPI 指标,500 个粉丝为一个门槛,种子用户可以通过同事好友、合作伙伴推荐、微博引流、官网引流等方式导入。

小号积累:开通微信小号,每天导入目标客户群。

小号导大号:通过小号的粉丝积累推荐微信公众号,将粉丝导入到微信公众号。

微信互推:当粉丝量达到一定预期后,可以加入一些微信互推群。

6. PR(公共关系)传播

PR 不是硬广告,学会用对的途径讲一个动人的故事非常重要。互联网时代人人都是传播源,无论是微博 KOL、微信公众号还是媒体网站的专栏或各大社交网站,都得去研究如何利用这些平台来讲述一个好的品牌的故事,反之,这些平台也会是用户对品牌产生独特好感和印象的最佳渠道。对于初创公司,作为 PR 需要把公司每一个阶段的方向都了解透彻,然后学会向市场、投资人、用户传递一个有力的声音,这个声音并不是生硬的广而告之,而是抛出一个话题让大家对你的故事所感兴趣,并带动大家如何把兴趣引到你的产品上来,最好形成行业的热议话题。以下有几个策略。

(1) 用日常稿件保持稳定的曝光。我们会定期做一张传播规划表,每个月要根据公司和产品的变化来决定该向外界传递什么声音,恰当的表达和持续的内容产出会让公司的曝光度及行业的关注度逐渐提高。

维护好已有的媒体资源,积极扩展新资源。和自己原来熟识的记者和媒体保持持续的沟通和交流,告诉他们,我们的团队在做怎么样的一件事。深信只有反复的沟通,才会把故事的闪光点打磨得抓住人心。而作为 PR 也更能及时嗅到媒体关注的兴趣点,为下一次的报道梳理做好充分准备。在创业公司对 PR 的经费并不是非常充足的情况下,我们需要仔细去分析,在什么样的发展阶段和进度,需要利用的什么样的途径和资源去支撑公司的发声和观点。所以我们对自己的要求是每周都有计划地去拓展一些新的媒体资源,这样能为之后做事件输出时能有合适的渠道进行支撑。

(2) 选择的渠道决定了传播的效果。说什么故事,用哪种方式呈现传播效果会最佳,这对于渠道的选择显得尤为重要。比如对于公司创始人的一些采访,我们可能更倾向于行业及财经相关的权重高的纸媒,有利于大面积地带动传播;对于产品的发声,我们更倾向于科技类的新媒体,在行业内能引起更快速的关注力;而对于事件话题性的新闻,我们更青睐于选择大型门户类网站。对于自媒体这领域,实力参差不齐,选择有中立观点和实力派的自媒体发声,不失为好的选择,但是对创业公司来说并不是性价比最高的。而对于电视媒体,选择对和你潜在用户相吻合的节目,是一个能快速让产品呈爆发式增长的途径。

(3) 最后,要记得做好对营销传播效果的评估,这些可能包括人群的覆盖率、点击量、阅读量、点赞量等。每一次的数据,都会告诉你下一次的内容应该怎样做得更赞。而 PR 作为连接内外的桥梁,最好也要藏身于用户中间,在深度沟通中突出品牌的个性。

7. 事件营销

事件营销绝对是个体力活和脑力活,这需要整个团队保持敏锐的市场嗅觉,此外还需要有强大的执行力,配合一定的媒体资源,事件才得以在最快的速度推出去。事件营销的前提必须是团队成员需要每天接触大量新鲜的资讯,要整合好这些信息,同时随时记录下一些闪现的灵感创意并和成员们及时分享碰撞。对于能贴上产品的创意点结合点,我们会马上进行"头脑风暴",对事件的始终进行推理,若确定方案可行,那么马上做出与之匹配的传播计划,开始做项目预算并准备好渠道资源。

8. 数据分析

每周花一些时间去认真分析每一条微博、微信和每一个渠道背后的数据,你一定会发现传播度高的内容背后的契合点和关联性。这样非常有利于自己官方微博、微信内容质量的提升,运营起来也更接地气。

(三) 线下推广

利用宣传经费印制纸质宣传单和各种海报,做宣传。

(1) 介绍海报。在人流量多且可免费宣传的地方张贴海报宣传。

(2) 宣传单。与合作商家商议,将宣传单曝光于商家和用户接触的地方。

(3) 地推卡传单。制作精美传单,在办公区域相对集中的地方、商场发布传单。

四、推广预算

根据以上推广方案对各渠道做预算配比,与老板敲定第一期投放预算。

五、制定目标

一款 APP,应该关注两方面的指标。

1. 产品运营阶段

(1) 种子期。主要目的在于收集用户行为数据,与产品设计时的用户模型做对比,进行有目的性的调优。主要关注的数据包括页面路径转化、按钮点击、启动次数、启动时间段、停留时长等。这个阶段数据量不求大,但求真实。用户来源的话,可以先做免费渠道,如果能有一些首发资源就更好了。

(2) 推广期。主要目的在于扩大影响,吸收用户。主要关注的数据包括新增、活跃、留存以及渠道数据。在这个阶段尽可能配合各种资源多管齐下,用户量能有爆发是最好的。

（3）营收期。主要目的在于通过各种活动运营、增值服务创造营收。主要关注的数据包括付费用户数、付费金额、付费路径转化、平均用户收益（ARPU）等。

2. 产品类型

如工具类，启动次数很重要；社区类，活跃用户和 UGC 很重要；游戏，在线人数和 ARPU 值是关键；移动电商主要关注成交转化率，包括订单转化率和金额转化率。根据 APP 产品类型及所处运营阶段，制定 APP 数据指标考核表。

关于数据指标分析：

1. 留存用户和留存率

留存用户和留存率通常反映了不同时期获得的用户流失的情况，分析这个结果往往是为了找到用户流失的具体原因。

APP 获得一定用户以后，刚开始用户会比较多，随着时间的推移会不断有用户流失，留存率随时间推移逐步下降，一般在 3~5 个月后达到稳定。其中阅读资讯、社交沟通、系统工具是留存率最高的三类应用，在 4 个月以后的留存率稳定在 10% 左右。留存率提高了，才会有更多的用户留下来，真正使用 APP 的用户才会越来越多。

次日留存：因为都是新用户，所以结合产品的新手引导设计和新用户转化路径来分析用户的流失原因，通过不断的修改和调整来降低用户流失，提升次日留存率。通常这个数字如果达到了 40% 就表示产品非常优秀了。

周留存：在这个时间段里，用户通常会经历一个完整的使用和体验周期，如果在这个阶段用户能够留下来，就有可能成为忠诚度较高的用户。

月留存：通常移动 APP 的迭代周期为 2~4 周一个版本，所以月留存能够反映出一个版本的用户留存情况。一个版本的更新，总是会或多或少地影响用户的体验，所以通过比较月留存率能够判断出每个版本更新是否对用户有影响。

渠道留存：因为渠道来源不一，用户质量也会有差别，所以有必要针对渠道用户进行留存率分析。而且排除用户差别的因素以后，再去比较次日留存和周留存，可以更准确的判断产品上的问题。

2. 活跃用户

用户每天既会不断新增，也会不断流失，如果单独只看每日活跃用户数，是很难发现问题的本质的，所以通常会结合活跃率和整个 APP 的生命周期来看。活跃率是指活跃用户/总用户的比值，通过这个比值可以了解你的用户的整体活跃度，但随着时间周期的加长，用户活跃率总是在逐渐下降的，所以经过一个长生命周期（3 个月或半年）的沉淀，用户的活跃率还能稳定保持到 5%~10%，则是一个非常好的用户活跃的表现。当然也不能完全套用，得视产品特点来看。

六、团队构架

这个篇幅简单介绍移动互联网运营推广团队的组织架构及成员工作职责，具有一定的普遍性。总体概括来说，这个市场运营部门架构大概是：一个带头的，一个做渠道和流量的，一个玩社交媒体的，一个天马星空写文案的，再辅助一些打杂的。

1. 市场运营总监

工作职责：①负责公司开发的移动互联网产品的内容整体规划和运营策略的制定及执行；②负责制订每季度、月运营计划；③整理各产品运营渠道数据报表，并定期收集分析同类竞品情报，完成活动的策划执行，并做好跟踪记录；④构建和完善APP推广和分销渠道，促进APP的下载和使用；⑤网络媒体、网站联盟、博客、论坛、社区营销、SNS等各种互联网营销渠道的拓展和维护；⑥负责和移动互联网领域各传播媒体有效沟通，调动各种资源，促进公司互联网产品和相关渠道及媒体的联合推广，以提高公司产品的市场知名度；⑦负责通过微博、微信等网络推广方式，开展公司自有产品的运营和推广活动，收集相关营销成功案例并进行分析；⑧负责制作内容及话题，能够结合热点事件开展推广活动，及时监控和处理产品运营活动过程中的各类正负面事件；⑨跟踪运营推广效果，分析数据并反馈，分享推广经验，同时挖掘和分析目标用户使用习惯、情感及体验感受，即时掌握新闻热点；⑩策划、组织、评估和优化推广计划；⑪分析APP运营数据，根据分析结果不断优化运营方案。

岗位点评：从工作职责要点来说，市场总监应该是负责内容规划、运营策略及计划制定，渠道构建和监督，新媒体推广实施跟踪，APP运营数据分析，团队建设和管理。

2. 文案策划

工作职责：①清晰项目目标，快速了解客户需求，并密切与相关协同部门合作，提供快速、精准、精彩的案头支持；②负责宣传推广文案及宣传资料文案的撰写；③负责创意内容撰写，为线上活动、广告传播、线上公关稿件撰写相关文案内容；④沉淀创意产出和内容撰写的经验，形成知识管理，供其他项目借鉴。

岗位点评：文案策划岗位是文字输出岗位，需要文字功底好，有创意，对热点有嗅觉，最好在事件营销传播方面有成功案例。

3. 渠道经理（BD拓展）

工作职责：①深入研究公司产品与所属行业，制订适应公司发展战略的拓展计划；②根据公司业务发展需求，寻找、挖掘有利于公司的合作资源；③负责商务拓展及合作，与其他客户端及推广渠道（各大市场）建立良好的业务合作关系；④对推广数据进行分析，有针对性地调整推广策略，提高下载量、安装量及活跃度等；⑤辅助APP产品的运营和推广，配合整体规划和专题策划。

岗位点评：渠道经理（BD拓展），顾名思义就是拓展各互联网流量渠道，一切有助于APP流量提升的渠道合作都属于工作范畴。渠道经理的工作职责就是制订渠道拓展计划，带领BD专员拓展各市场，分析数据，完成运营总监制定的流量指标。

4. 新媒体推广经理

工作职责：①有互联网信仰，最好是重度使用者，制订新媒体推广计划，执行力强；②熟悉新媒体，对微博、微信如数家珍，熟悉大号，运营过微博草根号、微信公众号更好；③有判断力，对热点事件能分析，知道如何借势，有自嘲精神，可以黑人兼适度自黑；④有战斗经验，没混过论坛、没耍过微博、没刷过微信的不考虑。

岗位点评：这个岗位要求"离了手机就不能活"那种，能配合文案玩转各社交媒体渠道。在事件营销及热点引爆时有嗅觉和实操经验。

七、绩效考核

每个公司绩效考核指标不同,对于移动互联网公司市场部门来说,各个岗位指标也不尽相同,这里只罗列出有共性的一些考核点。

1. 市场运营总监

这个岗位背负团队整体 KPI 指标,如 APP 运营数据指标、销售指标等。如何将团队指标有效分解到每周、每天、每个人,这是市场运营总监每天都要思考问题。

2. 文案策划

文案撰写能力:写作功底深厚,表达能力强,思维逻辑清晰,具有独特敏捷的创意思维。

创意能力:能根据公司品牌定位,完成有创意的文案策划,为产品销售及运营推广带来很大飞跃。

对接能力:与渠道部门、设计部门、推广部门、客户等沟通协调及分配工作能力。

工作态度:纪律性,团队协作意识,工作责任感。

根据这几个考核指标做分数配比,适当提高 AB 两项指标分数。

3. 渠道经理

渠道考核指标直接跟 APP 运营数据挂钩,这个数据指标可参考 APP 运营目标中数据,包括下载量、每日新增用户数、留存率、活跃用户数、平均用户收益、使用时间等。

4. 新媒体推广经理

新媒体推广由于渠道不同,考核指标也不同。运营总监可以根据微博、微信、豆瓣、知乎、其他软文推广渠道等不同渠道,设立不同考核指标。这里以微博和微信为案例:

(1)微博考核指标:微博营销涉及的数据大致有微博信息数、粉丝数、关注数、转发数、回复数、平均转发数、平均评论数。

A. 微博信息数:每日发布的微博数量(条/天)。

B. 平均转发数:即每条信息的转发数之和/信息总数量。一般计算日平均转发数或月平均转发数(次/条),平均回复数原理类似。平均转发数与粉丝总数和微博内容质量相关,粉丝总数越高,微博内容越符合用户需求,转发数就会越高。所以这个数据可以反映粉丝总数、内容和粉丝质量的好坏。粉丝基数越大,理论上转发会提高,内容越契合用户,或者粉丝中你的目标人群越多,这个数据都会上升。

总结:①平均转发数和评论数可以衡量自身微博运营状态好坏;②搜索结果数可以作为品牌传播的考核;③只有综合所有数据来看才可以指导微博营销。

(2)微信考核指标:主要指文章考核指标,包括送达率、图文阅读率、原文页阅读率、转发率、收藏率。

A. 订阅粉丝量:有三个指标,即新关注数、取消关注数以及净增关注数。

刚开微信的企业,我们可以用 1 个月的时间,设定目标完成 500 个用户的订阅,接下来的每个月,逐步增长。每天订阅粉丝超过 20 个,1 月就是 600 个。

B. 用户互动量:该用户在微信上和你的互动,指的是有意义的互动。比如 91 运营网(微信号 yunying-91),当你添加微信时,自动回复写的是:输入 1 获取移动互联网干货,输入2获取电子商务运营干货,输入3获取产品策划干货。这其实就是很好的一个规则。

C.用户转化量:该用户最后通过你的规则输入相关词后我们的跟进情况,以及成交情况。

(本阅读材料出自"91运营"网,原名《移动互联网市场总监运营推广策划案》,有删减。网址链接:www.91yunying.com/7320.html。)

本章关键概念

新媒体广告战略(new media advertising strategy)
新媒体广告预算(new media advertising budget)
新媒体广告策略(new media advertising tactics)

本章思考题

1. 试分析小米手机的新媒体广告战略。
2. 参考第二节课后的【阅读材料】,选择特定品牌,制定一份网络与新媒体广告推广策划案。

本章推荐阅读书目

《品牌智能:数字营销传播的核心理念与实战指南》
作者:谷虹
出版社:电子工业出版社
出版年:2015年
内容简介:

这是一个由信息革命带来的营销传播环境变迁、商业生态演化的大变革时代,也是品牌向生命形态进化的关键时刻。《品牌智能:数字营销传播的核心理念与实战指南》作者以敏锐的洞察力、丰富的想象力、生动通俗的语言,向我们展现了当前品牌生命大爆发的历史性图景,并且深刻地指出:品牌的进化是一个自然选择的过程,无论过去多么辉煌,无论历史多么悠久,大批不能进化为智能品牌的原始品牌将会在市场上消亡。品牌智能是指信息技术赋予品牌的生命特质和智慧基因,它为数字营销传播的理念与实践带来了全新的维度和空间。作者深入描述了品牌智能发展的三个阶段和七个应用领域,全书涵盖了近三年国内外金奖案例逾百例,反映了数字营销传播的理念和实战的重大突破。

《品牌智能:数字营销传播的核心理念与实战指南》适合互联网公司营销部门、互联网广告公司、数字营销公司、广告公司、品牌咨询公司从业者;企业、政府部门、非营利性机构、新媒体行业中从事品牌推广管理、市场营销、数字营销、社会化媒体营销、移动营销等的专业人士;高等院校及各类院校的市场营销、广告专业的在校师生。

本章参考文献

[1] 丁邦清.广告策划与创意[M].北京:高等教育出版社,2011.

[2] 乔纳·伯杰.疯传——让你的产品、思想、行为像病毒一样入侵[M].刘生敏,廖建桥,译.北京:电子工业出版社,2014.

[3] 张翔,等.广告策划[M].北京:高等教育出版社,2010.

[4] 朱海松.移动互联网时代国际4A广告公司品牌策划方法[M].北京:人民邮电出版社,2015.

[5] 艾·里斯,杰克·特劳特.定位[M].谢伟山,等,译.北京:机械工业出版社,2011.

第五章 新媒体广告创意

本章导言

1. 新媒体环境下广告创意理念发生了重大的变革,不同领域、不同载体的新媒体广告有着不同的创意形态,基于数字化平台的新媒体广告创意策略更加注重互动和体验上的创新。

2. 掌握新媒体广告文案的创作形式及创意原则,灵活运用各类媒介载体的传播特性,把握新媒体受众心理接受规律,展开文案创意,实现有效诉求与沟通。

本章引例

红牛赞助《最强大脑》北京公交站台"找茬"广告

案例回顾:

广告需要创意,广告需要互动。然而知易行难,一旦真金白银地投放,广告人往往又回到原始的轨迹上了——"Logo再大点,产品再大点"。而2015年1月红牛的一则公交站广告证明了:和受众互动起来,没那么难。

图5-1中的这则广告是红牛为其赞助的热播电视栏目《最强大脑》量身定做的。画面是北京国贸附近的一则广告原图,采用日常耳熟能详的"大家来找茬"的形式呈现。媒介的选择也是煞费一番苦心——公交站台。候车的时间是漫长而枯燥的,而"找茬"广告的出现为消费者的碎片时间找到了一个出口。广告一出街,便激发了一波路边"找茬"热。

网友脑洞大开,积极互动。线下引发关注还远远不够。内容足够有吸引力,投放当天便在微博上引发了热议。

随后,红牛官方微博也发布了海报——"看似不可能,只是因为没有尝试"(见图5-2),把自己的态度和立场坚定地亮明。在更高的层面,也契合了红牛"你的能量,超乎你想象"鼓励突破自我极限的价值观。

新媒体广告

《最强大脑》亿里挑一

左右两边
只有一处不同

图 5-1　红牛北京公交站"找茬"广告

网络上掀起轩然大波的"找茬"海报很快引起了媒体和行业的关注，广告人和媒体纷纷转发这一广告事件，让史上最难找不同广告人尽皆知。

案例点评：

对于红牛来说，这是一个三赢局面——红牛自身在这次传播战役中不仅把Logo露出了上亿次，其自身品牌理念也得到了深度诠释；"最强大脑超乎想象"，又让红牛与其电视栏目合作伙伴《最强大脑》绑定得更紧；最重要的是，一个广告没有引发消费者的反感，反而让枯燥的等车过程变得更加有趣。消费者用脚投票，使得这次传播好评如潮。

图 5-2　红牛官方海报

优秀的创意一般内容简单，但往往能够形成一个"黑洞"，把画面之外的事物不断吸引进去，成为创意的一部分。例如本案例中的媒介、观看创意的人、参与其中的人等等，他们让创意的"雪球"越滚越大。从这个角度上说，红牛又一次"超乎你想象"。

知识要求

了解新媒体环境下广告创意理念的变革特征；掌握新媒体广告创意形态、新媒体广告创意策略的基本知识。

技能要求

掌握新媒体广告文案创作形式与创作技法;能够进行平面类、视听类、互动类及跨界融合类新媒体广告创作表现,并结合不同类型的新媒体开展品牌的创意营销。

第一节 新媒体广告创意概述

创意是广告的灵魂,但必须依附于实体才能展示其魅力。创意的价值贯穿于品牌推广活动的始终,其价值的体现依赖于各个环节的有效执行、承接,就好比木桶理论,其中任何一个环节出现短板,都将影响创意价值的最大化。新媒体环境下,广告创意必须与最新科技相结合,把技术因素加入广告传播中,以提升创意的价值。

数字时代,受众对于媒介的选择性显著增强,这使得创意比以往任何时候都更具挑战性。新时期的广告人要尽可能地让受众参与到广告传播中来,通过营造体验去倾听、探寻消费者的需求,尽可能地借助新的传播技术,发挥媒体优势,以促进广告创意的升级。新媒体的发展为广告传播提供了全新的创意视角。数字技术的应用为广告能够实现精准、定向传播,拉近品牌与消费者的距离,并使其参与到广告传播中来提供了无限的可能。

一、新媒体环境下广告创意理念的变革特征

媒体的变革为广告传播提供了更多的机会,也给予了更大的挑战,传统的创意理论也发生着巨大的变革,呈现以下特征。

(一)以创意整合营销,实现广告创意从小到大的转变

网络为整合营销传播的实施提供了一个良好的平台。除了发布网络广告外,广告主还可以在网络上进行公关宣传、事件营销,建立在线商城等,使广告、公关宣传、直接营销等营销传播要素能够同时在网络平台上展开。新媒体广告以平台化的方式进行整合营销,综合了多种营销手段。广告创意正从广告作品的范畴向广告业运作模式的范畴转变。这一从小到大的转变关系到广告业的升级转型。

在传统的广告运作流程中,创意环节一直处于流程的后段。但在新媒体时代,创意人要在第一时间参与到广告创作中,通过前期的市场调研,从消费者的需求出发,为广告主的新产品开发出谋划策。之后,参与整合营销策略的确定、广告创意案及媒体案的制定等。

在整合营销传播的背景下,广告人需要从消费者的需求出发,发展出一个与企业核心战略及品牌核心内涵一致的核心创意,用这个核心创意来统领广告、公共宣传、销售

促进等所有的沟通方式。针对不同的传播类型,广告人要依据媒体形态和受众特点进行核心创意的延展,以一致的声音,传递一致的产品信息和品牌形象,实现与消费者的双向沟通。广告创意正在逐步打破传统的线性模式,当前广告公司的创意重心已开始从简单的对产品信息进行包装和美化,全面升级为对广告活动进行宏观的、全局的策略性引导。如何制定大的创意框架,如何能够吸引目标消费者的目光并使其参与其中,如何能够对相关创意内容做出正确的引导和规范……诸如此类的创意规划,是当前所有广告创意人工作的重点。

(二)创意"以受众为中心",增强互动性与参与度

传统广告中,创意内容往往先由广告人制定好,然后再通过视听语言去吸引消费者并向其告知相关产品/品牌信息,消费者是单纯的观/听众。在这种广告信息传播模式下,消费者的行为被称为 AIDMA 模式。简言之,评价广告能否传播致效,完全取决于广告的表现力能否引起注意(Attention),进而使其产生购买兴趣(Interest),激发购买欲望(Desire),形成品牌记忆(Memory),并最终促成购买行动(Action)。这种广告模式适用于传统的大众传播环境,较之于创意,广告信息发布媒介似乎对广告起着决定性作用。

新媒体环境下,传播技术的发展对传统广告创意产生了颠覆性的影响,大量不断变化的信息与资讯采集的便利性,让所有的广告都面临兴趣与关注度危机。随着新媒体的发展,传统的"大众"已经逐渐消解,取而代之的是分众和小众。当前,已经没有任何一种媒体能够通过自己强势的声音向所有的消费者灌输信息,更不可能由此指导消费者的需求和取向。针对以互联网为代表的新媒体消费者生活观念的变化,日本电通广告公司提出了一种全新的消费者行为分析模型——AISAS 模式。与传统的 AIDMA 模式不同,含有网络特质的 AISAS 模式是指引起注意(Attention)、引发兴趣(Interest)、进行搜索(Search)、购买行动(Action)和交互分享(Share)。

在上述模型中,两个具备网络特质的"S"——进行搜索(Search)和交互分享(Share)的出现,充分显示了互联网时代搜索和分享在消费者购买行为中的作用,体现了互联网对于人们消费行为和生活方式的影响。在新媒体环境下,如果继续依赖传统媒体,向消费者进行单向、强势的信息灌输,势必与这个时代消费者的购买行为不相适应,并最终影响到广告的传播效果。

新的传播技术赋予了广告传播更加丰富的内涵。数字技术催生了新型的网络互动媒体,如何能够吸引受众利用新的传播技术参与到广告活动中来,充分发挥新媒体的互动优势,成为广告人开展创意的又一议题。当前,网络平台的开放性使得全社会的每一个成员都有了发布信息的可能。对于广告人来说,以往的创意只是创意人员在做,而现在随着互联网以及新技术的普及,"人人都是创意人"的广告理念得以充分显现。

任何人都可以通过互联网参与产品/品牌信息的制定,与广告主共同创意,一起完成对品牌的塑造。同时,草根文化的兴起,使得广大受众的话语权得到充分肯定,个人欲望得到真实表达,消费者与品牌的连接也更为牢靠。在新媒体环境下,广告创意的前提是对消费者角色的清醒认识:消费者已经由广告活动纯粹的旁观者变为积极的参与

者,品牌真正回归消费者。

(三)创意更注重广告信息的可搜索性、可参与性与可标签化

1. 可搜索性

数字技术赋予了消费者几乎无所不能的搜寻信息的能力,因此广告人需格外注重信息的可搜索性。

首先,具体说来,广告创意者要提供有关产品/品牌的全面信息。这与传统广告创意注重简化信息、寻找"特点"的做法相矛盾:传统的大众媒体由于时段/版面的限制,通常无法容纳"大量而全面的广告信息";然而在数字媒体(如互联网)中,超链接以及无限搜索技术的应用,使得媒体不仅能够发布丰富而全面的广告信息,并且无需为此付出额外成本。同时,丰富而全面的广告信息,也为消费者的有效搜索提供了可能。

其次,广告创意者还要对产品/品牌信息进行优化。从搜索的角度讲,信息要想被检索到就需满足共性,即拥有可供搜索的关键词;同时还需满足个性,即不会淹灭在相关或不相关的搜索结果中。对于产品来说,品牌名称,一个既可作为搜索关键词又具产品个性的代号,正是可搜索性的重要载体。由此可见,在新媒体时代,品牌名称承担着极其重要的责任。

最后,广告创意者还需对搜索场合进行优化。传统的大众媒体时代,广告的投放选择仅仅依靠对受众人群进行优化分析,即媒体的收视率或收视人群分析;而新媒体的数字技术则提供了这样一种可能,即根据受众所关注的网页内容,有选择性地定向发布相关广告。

2. 可参与性

新媒体时代,以互动为代表的 Web2.0 技术让"以消费者为中心"的口号从单纯的营销理念转变成了可以实际操控的现实。对此,优秀的广告创意者应该通过富有创意的构思来搭建一个媒体平台,利用独具特色的具体参与形式,让消费者参与到品牌的建设中来(与品牌进行互动,即人机互动)。另外,消费者在对相关产品/品牌进行讨论、分享心得的同时,也能够形成相关社区(即人际互动)。

例如,在韩国的街头,有一块有趣的户外广告牌,在没有人参与的情况下,这块广告牌就是一幅正在施虐儿童的画面,但当有用户上前观看时,自身的影像会被投射到广告牌上,通过路人不同的动作与造型,就可改变广告画面的意境:即通过路人的互动参与,实现并传递对虐待儿童行为阻止的重要性(见图5-3)。

需要指出的是,理想的消费者互动参与平台,应该是根据品牌个性而搭建的具有独特个性的平台。不是所有品牌都适合做消费者参与式广告,也并非所有的品牌都适合用消费者自制视频分享。所以,如何能够有效地找到消费者与品牌的相关点,进而搭建媒体平台,创意消费者的参与方式,以提高参与的相关性、互动性和乐趣,成为新媒体时代广告创意人所关注的焦点。

3. 可标签化

新媒体时代,我们每个人身上都可以贴着各类标签,由于标签具有非排他性,这意

图 5-3　韩国街头阻止虐待儿童公益广告

味着我们可以在不同的网络社区拥有不同的标签识别(identity)。对于 SNS 社区来说,标签既可以是个人观点的总结,也可以是发布信息的手段,而且还可以成为某种类别的标识(如共同的兴趣、职业等),它的应用非常灵活。同时,标签的对象既可以是文本、照片,也可以是音频、视频、网站……标签的社会化意义,正在于通过其自身的反向查找功能,能够同时形成多个临时的"多媒体"信息集合。

虽然标签也可作为搜索的关键字,然而它却与搜索机制不同,标签是一种更为主动的分类、概括、交流,即分享的过程。因此,衡量一个创意的优劣就必须考虑:第一,消费者能否很容易被归纳总结并贴上合适的标签;第二,消费者可能会贴在这个创意作品(或创意平台)上的标签,是否符合想要的品牌内涵或产品属性的内容;第三,消费者是否愿意被贴上标签;第四,这样的标签有没有可交流性和可分享性。

例如,2015 年 1 月 25 日,腾讯正式推出微信朋友圈广告,宝马中国、可口可乐、vivo 智能手机三个品牌的广告分别在不同用户的朋友圈中,引发全民刷广告的风潮(见图 5-4)。对于广告主来说,朋友圈广告将提供更多维度的详细广告投放效果分析,帮助广告主实现更好的投放效果。为保证用户体验和给用户带来的价值,朋友圈广告采用了更加智能的技术,因此不是所有用户都会看到同样的广告,产品逻辑不断优化。微信会对用户行为进行分析,为用户设置标签和关键词,针对不同的用户在不同的时间推出不同内容的广告。除此之外,和普通的朋友圈消息一样,微信广告也由文字、图片等构成,好友可以进行点赞、评论。如果用户对广告不感兴趣,还可以点击右上角进行屏蔽。

事实上,可标签化,就意味着广告信息能够被多级传播的可能,即分享的可能。在传统的大众媒体时代,这一条例就已经存在:当受众对某一信息产生兴趣,且该信息能用一两个词概括(标签)的时候,这条信息便会流传开来,即传统的口碑传播。在新媒体时代,以Web2.0为代表的数字化传播技术,使得标签这一古老的宣传手段能够释放出无限的传播潜能。

二、新媒体广告的创意形态

数字技术的快速进步在带动互联网高速发展的同时,也带动了户外媒体、数字电视、移动通信等新的传播技术的蓬勃发展,这使得传统的信息传播方式发生了革命性的变化,广告业的运营进入一个新的时代。在新媒体环境下,广告创意在不同领域呈现出不同的形态。

(一)互联网广告创意

随着Web2.0技术的发展,互联网广告在经历了横幅广告、视频广告、互动广告等形式之后,当前已发展到精准定向传播的新阶段。所谓精准定向广告,是指互联网服务商利用网络追踪技术(如cookies)搜集用户信息,并对用户按性别、年龄、地域、爱好、职业、收入等不同标准进行分类,记录并保存用户对应的IP地址,分析受众消费行为,选择创意广告传播内容,然后利用网络广告配送技术,依据广告主的要求及产品的性质,向不同类别的用户定向发送内容不同、"一对一"式的广告。较之以往

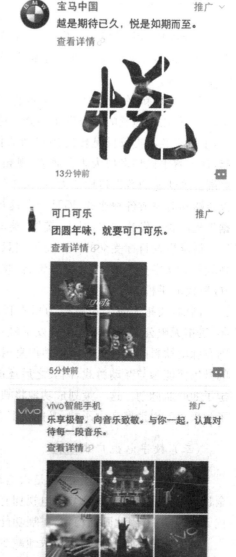

图5-4 微信朋友圈广告

广而告之的传统广告形式,定向广告体现的是"准而告之"的特性,是一种更精准的广告传播模式。

新媒体时代,新的传播技术使得受众"浮出水面"。广告人通过建立富有创意的信息发布平台,可以使受众的属性特征通过博客、微博,以及RSS等方式反映出来。相对于传统门户时代,当前的广告人拥有了更多的机会去了解受众的兴趣和偏好,理论上也

获得了更多通过准确的方式向准确的人传送准确信息的精准营销机会。

未来的互联网广告创意作为吸引受众的利器,将会从告知走向互动,从单一走向交互,从面向大众走向面向小众。

(二)移动媒体广告创意

数字时代的移动媒体广告,是指依靠移动技术的发展而出现的一种新的广告形式,主要以手机和各类移动终端为载体,具体形式有短信广告、彩铃广告、彩信广告、手机网站类广告等。

作为一种新兴媒体,手机集多媒体、移动性、随身性、交互性、即时反馈等特色于一身,是一种比较理想的广告发布媒介。过去,手机广告形式通常都是短信。进入4G时代,手机已经不再仅仅是传统的移动通信工具,新的传播技术以及各种智能终端的兴起,预示着手机将发展为集合通信、视频娱乐、互联网应用等功能于一体的多媒体掌上终端。更快速的数据传输能力、更长久的电池续航能力、更大更清晰的屏幕使得手机不仅能够同时完成各种业务,而且极大地提高了其作为广告发布媒介的创意表现力。根据手机广告业发达国家(日本、美国、英国、韩国等)的经验,广告人可以依据广告内容、广告诉求以及目标受众的不同特征创意出合适的广告表现形式,以达到最佳的广告传播效果。文字型广告、图片型广告、音频型广告、视频类广告、互动式广告等,均可以在4G时代的手机广告中得到实现。

例如,飞拓无限公司就曾为乐百氏"脉动"品牌做过成功的手机互动营销。2010年,飞拓无限公司帮助乐百氏开发手机互动游戏,并搭建"脉动"短信反馈平台;乐百氏则在脉动饮料的瓶子上打印促销信息,提供互动奖品。这样,消费者每次发送饮料瓶上的号码便能参与互动游戏,闯关之后还能获取奖励。据说,有玩家为了能持续闯关竟买走了800瓶脉动。这一策划成功地将典型的促销方案与手机互动广告相结合,既避免了垃圾短信对消费者的影响,又能使消费者从中获得实惠,从而取得了很好的效果。

(三)数字电视广告创意

数字电视从技术特征上讲,是指电视节目的采集、制作、编辑、播出、传输和接收的全过程都采用数字技术。数字电视拥有高清的电视画面、优质的音响效果,同时还具有抗干扰等功能,因此画面稳定,扩展功能多,可增加点播、上网等。

数字化之后的电视信号极大地减少了其所占用的网络带宽资源,使线路的传输能力由原来的几十套扩展为几百套,这使得其能够为受众提供内容更丰富的电视节目。同时,数字电视还可以开设增值服务,提供更多更细的专业频道供受众选择。进入数字时代,一方面,传统模拟信号时代的电视受众拥有了更多的自主选择权,可以随意点播自己喜欢的节目,不再像以前那样只能被动接受;另一方面,由于具备存储功能,数字电视能够像计算机一样进行文字录入、上网浏览、收发邮件、信息咨询、远程教学、股票交易等。数字电视改变了文字、图像等信息的生产、传播、交换和消费方式,使信息传播从单向单一模式向双向多元化的模式转变,并彻底改变了传统电视由传播者发布信息、受众被动接收的模式。新的传播技术赋予了受众更多的选择权,这也为广告细分受众、定向发布创造了条件。

（四）户外新媒体广告创意

户外新媒体广告在今天已经不算是最新型的传播媒体了，但是其销售业绩以及创新性却依旧是走在各大传播媒体的最前端。

优秀的户外媒体广告不外乎具有以下特征：

第一，户外新媒体广告强调的是广告与"周围环境"的关系，其创意也要从广告信息的具体传播环境出发，充分利用空间和环境中的要素来实现创意，营造特有的视觉传播效果。

第二，在户外新媒体广告自身的创意领域里，包含两个层面上的创意，一方面是媒介运用上的创新，比如制造新的媒介形式、发掘出新的媒介空间或者对传统媒体进行创造性使用等；另一方面是在具体某类媒体上的作品内容表现创新。

第三，户外新媒体广告创意具有无限的发挥空间，在受众视觉注意力、环境载体和产品信息的契合处，用户都可以发现创意的耀眼光芒。

第四，与传统户外媒体广告相比，新媒体广告大大节省了媒体的投放成本，更注重了广告的内容、创意的本质，使得广告恢复并增加了对于本质的正确定位。

事实上，传统户外广告需要创新求变的紧迫性并不是来自于新型媒体出现所带来的竞争，而是发生在广告主和消费者身上的需求与思维逻辑的结构性变化。广告主需要的是满足消费者需要、激发消费行为、在消费者内心树立其品牌形象、标新立异的广告，是在信息饱和的情况下，能够第一时间使受众眼前一亮、深刻存储在脑海之中、促使消费者再传播的广告；而消费者则是需要更贴近生活、人性化的广告。

新媒体虽未能完全取缔传统户外媒体，但就城市现状而言，有着传统户外广告无法企及的传播效果。走入繁华的城市商业区，户外LED大屏以与众不同的传播介质、丰富的色彩和生动的创意表现力，塑造了其独特而时尚的媒介价值。设置于城市时尚地段的彩屏LED广告，不仅摆脱了传统户外广告静止、单一的表现形式，而且利用网络技术还可以实现对于特定的区域、时间、场所的定制化广告传播，从而能够大大增强其影响力和接触率。在户外做有创意的广告，加之日新月异的科技手段的运用，可以使平静的街道化为缤纷的剧场。以数字技术、互动体验、创意为依托的户外新媒体广告，存在巨大的发展空间。

（五）互动类新媒体广告创意

随着新媒体技术的发展，建立在计算机视觉和虚拟现实等技术基础上的互动广告也不再仅仅局限于传统媒体与受众的情景式互动，更多的是考虑如何让受众融入广告本身的情节和环境当中，充分调动视觉、听觉等感官乃至产生思维和情感的共鸣，达到更好的传播效果。因此，在新媒体环境下，互动广告的创意则要求广告创作者利用数字技术，通过一定的场景或情节设计，使广告中的产品更真切地呈现在受众面前，与不同的受众产生不同的独特互动和联系，从而使受众获得独一无二的参与感。

互动广告创意突出的特点是将创意的空间和主动权下放到受众手中，而这种创意性直接体现在"互动"环节上。广告人员在进行创意构思的过程中,首先就要营造一个角色互动的环境,要从广告接收者的角度出发,使广告成为连接传受双方的桥梁,通过广告本身与受众沟通,使受众对广告中场景、元素和情感产生共鸣,从而加强受众对产品的好感和印象。

互动广告的创意表现要注意以下几个原则:第一,发挥新媒体的互动性,为受众提供不同的互动模式;第二,以实用的免费资源吸引受众参与;第三,互动内容贴近受众日常生活,淡化商业营销色彩;第四,追求创意与技术的完美融合。

例如,肯德基为了推广新品"被蛋卷",在众多城市的地铁站推出了一则互动广告,受众可以利用 LED 大屏触控技术,现场模仿早餐新品"被蛋卷"的制作过程。该广告是建立在计算机视觉和虚拟现实等技术基础之上的,并采用了红外感应 Airscan 装置,在不影响 LED 显示屏整体外观的情况下,具备抗光干扰、及时捕捉触摸者的一举一动等优良特性。它使得普通视频广告可以根据人体动作而产生相应变化,从而增强了互动体验的现场感和参与过程的游戏感。应该说,肯德基的这则互动广告是创意与技术的完美融合:缺了技术,则流于传统;缺了创意,则过于平庸,无法吸引受众的注意。

三、新媒体广告创意策略

创意是一种战术性的指导思想,其成败与否直接关系着广告经营的成功与否。进入新媒体时代,广告经历了媒介、受众、信息、诉求等一系列的变化,作为广告的灵魂,广告创意也必然要经历从内到外的策略调整。虽然广告创意可包容的范围比较宽泛,但具体来说,其所面向的关键内容只有两个:创意广告内容和创新广告媒体。因此可以沿着这个思路阐述新媒体时代广告创意的应对策略。

(一)从追求关注到构建体验,实现内容与消费者的有效结合

新媒体时代,广告诉求日益呈现出"圈子文化"的特征,即每个圈子的成立,是以消费者共同的兴趣偏好、生活态度、价值观念为基础聚合成群。传统媒体时代,广告传播的创意思路通常是:先以市场调研的数据为参照设置一个广告主题,然后围绕这个主题创意广告活动,编织品牌故事、重金聘请明星代言或者营造"轰动"事件,最后再打出一个漂亮的广告口号,以创意的精彩度来吸引广告受众的眼球与兴趣,从而实现颠覆消费者心智的目的。在这种传播模式中,广告受众处于观看者的位置,虽然也会有短暂的参与和互动,但从本质上讲仍是一种自上而下的传播。

全新的新媒体技术手段赋予了当下的广告创意更多的内涵。Web2.0 技术所带来的充分互动的传播环境,为广告创意者构建一个消费者虚拟体验空间提供了可能。数字时代的广告创意应该以直观的界面以及真实的体验去打动消费者,优秀的互动广告不再需要文字去解释。例如,雷克萨斯 IS 汽车的广告创意团队在美国交通拥挤的底特律市创作了一个互动全息图(hologram)。消费者只要途经该市任一雷克萨斯体验店,便能透过玻璃窗外的触屏对新车进行操控。消费者可以把三维虚拟的雷克萨斯 IS 汽车做全息式的观看(拉近、旋转、改变颜色),使新车状况一目了然。

Web2.0 时代,通行的"营造氛围"的广告创意策略必然要让位于"请消费者入瓮",

即让广大的消费者成为广告创意的元素,使其身临其境于广告传播的全过程,并成为广告的主角、明星代言人和意见领袖。所以,Web2.0时代广告创意变革的重心应该从"营造氛围,以吸引消费者关注"转向"编织体验,与消费者共舞"。

(二)从广而告之到准而告之,创意更具吸引力的内容

传统媒体时代,广告的成功主要依赖于其所选择媒介的传播力,凭借着大众媒体的狂轰滥炸,即使一个毫无创意的广告也能迅速为广大受众所熟知。然而,在新媒体时代,面对着日益丰富的信息发布渠道,广大的受众拥有了更多的媒介选择,传统的大众媒体再也不可能依靠一己之力,把缺乏创意的广告强推给消费者。在多屏化、碎片化的新媒体环境下,要有效地捕捉到信息和消费者的需求,据此创意出富有吸引力的广告内容,并以精准的方式投放给潜在消费者。

Web2.0技术的应用,为广告人发挥想象,创造具有吸引力的内容提供了无限的可能。以播放受众自制视频节目而备受关注的优酷网(YouTube),拥有大批忠实粉丝,每天会有数百万的固定网民登录该网,上传或播放相关视频。这说明,只要能够充分发挥广大受众的智慧,利用互联网创意并传播具有特色的内容,传统的视频节目就不会失去生命力。像优酷这样,建立用户自发内容的视频网站,正逐步孕育一个全新的广告世界。在这里,广告人通过设立视频平台,可以与受众共同创意富有吸引力的内容;同时,适时地发布一些有关产品/品牌的话题与消费者互动,这不仅能够使广大受众主动地了解相关产品/品牌信息,也能够使其积极地参与到广告传播中来。

新媒体时代,有关传统媒体的巨额投放计划和创意方式正在被边缘化,广告主已不再会为传统媒体投放、策划和创意押上千万的预算。精明的广告人正通过创意具有吸引力的内容,并利用新的传播方式来吸引消费者,与其互动,共同创造网上热点和共鸣。

(三)从强迫推送到诉诸文化,用受众的沟通方式进行沟通

当前,在新媒体环境下,受众的生活方式、消费方式、信息接收方式都发生了巨大的变化,强迫推送已经无法继续适应新的传播环境,而品牌文化渗透与双向互动沟通成为主流。

传统的"强推式"广告日渐消逝,取而代之的是一种"互动式"软广告,即依靠某种理念、文化的力量,以一种润物细无声的方式影响潜在消费者。正如菲利普·科勒所言,一流企业卖文化,二流企业卖品牌,三流企业卖产品。在生产力高速发展、产品极大丰富、供应远远大于需求的时代,"文化"再次成为广告创意的焦点。

(四)创新广告表现形式,加强视觉冲击力

对于广告来说,创意是永恒的主题。新媒体技术的发展,给予了广告创意更加丰富的表现手段。一般而言,广告创意吸引人、广告表现突出,都会达成较高的广告效果。对此,必须不断尝试新的广告形式,创新广告表达方式,以加强广告的视觉冲击力。

数字化时代,打开互联网,Web站点广告、横幅广告、按钮广告……各种各样的广告信息铺天盖地。为了增加受众对广告的关注度,可以运用一些出人意料的广告形式

来增加受众的点击率。

例如,新浪网站推出一种关于 MP3 下载的弹出式广告,它以计算机提示窗口的形式出现,采用十分惊人的广告语——"警告!你的硬盘没有新的 MP3"。这种警戒符号多出现于计算机运行错误的提示等情况下,突然看到这样一个窗口,很多网民往往会紧张一下,然后习惯性地去点击"是(Y)",就像平时遇到电脑问题一样。紧接着,受众便会发现自己"上当了",因为点击后的链接进入了一个音乐下载网站,它是新浪 MP3 下载网站的广告。这种网络广告表现形式或许会有欺骗之嫌,但广告主成功地达到了传播效果:网民都注意到了这则广告。虽然我们并不提倡这种广告形式,但是可以借鉴它的创意思想——想别人所未想,做别人所未做,跳出原来广告创意的老框架,寻求新鲜的广告表现方式。

广告传媒技术的发展,也给广告创意提供了更大的平台,富媒体广告开始步入广告人的视野。含有 2D 及 3D 技术的视频(Video)、音频(Audio)、超文本链接(HTML)、矢量动画(Flash)、动态文本链接(DHTML)等全媒体表现方式的广告,不仅能有效提高广告的互动性,还能为广告人提供广阔的创意空间。

(五)创意媒介选择

完美的广告创意还需要有准确的媒介选择,只有这样才能确保体验能够释放于消费者。因此,如何选择媒介是有效实施体验的关键步骤。

当前,消费者处于一个信息爆炸的社会,电视、网络、手机,以及户外的一些建筑、街道等都在传递着相关信息。新媒体时代是一个媒介泛化、一切皆为媒介的时代。新的传播环境,促使新时期的广告人在创意好广告内容的同时,还需要有效地选择媒介,丰富广告的发布渠道。

对于广告人来说,任何与消费者相关的接触点:产品、流言、抱怨、口碑以及不断发放的每一条新闻等等,都是广告传播的渠道,肩负着传达广告主品牌(产品)信息的重任。所以,新媒体时代,除了传统的报纸、杂志、广播和电视四大媒体,新兴的网络媒体、手机媒体和人员推广外,所有能够展示品牌(产品)信息的窗口都可以作为广告传播的载具。

众所周知,互联网给予我们的是平等、创新和差异化的选择模式,而品牌是消费者整体体验的总和,要把广告主的品牌形象永久植根于消费者心中,形成一对一的伙伴关系,就必须有能力去开发与消费者接触的每一个点与面,实现品牌体验的终极目的——与消费者形成良好的互动。

例如,麦当劳在瑞典市区安装了互动广告看板,参与者只要用自己的 iPhone 登录麦当劳网站,先选好自己喜爱的麦当劳小点心,然后就可以在街头和广告看板上玩挡球小游戏,麦当劳的广告看板上就能呈现出参与者的游戏屏幕。他们通过自己的 iPhone 控制挡板,只要让球在看板上维持 30 秒不掉落,就可以免费获得自己选择的麦当劳小点心。游戏用户在游戏过程中主动接触了麦当劳网站这一广告载具,体会到了麦当劳"快乐、率性"的品牌调性,并促成了在麦当劳终端的消费行为。麦当劳则成功地把数字媒体的娱乐功能与品牌符号的传播、品牌性格的体验、终端营销的开展等有机整合在一起。

第二节 新媒体广告文案创意

广告以其创造性思维打破了传统和新兴媒体的界限,不论广告从业者以何种形态传递思想,广告语言都是广告作品的核心内容。虽然不断推陈出新的媒介手段能够为广告的传播提供日益新鲜的载体和途径,但是现今绝大多数广告仍然需要借助语言的表达方式来宣传商业产品或公益意识,不论语言的成分在一则广告中占有多少比例,语言的复杂性和灵活性决定了它依然是广告作品中相当可靠和稳固的组成部分,在广告传播中的作用可谓举足轻重。作为广告创作的表现环节,广告文案的创意是将动态抽象的创意思维与静态特指的产品特质相结合的结果,包括了从初步的想法逐步过渡到完整的创意概念这一系列转化和创新活动的实现过程。

一、新媒体时代广告文案的主流特征

新媒体时代以不可阻挡之势到来,同时给传统媒体的广告和营销带来了极大的冲击。相比于传统媒体,新媒体最大的革新就是传播方式由传播者对受众的广而告之变成了受众自发地点击和定制。在这个基础之上,传统而粗暴的广告文案,已经不可能再赢得优质受众们的点击和青睐。从根本上来说,新媒体广告文案变革的根本起源于新媒体对我们生活方式的深刻影响,当我们的生活方式发生改变之后,我们获取信息的渠道及相应的传受方式也必然跟随之同步变化。在这样一个全新的时代之中,网上购物、网上聊天、网上阅读等不再是一种时尚,而是一种不可或缺的生活方式;日记信件、交友访客逐渐被博客、朋友圈、E-mail、QQ 留言、空间等取代;看书、看电影、看新闻由连接互联网的电脑或手机即可全部实现。

书籍—电脑—移动终端的生活方式变化,也给受众的阅读习惯带来了革命性的改变。而对应的阅读特征,也相应决定了新媒体时代广告文案写作的主流基调。

目前在新媒体平台上,最流行的优秀文案一般是短标题文案,其内容大多以图片为主。即便有文字信息,也会尽量放到图片当中传递。此外,大量的"标题党"已经成为一种流行甚至规范,进而产生了种种形态各异的"党",微信、微博上的"养生党"和"鸡汤党",其实都是依靠标题来吸引人气。例如"白醋让你年轻10岁,你造吗"、"两头大蒜让你活一百岁"、"好老公十大准则"、"一万元如何变成一百万元"等标题,以噱头博得眼球,却可以达到很好的点击率效果。"养生党"和"鸡汤党"的共同特征代表了新媒体时代广告文案的写作通式,"标题为大,读图为主"成为新媒体时代广告文案传播的主流特征。

除此之外,与传统媒体广告文案相比,新媒体广告文案还具有信息容量大、呈现风格多样化、搜索储存便利、互动性强、受众定位精准等传播特征。

二、新媒体平台下广告文案的主要形式

新媒体广告文案,大致可以分为如下两类。

（一）产品营销类

产品营销广告类似于传统媒体上的硬性广告,通过直观简短的介绍或宣传,为其宣传的产品造势。此类广告大致上沿袭了传统媒体广告文案的特征,所以其播发渠道实际上和传统广告类似,采用广播的形式,通过各类新媒体平台,把信息强行推送到用户面前。在当前,产品营销类广告多存在于各类应用弹窗等渠道中。企业的官方微博、微信公众号等所发布的有关产品/品牌信息的硬广告,以及在自媒体平台上开展促销、集赞抽奖、微博(信)竞猜、转发有奖、互动讨论、投票等活动都属于此类。相较于电视和广播等传统媒体,新媒体的推送更具有针对性,可以通过大数据等技术应用帮助广告更精准地送达优质受众的终端。所以,这一类广告的本质依然和传统媒体中的产品类广告一脉相承,相比传统产品营销类广告文案,新媒体的广告文案针对性更强,沟通传播气息更加浓厚。

（二）推荐软文类

该类广告文案和硬广告有较大的不同,是脱胎于新媒体平台下自媒体传播的广告形式。这些被互联网媒体催生的自媒体俗称为"大号"。其内容多为各类感悟语录、心灵鸡汤、幽默段子、知识百科、热点事件、热门话题、天气节日、食物养生、美容瘦身、星座运势等信息,以具有趣味性和可读性的内容吸引用户主动转发分享。"大号"的经营方式非常灵活,可以自由选择合作方,进行推荐类型的软性广告。

相对于产品营销类广告,"大号"的推荐文案更需要注意含蓄的表达。对于一个"大号"而言,其核心生命力基本上是它的粉丝量及受关注程度,倘若在运作过程中由于广告的生硬植入等造成了负面影响,进而导致粉丝的流失就得不偿失了。因此推荐软文通常倾向通过不明显的植入,这样的植入一般有三种形式:一是以游记、个人体验等较为优美的文本,对合作方的店铺或品牌进行介绍;二是通过口碑推荐等生活指南的方式合作来引导消费;三是和合作方联合开展有奖参与活动,通过合作方提供的实体或虚拟奖励,吸引粉丝参与的同时达到植入和宣传的效果。"大号"不仅需要通过广告的植入完成盈利,还必须更加注意对粉丝关系的维护,时不时分享一些无关广告的有趣内容,实际上是对自媒体的持续营销,并且借此维护和粉丝的关系。

三、新媒体广告文案的创意原则

新媒体广告文案的创作与表达,应遵循以下原则。

（一）注意广告文案的娱乐性

在新媒体时代,必须抛弃硬广告的创作思维。新媒体广告文案的创作,不能再像原来那样先想一个标题,然后副标题,接着正文、口号等,最后再生硬地推给受众。广告的形式必须要软,必须具有娱乐精神,将所要传达的信息巧妙地融合在受众所感兴趣的信息中。

要把广告写成受众喜闻乐见的"段子",有趣、好玩是第一位。把产品/品牌信息糅合在有趣的段子中,这才是新媒体时代的广告人需要具备的能力。必须更加熟悉受众的语言风格、喜好爱好,最大限度地降低受众对广告的反感。甚至一些优秀的广告,受众明知是广告,读起来却津津有味。文案创作的核心都是让受众觉得"有趣",充分调动起受众转发分享的欲望,使品牌理念随着深入受众内心。

（二）借助热点话题增强传播效果

热点事件和新闻话题都是极易引起转发的内容,因此,在创作广告文案时,应将所要传达的信息与当下热点紧密结合。密切关注并深入解析热点事件,结合自身品牌、广告与营销目标,加入大众话题讨论中。借助热点事件,使广告传播效果几何级增长。选择热点话题时,需要考虑到时效性和相关性。时效性即文案创作的及时性,网络上的热点内容生命周期大都很短,必须及时把握住稍纵即逝的热点,在最短的时间内创作出广告;相关性指广告文案的创作需要考虑热点事件和自身品牌的调性、产品/品牌信息是否相关,如果无法做到相关却牵强附会,效果必然大打折扣,甚至还会起到反作用。

杜蕾斯是新媒体广告创作领域的佼佼者。这样一个平时总是令人尴尬和脸红的品牌,不便做线下传播。然而,在新媒体时代,杜蕾斯找到了自己的空间和定位,并大受欢迎。杜蕾斯在微博上将自己打造成一个"有点绅士又有点坏,很懂生活又很会玩"的形象,在这样的基调上,不放过每一个可以运用的热点。

（三）切忌虚假与造谣

新媒体时代带来信息的大爆炸,在繁杂的信息中抓住目标受众的眼球不是一件容易的事。广告为了吸引眼球适当地出位是可以理解的,但是,在进行文案创作时,必须有底线,切忌虚假和造谣。借助便捷发达的搜索引擎,谎言很快就会被拆穿,靠虚假谋求关注无异于饮鸩止渴。

"天猫内裤门"可作为例证:2013年,天猫在微博上发布了一条关于"双11"数据的微博,称"内裤销售200万条,连接起来有3000公里长"。微博发出不久,就遭到"江宁公安在线"等微博的质疑,怀疑其数据准确性,最后天猫不得不通过自嘲来解决危机。

比虚假更恶劣的是造谣,如曾经靠造谣红极一时的"秦火火",终究受到了法律的惩处。造谣或许会吸引受众一时的关注,但当谣言破灭时,也是品牌被消费者唾弃之时。在创作广告文案时,一定不能触碰这条红线。

新媒体的发达,使广告传播进入了一个内容飞速生产、又飞速被消费的时代,巨量的碎片信息不断被制造。在这样的背景下,必须时刻保持开放的心态,不断学习新事物,不断修正广告文案创作的方法,遵循广告文案创作的基本原则,只有这样才能在信息的洪流中,为品牌创造更大的价值。

四、新媒体广告的创作技法

如何写一个新媒体思维的文案呢?以下从七个方面进行解读。

（一）分解产品属性

互联网初创公司无不把产品分割成一个个独立属性进行宣传。图5-5、图5-6分别是某品牌衬衣和小米手机的广告。

(a) 分解前的文案　　　　　　(b) 分解后的文案

图 5-5　分解产品属性广告例 1

图 5-6　分解产品属性广告例 2

新媒体文案之所以需要分解产品属性，是因为这有助于它们弥补与大品牌之间的劣势。

消费者选购产品时有两种模式——低认知模式（不花什么精力去了解和思考）和高认知模式（花费很多精力去了解和思考）。大部分时候，消费者处于低认知模式，他们懒得详细了解并比较产品，更多的是简单地通过与产品本身无关的外部因素来判断——

"这个大品牌,不会坑我,就买这个!""这个德国产的,质量肯定比国产好,就买这个!"在这种情况下,小品牌是打不过大品牌的,因为消费者直接通过"品牌"来推测产品质量,而不是详细比较产品本身。

应该让消费者进行高认知模式,让他们花费很多时间和精力来比较产品本身,而不是简单地通过品牌和产地来判断。而分解产品属性就是一个很好的方法,可以让消费者由一个"模糊的大概印象"到"精确的了解"。

这就是为什么大品牌的广告往往强调一个整体的印象("再一次,改变一切"、"极致设计"等),而小品牌往往会详细地分解产品属性,让消费者进入高认知模式。

(二)指出利益:从对方出发

文案仅仅进行分解产品属性还不够,还需要把利益点说出来,即这样的属性具体可以给对方带来什么。

比如图 5-7 转租广告,右边的说出了具体的"利益",显得更加吸引人。

图 5-7 指出利益广告例

销售员往往详细地介绍了产品,顾客却抱怨说:"你说的这些特点都不错,可是对我来说有什么用呢?"如果想写出好文案,就需要转变思维——不是"向对方描述一个产品",而是"告诉对方这个产品对他有什么用"!

(三)定位到使用情景

当被要求描述一款产品,大部分人首先想到的是:"这一个××。"(定位到产品属性)
有些人还会想到——"这是一款专门为××人群设计的产品!"(定位到人群)
其实还有第三种——"这是一款可以帮你做××的产品"。(定位到使用情景)
实际上,针对新媒体产品的特点(品类复杂、人群分散),应该更多地把产品定位到使用情景——用户需要用我的产品完成什么任务?如图 5-8 所示。

请为这一款抗皱能力很强的衬衣写一个简单文案。

图 5-8　定位到使用情景广告例

比如,如果描述"这是一款智能无线路由器!"(产品类别),用户可能不知道广告在说什么。但是如果广告说"你可以在上班时用手机控制家里路由器自动下片"(使用情境),用户可能就会心动。所以,最重要的并不是"我是谁",而是"我的消费者用我来做什么"。

（四）找到正确的竞争对手

消费者总是喜欢拿不同的产品进行比较,因此,写文案时需要明确:我想让消费者拿我的产品跟什么对比？我的竞争对手到底是谁？

图 5-9 中两种加多宝凉茶的文案,前一种是跟预防上火的中药比,虽然更加突出了"防上火"功能,但是人觉得"是药三分毒",可能不敢喝;后者跟饮料比,增加了"防上火"功能,给人感觉"不再为喝不健康饮料而有负罪感"了。

比防上火的
中药更好喝
同样具有防止上火的功能,
但是加多宝比那些防上火
的药要好喝多了！

饮料好喝,
还能防上火。
比起其他饮料,不只是好
喝,更具有防上火功能。

图 5-9　找到正确的竞争对手广告例

无数的行业创新产品都涉及了这样的竞争对手比较:

在线教育的竞争对手其实并不是线下培训,因为对那些肯花时间和金钱参加培训的人来说,在线教育显然满足不了其对质量的要求;它的竞争对手其实是书籍、网络论坛,因为它的客户是因为没钱没时间而无法参加培训,以至于不得不看书自学的人。

太阳能的竞争对手最初并不是火电,因为对于性能稳定的火电来说,太阳能太不靠谱了;它的竞争对手是"没有电"——太阳能最初在美国失败,却在非洲首先实现商业化,对美国人来说,太阳能太不稳定了,但对没有电网的一些非洲国家来说,自建太阳能发电器总比没有电用要好。

凡客抗皱衬衫的竞争对手其实并不是价值几千块的商务衬衫(像它宣传的那样),因为肯用这些商务衬衫的人瞧不起凡客;它更可能的竞争对手是T恤和POLO,因为它的消费者是那些因为害怕挤地铁把衬衫挤皱而不得不穿T恤的人。

第一代iPhone真正的竞争对手并不是诺基亚手机,因为比起诺基亚手机,它续航不行、通话质量不行;它真正的竞争对手是华尔街日报、游戏机、视频播放器。在当时的主流观点下,作为一款手机,它有无数缺点,但比起其他视频播放器、报纸等,它却好多了,还有打电话功能。

所以,构思好文案、好宣传,要先找到产品真正的竞争对手。

(五)视觉感

文案必须写得让读者看到后就能联想到具体的形象。比如图5-10的文案,如果只说"夜拍能力强",很多人没有直观的感觉;但是如果说"可以拍星星",就立马让人回忆起了"看到璀璨星空想拍但拍不成"的感觉。

图5-10 视觉感广告例

优秀的文案能让人联想到具体的情景或者回忆,但是太多文案写得抽象、模糊、复杂、假大空,让人不知所云:

(教育课程广告)我们追求卓越,创造精品,帮你与时俱进,共创未来!

(MP3广告)纤细灵动,有容乃大!

(芝麻糊广告)传承制造经典!

（男生求婚）我们一定会幸福生活，白头到老！
（政治演讲）我希望追求平等，减少种族歧视！
（面试者）我有责任感、使命感，一丝不苟，吃苦耐劳！
如果同样的意思，加入"视觉感"的描述，效果就显著不同：
（教育课程广告）我们提供最新的知识，以帮你应对变化的世界。
（MP3广告）把1000首歌装到口袋里！（来自乔布斯）
（芝麻糊广告）小时候妈妈的味道。
（男生求婚）我想在我们老的时候，仍然能牵手在夕阳的余晖下漫步海滩。
（政治演讲）我梦想有一天，在佐治亚的红山上，昔日奴隶的儿子将能够和昔日奴隶主的儿子坐在一起，共叙兄弟情谊。（来自马丁·路德·金）
（面试者）我为了1‰的细节通宵达旦，在让我满意之前决不放弃最后一点改进。
为什么视觉感这么重要？

因为形象化的想象是受众最基本的需求之一，人们天生不喜欢抽象的东西。所以古代几乎所有的抽象理念都被形象化——因为"正义慈悲"太抽象，所以直接创造一个形象化、人格化的神出来；因为下雨过程太抽象，所以虚构出"雷公电母"。心理学中有鲜活性效应，是指受众更加容易受一个事件的鲜活性（是否有视觉感）影响，而不是这个事件本身的意义。所以，写文案一定要有视觉感。

（六）附着力——建立联系

作为小公司，可能会发布全新的创新产品。但是消费者不喜欢陌生感，从而经常不买账。这时候就应该为文案建立附着力——将信息附在一个消费者熟知的物品上。

比如图5-11，假设用户完全不了解电视机顶盒，它宣传"自由遥控"，用户可能没什么概念；但是如果说"让电视1秒变电脑"，用户就明白了——原来是可以像电脑一样自由操控电视啊！

图5-11　附着力广告例1

一个让人陌生的东西是难以流行的,为了让全新的产品或者概念流行,就需要把它同一个大家熟知的东西联系起来。

比如,乔布斯发布第一代 iPhone 时,并没有直接推出 iPhone 讲解功能,而是说要发布 3 个产品:1 个电话、1 个大屏幕 iPod、1 个上网设备,这 3 个产品都是大家熟悉的。然后乔布斯才说,实际上我们只发布 1 个产品,它具备上面 3 个产品的功能,那就是——iPhone(见图 5-12)。

图 5-12　附着力广告例 2

为什么附着力这么重要?这是因为人的记忆模式。人的大脑记忆就像高坡上的一条条河流,新记忆就像一滴水,这滴水如果滴到土地上,就会立刻蒸发;如果能够滴到河流里,就能融为一体,到达大海。同样,如果新知识无法同旧知识建立联系,人很快就会忘记它;如果和旧有的熟悉的东西建立了联系,人就容易记住它。所以,文案的附着力,让它和旧有的东西联系起来,甚至就连电话发明者贝尔当年申请的电话专利,名字都叫"一种新型电报改良技术"。

(七)提供"导火索"

文案的目的是为了改变别人的行为,如果仅仅让别人"心动",但是没有付出最后的"行动",可能让会文案功亏一篑。最好的办法就是提供一个显著的"导火索",让用户想都不用想就知道现在应该怎么做。

比如图 5-13,假设这是在微信主页发的文章,为了让用户关注该微信主页,肯定是右边的文案更有效——它让用户想都不想就知道现在怎么做。

心理学家还做过这样一个实验:在透明玻璃门的冰箱内放满食物,很多人去偷食物;但是给这个冰箱上个锁,再把锁的钥匙放在锁旁边,结果几乎没有人去偷食物了。因为偷食物这件事由"想都不用想就知道怎么做"变成了"需要想想才知道怎么做",就显著降低了人们做这件事的欲望。

所以,永远不要低估"伸手党"的"懒惰程度",必要时在文案中明确告诉别人:现在你应该怎么做。

图 5-13　提供"导火索"广告例

第三节　平面类新媒体广告创意探析

一、概述

平面类新媒体广告一般的呈现方式有电子杂志、电子报、户外的循环播放电子大屏、酒店餐厅等的座推广告等。平面类广告应该借助新媒体信息服务连续性的特点,在平面上设置创意链接,以达到让受众注意并深入了解产品/品牌的目的。新媒体艺术是一种新的艺术学科门类,近年来受到了越来越多的关注与研究。新媒体艺术似乎给人以抽象的感觉,其实它是以电子与其他技术媒介为基础,利用网络、摄像、计算机、数字技术合成等,新媒体广告创作表现形式。

平面类新媒体广告受到越来越多的关注,这类广告既要强调商业又要符合美学的要求,商业文化与艺术要求被统一起来。因此,新媒体广告本身力求以更为精细的构思、刻意的雕凿、巧妙的匠心、意蕴深沉的内涵以及独特的风格和美感来更好地呈现,从而使消费者产生购买欲望。所以,平面类新媒体广告要达到好的效果,就必须要在设计之前了解新媒体平面广告创意设计的基本原理与规则,依据新媒体平面广告创意设计的美学特征,别出机杼,打好广告设计与制成投放的基础,这样才能制作出创意新颖、风格独特、表现力强的广告。

平面类新媒体广告作品在宣传时要求其不仅要有好的宣传意境,可以取悦于公众,而且要有美的艺术色彩。这就对广告策划人员艺术性思维提出了较高的要求。制作出具有艺术价值的广告宣传作品,开展具有艺术品位的宣传活动,才能达到以美的言语鼓舞人、以美的意境影响人的效果,同时借助先进、便利、高效的平面介质达到广告设计制作的目标,完成广告宣传的任务。

平面类新媒体广告属于视觉传达类广告范畴,它的创意表现是运用视觉形象来完成语言描述的,是以点、线、面、文字、形象、色彩、空间等作为基本的视觉要素,以具象表现的形式,抑或以抽象的形式,也可以借助绘画、摄影等综合的艺术形式来进行表现。设计者与受众通过视觉形象的表现来进行相互交流,受众运用自身的经验来领会和理解设计所要表达的内容。

根据新媒体平面广告创意媒体的传播特点,平面类新媒体广告的创意表现主要是运用图形、色彩、文字三种视觉语言要素,着手于具体的创意,于生动、完整之广告中现准确主题。

(一)图形

图形要比文字和语言出现得早。图形其实就是旧石器时代远古人们使用的图腾,其最大的特性就是直观、可信、生动、通用、形象传播鲜明准确。图形能够吸引受众的注意力,激发阅读兴趣,它给人的视觉震撼力和吸引力是极强的。

新媒体平面广告创意要产生的效用决定了一幅好的新媒体平面广告创意作品应具备以下三点信息传达功能:第一,吸引力强,能够吸引受众,当然,版面的设计也很重要,它也是吸引受众的一个重要因素;第二,设计的思想要简洁明确地传达出来,阅读效果良好,使人一看便能够明白广告所要诉求的重心和广告要传达的意思;第三,能够使受众产生购买的愿望,广告的视觉冲击力要强,受众看完之后能够产生很强的视觉震撼,诱导人们产生冲动和欲求。

图形是平面类新媒体广告构成的诸要素中最能够吸引观众视觉的重要因素。大部分人在看一幅新媒体平面广告创意作品时,第一视觉效果是整体画面,标题其次,正文再次。这样的递次顺序虽只几秒的差距,但作为第一直观、第一时间映入眼睛的图形而言,能否抓住受众,吸引受众成为标题、正文的认真读者并产生欲求,在一定程度上起到关键的成败作用。新媒体平面广告创意中图形创意的地位由此可见一斑。

此外,图形作为视觉的语言,相对于文字信息来说,它不受国界和地域的限制。文字、语言是有国界的,而图形不存在受众的语言背景和理解力的问题,它是一种世界性的语言,没有民族、种族和国家之分,这对于广告信息的传播是非常有利的。事物的形状、质感、颜色、材料等特征的直接展现,说服力及吸引力很强,带来的视觉冲击力真实可信,图形的这种写实性,能让人在不自觉中产生购买愿望。

(二)色彩

作为新媒体平面广告创意视觉语言要素之一的色彩,是审美视觉的核心,对于我们的知觉感观有着极其重要的意义,深深地影响着人类的情绪状态,让人们第一眼看到广告就留下良好的形象。它能够吸引受众之注意力,激发其购买的需求,无形中为企业、为商品树立品牌形象,带来商机无限。

每件产品都有惯用的色调和颜色,也有多元色的相对应用,此即为形象色。在广告的色彩运用中,形象色不容小视,不同的产品的广告设计(包括包装)中着以惯用色调和颜色,成为人们印象中某一类产品的固有色,而认同产品并购买。颜色、冷暖、强弱等属性可充分发挥于广告设计中,如:辣椒油外包装的颜色近于辣椒的红色,让人马上产生辣之味觉;橘黄、奶油等色应用于设计中,会增加人们的食欲。不同的色彩可以使人产生辣、酸、苦等不同味觉,从而诱惑、暗示受众,刺激人们的购买欲望。

色彩的视觉表现力是极强的,是广告信息传达的强有力手段,它能够快速准确地诉诸人的感官系统,通过颜色的冷暖、强弱变化产生色彩的韵律,突出产品的性质和塑造企业形象。这是其他视觉传达要素无法替代的。

(三)文字

广告图形抓住受众的时刻,即文字被关注的时间,如无法准确传达信息,使受众不明所以、转移注意,再好的广告图形创意亦无法达到预期效果,最终成为败笔。广告图形吸引受众后,文字就起到了补充说明、画龙点睛的重要作用,让受众准确理解信息,加深记忆,使图片更具生动、形象意义。因此,文字是图形的递增,文字是图形的补充,文字是图形的点睛记忆之笔,二者同等重要。平面设计广告上的文字排版如果能够在排列和布局上别出新意,也可以为广告增色,成为一个成功的新媒体平面广告创意不可缺少的一部分。

不同于语言的无形而有声,文字作为一种符号,是一种视觉的表现,无声而有形,是人们重要的交流工具。每一种字体都有各自的性格特征,特定造型的字体,如体现古典沉静的古老形式的古罗马体,有着浑厚尊严感的古老形式之宋体,能清晰传达现代感的黑体、无饰线体等,能够表现出特有的风格特征。而且,字符组合变化之间传递着丰富内容及情感。

文字具有双重性,首先字体就是一种图形,具有图形的性质,是视觉形象的图形;其次字的组合是内容的表述,是叙述性、表意性的符号。文字的这种双重性在新媒体平面广告创意设计中独具魅力,有别于图形设计的单一性。字体的排列、字体的设计还要让受众有美的感受,让艺术融于无形,字以达意,美以传神。

新媒体平面广告创意中的文字设计涵盖广告的标志、字体、排版设计等,其造型所传达的内容、风格特征和情感等直接影响着广告信息的传递,对于广告信息的正确传递以及视觉传达效果和诉求力都有非常重要的意义。所以在进行文字的设计时一定要准确、有效地表达广告的主题和创意,尽量避免因为不当的装饰变化而造成视觉识别上的障碍。

不同的广告对象要选择合适的图形和对应的字体,强化广告的气质形象,体现产品的特性,配以色彩,吸引并打动受众以实现新媒体平面广告创意之初衷。三个视觉语言要素彼此独立又相互呼应配合,合力呈现出一幅优秀的新媒体平面广告创意作品。

二、平面类新媒体广告

(一)平面类新媒体广告的应用范围

中国的新媒体平面广告创意古已有之,如唐代诗人杜牧在《清明》的诗中写道:"借问酒家何处有?牧童遥指杏花村。"这里面的酒旗可以看作初期的新媒体平面广告创意。到了现代,我们可以在各种平面类新媒体上见到广告的存在。

(1)手机报纸。有针对地发布电子广告,以达到在区域范围内实现产品推广、宣传的作用。

(2)电子杂志。根据电子杂志的主体内容不同,其对应的广告内容也各有不同。如汽车杂志上的广告,都是与汽车有关的配套产品——润滑油、轮胎、汽车配饰等,倘若在汽车电子杂志上登上一则保健品的广告,估计效果会很不理想。

(3)电子类广告。商场里的广告可以是大的招贴画,具有很强的针对性,起到的作用也是立竿见影的,目的就是为了宣传本商场里的商品。

新媒体平面广告创意的应用范围非常广泛,只要有平面的地方,就可以有新媒体平面广告创意的存在,除了以上三方面之外,还有很多方面,比如路牌灯箱、车厢广告等。

(二)衡量新媒体平面广告创意的3I标准

一个好的新媒体平面广告创意不仅仅是简单的宣传和推广,还要给人深刻的印象。现在国际上对新媒体平面广告创意的创作普遍遵循一个标准,我们称为"3I"标准,即impact(冲击力)、information(信息内容)和image(品牌形象)。

1. impact(冲击力)

即新媒体平面广告创意给人的第一感觉。当今社会,人们生活节奏加快,很多时候不愿意静下心来仔细看一看周围的事物。一则好的广告,必须具备强大的表现力,通过色彩的运用以及醒目明了的标题,配上准确的图片,瞬间吸引住人的眼球,让人产生驻足再看一眼的感觉,否则只会和千千万万个让人一闪而过的广告一样,不会对人有丝毫的影响。

2. information(信息内容)

一般指新媒体平面广告创意中用于传递信息的部分,使用文字或者配有插图。成功地运用视觉冲击原理,留住了受众的第一眼后,在受众看广告的第二眼时,将信息传递出去,达到传播信息的目的。一则好的新媒体平面广告创意,首先能够让受众一眼看到广告的核心,即"到底在讲些什么",其次要让受众看到自己的利益需求,让广告商与受众通过广告进行沟通。

广告的正文应该条理清晰,内容简洁明了,配合小标题、插图等表现形式,增加文章的说服力,这样更有助于提升说服力。

3. image(品牌形象)

即站在产品的发展高度,树立品牌。品牌形象的树立,是对产品未来发展的隐性宣传,对受众是一种潜移默化的影响,其广告效力可能远远高于当前广告所产生的经济利益。在品牌的树立上,要坚持产品宣传主题一致,制作风格一致或者有延展性。

(三)新媒体平面广告创意的创意要素

广告的创意,说得通俗一点,就是广告的想象力,能够完美达到广告宣传目的。本书认为广告的创意要素主要在于内容、色彩搭配、版式设计等几个方面。

1. 内容

新媒体平面广告创意的内容可以说是新媒体平面广告创意的主体,起到主要的宣传作用。新媒体平面广告创意的内容可以是文字,也可以是图片。通过新媒体平面广告创意的内容,能够激活受众的想象力,让受众在愉悦的心情下欣然接受广告的内容,并且对此广告印象深刻,甚至保持终身印象,这才是新媒体平面广告创意的最高境界。

2. 色彩搭配

色彩在新媒体平面广告创意上是必不可少的要素。新媒体平面广告创意的色彩搭配,要根据广告的内容进行设计,不同的广告内容,需要不同的色彩搭配组合来渲染。比如,红色代表乐观、活力、性感等积极因素,紫色代表神秘、尊重、财富等因素,橙色可以吸引人的食欲,绿色可以净化人的心灵。掌握各种颜色的语言,也就能够合理地搭配出不同的色彩语言。当然,并不是说五颜六色的广告就能够达到丰富的推广效果,有很多经典的广告都是黑白配的,所以说,具体运用什么颜色并不重要,达到广告的目的才是最重要的。

3. 版式设计

新媒体平面广告创意的版式常用的有三种形式——方形版、出血版和退底版,也可是三种版式相结合。在内容的版式排布上,要根据左上、右上、左下、右下的视野顺序进行排布,同时配上合理的版式使用率,使新媒体平面广告创意主次分明、分布合理,最后达到新媒体平面广告创意的宣传推广效果。

新媒体平面广告创意是一种媒介、一种传播方式,能够表达广告主的宣传目的,从而在受众间产生一定的影响力,一般都是为了达到某些商业目的。如果说信息传播是广告的本质目的,创意就是广告的传播灵魂。对于好的创意的界定,确实是仁者见仁、智者见智,但是只要能对受众产生深远影响的,能让受众印象深刻的,就是一个好的广告。

三、平面类新媒体广告的品牌营销

对平面类新媒体广告的研究表明,平面类新媒体广告并不是凭空存在的。平面类新媒体广告不仅是其所在的社会和经济环境的产物,还是某种产品与市场有效结合的多种营销和传播工具之一。平面类新媒体广告的品牌营销创意是广告创意的核心理念。

(一)平面类新媒体广告是商品经济高速发展的产物

随着经济的飞速发展,企业间的竞争更加激烈。对于消费者来说,如何了解品牌、选择品牌产品呢?大多数的信息是来自于新媒体平面广告创意。新媒体平面广告创意是商品经济飞速发展的产物,其广告的形式和传播方式都在发生着变化。而形形色色的新媒体平面广告创意都是为了同一个目的——吸引消费者的眼球,售卖产品。衡量新媒体平面广告创意优劣的最简单的方式就是看产品销售量的高低。广告内容要从人们的生活角度出发,贴近生活,并成为生活的一部分。从这个意义上说,新媒体平面广告创意就是从文化的现实出发,把产品的信息进行视觉传播的媒介方式。在人们生活水平越高、经济越发达的地区,新媒体平面广告创意作为一种文化现象就越突出、越活跃。

(二)平面类新媒体广告——品牌战略的利器

新媒体平面广告创意在中国的发展很快,随着西方先进设计理念的导入,我国的平面设计必然要抛弃那种零敲碎打的方式,更应注重新媒体平面广告创意的商业效应与市场品牌效应。品牌蕴含着企业文化和企业的价值观,是新媒体平面广告创意的核心竞争力,品牌的培养已逐渐成为平面设计理念的核心意义,新媒体平面广告创意设计也成为企业品牌战略营销系统整体价值观的重要一环。而新媒体平面广告创意设计的基本特征在于实用性和审美性的统一,它既要把纷繁复杂的创意抽象概念信息浓缩成简单易读的视觉图形符号,使消费者能够迅速了解品牌营销传达的视觉信息,同时作品本身必须具有艺术审美性,从而引发人们的共鸣,获得最终的认可。因此,新媒体平面广告创意设计的灵魂是品牌战略创意,理智地发挥创造性思维,便可能在日益激烈的新媒体平面广告创意竞争中获得胜利。

(三)新媒体平面广告创意的品牌营销策略

新媒体平面广告创意实施的手段多种多样,但有一点是肯定的,即新媒体平面广告创意的实施手段必须依据品牌传播目的来规定。你的产品在哪些方面与其他同类产品有所不同?你又如何保护最重要的资产——品牌呢?近十年来,新兴知名品牌的数量迅猛增长,更不用说那些昙花一现的中小品牌,其中不少已经成为过眼云烟。成熟的企业已经日益重视整合营销传播,建立品牌知名度并且为营销特定的产品而制定更好的战略,并且将重点转移到更好地发展品牌忠诚度。因此需要在设计新媒体平面广告创意之前制订品牌宣传计划,并将营销目标作为该计划的一部分。虽然今天许多的营销实践都面临挑战,但有一条是不变的,即在制定广告战略决策时,必须清楚地了解产品特性和消费者需求。产品的发展阶段决定了广告信息的发展过程,是从引入期到成熟期,最后到衰退期。在这个过程中,广告如何表现产品特性在很大程度上取决于顾客对产品品牌的接受程度,而正是接受度决定了广告的发展阶段。

1. 新媒体平面广告创意是企业市场营销的重要手段

新媒体平面广告创意作为视觉信息传递的媒介,是一种文字语言与视觉形象的有机结合。按现代传播学的观点,它是大众传播的一个重要分支,是联系产品与消费者的桥梁。从文化现实的角度出发,是把商业对象的信息进行商业化传播。从社会学角度出发,新媒体平面广告创意是一种对人的感知心理产生轰炸效应的超级媒介。从经济学角度出发,新媒体平面广告创意是社会的生产和消费管理活动中的还原剂,而不仅仅是作为购买和销售的刺激物。新媒体平面广告创意的作用,就是用最简洁、最迅速的手段向社会传播产品信息,促进产品的销售,加速产品的流通,是企业市场营销的重要宣传手段。

2. 新媒体平面广告创意在品牌形象塑造中发挥的重要作用

新媒体平面广告创意是最大众化的媒介形式,比如招贴广告、杂志广告、报纸广告、直邮广告、户外广告、售点广告、赠品广告等。在电视、广播、网络等媒体高度发达的今天,新媒体平面广告创意依然是广告宣传策略的重要手段,是开展各种销售活动、纪念活动,表现企业战略的基本手段。新媒体平面广告创意具有强大的生命力,而且在发展过程中紧跟时代的发展和需求,适应了当今社会信息化的发展。新媒体平面广告创意的表达形式直接,传达简洁明了,且在设计内涵表达上同时具备时代性、文化性、浓缩性和象征性;在运输方面,搬运简单,且无论何时都无需借助任何设备即可让人欣赏。

3. 新媒体平面广告创意设计在营销战略中的创作形式

新媒体平面广告创意的传播属于视觉类广告传达的方式,需要用眼去看,用心去想,而我们70%~80%的信息都是通过视觉获取的。新媒体平面广告创意的形式从制作的手段上分为两大类,包括印刷和非印刷。印刷类主要有报纸广告、杂志广告、招贴广告、企业画册、企业挂历广告、邮寄广告、包装纸广告等形式;非印刷类主要有路牌广告、墙体广告、车身喷绘广告、灯箱照明广告等形式。在品牌的宣传投放中,两种方式会同时交叉进行,也就是说,品牌营销战略中,同期投放新媒体平面广告创意会进行多种形式的组合使用,这样广告投放的范围大,广告效果就会增强。

4. 新媒体平面广告创意设计品牌整合营销创作元素

(1)品牌图形是新媒体平面广告创意主要的构成要素,它能够形象地表现广告主题和广告创意。它是产品、企业形象最有效的、最可靠的象征,是公众借以识别产品的符号,也是产品质量、企业信誉的保证。它具有指导公众购买、开拓市场、巩固市场的作用。单纯、简洁、有个性特征的商标造型,视觉效果强烈,能在瞬间给公众留下深刻的印象。

(2)品牌文案传达。文字是新媒体平面广告创意不可缺少的构成要素,配合图形要素来实现广告主题的创意,具有引起注意、传播信息、说服对象的作用。标题是文案中的关键元素,即为广告的题目,有引人注目、引起兴趣、通读正文的作用。

(3)品牌色彩传达。它与公众的生理和心理反应密切相关,公众对广告的第一印象是通过色彩而得到的。色彩感觉影响着公众对广告内容的注意力,鲜艳、明快、和谐的色彩组合会对公众产生较强的吸引力。因此,色彩在新媒体平面广告创意上有着特殊的诉求力。

因此,通过品牌图形、品牌文案、品牌色彩等新媒体平面广告创意设计元素的有效设计来反映品牌的价值观和产品信息,更能提高企业的品牌文化价值和消费受众的品牌忠诚度。

如在某酒店的查询服务机上,设置有很多隐性的广告信息,其主页面板上设置有很多版块,如娱乐健身、附近景区、附近银行、美食等。在旅客了解自己想了解的一些信息,启动下一级菜单栏时,其实里边是隐藏着很多特定的广告信息的。广告主往往设置一些新奇的链接、二微码等来达到宣传产品的目的。如图 5-14 所示。

图 5-14　主页面板色彩传达

现在,这平面类新媒体已经运用到餐厅酒店、公交 BRT 站、地铁站等都市人生活的周围。

平面类广告创意一般比较难以呈现,然而借助新媒体的力量,广告创意的实现好像并没有想象的那么困难了。图 5-15 是力士新款沐浴露的一则广告,主要就是为了突出沐浴露很滑很温馨的特点。力士公司通过投影将女士的背部映射到游乐场冰上边,人们在滑冰时感觉到像在肌肤上滑冰一样。该广告利用新型的投影仪器,产生了令人满意的效果,不仅仅吸引了滑冰者,更吸引了很多路人,他们感觉到很滑很温馨,留下了深刻的印象。不少人慕名而来,制造了二次、三次传播。新媒体为平面类广告提供了良好的资源优势,使得其创意的实施不那么困难。

图 5-15　力士新款沐浴露广告示例图

第四节 视听类新媒体广告创意探析

一、视听类广告创意

在网络时代的新媒体环境下,广告创意和其呈现方式远非传统广告所能企及,我们有先进的技术优势,有良好的平台为其呈现,数字技术的高效运用以及高强度的视频技术的投入时时刻刻都体现出一种时代的科技感。Maya等动画软件的使用,势必会给消费者带来更加强有力的视听冲击。如今的视听类广告有了新媒体载体的使用,效果呈现得更加逼真,给人的震撼也更加强烈了。如一则超速驾驶的公益广告,如果按照以前的广告模式及创意呈现,肯定是会选取人、高速公路、飞驰的汽车等呈现在画面中,制成危险、恐吓、惊悚的场景,以及还有可能提到超速以后亲人的反应等。然而在使用新媒体、新技术的情况下,其创意是这样呈现的:该广告不仅保留了其恐吓、惊悚的成分,而且还通过使用三维动画,液晶户外大屏把这种惊悚演绎得淋漓尽致。甚至模拟了车祸发生时激荡的撞击声。视、听的紧密结合,给人以身临其境的感觉,使人们的恐惧感增加到了极致,更好地宣传了超速驾驶的严重后果。

伴随着人们生活方式的转变,有一些始终存在但长期未被发现的广告艺术表现手法与一般意义上的艺术既有区别,又有联系。互联网、电脑数据库、通信卫星和直播电视系统、高清晰度电视、多媒体技术、数字播放广播网,还有功能越来越强大的手机都给新媒体广告提供了便利的条件基础。新媒体的艺术表现也因新技术而展现出新的面貌。

与传统媒体广告一样,新媒体广告艺术表现手法的运用具有一种特殊的企业宣传、商业促销目的。新媒体广告的艺术在性质上与普通艺术有各种差异。从普遍意义上来讲,艺术是一种文化,是精神方面的创作。广告领域中的艺术创作思维不同于纯粹艺术创作思维,这使它们形成一些较明显的差别,广告领域中的艺术创作思维有它自己特定的前提:服务于企业。广告设计艺术也是普通艺术向应用化方向发展的一种新形式,多媒体广告艺术表现要具有较强的美学特征。虽然广告设计有别于一般意义上的艺术,但它毕竟不是简单的企业商品外观展示和勾画,从某种意义上说,多媒体广告宣传作品的创作与设计也是一门艺术,是一种有目的的审美创造活动。广告艺术的表现手法,是靠着现代传播技术的支撑,创造着附加于产品之上的附加价值,以一种平面感的意义存在,最终实现着促销产品的目的。广告在一定程度上控制了人们的心理和行为。这些艺术境界,在广告设计与制作之前,必须被掌握,打好我们对艺术理念学习的基础,用正确的态度来创造,可以在广告作品中真正凸显艺术性与功用性。广告设计所特有的创作技巧不断发展,有助于提高广告人创作的艺术水平,更好地发挥新媒体广告在繁荣商业文化中的积极作用。

现代影视传媒的多元化趋势,以及如何通过现代新兴的传媒终端,来传送针对特定受众人群的影视视听类广告,已经成为现阶段视听类新媒体广告传媒研究的重点课题。随着家庭数字付费点播频道的日益普及,视听类广告必将从显性广告走向隐性广告,广告的到达率及传播效果也将大打折扣,而新兴影视广告传播媒介却有着一定的强制性,受众不能够随意终止影视媒介的播出,因而更适应未来视听类新媒体广告的传播模式。

二、视听类广告的营销策略

媒体进行市场营销离不开社会环境的影响,视听类传媒的价值不仅仅是自身节目的收视、覆盖等一些生硬而枯燥的技术数据,更是体现在从真正意义上指导其广告客户及产品与目标市场进行科学的对接。为此,在努力说服客户对媒体进行选择的同时,除了要考虑技术数据,更要考虑媒体的综合影响力,以此才能达到客户的最终目标。从单纯而传统的广告承揽提升到将电视传媒作为一种产品进行推销的时候,首要的就是如何为广告主提供满意的服务。

(一)广告覆盖立体化

不同的传播媒介有着不同的传播特性、传播优势和传播效果,广告客户在投放广告时,往往也倾向根据不同媒介的传播特性、传播形式和传播特点,购买不同媒体的版面、时间或者空间,形成广告覆盖立体化、全方位的组合,以此达到最佳的广告效果。有时,广告客户为了推出某种产品或强力宣传某个品牌,甚至需要与广播、报业等平时的竞争对手结成同盟,进行超时空、立体化、全覆盖的宣传,以求将广告宣传声势、影响、效果发挥到极致。这样做不但减少了广告客户的搜寻成本,而且也增强了媒体吸纳广告的渠道和空间。

(二)广告传播终端化

随着现代科技的高速发展,电视传媒的终端设备也在不断朝着大面积、轻薄、价廉等方向发展,特别是 LCD 和 LED 技术的超速发展为新兴传播媒介的出现提供了可能。同时,伴随着现代计算机信息和通信技术的发展,互联网和个人娱乐通信终端也成了能对广大影视广告受众群体产生巨大影响力的影视传媒终端。现代社会随着产品的不断更新和服务的日趋完善,产品和消费市场也在不断地被细分,以往的那种通过电视和电影传播影视广告的方式已经不再适应当今社会急剧扩张的消费市场。与现代新兴传播媒介相比,传统电视传媒在传播过程中明显缺乏受众群体的指向性,而在现代高科技条件下,影视传媒终端已经扩展到许多特定的空间。

(三)服务形式的延伸

1. 户外交通影视传媒

户外交通影视传媒主要以公共交通为主要传播途径。通过在公共交通系统上放置液晶电视来传播影视广告,传播方式与传统的电视播出类似,故一般意义上称之为移动电视。移动电视通过在交通工具行驶过程中提供影视娱乐节目和信息服务来吸引乘客，期间再插播影视广告内容，最终将广告信息传达到数量庞大的乘客受众群体之中。现阶段国内已经形成了有着较大规模的全国移动电视网，如北京分众传媒。

2．户外公共场所影视传媒

户外公共场所影视传媒主要以在公共场所车站、码头、港口、广场等放置大型的LED屏幕来播放影视广告。由于现代新兴影视传媒的扩张，影视广告正从以前的以家庭等为主的私密传播空间逐步向车站、码头、港口、广场等户外公共开放空间发展。从一定意义上来看，户外传媒才是真正的大众传媒，并不是所有的人都看电视、读报纸或者上网冲浪，但是任何人只要离开家就一定会看到户外广告传媒。目前新兴的户外影视传媒已经对传统的户外传媒形成一定的冲击，随着科技的不断发展，户外影视传媒必将成为户外广告的主体。

3．次公共场所影视传媒

次公共场所影视传媒以在电梯口、厕所、商场等次公共场所放置液晶电视来传播影视广告。与公共场所相比，次公共场所一般活动空间较小，人群的目的性相对较强。特别是在一些商业机构中，位于电梯、厕所、货架旁的影视传媒往往能改变消费者的最终决定。这些地方也成了各个厂家争夺消费者的最后战场。

4．个人数字娱乐通信终端影视传媒

随着现代社会数字化程度不断提高，出现了以手机为代表的个人数字娱乐通信终端，人们可以通过这些终端设备实现学习、娱乐、上网、通信等各项活动，这类终端设备包括集拍照、听音乐、看电视、玩游戏、上网浏览等各项功能于一身的多媒体手机和个人掌上电脑等。现代数字传媒正是利用这些终端设备将电视节目和影视广告传到每一个受众的，这一创举改变了传统电视受收看时间地点限制的传播劣势，观众可以随时随地地收看自己喜爱的节目，再也不受时间、地点的制约。

5．在线视频传媒

在线视频媒介是借助于宽带互联网而形成的，在广大网民中有着巨大影响力的大众传媒。在线视频广告则成为当前网络影视广告的发展重点。雅虎和微软均认为，在互联网视频内容之前播放一段类似电视的广告，能够从传统的电视广告商那里赚更多的钱，使互联网用户更为便捷地接受在线视频的内容。

当然，我们也必须承认，离开媒体熟悉的行业，另辟新领域搞多元化经营，也存在着一定的经营风险，个别媒体也有过无功而返甚至败走麦城的先例。然而在视听类媒体广告竞争激烈的情况下，积极寻找机会拓展多元化经营，努力寻找新的利润增长空间，逐步实现电视媒体跨越式发展，这恐怕也将是一种必然的选择。从传统单一的电视传媒发展成为形式多样、具有更大传播能效的现代新兴影视传媒，是社会经济和科技发展的必然结果。在现代高科技条件下，影视广告传媒越来越注重受众群体的群体特征，朝着多元化、多渠道的方向发展。随着现代新兴传媒的不断涌现，未来的影视广告传媒一定更加贴近人们的日常生活，更加人性化，在向受众传达产品信息的同时，能够提供更为专业的学习娱乐资讯服务，使人们的生活愈加舒适便捷。

第五节 互动类新媒体广告创意探析

一、概述

信息的及时互动实现了大家的相互沟通,使得信息的传播模式不再仅仅是主动传播和被动接受了。新媒体为实现信息互动提供了契机,新媒体广告创意良好的实施想必也要利用好信息互动传播的优势达到良好的效果。例如,2013年,上海地铁11号线徐家汇的换乘长廊中上演了一出腾讯《剑灵》游戏的创意互动传播,如图5-16至图5-18所示。漫步在这条150米的走廊上,乘客可以看到形象各异的异型包柱、真人与动漫相结合的双面墙贴、具有互动功能的超级橱窗灯箱等多组创意广告,给大家连续的视觉冲击。其中,给人最大震撼的是电子屏换装互动游戏。乘客在观赏TVC的同时,不仅能浏览《剑灵》的人物角色,还能通过前置摄像头和触屏操作切换自己的照片到橱窗广告画面中,在短时间内乘客感受到了《剑灵》。大量乘客纷纷发状态,互评论,还成了主流媒体、各大论坛一时热点话题,促成了二次传播。本次创意实施在空间上使乘客处于了常规空间之外,有了视觉和自身感官的体验,并且在乘客的参与下还形成了互动,制造了热点,达到了二次传播的效果。

图 5-16 《剑灵》之走廊

新媒体广告

图 5-17 《剑灵》之超级橱窗灯箱

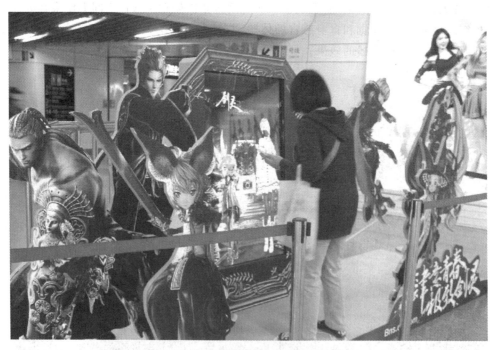

图 5-18 腾讯《剑灵》游戏的创意互动传播

再来看另一则荣威 550 新款车在上海的推广案例（见图 5-19）。该车型在上市期间选择了上海地铁 2 号线中山公园人流密集的换乘通道，所有乘客都被当时利用无缝拼接技术组合的大型电视屏给强有力地震撼住了。此次的创意发布还承载了最新的 Kinect 全身感应检测功能：Kinect 摄像头捕捉乘客的肢体动作，并将肢体动作转化为游戏指令,以此来营造良好的体验效果。乘客不仅能在液晶屏幕上了解到车的信息、性能等,还能通过体感探测仪对几乎真实比例的荣威模拟启动、关闭车门车灯等很多现实中的体验。

未来的创意势必建立在互动的基础上,而 Kinect 对人体的感应功能为广告创意互动带来了很多延伸的空间,可以说此次创意的实施,展示了新兴地铁媒体高超的互动性和其传播的趣味性,电子大屏强烈的代入感主动地传播了产品/品牌信息,拓宽了它的品牌空间;在创意上,这则广告抓住了目标群体的猎奇心理,吸引了受众的关注,成为了一个良好的话题制造机,成功达到了良好的沟通互动。

图 5-19　荣威 550 新款推广案例

有一则关于酒驾的新媒体广告,运用的是数字化呈现方式,就充分发挥了新媒体的互动功能。该广告画面是正在迎面驶来的汽车,如果受众面对屏幕的摄像头,则该受众头像就会出现在画面中,并开始驾驶着这辆车。屏幕旁边摆放着酒精测试仪,该受众对着测试仪吹气,若受众酒精过量,汽车就会出现不良状况,如发生抖动、不按直线走等现象,并且本人头像上也会出现大大的×号;没超标,则能正常愉悦地体验驾驶的乐趣。这则广告跟受众充分互动,让他们直接感受到了酒驾的危险状况,达到了良好的沟通传播效果。

网络时代,新技术、新手段给广告创意带来更多的内涵。首先是新媒体互动的传播环境,广告人可以为消费者编织一个虚拟体验空间。新媒体广告创意应该以直观的界面以及真实的体验去打动消费者,优秀的互动广告不再需要文字去解释。丰田雅力士的创意团队曾把他们的体验式广告做到了极致。他们将雅力士的互动展示和赛车游戏结合到一起，这样一来，两个在不同地点同一时间登陆雅力士页面的网民，可以直接在游戏中驾驶雅力士新车进行PK，体验着雅力士赛车带来的风驰电掣的快感。

消费者亲身参与到广告传播的活动中去，他们成为广告的主角，成为广告创意的元素。所以，网络时代新媒体广告创意应从吸引消费者关注转向为消费者提供体验式的活动，与消费者共舞。

传统媒体广告的成功主要是依赖于广告所投放的媒体，传统广告可以凭借媒体的狂轰滥炸，迅速被消费者所熟知。然而，在当今的网络时代，人们被各种信息所包围，受众就有了更多的媒介选择。传统的大众媒体不可能依靠单个之力，把广告信息推给被信息包围的消费者了。新媒体广告所要做的就是创意具有针对性，分析受众特点，选择合适的媒介，从广而告知转向准确地传达给对的人。

创意是广告永恒的主题。数字技术的发展，给新媒体广告创意带来了更多、更丰富的表现方法。一般来说，广告创意突出，广告表现吸引人，这则广告就会表现出良好的传播效果。所以，新媒体广告可以尝试各种新的广告形式。创造更多新的表达方式，强化广告的视觉冲击力，成为新媒体广告获得成功的关键所在。

1. 新的广告表现方式

网络时代，商家为了增加消费者关注度，他们常用一些出人意料的方式来获得受众关注。网上经常出现一些"电脑出毛病啦"之类的提示窗口，然而当网民点开之后却发现是弹出式广告，因为这种黄色警戒符号多出现于计算机运行错误的提示等情况下，突然看到这样的窗口，很多网民都会因急于解决问题而很紧张地点开它，结果却发现受骗了。这种网络广告表现方式欺骗了受众，但它成功地起到了广告传播效果。我们都是这类广告的受害者，都比较反感此类广告。但它也有值得我们借鉴的思想——想人没想到的，做别人没做到的，寻找新的广告表现方式。

2. 新的广告传播媒介

网络时代，我们应该时刻关注最新的传播技术，做好将其与广告创意相结合的准备，实现广告传播的跨越式发展。2010年上海世博会期间，各国都采用最先进的传播技术，充分展示了自己国家的形象。其中，沙特馆360度的立体球型影院会立刻把受众拉入一个沙漠的王国，滑动的扶梯配合着动态的音乐，让所有参观者都有一种徜徉于沙漠王国之感。可以说，沙特馆的展示真正地实现了三维立体传播，这种传播方式对于构建消费者体验式广告意义非凡（见图5-20）。台湾馆也很有特点，走进二层的台湾风情展示大屏，渐近的香气过后，参观者一下子被3D大屏幕带到了台湾的阿里山：漫山遍野，开满了鲜花，霎时间，一声雷鸣，天空下起雨来，细细的雨滴真实地打落在了受众的面庞，阿里山的一切景象和气息都在参观者的感召之下。对于新媒体广告来说，台湾馆的4D传播模式也很有借鉴意义。

从以上几则案例可以看出，互动性是新媒体广告的重要特点之一。通过互动，广告与受众沟通更顺畅了，而且新媒体资源的加入会使广告更加逼真、切实，更能吸引受众的注意，受众主动参与到广告活动中，在体验中不知不觉地接受了广告所传达的信息。

图 5-20 沙特馆俯瞰图

二、互动类新媒体广告创意的模式

(一) 新的广告形式

当今社会,人们越来越多地强调着交流与沟通,越来越广泛地使用着第一人称。消费者的自主选择意识也越来越强烈。传统的填鸭式的信息灌输已经为大众所厌恶。消费者已经不再满足于普通的 DM 广告单的传发,或者是车站旁的灯箱广告。商家要想重新吸引消费者的眼球,使自己的产品推广效率最大化,就必须探索新的广告形式。值得注意的是,近年来,新型的广告形式已经陆续出现,如植入式广告就是借助电影来进行宣传自己的产品。例如宝马、劳力士等公司赞助 007 系列电影。另一种是商业公司自我拍摄的微电影形式,可以把自己企业的核心思想以及企业内涵用数十分钟的短片来进行表达,当然产品本身也会不停地出现在短片当中。例如百事可乐拍摄的系列短片《过年篇》。这些新的广告形式,在一定程度上是成功的,让广告摆脱了过于浓厚的商业化气息,贴近了消费者的生活。但是,我们也需要看到的是,在这一类型的广告形式当中,消费者依旧处于被动接受信息的状态,依旧是信息的接受者而不是选择者与参与者。有人会说,消费者作为信息的被动接受者,只要他们看到了你所传递的图片信息、文字信息或者影像信息,那么就是成功的。这样的理解放到 21 世纪的第一个十年,也许是对的,但是,当跨入了 21 世纪第二个十年的时候,在互联网普及、信息量巨大且泛滥的时代背景下,这种广告方式势必会变得越来越低效。

(二) 互动式广告

那么什么样形式的广告能在信息泛滥的当下,让大众消费者被其吸引和引导呢? 非互动式广告莫属。

1. 线上式互动广告

互动式广告并不是一个崭新的概念,已经有策划成功的互动式广告,如可口可乐公司于2005年策划的线上广告《掀金盖篇》。广告由左右对称的两个横幅广告组成,左边图片是三个男孩站在篮球场上面,他们上方的文案为"free style 街头篮球","怎样玩才够爽"。当线上浏览者把鼠标移动到图片的上方时,处于最前方戴耳机的男青年上方自动弹出了新的文案"www.省略有更多方法让你玩到爽",右边图片上方为可口可乐"掀金盖,畅饮畅赢,欢喜我的数码世界"活动标识,下面是两个晃动的可口可乐瓶子,中间的文案为"试试看,coke让你爽不停"。当鼠标移动到显示的图片上并点击时,可乐瓶中喷射出新潮的衣服来,并且砸到男青年身上,成为他的着装。男青年上方的文案这时也跟着变为"酷,快来一起玩"。鼠标再一次移动到右侧的图片上,可乐瓶喷出的可乐罐让在场的男青年全部消失,这时戴耳机的男青年一跃而起,成功扣篮。这样的广告就充分体现了浏览者的参与性,通过对鼠标的移动触发出不同的文案与情节,使消费者有一种特别的新奇感,同时也体现出可口可乐产品本身所具有的年轻与活力四射的特点。这种形式的互动式广告是借助了互联网的一种策划,它更强调的是线上的宣传与参与。但是这种广告方式在当时的技术上并不能移植到线下来,只能通过互联网进行宣传。这样一来虽然有互动了,受众的面积却也减少了。

2. 情景式互动广告

图5-21是一则情景互动广告。此互动式广告的创作机构WWF以致力于使人们认识保护自然的重要性而闻名于世。此作品把普通的抽纸盒转化成美洲的形状,把纸抽变成象征植物树木的绿色。人们每抽掉一张纸,随之而来的是绿色的减少。这让人们对保护自然资源有了一个非常直观的认识与体验。

图5-21 情景互动之抽纸盒

又如图5-22、图5-23所展示的两则广告。这两则户外的情景式互动广告给了用户一个亲身体验产品的过程,但是它并不是展销会和专柜,而是运用到人们日常出行所经过的场所和乘坐的交通工具上,这使得广告本身并不突兀,而是巧妙地利用到了周边的环境。这种形式的广告不会使消费者感到反感与厌烦,反而会觉得有趣与新颖,在消费心理上体现出积极的一面。这种广告在美化和丰富了周边环境的同时,更是给产品做出了强有力的宣传。

图 5-22 情景互动之牙膏

图 5-23 情景互动之相机

情景式互动广告相较于传统的广告形式,消费者能在广告中获取亲身感受,并且参与到广告本身中来,体会到参与的乐趣。并且,情景式互动广告的广告信息不再是简单粗暴化与强迫式,而是通过相容于生活环境当中,产生或诙谐幽默或严肃警醒的作用,使消费者的心理更容易接纳产品本身。情景式广告本身是依附于整个社会场景或生活用品当中的。这种情景式互动广告也是当今广告业的主要发展方向之一,并会渐渐成为广告的主流形式之一。

3. 线下式互动广告

随着科技的发展与进步,更多新形式的互动式广告出现在了人们的视野当中。特别是对电容式触摸屏技术的应用,使以往必须在线上通过鼠标来完成的互动形式,变成了线下活动或是在手机上进行传播。

4. 游戏式互动广告

游戏式互动广告也是未来广告发展的一个主要方向。把广告的诉求目标编排成有趣的小游戏,使受众在游戏当中领悟到广告所要传达的信息,这种广告形式经常出现在人们出行的交通工具上。例如北京市出租车的座椅后背上都会载有一个电容式触摸屏,广告借助触摸屏展现出其界面,消费者依靠用手指点击来激活某个他感兴趣的广告游戏。如一则环保题材的公益广告,当人们点击它开始游戏时,静态广告变成了 Flash 小游戏,人们通过对掉下来的垃圾分类拾起获得积分,当游戏结束后,系统根据玩家得分的高低来评定你的环保达人角色的等级。当人们在车上百无聊赖地忍受着交通的拥挤时,这样的小游戏确实能够让人眼前一亮,并接受它所想要传达给你的广告信息,所以游戏式互动广告同样也是互动式广告日后发展的必经之路。

总之,互动式新媒体广告确实较之传统的广告形式有着很大的区别,它具有很强的参与性和娱乐性,并且在其本身的发展上也呈现出多样性的特点。互动式广告相较于传统的广告而言,消费者由第三人称的视角变成了第一人称,参与到广告中来,并且在一定程度上通过广告得到了乐趣,放松了心情,打发了时间。当广告本身与消费者建立了良好的沟通时,广告的信息与理念的传达也会变得准确起来,其诉求目也更容易被消费者所接受。

相信在不久的将来,互动式广告会越来越多地出现在你我的周围,成为新媒体广告发展的主流形式。新媒体技术的革新发展,对广告及广告业产生了前所未有的影响。广告及广告业的发展也面临着网络化、数字化转型问题。以互动式发展趋势的广告已经成为广受关注的当代广告问题。

三、新的研究学科——交互式设计

如今不同领域、学科已相互合作,设计中也以用户使用物品或处在某一环境后的心理与行为(参与过程中的反应)为重点。因此人们拓展与总结出一个新的研究学科——交互式设计。而现在它又已开始潜移默化地进入到广告当中,使广告得到新的发展与延伸。为使广告能更深入人心,于是产生了交互式广告、互动广告、富媒体广告等之说。不论何种定义,可预见的是广告已不再是传统观看、收听等被动接受了。新技术的革新发展,对广告及广告业产生了前所未有的影响。广告及广告业的发展也面临着网络化、数字化转型问题。以交互式发展趋势的广告也是广受关注的又一个当代广告问题。

(一)交互设计的认识

交互设计是指设计人与产品互动的一种机制,以用户体验为基础进行的人机交互设计。要考虑用户的背景、使用经验以及在操作过程中的感受,最终设计出符合用户需求的产品,用户在使用产品时符合自己的逻辑,有效完成并且高效、愉悦地使用产品。

通过交互设计的运用,产品的使用者可以更好地学习,快速有效地完成任务,访问到所需的信息,购买到所需的产品,并在使用过程中获得独特的体验、情感上的满足。交互设计的好坏会影响用户对产品的印象,同时也会影响用户对品牌的看法。好的交互设计会令市场增值,提高用户对品牌的忠诚度,促进销量,从而给公司业务带来良性循环。

互动即是要共同参与,在交流过程中相互产生反应,相互影响。例如在展厅欣赏传统绘画作品,受众在观看过程中是被动接受作品信息,也许受众并不能直接领会作者的作品意图,而是以自己的知识背景与经验来理解、领悟作品。当今新媒体艺术作品正运用声、光、电等技术媒介将受众作为作品的一部分或作为作品作者本身。观众在欣赏创作的整个过程中同作品是合二为一的,受众与作品一同参与。受众角色发生了转化,不再是旁观者的地位,而是经由和作品之间的主动直接的互动,参与改变了作品的影像、造型甚至意义。他们以不同的方式来引发作品的转化——触摸、空间移动、发声等。不论与作品之间的接口为键盘、鼠标、灯光或声音感应器,抑或其他更复杂精密甚至是看不见的"扳机",因受众的参与,作品才能继续进行或成为完整的作品。

（二）互动动画广告的创意策略

作为表达想象力丰富的故事和将独具一格的特征人格化的手段,动画广告创意是用动画的形式表现广告理念的一种有效的广告类别,它能将想象力与现实结合在一起。但是广告与动画之间的关系几起几落,先是极度依赖动画,继而多年不曾问津,随后在现今又再度被运用发展,但若称此为主流并不确切。那么,如何评价当今动画与广告的关系呢？

动画在今天的中国有着不可动摇的地位,它的发展影响了几代人,可是人们至今对其认识仍停留在儿童节目上。仔细观察就可发现,在我们身边有许多广告以动画广告的形式向我们展示了一种新的互动广告理念（如脑白金的两位老人、M豆等）,但是因为中国动画本身的限制,使得动画广告的作品也良莠不齐。

目前我国动画的叙述方法整体上比较保守,表现手段稍显单调,很少显示出让人眼前为之一亮的时代活力。早在20世纪80年代,中国就有了一则让人印象深刻的动画广告:"我们是害虫,我们是害虫……"。现今随着三维技术的发展,三维软件不断升级和多元化,动画片数字化、数字化电影,对于今天的观众来说,早已不是陌生的词句了。然而中国的动画广告虽然也有用三维制造效果,如格力空调、光明牛奶等,但效果总不尽如人意。动画人才的匮乏,尤其是兼通艺术与技术的复合型动画人才的不足,已经成为制约中国动画广告发展的关键要素之一。经过70多年的动画探索,中国的动画创作达到了一个很高的艺术水准,但是在市场上稍许欠缺,中国动画人也意识到这个问题。特别是在美国、日本等外来动画的冲击下,中国动画面临巨大挑战。中国动画制作者面对动画现状,显示了他们的魄力,在动画的制作体系和发行体系上都做了改进,借鉴吸收国外先进经验为己所用,并取得了良好的市场回报,同时,这一改进在广告业中也渐渐显现出来。我们稍微留心就可发现,国内广告用动画形式来表现的例子越来越多了,如早期的海尔兄弟和蓝猫、现在的喜羊羊等。这些卡通形象的成功,说明了动画是与市场的运作挂钩的,同样,动画广告也是如此。目前动画在广告中已经重获活力,而且这一状况还将延续下去。因为负责广告制作的那些人对动画的运用远比以前好得多,我们在广告中看到许多"古人"复活了,并且并不是像摊贩的货物那样,而是作为流行文化的偶像。一般来说,这些人物都被形形色色的方式被使用着,广告人以自己的方式使用这些形象,对它们加以创新或是显示出它们完全不同的一面。

我们甚至可以利用动画来完成真人拍摄所无法完成的工作。美国圣公会曾拍过一则动画广告,广告中一个小婴孩从重重车辆中走出,如果你看到类似的真人演出的话那就糟了,正因为是动画效果,所以人们反而容易接受。在美国20世纪90年代以前这种手段曾及其流行,实拍与电脑动画并存于广告中,这成为当时的一种烙印,现在他们已不再经常使用这一艺术形式。当然,儿童用品仍以动画广告为主。

在广告中加上动画手段的话将变得更有说服力、更有趣,也更复杂。广告人利用动画来阐述他们正在竭力表达的一切,这就使得商业广告达到了另一重境界。你经常看到的动画形象,会让你更努力地去听去想广告的内容。

(三) 动画形象问题

说到动画形象就不能不说说动画创作了。中国的动画创作从它创始初期就是积极开拓的,在动画的题材和艺术表现手法上都是丰富多彩的,讲述儿童喜爱的故事。但是有一个创作误区,就是纯儿童化展现。虽然在创作初期,动画片也与现实社会紧密相连,但在动画走入正轨后,动画创作的对象日益单一化。从《没头脑和不高兴》、《大闹天宫》到《喜羊羊与灰太狼》等,多是针对儿童进行创作。这种创作倾向延续至今,在中国的动画创作中留下一块空白,同时也给市场留下了一块空缺。

相比之下,美国、日本的动画和广告在创作上,思维非常活跃,题材广泛,有动物、儿童少年或缠绵的爱情故事等等。迪斯尼动画作品大都采取家喻户晓的童话故事为题材,以动画的特有形式,配上优美动听的音乐,极力表现温情世界。以"博爱"为中心,动物拟人化获得了儿童及家庭观众的喜爱。美国的动画广告已经相当成熟了,他们是用一种成人的思维模式在创作,所要表现的意义也具有一定的社会代表性和成人化,是真正将动画当作一种表现手法来创作的。

现在,动画作为一种视听艺术及大众化的艺术表现形式,已经越来越被公众所认知,具有高度的娱乐性、欣赏性、教育性。动画是一种综合艺术,更是一种艺术工程,现在人们仍不能认同动画不仅仅是卡通人物这一观点,但真正有创意的人已逐渐明白,他们可以把动画作为全新的创作技巧,从而达到其他形式表现不了的效果。

真正麻烦的是客户,广告人要让他们明白动画广告不仅是卡通,而大多数情况下他们很难理解动画只是创作技巧,而不是一种风格。同样,某些客户可能会认为动画并不是一种成熟、严肃的有效传达信息的方式,但是广告公司负责广告创意的人对动画的理解绝不止于此。

(四) 动画创意及其效果

中国动画创意创作一直秉承"寓教于乐"的宗旨,并取得了丰硕的成果,但是在这一过程中出现了偏离,"教化"意义被过分强调,主题先行使创作受到了阻碍,思想僵化,娱乐性的丧失使动画由大众走向小众。中国动画必须改变传统的创作方式,去走一条借鉴与创新的道路。以往的动画创作为我们提供了丰厚的艺术积淀,但是市场观念欠缺,观念的转化要做到市场观念和受众观念的同步转化。同样,动画广告也是如此。举例来说,一个广告人在选用动画制作广告时往往会小心谨慎,之所以使用动画应该有他自己的原因,很少有广告使用任何一种方式而效果却无区别。广告人应该先问问自己为什么要用动画,或者是否应该使用计算机制作的数字图像。

中国到现在为止,多数人对动画的概念依然还是"10岁以下儿童观看",其实这种想法是十分负面的。其实动画与电影、电视剧一样,都是影视作品,只不过载体不同,不应有观众年龄上的偏见,优秀的动画作品应该是老少皆宜的。例如,我们可以用计算机制图来表现宴会的舞蹈,但这些数字图像更多的还是来源于生活中的。另一方面,动画更多地使人产生一种幻想,同样也让人感觉更加温暖和更具诱惑力,并把那些真人实拍中无法表达的想法给予充分展示。在国外,动画已经屡屡被用于对重要事件进行评论。动画并不是专为小孩子设计的,它也可以是成年人的交流方式,是模拟现实的有效形式。

(五)动画创意在网络上的应用

在网络上,我们现在看到的人物越来越具有数字化特征,而不是以一种平铺直叙的方式展开,但这并不是什么创新。许多人的动画模型以近乎格式化的方式出现,看上去,动画更多的是用来强调而不是作为完整的故事使用,它们并不构成广告故事或网站外观的主要部分,而只是整个创意中的附属物。和其他众多事物不同,在网络上,动画是最有效的不受任何外在阻碍的表达方式,这是动画在新传播媒介中所拥有的巨大优势。随着时间的推移,网络动画的持续发展俨然使它成为了一种主流宣传方式,人们也同样认识到这一点。

动画广告有着巨大的市场潜力,要突破思维定势,挖掘市场,使社会效益和经济效益形成良性互动。艺术水准为其长久的生命力提供保障,但良好的市场回报也为艺术再创作提供资金。在新世纪里,动画广告有更好的发展,除了与国际接轨外,还要结合本国的特点,具体问题具体对待。中国动画广告必有广阔前景。

四、互动户外广告的创意策略

随着新媒体的迅速崛起,户外广告作为最古老的广告形式,在利用技术革新、适时地与新媒体融合以实现自我升级方面,表现出了积极的探索热情。特别是在互动特质上,户外广告创造了参与互动、情景互动、感应互动等多种互动广告形式,激发了受众的参与热情,提升了广告传播效果,为户外广告的发展带来了新契机。

新媒体广告的艺术表现手法在于改变单向传播模式,使信息在传者和受者之间进行输出和反馈,突出了信息双向传播的高效性。互动户外广告,借助高科技系统,如投影、摄像、虚拟现实、实物制作、LED等技术,将其运用在常见的户外广告媒体上,打破了传统户外广告单调的表现形式和外部形态,将视觉、听觉和触觉等因素融合在一起,吸引受众参与其中,和广告信息进行互动。这一特征能够更加容易地抓住受众的眼球,唤起受众获取信息的兴趣,增强受众的记忆力,加强长时效应。加之其可以做到精确投放和合理的效果评估,因而更能获得广告主的青睐。

传播过程中的互动特征,从消费者角度体现了"参与和体验"的核心价值。随着体验式经济的兴起,体验式营销正在悄然改变传统营销方式,"体验"一词也成为热门话题。体验通常是由直接参与或观察所得,通常会涉及消费者的感官、情感、情绪等因素,同时也有消费者的知识、智力、思考的介入。正如伯德·施密特在《体验式营销》中所说,体验式营销是从感官、情感、思考、关联、行动等五个角度设计的营销方式。然而体验并不是自发的而是诱导的,体验媒介是诱导消费者参与的直接因素。因此,互动户外广告正是利用自身优势扮演了诱导受众体验广告信息的媒介角色。

(一) 发掘互动创意的精髓

互动户外广告的创意首先应该突出与传统户外广告的区别,充分享受科技进步带来的传播体验的改变,同时要突出广告内容至上的原则,力求广告表现与环境水乳交融。在整合营销传播的大背景下,媒体广告的整合也是必然趋势。下文将从技术、内容、环境、整合等方面对互动户外广告进行分析。

1. 技术领跑

互动户外广告与传统户外广告最显著的区别就在于其交互性,这一特征的完美呈现有赖于技术的进步和支持。

近年来,新材料、新技术的不断涌现,大大丰富了户外广告的表现手法。数字化技术在户外的应用,打破了传统户外广告单一固定的表现模式,实现了户外媒体与电子媒体的融合,LED电子屏、液晶公交电视、楼宇液晶屏等显示屏形式的户外媒体形式被广泛使用。而互联网、手机的普及则进一步实现了户外媒体和新媒体技术的互补,互联网和手机具备的点对点的传播特性使得户外广告在创意表现、受众范围、参与程度、效果反馈等多个方面实现了全新的突破,特别是进一步强化了个体受众的"参与意识"和"体验特征"。

以目前较为常见的互动广告形式——人牌互动为例,斯德哥尔摩DDB公司曾为麦当劳做了类似的户外广告活动。基本形式为用户根据户外广告牌的提示,使用手机进入活动网站Picknplay.se。系统要求用户允许后台抓取用户的地理位置信息,然后输入用户的昵称,紧接着户外广告大屏幕将出现一个类似乒乓球的游戏,用户利用手机的控制挡板,只需要让球在广告大屏幕上保持30秒,就可以获得一份麦当劳的优惠券。用户可以凭借发送到手机上的优惠券就近领取奖品。在该案例中,基于手机用户的普遍性,利用手机媒体和互联网媒体技术的联动支持,使得最广泛的用户群体最大限度地参与其中,并将参与体验的结果转化为实际消费奖励(凭优惠券就近领取奖品),一步完成广告信息认知、广告信息体验、产品消费、活动评价的全部过程。轻松欢乐的体验过程无疑也加深了消费者对麦当劳"欢乐"品牌内涵的理解与认同。

此外,以蓝牙技术和Wi-Fi技术为基础的人牌互联创意策略,借助户外行动时的能量与条件感应生成人景互动装置,实现自动摄像功能或者跟踪定位系统与互联网相联系,使得户外广告能够发挥本地传播的优势,使广告传播更具吸引力和感染力,同时对广告效果的评估也会更为精确。

2. 内容至上

广告是一种信息传播活动,通过媒体将产品/品牌信息传达给目标受众。传播主题和传播技术之间的关系犹如内容与形式的关系,传播技术的创新使传播形式更加生动多样,但其最终目的仍然在于准确表达传播主题。

一个好的广告,既要有传播形式上的创新,更要有传播内容上的创意,需要内容和形式的统一。互动户外广告的内容创意要遵循基本的创作原则——首要就是相关性。人们能记住广告或者某些广告场景,却记不住品牌,这样的现象时有发生,问题的关键在于广告与品牌的关联度。全球最大的专注于广告效果评估研究的明略行公司,根据这一现象提出了创意放大镜(Creative Magnifier)理论,试图放大受众能记忆的广告场景,帮助受众建立广告场景和品牌内容之间的关联性。如果这种关联性能够建立起来,广告传播目的才能实现,否则广告只是让人轻松一乐的片段而已。对于互动户外广告而言,如果受众仅仅是获得了户外广告带来的炫目、刺激的技术体验而非品牌内容,就难以达到预期的广告传播效果。

因此,挖掘品牌特性,使受众形成的广告印象与品牌之间产生关系,加强受众对品牌的记忆程度,增加品牌黏性,这是互动户外广告创意中应该时刻把握的关键。SONY公司推出 Xperia Z 之际,利用 3D 投影水幕技术和 20 米高的水柱让品牌在观众脑海中留下深刻的印象。观众利用手机与计算机相连接,可以把拍摄的内容作为宏大水幕秀的一部分,这种给观众带来超酷视觉享受的广告方式并非简单的技术卖弄。结合品牌特性来看,SONY 公司一贯以科技创新的形象自立,广告的风格和档次需要体现其一贯高端的品牌形象。从广告产品分析,Xperia Z 是一款以技术突破为核心诉求的产品,其优良的防水功能和水下拍摄技术是诉求重点。为了更加形象生动地展示其这一特性,3D 投影水幕技术展示堪称最优选择。广告中手机从水中横空出世的镜头时有出现,形式表现和内容表达相得益彰。这个案例中,技术进步的意义恰恰体现在它能够更加完美地突出广告主题,是广告主题准确定位下的锦上添花,而非单纯的技术展示。

3. 人境融合

户外的迷人在于人和环境的融合。户外媒体和四大传统媒体相比较,具有植根于户外具体环境的独特优势,这里所说的环境包括自然环境和生活环境,如公共设施、街道、城市建筑等。环境植入式的媒体对原有的环境进行再开发,使其成为广告传播的特定媒体内容,共同构成媒体传播整体环境。互动户外广告传播应该最大限度地因地制宜、因时制宜,充分利用户外环境,使之融入到媒体应用中,构成媒体传播形式和传播内容的有机组成部分。

例如,国际专业美发品牌威娜(Wella)旗下子产品 Koleston Naturals 是以天然染色颜色为推广定位的染发剂产品,目标市场是 25~40 岁、健康漂亮,同时喜欢户外运动的女性。设计者将户外广告中女性的长发和五官镂空,通过镂空处可以看到天空和湖面等背景。随着一天之中各个时间段内光线的变化,路过的行人可以看到这位女性的长发颜色随自然而变。巧妙地将产品的"天然染色颜色"诉求和大自然结合,自然光线的变化过程扮演了广告传播载体的角色,又构成了广告传播内容不可或缺的组成部分,堪称人境融合的经典范例(见图 5-24)。

值得强调的是,互动户外广告环境的利用并非刻意寻找具有独特位置和地段的环境,如摩天大楼上的巨型广告牌,类似这种户外广告能见度高,获得关注程度更大,但相应的媒体资源价格更高,且数量有限。互动户外广告利用技术成果可以更普遍运用于寻常的公交站牌等大众场所,体现户外广告传播的普遍性和受众范围的广泛性。不仅

图 5-24　威娜染发剂

如此,在公交站牌等户外广告场所中,受众有更多的等待时间,也会增加广告接触的时间和深度,广告传播效果更好。例如,Fitness First 是一家业务遍及全球的私人健身俱乐部,为扩大宣传,选择将候车亭的灯箱做成 LCD(液晶显示器),椅子设计为体重计,人坐上去屏幕上就会显示相应重量。俱乐部抓住消费者等车的时间,用互动户外广告使消费者与品牌形成良好互动,直观准确地传达品牌信息。

4. 整合传播

如何让广告信息持久地在受众头脑中发挥作用?单凭一个广告、一次传播显然力不从心。据调查,每个人的新鲜感最多维持 72 个小时就会消失,特别是面对纷繁芜杂的信息海洋和激烈的市场竞争环境,广告信息很容易被淹没其中。要解决这个问题有两种思路。第一,单个广告的多频次传播。这种重复广告曝光会不断强化记忆,但同时可能造成审美疲劳和创意耗损的问题。第二,利用多种形式的传播渠道向受众传达信息。信息主题是统一的,获得信息的形式、场合、环境、心境则不同。多次记忆点的重复累积,避免了单一形式传播的乏味感,可以达到强化记忆的效果。这一思路也正是整合营销传播理论的本质思想:在确定传播目标的前提下,充分运用和组合一切可以实现传播目的的渠道和通路,如广告、促销、公关、直销、包装、新闻媒体等。这种通过各种渠道统一传播信息主题的方式也被称为"用一个声音说话",即营销传播的一元化策略。

这一思路的实践运用反过来也为"大创意"(Big Idea)提供了更好的平台。《大创意》的作者理查·范乐儿更偏向于将"大创意"理解为"核心创意",即连接"承诺"与实际执行细节的创意步骤。成功的广告活动首先来自于一个准确的核心创意,其次则要围绕核心创意采用适合于各种媒体形态的执行方式。执行过程中,无论是电视广告、平面广告、户外广告或者网络广告在广告创意表现形式上各有不同,但都是统一在核心创意主题之下。在大创意的概念下,户外广告和其他媒体广告相互配合、综合发力,共同实现品牌传播的目的。

互动户外广告的发展得益于经济发展和科技推动,互动户外广告率先于发达国家兴起且发展相对充分,互动设计的形式和类型也日益丰富,如音频互动、游戏互动、搜索互动、人牌互动等均为流行和普及。应用品类覆盖从科技含量高的汽车、电子、通信类到日常生活类、化妆品甚至到公益宣传。品牌实践证明,互动的特性在吸引消费者关注上显得更有优势。根据 AISAS 法则,引起注意(Attention)是广告发生效果的第一步骤,在海量信息传播时代其重要性显而易见。互动不仅能轻易抓住眼球,更容易发生连锁效应——引发兴趣(Interest)、进行搜索(Search)、购买行动(Action)。最重要的是,在互联网和手机媒体普及的前提下,对广告主而言至关重要的效应——交互分享(Share)也变得更为轻松。

国内对互动户外广告的开发应用在近几年开始兴起,主要集中在北京、上海、广州、深圳等一线城市。原因如下:一是复杂的媒体环境和激烈的市场竞争更需要新媒体类型广告的开发,以便在众多媒体广告形式中脱颖而出,并获得消费者更多的关注;二是地区经济和科技的发展提供了硬性条件;三是广告主的广告意识更为成熟,消费者的消费意识和消费能力更强,为新颖广告形式的应用提供了良好的土壤;四是有成熟的代理公司可以保障良好的执行。

这四个因素同时也揭示了要较大范围应用互动户外广告所面临的现实困境。以第三个原因为例,互动户外广告的技术门槛导致投入成本高昂,除前期设备投入,后期的广告维护也是一笔不小的费用,广告主是否愿意支付这一成本是一大考验。广告主的支付意愿来自于综合衡量成本和收益,即广告投入成本能否有效回收,这个问题又取决于该地区消费者的消费意识和实际消费能力。

互动户外广告的兴起和应用代表了户外广告发展的新方向,它改变了传统户外广告单向的信息传播模式,以互动的形式为受众提供了丰富的内容体验,为准确地传播品牌主张创造了更多的可能性。这正是消费者和广告主都乐于看到的结果,也是互动户外广告发展的动力所在。

五、情景互动广告

随着媒介技术的进步,广告发布渠道日趋多样化,致使人们在生活中接受的广告信息非常庞杂且碎片化,市场的竞争、广告受众的日常生活形式及消费心理的变化都对广告提出更高的要求。如何能以人为本、顺应消费者的心理,是广告推广的一个重要前提。"消费者真正想要的是刺激其感官,感动其内心和激发其想法的东西,他们需要企业做的是传达一种体验。"情景互动广告正是这样一种迎合受众心理的新兴广告表现形式,它在一定程度上摆脱了传统广告中强迫式的信息灌输,使广告更加具有趣味性,进而转变成一种受众乐于参与、互动、反馈的广告形式。这种"润物细无声"的推广模式既满足了消费者,也符合现代企业经营管理的理念。情景互动广告通常会借助于一定的人物或事物,使消费者在某种预设的情境中与广告产生互动,这使广告创意的呈现更加完整,传播的效果得以强化,消费兴致在情景互动的参与中被触发,并因其特殊的体验性而更加持久。

(一)情景互动广告的创意类型

情景互动广告的创意形式丰富而开放,可以因地制宜、量体裁衣,根据广告发布的内容和平台条件做出恰当的媒介和形式选择,找到在特定条件下最佳的互动位置和姿态,将受众的身体、感官带入到预设的情境,达成有效的情景互动。如果按照作用目标和载体特征来分类,我们可以将这种广告的创意类型做出如下三种区分。

1. 基于身体体验的情景互动广告

这种类型的情景互动广告要通过受众亲身参与到二维或三维的实物空间中,使广告的传达在与受众的现场互动中得以完成。在2012年情人节期间,丹麦著名建筑事务所BIG设计出互动灯光雕塑《发光的红心》。游客只要用手触摸电子开关,坐落在纽约时报广场上的LED发光装置就会闪现红色的心形,而且触摸的人越多,发光的范围就越大,为过往的情侣创造了新奇而浪漫的街头体验。这种人身与物体之间的触碰带来了新鲜的回应,引发了路人的围观和跃跃欲试的心理,人们可以短暂摆脱庸常生活的单调,在亲身参与中寻求心动的体验,从而与现场的装置达成有效的情景互动。基于身体体验的情景互动广告通常在表现上具有很强的灵活性,在制作上可以采用各种巧妙手段与不同载体相结合,诱发受众参与并形成视觉、听觉、嗅觉、触觉、味觉等感官刺激和其他身体体验。因为这样的互动沟通,广告实现了完整的"传情达意"的过程,受众也因丰富的体验而增强了对广告的好感和接受度,从而促进了广告目的的达成。

2. 基于环境体验的情景互动广告

强调环境体验的情景互动广告和身体体验存在一定程度的关系,但它并非直接作用于受众身体,而是着力于创造一种特别的环境,通过环境的整体氛围把广告意图传达出来。派恩曾指出:产品是有实体的,服务是无形的,而体验是难忘的。环境的体验尤其是这样具有感染力和渗透感的体验。相比较而言,单纯的身体体验诉诸感官,即时、灵动但也可能转瞬即逝,而环境带来的体验却可能是升华的感受,含有可以持久发酵的因子,让人难以忘怀。

营造环境体验的情景广告摆脱了以大版面、华丽的颜色和形象博人眼球的流行做法,而是结合环境、材料、自然等元素巧妙地实施创意,具有趣味性和互动性,具有很强的体验感和记忆点。

3. 基于虚拟体验的情景互动广告

虚拟空间因为其建基于媒体技术的特性,成为情景互动广告利用的热点。与依赖于身体和现实空间的互动明显不同,以强调虚拟体验的情景互动广告借助于科技实现创意,在受众与虚拟空间之间架设沟通的桥梁,它可能模拟了身体和环境体验的姿态和效果,真实感由此而生,又超越了真实本身,这很符合让·鲍德里亚论述的后现代仿真世界的信息生产和传播的形式。我们可以从伦敦滑铁卢车站出现的一个虚拟实境广告观察这类广告的基本特征。在滑铁卢车站的地面上有Lynx产品图像和向上看指示的图标,当受众站在图标上,眼前巨大的显示屏就会呈现出虚拟成像的天使与受众互动。强大的数字成像和信息控制技术挣脱了真实的物理条件限制,使互动可以天马行空地展开,虚拟的场景、形象和交流不仅没有让人产生不信任感,还把新鲜的、更加无拘束的体验带给受众,受众本身也成为信息流通的节点,趣味性和参与性都得到了提升。该产品的广告宣传通过虚拟互动的技术达到了完美的实现,品牌形象跃升,这是数字时代广告紧随技术发展而更新自身形式的成功实例。

(二)情景互动广告的体验性特征与价值

1. 情景互动广告的体验性特征

1)互动性

派恩和吉尔摩在《体验经济》中提出,经济的价值已经从生产日用品发展到商品、服务,并最终发展到了体验。体验性经济的发展体现在广告行业内的突出变化就是互动性广告的出现,特别是情景互动广告的应运而生。作为产品与消费者之间的中介,这类广告不仅承担着传达产品的体验性特征的任务,也积极运用新的观念与技术,致力于营造与受众互动的开放空间,创造丰富的情景体验。互动性在创造体验过程中起着关键作用,也是这类广告的首要特征。对互动的强调意味着与受众主体的平等交流,这背后反映了现代市场经济中对个体自由与选择的尊重,也是对新生活形式的确认和顺应。受技术、环境和精神需求的影响,当代消费者已经没有耐心接受强制式的广告输出,目前在市场上投放的广告,85%的广告是被消费者忽略的。在铺天盖地的广告中生活的消费者如何记住一则广告?或者说,什么样的广告才能在如此激烈的竞争中脱颖而出?互动性给出了答案。情景互动广告有别于传统媒体广告的封闭性,给出消费者的情绪流动的空间和主动性,利用各种载体、环境等元素的结合,巧妙制造出互动的装置和时空节点,受众因此成为体验的共同创造者,顺利提取了有关过去经验的回忆并产生新的情感想象,创造出一种深层次的品牌氛围。

2)娱乐性

从美学角度上来说,情景互动广告产生了丰富、多变的娱乐性,而这种娱乐性正是广告美学中很重要的审美特质。任何时代,人们所处的环境及内心状态都有对娱乐的强烈需求,即使在政治高压和文化禁锢的特殊时期,寻求快乐的心理也会突破压抑,找到释放的渠道。我们今天所处的消费时代则格外表现为一种"娱乐致死"的社会状态,很多消费产品如果失去了本可以具备的娱乐特质,就有被大众弃之如敝履的危险,失去创造价值的机会。尼尔·波兹曼在谈到电视的时候说,"娱乐是电视上所有活动的超意识形态",更戏称当今时代除了娱乐业没有其他行业。撇开波兹曼对时代生活的批判意识不谈,我们至少得承认,娱乐性已成为价值产生的重要源泉。情景互动广告通过触发体验使人获享惊奇、刺激、抚慰、愉悦的心理满足,甚至带来情感的畅快抒发和超越当下的崇高感,这种积极的情绪和感受无疑会加强受众对品牌的接受度,产生对品牌的好感和依恋,这自然是传统广告的喇叭式宣传所无可比拟的。

3)个性化

广告信息的泛滥和创意的同质化使得受众会自动屏蔽大量的信息,这导致大量的缺乏个性的广告在投入之初就已失效。个性化是当今优秀的广告创意与制作所必须具备的要求。情景互动广告的优势在这个方面体现得非常明显:一方面,其自身的形式因结合特定的载体、环境而产生,出其不意的个性化是创意的内在要求,也是展开的基础;另一方面,由于这种广告的互动性向受众开放,每一位受众作为特殊个体的行为与心理的个性化便与广告的设置产生了差异性结合,这促发了个性化体验的复数生产,套用一句话来说,就是"同一个世界,不同的梦想"。所以,情景互动广告所具备的个性化超出了一般广告的此类要求:形式上,因特定的时间、地点和媒介的限制而不可复制;内容上,做到了"个性化"因人而异,广告由静态转为动态,可以产生复杂的变化。

2. 情景互动广告基于体验的价值创造

体验经济产生于物质、文化消费品充斥日常生活的当代社会,情景互动广告也产生于广告产品泛滥于每一个角落的消费时代,前者导出基于变化的经济形态的超前市场理念与行为,后者则紧密跟进了市场的新形势而探索了广告业的发展路径。体验经济时代的"体验"何以大规模地在大众中孕育?这无论如何也离不开广告的作用。人们在满足了日常消费需求之后并不会停止消费,那么超越必需品的消费其实就是对一种理想生活形态的追求,对时尚及生活体验的追求。这就产生了以消费行为和体验为核心的消费文化,此时的消费更加注重对产品及品牌的个性化体验,精神追求曾经是文化产品消费的重心,而现在也同样附体于物质产品的消费。因此,产品的品质塑造也超越了普通质量上的要求,注重品牌内涵与外在形象,简言之,就是需要强调个性化体验的包装与广告推广。以此为背景,情景互动广告在激变的传播理念和技术支持下,以互动性的情景设置轻松地调动受众的体验,并以娱乐性和对受众个性化的包容甚至迎合,重新俘获了处于广告审美疲劳下的消费者注意力。

目前,情景式互动新媒体广告在中国正在被越来越多地应用,其独特的视觉表现、丰富的感官刺激和灵活性、地域性的特点赢得了广告商们的青睐,消费者也乐此不疲。人们通过对这些广告的参与、讨论、传播和分享,给品牌带来曝光率和话题,加深了大众对品牌的印象,促进了产品的顺利销售和品牌的成长、壮大。以此来看,情景互动新媒体广告的确在一定程度上改变了广告传播模式在新媒体时代的窘境,拓宽了广告表现新思维,创造了新的价值。

第六节 其他类新媒体广告创意探析

一、跨界融合媒体的传播方式

在今天的市场上,各种产品的目标受众群已经被逐渐清晰划分。但是,不排除有一些媒体不能够有效区分产品所要的目标群。新媒体广告进行相应的多媒体设计的前提就需要清晰广告的受众与各种广告环境。如果产品广告总是用一些老套的方法、媒体,不加思考就去依靠电视或其他各种最为常见传统媒体形式来进行传播,会使广告效果缩减及费用被浪费。常见的传统广告媒体表现形式如图5-25所示。

户外宣传

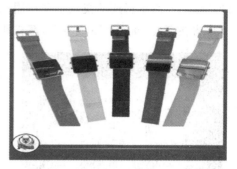
LED电子腕表

LED广告车与户外广告屏

室内LED提示语显示屏

图 5-25　常见传统广告媒体表现形式

在现如今经济环境下，很多媒体设计师已开始寻找多媒体设计突破口、挖掘空间中存在的新媒体，以创造出更多满足产品销售需要的新媒体广告形式。广告行业与媒体世界二者始终存在着紧密联系，二者在共同传播的基础上获益。在我们身边，广告的多媒体设计有很多成果。新媒体广告投放中常见的表现形式包括交互性投放、精准性投放、实效性投放、便利性投放。

我们常见的这些户外新媒体，在设计中体现出较高的实用性与高效性，在其设计的时候运用了以下几个要点：其一，不像众多的平面广告媒体那样于室内或小范围内传达，它们的幅面较小。而户外新媒体广告十分引人注目，通过墙体等可以展示更多的广告内容，展示更大的广告插图，字体也大。其二，新媒体户外广告具有显著的远处观看效果，即使在远处也不必担心，因为其采用的灯光具有较好的穿透性，贴合现代社会的快节奏、高效率的需要。其三，广告内容范围广，在公共交通运输、安全福利、商业类的产品、企业旅游、文化教育、艺术等方面，都能广泛地发挥作用。其四，广告综合多种形式，囊括了丰富的内容，从企业到产品，从经济到文化，从物质到精神，丰富、生动、实用，以此来达到吸引眼球的效果，达到提高媒体播放广告的价值作用。移动新媒体以公共交通车载电视为主。移动新媒体越来越多，是一种非常出色的多种媒体设计运用。

图 5-26 展示为 PG 投影灯，这种运投影灯用了光学投影原理，在夜晚，可以将底片上所要投放的广告投影到建筑表面，无论是高层的建筑或者低层建筑表面，都可以灵活

地呈现广告。投影所形成的视觉感受在周围环境光线差的情况下,冲击力非常强。这种户外广告在亮度、面积以及成本上,都有其优势。

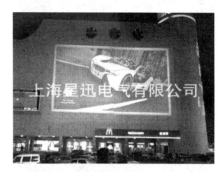

图 5-26　新型环保新媒体广告——PG 投影广告

在信息技术不断发达、媒体资源不断扩展的变化中,新媒体广告之所以在很短的时间内得到了这么多的关注,就是创新的新媒体广告和创新的多媒体设计的自身特点发挥了很关键的作用,为广告投放提供了充分的条件。

新媒体广告的形式多种多样,图 5-27 展示的钙片广告给人们的震撼是不言而喻的。Dumocalcin 的钙片广告将主干道桥墩设计成骨头形状,其制作成本虽然很高,但从后续的影响看也值了。该广告树立了其品牌的良好形象,在世界范围内引起了轰动,永久性地留下了话题。该广告利用的媒体虽然不是网络时代的产物,但媒体的新颖程度是毋庸置疑的,如此新颖奇特的广想不达成良好的沟通都难。

图 5-27　Dumocal 的钙片广告

图 5-28 至图 5-30 是几种手提袋的广告。

这些广告抓住了产品的特征,找到了合理的诉求点,手提袋还具有二次、三次使用价值,会达到良好的后续传播效果。其新颖别致的呈现方式,势必给人们带来长久且深刻的记忆,为产品推广起到了良好的作用。

图 5-28　关注孤僻儿童的广告

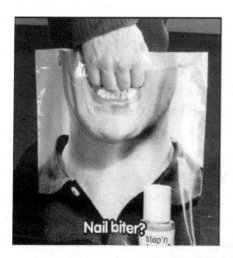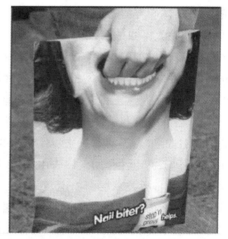

图 5-29　德国咬指甲癖的药品广告

图 5-30　香港时尚饰品广告

新媒体广告

在整体广告市场中,传统媒体广告的增长逐渐稍显乏力。新媒体广告开始如火如荼地在这种广告大环境中发展。再次举出分众传媒的例子,它是楼宇电视的大赢家,分众传媒曾成功登陆纳斯达克,并巨额融资。据中国传媒学院广告主研究所的一项专项报告显示:从新媒体广告日益温热开始,电视、报纸、广播、杂志的广告份额以及年预期获得的广告份额,分别都出现下降趋势,这在改革开放以来极少或几乎第一次出现。同时,越来越多的广告主将广告预算转移,他们大多数看好网络广告。几乎有一半被访问广告主认为传统媒体广告投放的地位在企业营销活动中下降。不得不说,新媒体广告对传统媒体确实已经明显地进行了冲击。

在新媒体广告日趋发展的背景下,广告主以及广告制作公司面临着一个纷争的、具有强烈竞争的环境。所面临的这个新媒体时代,绝对不同于表象上广告媒体策略与广告运行的传统时代。新兴媒体时代融合分化的矛盾在媒体内部存在。媒介的融合体现为跨媒体、复合媒体、合作媒体,媒体分化则体现在日益强化的新媒体属性、高度发展的某单一媒体的独特优势、媒体市场的定位与竞争等方面。

由于网络等新媒体的兴起而导致广告规则与方法产生巨大变革,这当然不可避免地影响到新媒体广告的运行与传播的变异。由此,在如今的网络时代,在新媒体广告运行的环境中,绝大多数的传统强势企业,开始着手并加强借助于新媒体。广告的运行的确取得了比以往更多的机会,任何一个普通的顾客都可以去访问广告商的网站,并可以直接订货,在商家与广告受众之间新的人际定义也正在新媒体广告的发展背景下形成。在新媒体内,网际人际正在广泛受众及其他单一受众之间形成。这些都是新媒体发展而带来的广告新条件与新环境,从而与传统广告实现新的差异,实现全新的运行之路。

进入21世纪,人类的数字化步伐越来越快,在大众传播领域中数字技术对传播媒介的革新起到了决定性作用。广告中人们习惯将以网络数字技术为核心的传播媒介通称为新媒体,从传播技术层面上说,我们已经进入到"新媒体时代"。新媒体从它的属性来讲是动态存在的,每隔一段时间就会出现一些新的媒体形态,因此新媒体在不同的时期包含的内容不尽相同。从3G技术到以网络技术为支撑的手机媒体、微博、微信、微电影等新媒体不断出现,使得互联网成为了新兴媒体的基础系统。但是从某个层面上来说,这些新媒体都是基于有线或无线的网络新媒体,而在这些网络新媒体之外,还存在着一个更具包容性的媒体,它除了携带广告信息之外,还会带给人们更多的思考、启示和感受,这就是跨界融合媒体。它不像手机媒体和微博等过分依赖数字、网络技术,而是将不同行业有机地与广告信息传播链接起来,通过对新旧传播形式的融合,创造出一种可以影响、改变人们生活的媒体。

当下广告公司越来越倾向于应用跨界融合媒体来为客户的广告信息传播提供新的突破口。所谓跨界就是将广告与其他行业捆绑在一起,赋予广告更多的形式和生命力,对消费者来讲就是换了一个观察广告、接受信息的视角,即从广告之外来看广告。融合是指将传统媒体和网络新媒体组合在一起进行传播。跨界融合媒体更准确地说是一种混搭传播平台,它有很多种传播表现形式,目前常用的有五大类:跨科技领域的声光电混合体验式融合传播;跨艺术领域的手绘、雕塑、装置艺术融合传播;跨游戏、软件领域的融合传播;跨公众参与性新闻事件的融合传播;跨电影工业领域的融合传播。下面着重介绍前三类。

（一）跨科技领域的声光电混合体验式融合传播

随着有线、无线网络普及化发展,广告传播需要新的刺激点来介入消费者的生活。网络式的广告虽然有互动,但是缺少真实的情境多感官体验,人们在受触动、感动的时刻更容易接受信息形成记忆。因此,在一个真实的生活情境中吸引消费者注意,深深地触动他们,并将广告信息巧妙地传递出去就成为传播中新的要求。这时候其他行业新技术和新材料就会被快速引入到广告传播中来,并与广告创意、策略结合,形成多感官体验式的跨界融合媒体。新技术和新材料带来全新的刺激点,通过震撼性的声光电结合形式来触动消费者的情感,引发消费者的延展性思考,从而形成深刻的信息记忆。

这种跨界融合传播形式在近几年被有实力的大型公司广泛采用,大多是表现抽象的企业文化和理念。大型公司通常还很注重定期制作类似的体验媒体广告,因为它会让企业摆脱简单的"商人"形象,彰显积极的企业内涵,提升自己在消费者心中的品牌形象。2010年,丰田公司就为新上市的油电混合动力汽车Auris策划了一个很有影响力的声光电融合传播式广告。工作人员将最新的全息光电投射技术和声光电数控技术应用到展示汽车表面上,运用运动光线的明暗变化造型使汽车看上去像是在变形、运动,而且用光线束模仿电流传输的状态,将车、电表箱、加油机三个实体有机串联起来,交代了油、电、节能的循环关系,用丰富的光影变化和激扬的音乐阐释了该款车型能够将电能回收并再利用的特点,现场体验效果很震撼。由于是新投影技术结合声光电,因此很多路过的行人都被吸引住了,有人还用手机现场录制成视频然后在网络上分享、传递,最后达到了"病毒式"传播的效果,人们在参与体验声光电装置中加深了对丰田公司品牌的认知。

（二）跨艺术领域的手绘、雕塑、装置艺术融合传播

当艺术遇到广告,会碰撞出更大火花的传播方式。艺术中手绘、壁画、雕塑、装置等形式本身就是一种视觉存在和传达,当与广告信息结合后就会给广告传播带上艺术的光环,增加吸引人和高雅的魅力。传统广告媒体和网络新媒体制作出的是可以无限复制的广告作品,而用艺术造型方式制作的广告作品,是独一无二的创作,作品原件本身不易复制并充满了手工制作痕迹,因此在某种意义上也可以称之为具备广告传播信息的艺术品。当下一些大型企业为了给品牌增值或者提升形象,提升企业的文化艺术的品位,往往采用这种跨艺术界的融合传播方式。消费者对艺术作品的惯性抵制也会小很多,会从欣赏的角度进入情境,更容易接受作品中附含的广告信息。

LG品牌在以色列的广告项目——LG Five就是一个典型案例。LG向五个顶尖艺术设计团队提出项目邀请,不是让他们设计荧幕,而是把荧幕提供给他们做素材,让他们创造出LG荧幕的全新体验装置作品。装置作品在五个团队制作完后,以LG Five艺术展的形式在古代建筑中展览,五件艺术装置作品从不同视角表现了人与人之间的不沟通与互相排斥。可以说这五组作品其实就是命题艺术创作,只不过命题核心是产品,

而且表现的内容还是比较深刻的。通过艺术的形式反映产品与人的关系,可以看出广告主对跨艺术领域传播控制把握得还是很准确的,从形式到内容都能遵循装置艺术的本质。这个展览在当时也引起了轰动,在美术界、新闻界和广告领域都被广泛传播,LG的品牌价值和品位也被大大提高。

（三）跨游戏、软件领域的融合传播

游戏开发和软件都属于IT行业,游戏是现在大多数中青年人离不开的一种娱乐方式,尤其是网络游戏基于互联网,属于社交类平台,广告的触角自然会延伸到这里。但我们研究的不是简单意义上的在游戏中插入广告框,而是深层次植入,例如国内汽车品牌一汽大众在网游《飚车》中植入"速腾"品牌汽车角色。当今快速发展的网络游戏产业已具有了鲜明的媒体特征,交互性强,以此款游戏作为广告传播平台,它所拥有的1300万个玩家中,就一定会有潜在的汽车消费群体。这也是跨行业的强强联合、品牌捆绑式传播。

新媒体广告是随时代应运而生的,这一点可以由广告运行环境发展脉络清晰地展示出来。尽管中国在最初的广告起步上落后于较早的美国,但是,在新媒体时代,全球整体广告业都呈现渐进性的态势发展。在广告理念方面,中国广告业在新媒体时代的发展背景下,结合国情与各种具体的需要,正在探索、创造属于自己的广告运行之路。

二、新媒体广告创意发展的趋势

（一）互动化

传统媒体的广告一般是广告人创作新奇的标语,运用丰富多彩的表现方法,最后大部分都得不到有效的反馈,广告创意的影响力在减退,甚至消费者已经很厌倦并主动躲避这些高大上之类的词汇了。这些广告都是以单向的传播模式进行传播的,它们与消费者始终是保持一定距离的。

当今,商业广告开始走向享受、娱乐、体验的时代,消费者渴望从生活中享受快乐,在快乐中体验生活。新媒体广告具有高度的互动性,它不仅能激起消费者感官的兴趣和内心的情感,还能够促使其完成购买行为。通过数字技术,新媒体广告变成了可以参与的游戏、可以体验的虚拟互动空间;在交流中将产品/品牌信息传播出去,使消费者在不知不觉中接受广告信息,从而彻底摆脱传统广告强制性的传播模式。

新媒体广告的互动性使得消费者能够充分融入到广告传播中,信息随着消费者的参与而演绎。人们在新鲜感、好奇心的驱使下,能够主动地寻找、接收信息,这种新鲜而富有趣味的过程会给消费者留下深刻印象,并使传播效果深入人心。

当今,广告的目的发生了变化,不再是像传统的广告那样运用更多手段去解决难题,而是选择了一种更贴近受众的方式去打动当下的消费者。单向沟通的创意已越来越不能吸引消费者,更不可能够从心里打动消费者。因此,广告创意需要运用互动化的理念,使得产品/品牌信息在互动传播过程中与消费者建立联系。

（二）娱乐化

如今，后物欲时代的来临，人们最终需要的不仅仅是丰富的物质生活，而更多的是一个娱乐化的生存空间。人们希望通过娱乐，比如游戏来获得自我的实现和对刺激的追求。所以，广告要以娱乐化的形式进行传播，以便满足消费者的这种需求。传统媒体对广告进行娱乐化的传播，显然效果不是很明显，新媒体广告应抓住人们的本能赋予广告更多的内涵，以达到广告创意的娱乐化，还应运用创意使广告变得更富趣味性，充分激发消费者的参与意识。

（三）整合化

网络时代环境下，传统的由单一媒介发布的广告，它的传播力越来越薄弱。在数字技术高速发展的今天，各种新媒体如雨后春笋般涌现，新媒体平台融合了文字、视频、声音、图像、交互等多种传播手段，这些都是以往的单个的传播媒介无法企及的。在市场营销方面，整合营销传播思想的提出，就更加需要广告利用各种新媒体进行广告传播，新媒体具有互动性、链接性等特性，整合链接各种信息，使广告传播的效果实现最大化。

随着网络的不断发展、数字化技术的大量普及，传统广告受到了强有力的冲击。互联网时代新媒体的发展使传统广告的创意模式、创意标准以及受众等都发生了悄无声息的变化。创意是广告的灵魂，时刻都要冲在最前面，调整自己，以适应时代发展的需要，新的技术以及新媒体为其提供了新的空间和契机，网络时代新媒体广告将是以创意为先导，以新兴媒体为支撑，在整合性和创新性的媒介中传播和呈现的。

通过对网络时代新媒体广告创意的探析，不难发现，数字技术为其提供了新的传播渠道，为其创造新的与消费者沟通互动的机会。广告注定朝向互动化、整合化发展，并且广告会越来越不像广告了。未来的广告可能会是品牌营销人员策划组织邀请消费者参与的感官盛宴，消费者是占主导地位的。新媒体广告会深入到活动的各个环节，凭借其创意，制造沟通交流的契机。

从全世界范围内来看，新媒体技术日趋于成熟，计算机成为新媒体传播的中心环节，互联网成为基本载体，光电传导、电子纸也日趋成熟。我国新媒体传播的硬件技术和支持条件近些年来也有了突飞猛进的发展，全国手机用户、网民数量已经上升为全球第一。

据不完全统计，目前比较热门的新媒体不下 30 种，如数字电视、直播卫星电视、移动电视、IPTV、博客、播客、网络电视、楼宇视屏、移动多媒体（手机短信、手机彩信、手机游戏、手机电视、手机电台、手机报纸等）、网上即时通信群组、虚拟社区、搜索引擎、简易聚合、电子邮箱、门户网站等。

《中国新媒体产业现状及发展趋势》显示，2012 年中国新媒体产业市场总值达到 3140 亿元，占中国传媒产业总值的近三分之一。互联网和移动增值作为新媒体最重要的两个领域，在 2007 年得到了快速发展。2013 年互联网市场规模超过 1500 亿元，并保持超过 40% 的年均增长速度，各细分市场如网络游戏、B2B、网络教育、搜索引擎是目前盈利的主流，共占到 59% 的市场比例。

三、新媒体时代与广告创意

在迅猛发展的社会中,广告以其独特的作用和千变万化的姿态,给我们留下难忘的一幕幕并影响着我们的生活。数字技术的进步,使承载信息的媒介不断发展变化。由我们熟知的传统媒体报刊、户外、电视、广播到以数字技术为支持的新媒体,如网络、数字电视、电子杂志、手机短信、移动电视等等。如今"全媒体"的出现,不仅将传统媒体与新媒体都包容进来,同时强调了信息本身的多元多样。媒介所承载的信息可以是静态图像,也可以是动态图像,如影视、动画、图文、动态图文,配以文字和声音等多种表现手段,再通过网站、电影、电视、杂志等不同的媒体形态最后达到用户的终端机,就是大众每天都在接触的计算机、电视、手机。可以说,全媒体时代是集百家于一身之大成者,广告在其推动下也会达到空前的繁荣。

(一)全媒体对广告创意的影响与作用

在新时代的冲击下,在众多的广告中想要脱颖而出的必要条件就是创意。只有通过创意才能创造效益,将广告主手中的资源转化成他的营运资本。大卫·奥格威曾说过:"如果你的广告不是为了促进销售的话,那么你一定是个骗子或是傻子。"而与此同时,能否将产品的信息与多元多媒体平台有效地结合起来,才是当下全媒体时代中优秀广告创意所具有的基本素质。广告创意已经不仅仅体现在广告设计作品中,同时也存在于整个信息传播的过程中。有机地将多元信息组合在一个数字化多元的平台上这一改变,将原本是单纯的广告创意的执行者变成了广告创意后的多媒体的组织者。

享誉全球的"芝华士"就具有自己独特的传播方式。在芝华士《冰钓阿拉斯加》的电视广告中,一段悠扬的乐曲给人留下了深刻的印象。自此芝华士开始赞助国际音乐,从赞助发行《音乐无国界2004》,到赞助诺拉琼斯音乐节,再到刮起第二轮全球十大DJ风暴,芝华士将自己的广告触角延伸到更多、更广泛的领域。芝华士还把国际顶尖音乐引入了中国,为中国带来了难忘的流行音乐之旅,同时也完美体现了芝华士一直倡导的"芝华士人生"。

与此同时要提醒的是,全媒体时代并不单单只有数字技术支持新媒体,同时也包含着过去的传统的大众媒体。传统的大众媒体在社会中仍然拥有一批数量很大的受众。不少大众媒体在努力地寻求转型,试图从传统走向新领域。但是不能盲目追求潮流技术而忽视了受众的真正需要。所以在全媒体时代,广告的触角仍然要有所目标地投放,广告创意也不能一味地求新求变,而是应该以人为本,以目标受众为本。

(二)新时代下广告创意的探索

1. 互动体验对广告创意的影响

时下比较热门的互动体验式传播方式,成为很多广告创意人员的"新宠"。比如在商场会有利用产品制作的电子互动游戏,过往的顾客就会驻足观看并加入到游戏当中进行竞技,具有十足的趣味性。这是在同一时空下的操作,是即时性的。与此同时加入更多的媒介,使整个互动过程更加丰富难忘。例如有一则碧浪品牌广告是这样的:在一个商场架起一套设备,里面有一排排衣服,路过的人可以通过喷枪任意向这些干净的衣服投掷染料,而与此同时在网络上现场直播,人们也可以通过计算机控制喷枪。之后被喷染的衣服会被送到现场放置的洗衣机中,并加入洗衣液,洗干净之后烘干烫平,将干净如新的衣服送给刚刚使用喷枪的顾客,同时通过网络参与的顾客也会通过邮寄的方式得到这件衣服。当衣服到达参与者的面前时,衣服还散发着幽幽的清香。这一案例就是比较典型的全媒体互动体验式广告。这一活动发生在不同的时空,加入了更加丰富的媒介,如影像视频、数字控制设备、互联网,使受众不仅能记住产品,肯定了产品,还拥有和真实地体验到了产品。

如果采用单一的多媒体表现手段创造广告作品,给人的记忆和感知也只能够停留片刻,不能在时空上有更多的表现,而将多媒体表现手段与更多的传播媒介配合,不仅能够突破空间的束缚,同时也满足了当下受众各个方面的需求,使得广告创意的呈现更加完整,效果更加强烈,更加脱颖而出。

2. 感知体验重构对广告创意的影响

全媒体时代下,人们被冗繁信息的媒介包围着。我们的各个感官时刻都在主动或是被动地接受外来的刺激。过度的刺激会让我们的感官开始麻痹,所以需要寻求治疗感官麻痹的方法或是突破口。感知重构就是将我们对事物原有的"感知记忆"打破,换一个角度方式来看待。例如,某人看到一盏普通的材料制品的灯,如果将灯的材质调换成为毛发,那么原有的视觉就会瞬间拥有触觉的体验,这就是感知体验的重构。日本国际平面设计大师、无印良品的艺术总监原研哉则称其为"RE-DESING"。"将已知的事物陌生化,更是一种创造"。同样在全媒体时代下,每一个承载信息的媒介本身可以呈现不止一种表达方式,媒介与媒介之也不再是相互独立,媒介对于人类固有的感知体验是可以相互融入或交换的。利用媒体的力量给予广告创意多元的体验,让受众不仅能够丰富地接收到信息,而且能够不同于以往的经验。例如某人欲向他的女友传达爱意,通过手机在互联网上定制了一个服务,当他们通过手机与对方视频时,男友会送上深情一吻,女友可以通过手机感受到对方的温度和亲吻时的微微动作。这一细微处的变化就会给人感官一次震撼,留下非常深刻的印象。全媒体为人们建立了一个可以同屏幕感知的机会,广告创意也可以从这样的角度出发,激发人们对感知体验的新追求。

3. 反对虚假体验的广告形式

针对用户体验的广告在市场中层出不穷,期间也出现了滥竽充数之辈。广告追求效益是与生俱来的特质,但是广告创意是以真实的产品信息为基础,通过分析调查将其用新颖独特、吸引人心的广告手段表现出来。信息的真实性是必须保障的,广告创意采用的夸张的表现手法与隐瞒事实、欺骗消费者的行为是完全不同的。例如电视里播放一段低污染油漆的广告,房子的主人进入家门时仿佛进入了大森林,熊猫也在陪伴小朋友愉快地玩耍。大熊猫和大森林在现实生活中是不太可能在家庭中出现的,但是观众接受这样的表现形式,因为两个夸张元素加入的目的是为了体现产品绿色环保的特性,并没有误导大众。但是时下,我们经常通过媒体看到这样的广告:一位自称是拥有海外背景的老专家,通过改进他的祖传秘方,研制出了一种特效药物包治百病,同时还会出现很多"患者"阐述用后的奇特效果。而实质上,广告中的专家、患者都是演员扮演的。这种用户体验表达方式就属于欺骗消费者,误导消费者。

在全媒体时代,信息高速流转,这样的虚假信息会给社会造成极大的损害。类似于例子中的"虚假体验"不应该出现在广告创意者的脑海中,这也并不属于互动体验和感官重构体验的范畴。这只是为了追求利益、蒙骗消费的表演,也违背了全媒体时代追求服务人类、以人为本的信条。所以不能够让这样的虚假体验混淆了受众的视听。

本章关键概念

新媒体广告创意(new media advertising creative)
新媒体广告文案(new media advertising copy)
创意要素(creative elements)
交互式设计(interactive design)
互动性广告(interactive advertising)

本章思考题

1. 什么是平面类新媒体广告?
2. 平面类新媒体广告的应用范围有哪些?
3. 新媒体广告的艺术表现手法有哪些?

本章推荐阅读书目

《创意传播管理:数字时代的营销革命》

作者:陈刚　沈虹　马澈　孙美玲

出版社:机械工业版社

出版年:2014年

内容简介:

《创意传播管理:数字时代的营销革命》是关于新媒体广告的前瞻性思考,其中创意传播管理(CCM)是由北京大学教授陈刚提出的一个传播学术语,是在对数字生活空间的信息和内容管理的基础上,形成传播管理策略,依托沟通元,通过多种形式,利用有效的传播资源触发,激活生活者参与分享、交流和再创造,并通过精准传播,促成生活者转化为消费者和进行延续的再传播,在这个过程中,

共同不断创造和积累有关产品和品牌的有影响力的、积极的内容。

本章参考文献

［1］丁邦清,程宁宁.广告创意［M］.长沙:中南大学出版社,2011.

［2］朱海松.移动互联网时代国际4A广告顶级文案创意思维［M］.北京:人民邮电出版社,2015.

［3］威廉·阿伦斯,等.广告:创意与文案［M］.丁俊杰,等,译.北京:人民邮电出版社,2012.

［4］胡川妮,陈玎玎,戴秀珍.广告创意与表现［M］.北京:高等教育出版社,2014.

［5］希思.让创意更有黏性［M］.姜奕辉,译.北京:中信出版社,2014.

［6］鲍勃加菲尔德,道格莱维.疯赞:以真诚的社交互动激发消费者对品牌的持续追捧［M］.陈书,译.广州:广东人民出版社,2015.

［7］杨铎.裂变:造就互联网思维下的产品、思想、行为的传播奇迹［M］.北京:机械工业出版社,2015.

CHAPTER 6 第六章 新媒体广告的设计与制作

本章导言

1. 伴随着互联网、移动通信设备、车载媒体等新兴媒体的快速发展,人们接收信息的方式发生了空前的扩大。在媒介融合的时代背景下,新媒体技术快速发展,广告业随之进入了新媒体时代。随着科技技术的不断发展,新媒体广告形式也不断创新。新媒体广告的便捷性、针对性强、精准化,是其广告形式不可比拟的优势,新媒体广告未来的趋势是更加注重发挥互动性优势,并朝移动化、创意化、人性化方向发展。

2. 各类五花八门的广告不断地映入人们的眼中,然而真正在人们内心留下强烈震撼的广告少之又少。信息的泛滥给广告带来的不是正面的促进效应,而是审美的疲劳。越来越多的人开始厌烦广告,开始躲避广告。怎样才能解决这类问题,提高广告的有效到达率,需要广告人从其创意入手,探析新媒体广告创意的方法,找到其创意之源。

本章引例

可口可乐:冰冻世界,直通快车

案例回顾:

速度体现了激情,把罐装的可口可乐拼接成火车的形式,体现直通快车这一内涵。炎热夏季给人送来清凉,突出"冰冻世界"这一主题(见图6-1)。

图6-1 可口可乐火车广告

1927年,上海街头悄然增加了一种饮料——"蝌蚪啃蜡"。

名字还不是这种饮料最古怪的地方。它棕褐色的液体、甜中带苦的味道,以及打开瓶盖后充盈的气泡,让不少人感觉到既好奇又有趣。古怪的味道,加上古怪的名字,这种饮料的销售情况自然很差。于是,在第二年,这家饮料公司公开登报,用350英镑的奖金悬赏征求译名。最终,身在英国的上海教授蒋彝击败了所有对手,拿走了奖金。而这家饮料公司也获得了迄今为止被广告界公认为翻译得最好的品牌名——可口可乐。它不但保持了英文的音译,还比英文更有寓意。更关键的一点是,无论书面还是口头,都易于传诵。这是可口可乐步入中国市场的第一步。然而,在21年后,随着美国大使馆撤离,可口可乐也撤出了中国内地市场。自此之后的40年内,内地市场上再没出现过这种喝起来有点像中药的饮料。1979年,在中美建交之后的第三个星期,第一批可口可乐产品从香港经广州运到了北京。可口可乐再度返回了中国内地市场。如今,可口可乐融入了中国人的生活,同时也见证了中国融入世界的过程。

案例点评：

我国广告经过多年的发展,已经形成了相对完整的创意研究方式和方法。然而随着新媒体技术的长足发展,人类已经进入了信息时代,新媒体也逐渐以主流媒体的姿态出现。这种变化不仅提高了人们的眼界,也大大缩短了人与人之间的距离,使人们的活动与交往成为信息时代的鲜明特征。这种巨大的变化影响着每一个研究领域,迫使研究者拿出新的方案来适应这种新的时代。新媒体的定义可以说是众说纷纭,不同的学者在不同的时期对新媒体的定义都不同。从现阶段来看,新媒体是基于互联网、无线通信网、数字广播电视网和卫星等渠道,以计算机、手机、电视、PDA、MP4等设备为终端的媒体。它能实现信息传播的个性化、互动化、细分化。

随着网络的不断发展,数字化的技术大量普及,传统广告受到了强有力的冲击。互联网时代新媒体的发展使传统广告的创意模式、创意标准以及受众等都发生了悄无声息的变化。创意是广告的灵魂,时刻都要冲在最前面,调整自己,以适应时代发展的需要。新的技术以及新媒体为其提供了新的空间和契机,网络时代新媒体广告将以创意为先导,以新兴媒体为支撑,在整合性和创新性的媒介中传播和呈现。

在新媒体时代的大背景下,作为强烈依赖技术与媒体手段的广告,已经不能仅仅局限在纸质媒介和静态的表现上,而要打破以往被动式的宣传,以全新的形象出现在公众面前,不断发展创新,并充分利用新媒体的特征将创意良好地呈现出来,达到良好的传播效果,同时希望能对新媒体的发展起到良好的促进作用。两者的改变相互促进,必然会不断挑战人们的视听神经,甚至会挑战到人们的触觉,使受众主动参与其中,享受参与广告传播的乐趣,从而达到良好的传播效果。这种让受众参与其中的传播方式,正是新媒体广告的魅力所在。广告人势必要先了解到新媒体广告的一些特点。新媒体广告在很多方面,优越于传统广告。它利用数字技术,打破媒体在地域、时间等方面的限制,投放形式多种多样,为用户提供了更多更好的互动体验,广告创意的形态和趋势必然不同于传统的广告。

知识要求

研究重点是新媒体广告创意探析问题,分析现实中的例子,根据发展现状提出可行的创意策略;掌握新媒体广告的艺术表现手法、设计方法、多媒体设计;理解新媒体广告运行环境和广告制作流程。

技能要求

熟练掌握新媒体广告中所经常使用的几种艺术表现手法、新媒体广告的设计方法。

第一节 新媒体广告的艺术表现手法

一、新媒体的表现及内涵

(一)新媒体的表现形式丰富多样

传统媒体只能靠声音和画面来传播信息,而新媒体则把声音、图片、影像、实物等有机结合起来,使人们产生更加生动、直观、身临其境般的感受。手机、博客、微博、微信等新媒体不仅支持用户传播文字、图片,还支持音频、视频等的传播,产生灵活多样的满足不同需求的特定内容,也能针对特定用户的需要,提供个性化、专业化的服务,甚至和受众即时地进行互动交流,达到很好的效果。

(二)新媒体信息含量巨大

传统媒体如报纸受范围、版面所限,而广播与电视信息传播一般转瞬即逝,不易保存,因而传达的信息量往往是有限的。新媒体能够大量地、长久性地和高密度地储存信息资料,从信息的深度、广度和发散度来看,都有着传统媒体无法比拟的优越性。此外,新媒体蕴含内容的复杂性也是其重要特点之一。互联网、手机等新媒体传输速度极快,覆盖面很广,用户可以在任何时候、任何地点接收或发布信息,发布的信息几秒钟便可以传播到世界任何一个角落。各种各样的资源可以通过网络传输,及时快捷地实现全球信息共享。当然,这些巨量的信息内容庞杂,受众的可选择性多,能够满足不同人的不同需要,但是其中也有很多信息鱼龙混杂、真假难辨,需要进行认真筛选。

二、新媒体广告的艺术表现手法

新媒体广告的艺术表现手法与传统媒体既有继承,同时又有发展和创新,以下是新媒体广告中所经常使用的几种艺术表现手法。

(一)直接展示法

这是一种最常见的运用十分广泛的表现手法。它将某产品或主题直接如实地展示在广告设计版面上,充分运用摄影或绘画等技巧的写实表现能力,精心刻画和着力渲染产品的质感、形态和功能用途,将产品精美的质地引人入胜地呈现出来,给人以逼真的现实感,使消费者对所宣传的产品产生一种亲切感和信任感。这种手法由于直接将产品推向消费者面前,所以要十分注意画面上产品的组合和展示角度,应着力突出产品的品牌和产品本身最容易打动人心的部位,运用色光和背景进行烘托,使产品置身于一个具有感染力的空间,这样才能增强广告画面的视觉冲击力。

(二)突出特征法

运用各种方式抓住和强调产品或主题本身与众不同的特征,并把它鲜明地表现出来,将这些特征置于广告设计画面的主要视觉部位或加以烘托处理,使观众在接触言辞画面的瞬间即很快感受到,对其产生注意和发生视觉兴趣,达到刺激购买欲望的促销目的。在广告设计的表现中,这些应着力加以突出和渲染的特征,一般由赋予个性产品形象与众不同的特殊能力、厂商的企业标志和产品的商标等要素来决定。突出特征的手法也是我们常见的运用得十分普遍的表现手法,是突出广告主题的重要手法之一,有着不可忽略的表现价值。

(三)对比衬托法

对比是一种趋向于对立冲突的艺术美中最突出的表现手法。它把作品中所描绘的事物的性质和特点放在鲜明的对照和直接对比中来表现,借彼显此,互比互衬,从对比所呈现的差别中达到集中、简洁、曲折变化的表现。通过这种手法更鲜明地强调或提示产品的性能和特点,给消费者以深刻的视觉感受。作为一种常见的行之有效的表现手法,可以说,一切艺术都受惠于对比表现手法。对比手法的运用,不仅使广告主题加强了表现力度,而且饱含情趣,增强了广告作品的感染力。对比手法运用的成功,能使貌似平凡的画面处理隐含着丰富的意味,展示了广告主题表现的不同层次和深度。

(四)合理夸张法

借助想象,对广告设计作品中所宣传的对象的品质或特性的某个方面进行相当明显的过分夸大,以加深或扩大这些特征的认识。文学家高尔基指出:"夸张是创作的基本原则。"通过这种手法能更鲜明地强调或揭示事物的实质,加强作品的艺术效果。夸张是一般中求新奇变化,通过虚构把对象的特点和个性中美的方面进行夸大,赋予人们一种新奇与变化的情趣。按其表现的特征,夸张可以分为形态夸张和神情夸张两种类型,前者为表象性的处理品,后者则为含蓄性的情态处理品。通过夸张手法的运用,为广告设计的艺术美注入了浓郁的感情色彩,使产品的特征鲜明、突出、动人。

(五)以小见大法

在广告设计中对立体形象进行强调、取舍、浓缩,以独到的想象抓住一点或一个局部加以集中描写或延伸放大,以更充分地表达主题思想。这种艺术处理以一点观全面,以小见大,从不全到全的表现手法,给设计者带来了很大的灵活性和无限的表现力,同时为接受者提供了广阔的想象空间,获得生动的情趣和丰富的联想。以小见大中的"小",是广告画面描写的焦点和视觉兴趣中心,它既是广告创意的浓缩和生发,也是广告设计者匠心独具的安排,因为它已不是一般意义的"小",而是小中寓大、以小胜大的高度提炼的产物,是简洁的刻意追求。

(六)运用联想法

在审美的过程中通过丰富的联想,能突破时空的界限,扩大艺术形象的容量,加深画面的意境。通过联想,人们在审美对象上看到自己或与自己有关的经验,美感往往显得特别强烈,从而使审美对象与受众融为一体,在产生联想的过程中引发美感共鸣,其感情的强度总是激烈的、丰富的。

(七)富于幽默法

幽默法是指广告设计作品中巧妙地再现喜剧性特征,抓住生活现象中局部性的东西,通过人们的性格、外貌和举止的某些可笑的特征表现出来。幽默的表现手法,往往运用饶有风趣的情节和巧妙的安排,把某种需要肯定的事物无限延伸到漫画的程度,造成一种充满情趣、引人发笑而又耐人寻味的幽默意境。幽默的矛盾冲突可以达到意料之外、又在情理之中的艺术效果,引起观赏者会心的微笑,以别具一格的方式,发挥艺术感染力的作用。

(八)借用比喻法

比喻法是指在广告设计过程中选择两个在本质上各不相同,而在某些方面又有些相似性的事物,"以此物喻彼物"。比喻的事物与主题没有直接的关系,但是某一点上与主题的某些特征有相似之处,因而可以借题发挥,进行延伸转化,获得"婉转曲达"的艺术效果。与其他表现手法相比,比喻手法比较含蓄隐伏,有时难以一目了然,但一旦领会其意,便能给以意味无尽的感受。

(九)以情托物法

艺术的感染力最有直接作用的是感情因素,审美就是主体与美的对象不断交流感情并产生共鸣的过程。艺术有传达感情的特征,"感人心者,莫先于情"这句话已表明了感情因素在艺术创造中的作用。在表现手法上侧重选择具有感情倾向的内容,以美好的感情来烘托主题,真实而生动地反映这种审美感情就能以情动人,发挥艺术感染人的力量,这是现代广告设计的文学侧重,也是美的意境与情趣的追求。

（十）悬念安排法

在表现手法上故弄玄虚,布下疑阵,使人对广告设计画面乍看不解题意,造成一种猜疑和紧张的心理状态,在观众的心理上掀起层层波澜,产生夸张的效果,驱动消费者的好奇心和强烈举动,开启积极的思维联想,引起观众想进一步探明广告设计意图的强烈欲望。最后通过广告设计标题或正文把广告的主题点明出来,使悬念得以解除,给人留下难忘的心理感受。悬念手法有相当高的艺术价值,它首先能加深矛盾冲突,吸引观众的兴趣和注意力,造成一种强烈的感受,产生引人入胜的艺术效果。

（十一）选择偶像法

在现实生活中,人们心里都有自己崇拜、仰慕或效仿的对象,而且有一种想尽可能地向他靠近的心理欲求,从而获得心理上的满足。这种手法正是针对人们的这种心理特点运用的,它抓住人们对名人偶像仰慕的心理,选择观众心目中崇拜的名人偶像,配合产品信息传达给观众。由于名人偶像有很强的心理感召力,故借助名人偶像的陪衬,可以大大提高产品的印象程度与销售地位,树立名牌的可信度,产生不可言喻的说服力,诱发消费者对广告中名人偶像所赞誉的产品的注意,激发起购买欲望。名人偶像的选择要与广告设计的产品在品格上相吻合,不然会给人牵强附会之感,使人在心理上予以拒绝,这样就不能达到预期的目的。

（十二）谐趣模仿法

这是一种创意的引喻手法,别有意味地采用以新换旧的借名方式,把世间一般大众所熟悉的名画等艺术作品和社会名流等作为谐趣的图像,经过巧妙的整形,使名画名人产生谐趣感,给消费者一种崭新奇特的视觉印象和轻松愉快的趣味性,以其异常与神秘感提高广告的诉求效果,增加产品身价和注目度。这种表现手法将广告设计的说服力,寓于一种近乎漫画化的诙谐情趣中,使人赞叹,令人过目不忘,留下饶有奇趣的回味。

（十三）神奇迷幻法

运用畸形的夸张,以无限丰富的想象钩织出神话与童话般的画面,在一种奇幻的情景中再现现实,造成与现实生活的某种距离。这种充满浓郁浪漫主义、写意多于写实的表现手法,以突然出现的神奇的视觉感受,很富于感染力,给人一种特殊的美的感受,可满足人们喜好奇异多变的审美情趣的要求。在这种表现手法中,艺术想象很重要,它是人类智力发达的一个标志,干什么事情都需要想象,艺术尤其如此。可以毫不夸张地说,想象就是艺术的生命。从创意构想开始直到设计结束,想象都在活跃地进行。想象的突出特征,是它的创造性。创造性的想象是新的意蕴的挖掘开始,是新的意象的浮现展示。它的基本趋向是对联想所唤起的经验进行改造,最终构成带有审美者独特创造的新形象,产生强烈打动人心的力量。

（十四）连续系列法

画面形成一个完整的视觉印象,使通过画面和文字传达的广告信息十分清晰、突出、有力。广告设计画面本身有生动的直观形象,多次反复的不断积累,能加深消费者对产品的印象,获得良好的宣传效果,对扩大销售、树立名牌、刺激购买欲、增强竞争力有很大的作用,对于作为设计策略的前提、确立企业形象更有不可忽略的重要作用。作为设计构成的基础,形式心理的把握是十分重要的,从视觉心理来说,人们厌弃单调划一的形式,追求多样变化,连续系列的表现手法符合"寓多样于统一之中"这一形式美的基本法则,使人们于"同"中见"异",于统一中求变化,形成既多样又统一、既对比又和谐的艺术效果,加强了艺术感染力。

第二节　新媒体广告的设计方法

新媒体环境下的广告对于刺激需求和消费、提高生产的有效性和合理配置资源都起着举足轻重的作用,其个性化、形式多元化的特点越来越受到广告人及客户的瞩目,但在实际的运作过程中仍存在不足,影响和制约着广告的传播效果。为了使广告发挥更强的经济性、有效性和准确性,需要对广告进行全面策划。

新媒体环境主要表现在传播媒介上,特别是网络广告的"第四媒体",它运用计算机并通过数码技术作为信息传输与接收工具。所谓的"新",体现在以高科技为基础的技术手段上,"新"在数字技术上。

新媒体环境下的广告艺术设计与策划不是简单地利用新媒体工具复制、粘贴,进行传播与发布广告,更多的是通过对广告的策划尽情地发挥广告的创意与思想观念,对广告的整体战略进行运筹规划,是对提出广告决策、广告计划以及实施广告决策、检验广告决策的全过程做预先的考虑与设想,策划者根据公众的生活习惯、企业的市场目标、广告定位结论以及各种媒介的性能特点、优势和劣势等,选择好宣传媒介,确定广告媒介策略。

一、新媒体发展对广告设计的影响

新媒体的发展直接导致传统广告设计必须进行广告创意理念的升级。具体来说,随着新媒体的出现,大众似乎愈发厌倦传统媒体时代下的富有华丽外表的广告,传统广告因为缺乏讨论平台,与观众的距离感十分强烈,无法得到观众发自内心的赞同。而新媒体的出现就给单向的广告发展提供了一个革新的机会,即广告设计要从原来的单向性传递转而思考如何更好地与观众进行双向互动交流。在这一转变的过程中,广告设计就必须充分考虑如何将消费者的兴趣和注意力都充分调动起来,如何通过与观众交流将产品信息顺利传递出去,而且范围要越广越好,影响也越大越好,让消费者欣然接受广告信息,摆脱传统的暴力广告模式,这是新媒体环境下广告设计的重要理念。

如何将广告设计更为娱乐化,是新媒体环境下广告设计要考虑的第二大因素。在传统媒体下,广告的内涵和意义都十分有限,观众已经对传统媒体产生厌倦感,加上暴力广告因素,广告的发展空间已经十分狭小。因此,广告设计人员要积极开拓自己的思维,大胆更新观念,利用数字技术增加广告的趣味性,充分激发观众对广告的兴趣。例如,游戏广告就是巧妙地将产品信息融入娱乐的一个成功典范。游戏广告本质是一种娱乐,随着信息科技的发展,游戏娱乐对大众的吸引力越来越大,游戏广告就巧妙利用了游戏这一载体,传递出自己的广告信息,而且让观众丝毫感受不到压迫感。这种类似的形式就是新媒体广告设计需要不断考虑和模仿的。

在传统媒体下,广告设计一般都是由策划部在充分调查民意的基础上提出广告设计方案,这种线性模式虽然花费了大量的人力、物力和财力,但是由于调查范围有限,依然不能满足大部分广告消费者的需要。针对这一问题,新媒体环境下的广告设计就必须做出改进和完善。广告设计者可以巧妙地搭建一个平台,利用互联网的覆盖面让消费者充分参与广告设计,即广告设计更加体现平台化,让消费者成为广告设计的主角,改变以往被迫接受的地位,充分体现以消费者为中心。

二、新媒体广告的设计原则

(一)增加互动性内容

第一,在广告设计中,增加其中的互动性内容,让观众改变单一的接受地位,让消费者更多地参与到广告信息的处理和发布过程中,给予他们更多的选择权和尊重感。不仅要增加互动性内容,还要便捷互动环节,即不让观众在参与互动中有繁杂的感觉,最好是将其设计成为一个享受的过程。

第二,充分体现数字化。广告设计人员必须有所突破,充分利用资源,将以数字技术为载体的新媒体广告充分融入消费者生活当中。

第三,让消费者感受到人性化的温暖。在广告设计中充分考虑大众的需要,及时抓住他们的心理需求,把广告观看变为一个享受的过程。

以上理念和原则在具体广告设计中必须要充分体现。

(二)新媒体广告设计中的沉浸和交互

新媒体广告的设计必须处理好沉浸与互动这一两难问题。

1. 矛盾:沉浸 VS.交互

沉浸(immersion),是指精神专注的一种心理体验。当事人潜心于某种境界或思想活动中,暂时忘却了周遭的其他事物,这是精神高度集中的一种状态。美国学者赖安在《作为虚拟现实的叙事》中将沉浸分为空间的沉浸、时间的沉浸和情绪的沉浸。

空间的沉浸又可分为两种:一种是"蛋糕效应"的沉浸,另一种是场景逼真的沉浸。

"蛋糕效应"的沉浸,更多依赖于体验者的记忆碰巧与所经历的事件相交叉。赖安解释说,"就像掉进茶杯中的一块蛋糕的气味勾起了普鲁斯特的童年的回忆,一个词、一个名字或者一个图像也常常把读者带入珍爱的风景中,或者是进入一个起初憎恨但随着时间的流逝渐渐喜欢的地方"。场景逼真的沉浸,重在场景真实感的营造,而这又离不开细节的展现。

时间的沉浸是体验者在活动时间结束时对知识的渴望。悬念,是用得最广泛的引起时间的沉浸效果的技法之一。一般来说,时间的沉浸是体验者对活动过程的介入,随着时间的推进,潜在的时间得以明晰,疑团得以化解。在这当中,时间的流逝对于体验者来说是解开迷雾的过程。

情绪的沉浸,原来是指读者与他们喜爱的人物产生情感共鸣,或喜或忧皆因剧中人物的人生的起伏转折,正如一位读者描绘的看狄更斯作品的经历,"我在情感上真正的介入了那类人。我不是在看场景,我不是在看发生的事情,凡是当那个穷孩子陷入到困境要求再得到一些时,这深深地打动了我,以致我不能再看下去"。广告中情绪的沉浸指广告中的人物、事件等引发用户的情感投入,使其专注于广告中的情感表达。

目前,交互(interaction)已经成为一个流行词,广泛应用在信息科学、传播学、教育学等领域。在不同的领域,交互有着不同的含义。在广告学领域,交互一方面是指新媒体具有的互动性特点,另一方面是指用户和系统之间的相互作用,系统必须根据用户的行为适时做出反馈。

由以上的分析可知,交互和沉浸是不同的体验方式,沉浸是自我意识的搁浅,交互强调体验者个体意识的存在,它们能够共存于同一个作品之中。

2. 统一:新媒体广告设计

沉浸与交互统一于优秀的新媒体广告作品,而这也是应该成为判断新媒体广告是否成功的一个标准。

不言而喻,交互是新媒体区别于传统媒体如报纸和纸书的鲜明特征。正如新媒体研究专家罗伊·阿斯科特所说:"新媒体最鲜明的特质为连接性与互动性(交互)。网络与数字科技最主要的特点就是促使观众(使用者)和作品进行互动并介入参与作品转化与演变。在网络空间中,使用者可以随时扮演各种不同的身份,搜寻天涯远方的数据库以及信息档案,渗透到异国文化中,产生新的社群。在面对和评析一件新媒体作品时,我们要提出的问题是:作品具有何种特质的连接性与(或)互动性?它是否让观者参与了新影像、新经验以及新思维的创造?"由是,新媒体广告应该突出其具有的新媒体优势——互动性,而这正是传统广告无法达成的。相对而言,传统媒体广告如广播、电视广告等主要采取推送的方式,使受众被动接受广告,常常会遭到受众心理的抵制。新媒体的交互性特点,使得受众由原来的被动接受信息的方式转化为主动参与信息的生产,从传播效果上来看,更有利于广告信息的有效传播。基于此,广告学中的受众也可以称之为用户。

不仅如此,新媒体广告还应该有促使用户沉浸其中的召唤能力。在设计新媒体广告作品时,应该做到沉浸和交互的融合。

3. 例析：新媒体广告作品设计举隅

新媒体广告设计者可以在互动场景营造的氛围中植入品牌标识、产品信息，也可以吁请用户体验品牌故事的展演。这类广告以吸引消费者参与其中、身心得到愉悦、精神得以释放为直接目的。这里以沉浸的不同类型为例，来分析新媒体广告设计如何达到沉浸与交互的统一。

对于空间的沉浸，设计者应该着力于营造场景的逼真。在似曾相识或者身临其境的场景中，消费者更能激发起主动性，探索其中的奥妙。如宜家（IKEA）手机互动广告，同时也是一个增强实景技术运用的作品。该广告要求 zTQ 中国网络广告人学习交流社区用户下载宜家的苹果 APP，然后选择相应的家具，开启手机的摄像头，就可以查看家具放到实景中的效果。传统的家具购买，是否合适自己的家装风格，只能靠消费者在头脑中的想象，而宜家的这一广告无疑弥补了这一不足，消费者在购买前就可以切实感受这个家具放到家中是否合适。再如碧浪互动装置广告《世界上最大的 T 恤》。设计者在户外设计了一件悬挂起来的巨大的白色 T 恤，众多用户举着瓶装番茄酱、酱油、果汁、芥末油等，纷纷往 T 恤上泼溅，T 恤上瞬间溅满各种污渍。这一场景的设计，就像是我们平时不小心把污渍弄到了衣服上，而这些污渍又很难清洗。可是，有了碧浪，我们就不用担心，巨大的户外装置给我们提供了一条便捷途径：只要手持碧浪产品（如洗衣液），T 恤上的污渍一扫而光。此活动成果显示，一个月内销售提升 113%，品牌关注度提升 300%，创造了超过 100 万美元的免费公关价值。

对于时间的沉浸，以法国维珍电台（Virgin Radio）YouTube 创意广告《越吵越好》为例来看。法国维珍电台是专门针对青少年的电台，如何才能把该电台推广到全世界呢？年轻人都喜欢音乐，并且喜欢在看电影、电视、听音乐的时候，把音乐声调得很大，这似乎是年轻人的专利，以为这样就能存在于绝对自我的世界。为此，设计者们提出了"Louder Is Better"（越吵越好）的创意。这一广告作品由三段交互视频组成。第一段交互视频是少年用把车内音乐声调得越来越大的方式来挑衅母亲，在视频的最后如果用户感兴趣，可以点击观看另外两段交互视频。用户和视频交互的方式是通过调节视频下方的音量按钮进行交互，此时严肃的内容随着音量的增大开始变得有趣、可笑。士兵正在训练和医生、护士正在手术，这本来都是非常严肃的事情，但是在用户和视频的交互下，士兵们做起了各种滑稽的动作，而医生和护士则更是跳起了街舞。这一广告形式吸引了众多用户的关注。营销效果是：一周内观看视频的用户达到 100 万人，视频获得 10 万次转发和分享，三周后 80% 观看过此视频的用户想去听维珍电台的节目，67% 的人愿意和朋友、同事一起分享该视频。

由此我们可知，时间的沉浸在广告设计中重要的是悬念的设置要符合用户的心理需求，用户期待故事背后不同的事件进展，沉浸于探索重重悬念的乐趣之中。在探索之中或之余，品牌的相关信息、相关理念也巧妙地传递给用户。

对于情绪的沉浸，设计者应该着力激发用户的情感共鸣。以瑞典邮政快递公司广告《绿色之声》为例来看。设计者为了提高广告主的知名度，专门制作了一个网站，并在网站上投放了 80 个用同样的包装纸包裹起来的礼物，而用户需要做的是选择礼物，然后用摇动和倾听的方法，来猜测其中的礼物是什么东西，如果猜中了，就可以免费获得这个礼物。用户可以调节礼物下方的音量按钮,甚至可以把听到的声音发送给好友,请求他们的帮助。这一设计的创意点在于激发用户的好奇心,并结合采用一般人童年时期喜欢的猜谜活动,唤起他们积极参与的情感反应。活动时间内,140240 位用户猜对了 80% 的答案,推广活动也达到了预期的效果。

4. 沉浸与交互的调节

交互调动了用户的积极性,使他们主动参与广告传播,沉浸则避免了用户对广告的抵制心理,使他们专注于广告营造的氛围,探索其中蕴含的故事,激发其情感投入和情感共鸣。沉浸与交互本来是一种矛盾,但是在新媒体广告设计中必须做到使两者能够互为补充、相互统一。在当今新媒体不断涌现的时代,这是广告主及其产品营销必须遵守的重要法则。

三、新媒体广告的设计方式

一般而言,新媒体广告与其他传统媒体广告一样,通过硬广告与软广告两大类型来进行设计创作。

(一)硬广告

硬广告主要是指企业或品牌把纯粹的带有产品/品牌信息的内容直接地、强制地向受众宣传。其特点是目的的单一性、传播的直接性和接受的强制性。传统意义上的网络广告和新媒体广告都应属于硬广告这一大类别。目前,按照不同的分类标准,它又可分为以下几类。

1. 按照广告的目的与效果划分

新媒体广告可分为品牌广告(利用新媒体以提升品牌形象和品牌知名度为目的)、产品广告(利用新媒体以提升品牌和产品认知度、驱动购买为目的)、促销广告(利用新媒体以刺激消费者购买、提高市场渗透率为目的)、活动信息广告(利用新媒体以告知消费者促销信息为目的)。

其中,品牌图形广告是品牌在新媒体营销传播的重要形式,主要投放在综合门户网站、垂直类专业网站上,其功能是增强品牌广告的曝光率。品牌图形广告是一个较为宽泛的定义,具体来说可以根据其位置、形式分为横批广告、按钮广告、弹出广告、浮动标示/流媒体广告、"画中画"广告、摩天楼广告、通栏广告、全屏广告、对联广告、视窗广告、导航条广告、焦点幻灯广告、弹出式广告和背投式广告等多种。

2. 按照广告表现形式划分

由于在形态、像素、尺寸、位置、声音、视频等方面的不同,新媒体广告呈现出复杂多样的形态。以网络视频媒体平台上的广告形态为例,新媒体硬广告的形式有:

(1)网页图文广告/视频图文弹出;

(2)图片对联广告+视频超链接;

(3)复合式视频超链接广告;

(4)视频贴片广告;

(5) 半透明的活动重叠式(overlay)广告；

(5) Videoegg 公司指示器(Ticker)；

(7) 爬虫式(bugs)广告形式；

(8) 播放器桌面式(player skins)广告形式；

(9) 角标等广告形式；

(10) 插件广告。

(二) 软广告

软广告主要是指企业将产品/品牌信息融入到诸如新闻宣传、公关活动、娱乐栏目、网络游戏等形式的传播活动中，使受众在接触这些信息的同时，不自觉地也接受到商业信息。软广告具有目的的多样性、内容的植入性、传播的巧妙性、接受的不自觉性等特点。

新媒体中的软广告主要以植入式广告为主。按照广告植入平台类型的不同，新媒体广告可分为视频植入广告、游戏植入广告等。

1. 视频植入广告

视频植入广告的手段运用最为纯熟。在视频中最常见的广告植入物有产品植入(包括产品名称、标志、包装等)、品牌植入(包括品牌名称、LOGO、品牌包装、专卖店或者品牌广告语、品牌理念等)、企业符号植入(包括企业场所、企业家、企业文化、企业理念、企业精神、企业员工、企业行为识别等)。

视频植入广告的形式一般有以下几种：

(1) 道具植入。这种方式是指产品作为影视作品中的道具出现。

(2) 台词植入。即产品或品牌名称出现在影片台词中。

(3) 场景植入。即在画面所显示的、容纳人物活动的场景中，布置可以展示产品/品牌信息的实物。比如在影视剧中出现户外广告牌、招贴画等带有广告信息固定场景。

(4) 音效植入。即通过旋律和歌词以及画外音、电视广告等的暗示，引导受众联想到特定的品牌。

(5) 剧情植入。包括设计剧情片段和专场戏等方面。

(6) 题材植入。即为某一品牌专门拍摄影视剧，着重介绍品牌的发展历史、文化理念等，用来提升品牌知名度。

(7) 文化植入。这是植入营销的最高境界。它植入的不是产品和品牌，而是一种文化，通过文化的渗透，宣扬在其文化背景下的产品。

在新媒体视频营销，尤其是网络视频媒体营销中，为达到最佳的传播效果，视频植入广告往往以多种植入形式配合的方式，最大限度地营造多维品牌内容接触点。最为典型的案例有优酷视频为贵人鸟品牌量身打造的网络视频连续短剧《天生运动狂》，以原创的方式，将贵人鸟"我运动，我快乐"的品牌理念、丰富的产品线以道具、场景、台词、理念、文化等多种形式植入到剧情当中，以娱乐化的方式悄无痕迹地与受众进行品牌沟通。

2. 游戏植入广告

游戏植入广告（in game advertising，IGA），是在游戏中出现的商业广告。它以游戏的用户群为目标对象，依照固定的条件，在游戏中某个适当的时间和某个适当的位置中出现的广告形态。

新媒体游戏一般以视频方式呈现，因此游戏植入广告物与植入方式和视频植入广告方式相似，但因游戏的交互性等特点而具有其他特殊的植入方式。具体来讲，游戏植入广告的类型主要有以下几种。

1) 常规植入（也称品牌植入）

常规植入即是将品牌作为植入信息的核心，以品牌标志的展示、品牌价值的传递、品牌文化的推广为目的，将企业品牌植入网络游戏的虚幻世界中，实现品牌在虚幻世界里与玩家接触，使玩家对品牌产生深刻的印象，并培养玩家更加密切的关系的营销传播方式。品牌在网络游戏中一般以文字、静止或动态图片、视频、程序、音乐等为植入形式，在不同的场合产生相应的广告形态。按照附着媒体的不同，可将网络游戏广告分为几类。

（1）游戏环境品牌广告，即品牌在游戏场景、画面背景、游戏内人物衣装、游戏物品陈设处等位置以静态的方式植入。如久游《劲乐团》、《劲舞团》、《超级舞者》三款音乐网络游戏中植入匡威运动品牌信息；游戏《实况 NBA 08》的广告牌中植入奥巴马竞选总统竞选广告"提前投票已开始"。

（2）游戏道具广告，品牌成为游戏玩家不可缺少的道具。如《魔兽世界》中可口可乐作为提升体力的魔水；《大唐风云》中绿盛食品牛肉干作为 QQ 能量枣虚拟道具；耐克在《街头篮球》中以"耐克战靴"的道具形式植入；李宁与网易合作，将李宁强化符作为游戏中达到道具，可使游戏人物具有某种能量等。

（3）游戏内置音频或视频广告，即将带有品牌广告信息的音频或视频作为游戏背景的一部分。如《传奇世界》中的电台配合活动、《完美世界》中的完美主题曲等。

（4）关卡情节广告，即将品牌内容与网游故事的情节关联起来，使玩家在过关的过程中实时持续地与品牌联系，从而建立对品牌的深度认知。如 2007 年《灵游记》为周笔畅量身定制"icoke 积分兑换能量大征集同周笔畅'畅爽'灵游记"任务即属于该种广告模式。

2) 品牌广告游戏植入

与品牌游戏广告不同，它是以游戏的方式承载品牌广告信息，与受众沟通，使游戏完全成为品牌宣传的载体，受众在玩游戏时能够获取对品牌价值观、品牌文化等多方面的体验。最为典型的案例是当麦当劳推出广告游戏《模拟麦当劳》。玩家在玩游戏时，可从原料生产、产品加工、提供服务、财务预算等各个环节体验麦当劳文化。与此同时，汉堡王为与其竞争，也连续推出三款广告游戏，它们分别为动作类《汉堡王:碰碰车》、竞技类游戏《汉堡王:单车手》、动作类游戏《汉堡王:鬼祟王》。由于汉堡王游戏制作精美、风格各异，采用专业游戏平台 Xbox 和 X360，以线下促销、盒装购买的付费模式，采用终端店内推广的方式，很快在受众群中建立美誉度。

3) 虚拟实境双向交互植入

即品牌整合现实资源和虚拟资源，将现实与虚拟相互融合，品牌围绕某一主题，开展虚拟（线上）和真实（线下）双维空间的营销传播，从而达到虚拟和真实并存的营销效果。

最常见的手法是在线上游戏中植入与现实生活一般无二的各种场景、物品道具、活动，使人在虚拟游戏中感受到品牌的真实。经典的案例是可口可乐携手魔兽世界以"可口可乐魔兽世界夏日嘉年华"为主题，在杭州黄龙体育馆为魔兽迷们打造了一座真实的"魔兽世界"。

第三节 新媒体广告的多媒体设计

一、新媒体广告的多媒体设计类型

（一）整合类新媒体广告

整合类新媒体广告是指广告主或品牌主自身所建立的、可向受众提供较全面完整品牌信息的媒体平台。其主要体现形式是企业的品牌网站。

企业网站作为企业的自有媒体，是企业进行对外品牌宣传、信息和产品发布的窗口。其主要功能有产品展示、信息发布、互动服务等。产品展示是企业网站的最主要功能，指企业网站要向消费者展示企业产品和服务，使消费者了解企业概况。信息发布是指及时更新企业新闻、行业动态、宣传企业，树立正面的企业形象。互动服务是指企业利用网络平台展开网络营销，利用信息交流功能，开展在线交流、意见反馈等，与消费者进行沟通，根据客户需要完善产品及服务，增进企业与消费者的关系。

例如，百事可乐公司的中文网站主要介绍公司的基本情况，包括进入中国的历史、企业文化、品牌列表、公司承诺、员工的职业发展等。如图6-2所示。百事对绩效的承诺，对人类的可持续发展、环境的可持续发展、人才的可持续发展的承诺，宣扬了其立足之本，树立了百事良好的企业形象。

图6-2 百事可乐公司网站

（二）发布类新媒体广告

在新媒体广告中，最具有传统广告特点的新媒体广告是发布类新媒体广告，也就是在受众所关注的特定空间与时间进行产品或品牌的发布，以引起注意、记忆及好感。发布类新媒体广告的呈现方式包括网络上具有明显识别性的广告、户外超大视频广告、楼宇视频广告、车载视频广告等，后三者由于信息面对的仍然是群体性的受众，且受众无法及时地对刊载的广告信息媒体进行互动反馈，还需要借助手机、网络进行沟通反馈。前者实际上就是目前最常见的网络广告或者说是狭义的网络广告，它既具有广告信息创新性、简短发布性的特点，又具有链接性，而且还是个体面对终端PC机，这就使得该广告形式具有即时互动性的特点。接受者可以对自身感兴趣的网络广告进行点击，并层层进入，逐渐浏览，还可以转换为其他新媒体广告形式，如品牌网站、网上商店、网络游戏、进行网上互动咨询或游戏娱乐咨询。

狭义的网络广告包括网站中的按钮广告、旗帜广告、电子贺卡、标题广告、商业动画广告、横幅广告等，这些引导性的信息仍具有信息发布的性质。

从图6-3腾讯大豫网的主页上，我们可以清楚地识别出多则横幅广告、旗帜广告、摩天柱广告以及标题广告。无论它们导向受众点击后是深度浏览还是参与性的游戏，它们起始性的信息显示的都是发布性质的。

图6-3　腾讯大豫网网络广告

作为最为新兴的广告形式，网络广告近年来获得了快速的发展。人们喜欢网络广告的原因主要是其有图文音像等多方面的功能，比起读图与读书时代的广告增添了许多互动性与趣味性。广告主期待更好的创意以及更新的技术为网络广告增添更丰富的表现力，以取得更加好的广告效果。当中，视觉创意必然是重要的一个环节。在新时代，将品牌静态展示的传统观念已经无法满足广告主的需求，通过数字技术来呈现动态的、与世界及时代相适应的广告形象才是新媒体时代广告的发展趋势。如今主要的网络广告包括以下几种形式，它们各自对广告设计带来的影响也不同。

1. 富媒体广告——改善广播信息冲击力

以前单调的网络广告制作方法已经在新媒体环境下发生了巨大的变化。在互联网初步发展的阶段,由于宽带流量小的原因,网站的内容质量较差,主要以少量低质量的JPG、GIF图片以及文本为主。过去大家通常所说的网络广告指的主要是旗帜广告。随着网络基础设计的不断完善和科学技术的进步以及消费市场的成熟,富媒体应运而生。

在国内,大部分学者认为,富媒体是具有文字、声音、动画、图像和视频的交互式信息传播方式,而运用这种技术进行设计的广告就叫做富媒体广告。就改善广告信息传播冲击力而言,富媒体广告是一种很有价值的方式。电子邮件、广告网站设计、旗帜广告、插播广告、按钮广告以及弹出式广告都可以采用富媒体技术。

2. 电子邮件广告——增加广告与受众之间的互动性

在网络世界里,通过新媒体渠道,可以广泛传播各地的本土文化以及各种广告信息。随着网络新技术的普及,电子邮件广告也逐渐普及并发展起来。电子邮件广告种类较少,只有两种:一是在邮箱页面出现广告,二是以邮件形式将广告发送到邮箱。现在,广告主越来越注重互动性,认为其在广告的传播过程中占据很重要的地位,而对填充式的信息灌输越来越远离,这样能使受众在轻松的氛围中接受广告所传达出来的信息。与此同时,广告主还很重视链接网页的设计感。电子邮件广告也是这样,它可以邮件广告与互动广告相结合的形式给用户带来有趣的体验。

3. 搜索引擎广告发布平台——有效传播广告信息

Google、雅虎、百度以及新浪等搜索引擎已经成为大众生活的一部分,通过网站推广发布和搜索的广告信息也越来越获得人们的认可。越来越多的网民由于搜索引擎而改变以往对于互联网的使用习惯,不再是被动地接受网络传递过来的信息,而是通过搜索引擎去主动寻找自己想要的信息。这也正是广告主的商机所在。利用网名对关键词的搜索,搜索引擎将网民所需要的信息进行分类,从而将与关键词相关的企业链接显示在页面一侧,通常情况下会选择纯文本形式,这促进了广告信息的传播。

(三)体验类新媒体广告

要了解体验类新媒体广告,先要了解体验经济。体验经济是从消费者的心理感受出发,为消费者设置特定的体验场景,使消费者具有切实的产品消费体验,以此促进销售。比如耐克运动城、宜家家居、全聚德烤鸭店、淑女屋、谭木匠、星巴克咖啡厅等各种主题终端层出不穷,它们以其新奇、个性的情景设计和独特、生动的氛围刺激消费者的感官,带给消费者与众不同的情感和心理体验,产生着巨大的终端吸引力和消费力。

体验类新媒体广告,则是利用新媒体广告可以营造虚拟、逼真的消费场景的特点,使消费者能更多地获得广告产品的真切体验,导向相应的消费。它一般设置于品牌终端店的视频、品牌网站上的产品陈列室、网络上的品牌商店以及商业电视频道的专题栏目。如在安踏品牌官方网站上,有各种产品的展示、模特穿着效果、设计理念、面料材质说明、标价等构成的体验空间,还设置有互动专区以便与消费者进行及时的互动沟通,成功地为消费者提供了一个立体虚拟性的体验性场景。

(四)暗示类新媒体广告

暗示类新媒体广告,指的是充分尊重人们对于新媒体的关注、运用的特点,在不妨碍人们进行相关信息接收的前提下，巧妙地植入有关产品/品牌信息，以对受众进行无意识的熏陶与影响，从而达到在新媒体上进行品牌传播的效果。此类新媒体广告一般是按照以下三类较为明显的方式呈现。

1. 植入式广告

植入式广告的空间是相当广泛的，电影、电视剧、娱乐节目、网络游戏中均可植入。最常见的几种广告信息植入有品牌商品、品牌标识、品牌名称、店面名称、企业吉祥物等。

2. 公关新闻

任何新闻稿都是对特定事实的真实反映，品牌的公关活动往往形成一个特定的媒体事件，从而在网络新闻中频频出现，以供浏览者阅读，正面传播品牌信息。例如，奇瑞汽车公司在其第100万辆汽车下线时，抓住这是我国自主品牌汽车产量达到100万辆的新闻事实，进行相应的公关活动与信息发布，并形成了数百篇新闻稿件发表在报纸、电视、网络上。这一长久的沉淀活动一直在人们的舆论范围之内，使得受众接受了它的品牌信息，达到了良好的传播效果。

3. 博客传播

博客是现代媒体环境下由个人撰写，在网上传播的网络日记。博客传播颠覆了现有的新闻媒体，彻底改变了目前新闻媒体点对面的、单向的垄断或精英传播，形成一个交互的、集市式的、由大众控制的传播时代。任何个人的博客文章，都可能通过博客网主页推荐、个人网页链接、博客文章转载、网络搜索、人际交流互动、社区圈子接受、纸媒二次出版等方式获得传播。因此，博客也就必然成为营销的传播工具，直接或间接发布各类个人信息，并且予以答疑咨询，从而实现了企业零成本品牌传播，并引发相应的销售。由于博客的内容必须真实具体，具有可读性和个人色彩，品牌传播的因素隐藏其中，博客成为暗示类新媒体广告的载体也不足为怪了。

二、新媒体环境下互动广告创意设计的基本要素

新媒体的数字化、互动性和时空自由性的三个特征，为互动广告设计的蓬勃发展提供了必要的技术支撑，使互动广告创意设计从传统媒体环境下简单的情景互动设计中解放出来，更多地延伸到网络广告这一领域，并在技术上更加依赖计算机系统和数字信息处理技术。在传播机制上，将互动这一环节由传统媒体中单向输出到受众接收再到反馈，变成网络上双向和多向的交互式沟通，凸显了互动的本质意义，提高了传播效果。这种以交互式沟通为本质的互动广告创意设计必须包含以下几个基本要素：

（一）互动机制

在进行互动广告设计之前，首先应该确立一套完整的互动机制，包括互动目标的确立、互动内容的构想、互动媒介的选择和互动效果的预测四个方面。

1. 互动目标的确立

非互动性的广告创意构思一般以单向传播为主,而互动广告创意则要改变创意视角,从受众的角度进行切入,考虑受众在互动的过程中能够注意到或者体验到什么,以此为目标进行逆向思维的创意。

2. 互动内容的构想

这是互动机制中最重要的部分。互动内容的构想直接影响到互动效果的好坏,这就要求在构想互动内容时必须突出受众最感兴趣的信息,加强互动创意的趣味性、情节性和规则性。

3. 互动媒介的选择

即选择何种媒介承载创意以达到最好的传播效果。例如要想达到及时快捷、受众明确的目的,就可以选择手机媒体;咨询式互动广告则适合在数字电视上投放;而一些文本链接式的或浮动广告则多选择在网络上投放等。

4. 互动效果的预测

在创意进行投放之前,结合目标受众对互动可能引起的反响进行简单的预估,可以参考相关类型的互动广告的效果,也可以在投放之前进行问卷调查,结合客户数据进行系统分析。

(二)体验式设计

体验是受众在互动过程中呈现的一个主观状态,即不管最后受众是否被广告所影响产生购买行为,他都已经参与了这个过程,并获得了一定的感受。而不可否认,受众的体验感越深刻,所获得印象也就越深,广告效果也就越明显。就像斯科特·麦克凯恩曾经提出:"创造一种独特的氛围,用一种令人感到赏心悦目的方式来提供服务,你的顾客为了这种舒适的过程而愿意为之付费。"这就要求体验式设计应该以受众视角为第一视角,通过创建情景、塑造氛围,使受众能够在这个情景中展开活动,获得感官上的刺激和情感上的体验。在这个活动过程中需要提供给受众足够的信息和逼真的细节,这样顾客才会在获得主观感受的同时,注意到产品的特性和品质。

(三)个性化

在新媒体环境下,互动广告创意的极致就是关注到每一类受众中的每一个独特的个体,从而展开极具个性化诉求的创意。这种个性化往往体现在互动形式的个性化。例如,三星GALXY手机在街头展开了一系列个性化的互动设计,即路人只要在各种干扰下盯住屏幕一定时间即可获得三星手机一部。类似的设计在国外很常见,在人来人往的街心,面对众人的旁观,感应式的互动机器会对你提出各种让你瞠目结舌的个性化要求,如跳舞、跪拜,无不引发众人好奇和惊叹,在彰显个性化的同时也达到了互动广告创意设计的目的性。

(四) 人性化

传统媒体环境下衍生出的"传者中心论",使信息发布者很难照顾到受众的感受。而新媒体的普及使得每一位受众都成为了潜在的焦点,由此,当前环境下的广告更多地关注到受众本身的感受和态度。对于互动广告而言,要使受众获得愉悦的体验和难忘的感受,就必须在设计过程中充分利用人性化元素,无论是界面设计、活动规则,还是操作流程、情节设计,都要考虑到以受众为中心,以他们的可参与性、可操作性和舒适性等因素为首要前提。

(五) 震撼力

虽然早在2007年就有人用SPT理论(即可搜索性、可参与性和可标签化原则)更新了原有的"ROI"创意评价标准,但在这个充斥着各色广告的今天,互动创意的震撼力和吸引力依然不可或缺。这种震撼力是以往传统互动广告所不能及的,传统意义上互动广告的新颖性主要依靠视觉就可以完成,而新媒体环境下的互动广告不仅仅需要数字技术的支持,且需要受众的视觉听觉和肢体的参与。这种互动下的震撼力是触及整个身体和思维的,受众会惊讶于互动过程中技术带来的独特体验,会好奇,会思考,会有喜悦和紧张感。因此,一则优秀的互动设计应该以完备的技术和适度夸张的表现设计为基础,带给受众从未有过的震撼力。

本章关键概念

新媒体广告 (new media advertising)
艺术表现手法 (artistic expression methods)
设计方法 (designing methods)
多媒体设计 (multimedia design)
硬广告 (hard advertisement)
软广告 (soft advertisement)

本章思考题

1. 新媒体广告的艺术表现手法有哪些?
2. 新媒体广告的设计方法有哪几种?
3. 新媒体发展对广告设计有何影响?
4. 新媒体广告的多媒体设计包括哪些?

本章推荐阅读书目

《新媒体广告经典评析》
作者:张家平
出版社:学林出版社
出版年:2010 年
内容简介:

本书汇集平面广告、影视广告、网络广告以及其他新媒体广告并进行评析,选编的广告涉及许多国家和地区,时间跨度较大。

本书沿用《平面广告经典评析》的基本体例,所选广告内容也更加丰富。

本书为广告学专业师生教学及爱好广告人士欣赏广告提供参考。

本章参考文献

[1] 张德,吴剑平.企业文化与 CI 策划[M].3 版.北京:清华大学出版社,2008.
[2] 涂伟.CI 设计[M].武汉:华中科技大学出版社,2006.
[3] 高丽华.新媒体经营[M].北京:机械工业出版社,2009.
[4] 涂欢.CI 品牌设计实用手册[M].北京:中国建筑工业出版社,2011.
[5] 张文涛.论现代设计设计中的意境之美[D].南京:南京师范大学,2013.
[6] 刘琦炜.现代标志设计中的符号性研究[D].长春:长春工业大学,2012.
[7] 舒永平.品牌聚合传播[M].武汉:武汉大学出版社,2008.
[8] 梁勇.VI 设计原理与实践[M].北京:印刷工业出版社,2012.

CHAPTER 7 第七章 新媒体的选择与组合

本章导言

1. 了解媒体价值的概念以及媒体评估的范围。
2. 认知媒体评估的量化指标。
3. 理解媒体评估的投资效益评估指标。
4. 理解影响新媒体选择的因素。
5. 掌握新媒体选择的方法和原则。

本章引例

耐克:跑了就懂

案例回顾:

人为什么要跑步,为什么爱跑步?每个跑者都有不同的答案。有人因为跑步而忘记年龄带来的障碍,有人因为跑步而"看"到了世界,有人因为跑步发现不一样的自己,有人因为跑步而真正得到快乐。坚持奔跑的理由是什么?由W+K上海为耐克打造的全新campaign告诉你——"跑了就懂"!(见图7-1)

图7-1 耐克"跑了就懂"活动广告

2013年11月13日,耐克正式推出全新JUST DO IT市场活动"跑了就懂",借由一支由60秒的主体广告《跑》(The Run)和五支跑者访谈短片所组成的互动式广告,讲述74岁跑者孙更生、台北街头路跑俱乐部、香港盲人跑者傅提芬、上海复旦三姐妹和跨栏世界冠军刘翔等人的跑步初衷以及跑步对他们生活和生命的改变。

广告短片《跑》中,镜头追逐着不同跑者在向前奔跑的背影;或是在林间小径中稳步前进的老者,抑或是在公园中齐头并进的父亲和小女儿,也有牵着领跑者的手环奔跑的失明跑者,还有不顾他人好奇的目光,身着卡通服装穿梭在城市中的跑团,而久未露面的刘翔也在广告片的后段悄悄现身了一回。

据了解,这是耐克大中华区首次以单一运动"跑步"作为JUST DO IT市场活动的故事主轴,一并挖掘各种或精彩或感人的跑步故事。同时,围绕"跑了就懂"的主题,耐克推出微信、微博平台的网络互动并赞助了2013上海国际马拉松赛事,甚至专门开通一个Nike+Run Club微信服务账号,提供跑步贴士、训练计划、选鞋指导、跑步路线、跑步活动、NIKE+常见问答,旨在建立起一个微信平台上最好的跑者社区。

此外,自2013年11月24日起,在上海耐克淮海品牌体验店、北京三里屯耐克跑步品类体验店、耐克广州品牌体验店,消费者将可在店头拍摄"为何而跑"的海报,海报可以在店头进行现场打印,或由消费者进行微博分享。而通过这一系列线上线下的活动,耐克也借由"跑步"点燃了这个冬天的营销之战。

案例点评:

在今天,没有创意、没有互动、没有实际数据支撑的营销都不能称之为上乘之作,但这还不是全部。耐克这个案例最显要地体现了从产品延伸向服务的"互联网思维",贴近中国用户习惯,用微信公众号的优质内容及活动,服务于目标人群,用科技感十足的实用工具——APP,来服务于深度的体育爱好者。

更重要的是在媒体安排上,耐克的推广选择立体多面,层次清晰,大大加强了耐克品牌的"人格化"魅力,使其变成一个更善于与你做"沟通"的对象。在营销为用户创造新价值方面,服务即营销,完全适应了自内而外的自传播特征,而内容与活动,包括产品,都在加强与用户的情感关联。

知识要求

了解在新的市场环境和媒介环境下不同媒体的特性;理解和掌握评估不同媒体的各项指标;理解影响具体媒体选择和组合的因素。

技能要求

洞察各类媒体的基本特性;熟练及理解和掌握评估媒体的各项具体指标;在此基础之上合理地选择媒体以及进行媒体组合。

第一节 新媒体的商业价值

一、媒体商业价值与价值评估

广告是一种商业运作,它对媒体的选择恒定的标准就是媒体商业价值的高低,即通过媒体的选择,实现其商业利益的最大化。

在广告市场的形成和广告产业的发展中,广告行业经历了由自发到自觉的过程。在这一过程中,作为产业形态出现的广告,其形成要远远迟于广告活动本身。广告最初只是个人化的零散行为,现代经济逐渐发展起来后,分工不同的专业化广告运作机构的出现和参与,意味着广告市场的形成和广告产业的确立。广告媒体作为重要的广告经济角色和利益分工环节,在广告运行和广告产业发展中的作用是十分重要的。

广告行业出现专业化分工至今共经历了四个发展时期:早期的版面销售时期,版面掮客时期,广告公司技术服务时期,全面代理时期。这四个阶段的发展中,广告主、广告公司和广告媒体之间开始形成多元化组合和多种经营机制。

在广告市场中,广告主发起广告活动,付出一定代价,与广告公司之间产生交换;广告公司承揽业务,制作广告作品,通过代理行为与广告媒体交易;广告媒体出卖时间和版面,发布广告信息,传达给消费者,从而完成广告交易过程。其中,广告主担负的角色是"买方";广告公司则以其市场行为(专业化广告代理)而居于核心地位;在规范化的广告市场运行中,广告媒体成为广告信息的发布者。广告媒体是广告媒体资源的供应者,通过出卖版面和时段,来获取经济效益。

广告媒体的运作,影响着整个广告传播过程的质量。广告媒体对广告运作的参与,体现了广告运作的专业化和产业性;广告媒体与广告主、广告公司之间形成的经济关系,成为广告市场经营和广告产业效益的重要体现;广告主和广告公司对广告媒体的购买和利益付出,也使广告媒体在广告市场中的商业价值得以凸显。

在成熟的广告市场发展中,媒体的商业价值主要是通过广告主、广告公司以付费的方式体现出来的。最典型的表现,就是在广告代理机制中对媒体的投放与购买。

广告市场的交换过程中,首先交换的是广告作品。这一交换过程发生于广告主和广告公司之间,并由广告主支付费用,由广告公司制作和提供广告作品。这是广告运作与交换的第一个环节,接下来,广告信息必须通过发布才能实现其价值。于是,新的交换环节产生,这一环节在广告媒体与广告公司及其代表的广告主之间发生。在广告代理制中,广告媒体用于交换的商品是其版面和时段,广告公司以佣金制等方式来购买这部分商品,也就是说,以付费的方式,购买广告媒体的商业价值。

这一过程充分体现了媒体的销售价格与媒体价值的关系。而媒体的商业价值,本质就在于其商业传播效果。

值得注意的是,由于媒体的商业价值是通过出卖其版面或时段而体现出来的,这也就意味着,这一商业价值具有特殊性。这一特殊性,表现在版面或时段这些媒体商品的特殊性上,即它们具有有形商品价值和无形商品价值的双重性。广告公司购买媒体的行为结束,有形的市场行为也就结束。这之后,事实上又发生了第三个交换行为,即媒体所发布的广告信息与消费者之间的交换:一方面,媒体向受众传播信息;另一方面,受众接收、选择和记忆广告信息。到此,媒体的价值才最终得以实现。

这一过程,充分体现了媒体价值是作为一种关系而存在的。媒体价值就是一种关系,对此有价值不一定对彼有价值。因此,在衡量媒体商业价值的时候,就存在着实际操作上的复杂性。

这就意味着,对广告媒体商业价值的衡量,不仅仅是就媒体版面等定价,依靠通行的评价指标来完成。在广告媒体商业价值的实际评估中,应充分考虑到媒体价值考量的复杂性与可变性。媒体自身的发展状况、媒体与受众的复杂关系、市场状况与消费趋势,都应成为媒体商业价值评估中的重要因素。

现代广告市场中,购买媒体资源,首先要进行媒体商业价值的评估。其评估通常会依据一套完整的评估指标体系。这一指标体系包括媒体量化评估指标、媒体质性评估指标、媒体效益评估指标。除此之外,考虑到媒体信息商品的特殊性,也应该对媒体实际的传播状况予以考虑。

二、新媒体价值评估

新媒体是相对传统媒体而产生的,其内涵和外延都在不断地发展演变着。目前,新媒体主要包括三大类型:

(1)基于互联网的数字媒体,如门户网站、数字杂志、搜索引擎等;

(2)基于移动互联网的数字媒体,如无线门户、手机报、手机游戏等;

(3)基于广电网络的数字媒体,如数字电视、户外数字媒体等。

新媒体是在技术、用户需求和企业商业利益诉求三方面因素推动下而产生的。技术作为基础的"生产力",促进了新的媒体形态诞生;用户需求则使新媒体得以普及应用,体现了其传播价值;企业对商业利益的追求既促进了新媒体的丰富,又进一步提升了新媒体的商业价值。

由于新媒体与传统媒体在传播形态、内容和服务提供、反馈与互动、商业模式融合与创新、提高投入回报等方面存在根本性的区别,因此必须建立区别于传统媒体的新媒体商业传播价值评估体系,以对新媒体的商业传播价值进行全面把握,为广告和营销投放提供参考与判断依据。

（一）新媒体评估的范围

媒体评估最早从西方社会兴起。针对报纸、杂志的发行量，成立了 BPA、ABC 等协会，专门对报纸和杂志的发行量进行监测。二战以后，电视逐步为社会大众所接受。20世纪五六十年代，英美等国就开始了电视节目的评估工作，而到了七八十年代，比较成熟的、受到普遍认可的电视节目评估体系、方法和手段逐步确立。而 AC·尼尔森等专业电视收视率调查和评估公司的成立，对电视台进行节目质量评估、择优汰劣、改善节目质量、提升观众满意度、传播社会文化等起到了重要作用，也推动了电视产业的良性发展。

总体来说，对媒体的评估可以从三个维度进行：

（1）量的方面，即报纸和杂志的发行量、广播的收听率、电视的收视率、网络媒体的点击率等；

（2）质的方面，即对内容编辑定位、内容评估、节目编排等的评估；

（3）媒体的投资效益，即媒体的商业传播价值、广告价值。

随着新媒体的兴起，对新媒体的评估工作也迅速展开。由于新媒体具有明显的数字技术特性，因此从技术手段上对新媒体的评估迅速发展并且比较成熟。具体来说，从"量"的角度对新媒体进行评估已经比较成熟，一些工具、软件和方法基本成熟，而从质、投资效益等方面对新媒体的评估目前还并没有成型的方法和理论体系。

表 7-1 媒体价值评估一览表

	报纸	杂志	广播	电视	新媒体		
					基于互联网的数字媒体	基于移动互联网的数字媒体	基于广电网络的数字媒体
量化评估	发行量认证	收听率调查	收视率调查		流量统计	流量、下载量统计	用户量（受众量）、收视率
质性评估	内容编辑定位	内容评估节目编排			内容评估	内容评估	内容评估节目编排EPG 设计
投资效益评估	商业传播价值广告价值					商业传播价值广告价值投资效益评估	

（二）新媒体评估体系的建立

新媒体商业传播价值指新媒体作为媒体传播渠道，为社会和广告主所带来的效益。这种效益体现在两方面：为社会带来效益，以传播价值的形式体现；为广告主带来效益，以商业价值的形式体现。

通过对新媒体商业传播价值的评估，可以全面评判新媒体的社会效益和经济效益，为广告主的广告投放、公关人士的媒介选择以及社会大众的媒体评价带来参考标准。以下是在进行新媒体评估体系建立时需要考虑的设计原则。

1. 全面、科学评估

对新媒体商业传播价值的评估要体现出全面性与科学性,既要体现出新媒体的媒体特征,又要反映出其商业价值。传播价值方面,要体现出新媒体在社会认知、用户对新媒体的使用、传播和投放方式等方面的特点;商业价值方面,要体现出新媒体具备商业价值基础(被社会所信任)、能为新媒体营销主带来较好的回报等。

在指标体系设计全面的基础上,更要注重指标体系的科学性,以动态发展的眼光来确定合适的指标体系,使指标体系既具有现实可评估性,又具有发展预测性,即能在相对较长的时间内,对新媒体的商业传播价值进行评估。

2. 定性与定量相结合

整体来看,新媒体产业处于快速发展的成长阶段,因此对其商业传播价值的评估应当注重定性与定量评估相结合。通过定量指标反映目前新媒体商业传播价值的体现程度,通过定性指标反映出专家对新媒体商业传播价值潜力的预测。

因此,我们可以基于已有媒体商业传播价值评估体系,通过专家、行业领袖访谈的方式对指标体系进行调整,制定出新媒体商业传播价值评估指标体系。

3. 遵循四大原则

评估体系建立的过程中,必须遵循四大原则,以保证指标体系的科学性、完善性。

1) 科学性原则

建立指标体系评估的目的在于对新媒体商业传播价值进行科学评估。因此,必须确保评价指标在理论上站得住脚,有客观的依据和来源。同时,指标必须在成熟理论基础上进行创新性丰富,以反映客观实际情况。

2) 系统性原则

根据评估的目的和对象建立指标体系,必要时可以建立多套指标体系。指标间互相联系和互相制约,同一层次指标尽可能界限分明,排除相关性,体现出较强的系统性。保证评价体系中的每一个指标都有明确的内涵和科学的解释。要考虑指标遴选、指标权重设置和计算方法的科学性。

3) 可操作原则

确保被选择的指标简单、实用、可重复验证。确保评价指标体系繁简适中,计算方法简单可行,数据易于获取,且不能失真,严格控制数据的准确性和可靠性。而且对于评价结果,其他任何机构和个人都可以按照同样的程序复核。

4) 导向性原则

确保被选择的指标具有持续性、导向性功能。

三、新媒体商业价值的量化评估

在衡量媒体是否适合营销策略和广告策略的要求时,媒体策划人员通常会考虑到媒体的属性风格、受众特性、时间性和地域特性、广告时段或位置以及媒体成本等多方面因素。但是如果没有测试结果作为参考,赖以制定媒体策略的决策依据就容易失之于主观。因而量化媒体价值的客观测量是极其重要的。

对媒体的广告价值的量化评估,一般可以从以下评估内容着手:媒体能到达的目标受众的数量、媒体广告到达目标市场的千人成本的高低。对媒体的量化评估,按以上评估尺度,取得相应媒体量的价值总数及其构成情况,使媒体策划人员可以明确媒体影响受众的能力,这些可作为衡量备选媒体是否适合广告传播策略和能否收到预期效果的重要依据。

(一)数字新媒体的量化评估

当前对于数字媒体商业价值的量化评估并没有形成统一的认识和标准,但由于数字媒体具备传统电视和网络媒体的双重特性,因而在对其商业价值量化评估时可参考传统电视评估指标和网络媒体评估指标的结合。

1. 开机率(Using TV)、收视(听)率(Rating)、节目视(听)众占有率(Audience Share)

1)开机率

指在一天中的某一特定时间内,拥有电视机(或收音机)的家庭中收看(或收听)节目的人数(或户数)占总人数(或总户数)的比例。开机率可以运用在分析整体家庭收视习惯方面,也可以分析各不同收视人群在收视习惯上的差异。开机率的高低,因季节、一天中的时段、地理区域以及目标市场的不同而有所差异。

2)收视(听)率

指在一定时间内,收视(听)某一特定电视节目(或广播节目)的人数(或家庭数)占拥有电视机(或收音机)的人数(或家庭数)的比例。收视(听)率为电波媒体最重要的术语,广告主与广告公司主要依据收视(听)率来选择媒体载具。

收视(听)率的高低主要由以下因素决定:

(1)节目播出时间段。各时间段大概有多少人,哪些人在收看、收听节目,这些数字是相对稳定的。

(2)节目本身的影响力。如节目策划、制作的水平,主持人的名气等因素影响节目的受欢迎程度。

(3)节目本身的受众群大小。某些专业节目的特定受众群大小影响视(听)众数量。

(4)节目编排。如前后节目的相互影响,强档带动弱档提高节目收视率。

实际操作中,在研究收视(听)率的基础上,还要特别强调对象收视(听)率。所谓对象收视(听)率,指的是所确定的品牌对象消费群的收视(听)率。计算方法是用暴露于特定节目中的人数除以所有对象消费群人口数。对象收视(听)率的确定为选择媒体载具提供了更贴切的依据。

3)节目视(听)众占有率

指在一定时间内,收看(或收听)某一特定节目的人数(或家庭数)占总开机人数(或家庭数)的百分比。

开机率、收视(听)率、节目视(听)众占有率的关系可以用如下公式来表示:

$$收视(听)率 = 开机率 \times 节目视(听)众占有率$$

2. **总收视(听)率(Gross Rating Points,GRP)、视(听)众暴露度(Impressions)**

1)总收视(听)率

指在一定时期内,某一特定的广告媒体所刊播的某广告的收视(听)率总数。电视媒体可以从收视率乘以播出次数得到,印刷媒体可以从到达率乘以刊出次数得到。如某一电视节目的收视率为60%,广告每月播出4次,则它的总收视率为240%。

2) 视(听)众暴露度

指特定时期内收看(或收听)某一媒体或某一媒体特定节目的人数总和。如某一报纸的到达人数为20万人,广告每月发布6次,则视(听)众暴露度为20万人×6次/月=120万人次/月。

3. 到达率(Reach)、接触频次(Frequency)、平均接触频次(Average Frequency)和接触频次分布(Frequency Distribution)

1) 到达率

指在一定的期间内,暴露于任何广告媒体至少1次的非重复性人口比率。

2) 接触频次

指在一定时间内(通常4周),接触广告的受众的接触次数。

3) 平均接触频次

指在一定时间内(通常4周),接触广告的受众中平均每个人的接触次数。

4) 接触频次分布

指对受众的不同接触频次用百分比进行统计分析,来反映不同接触频次数受众的分布状况。如接触频次分布显示30%的读者看过1~2次广告。

在运用上,通过对广告的到达率和接触频次的研究,反过来分析媒体在不同市场的不同的投放量,以及应该接触的人口数及在一定时间里应该传达的频次,以尽量减少媒体投资的浪费。

(二) 网络新媒体的量化评估

随着网络技术的发展,未来会出现更多网络广告的投放途径和方式。网络媒体细分化的趋势会越来越明显,广告媒体决定了广告传播的影响范围和准确程度。在媒体投资讲究效益的当下,如何选择最合适的网络媒体是广告主最关心的问题。在选择网络媒体之前,首先要了解如何进行网络媒体评估。对于网络媒体的量化评估主要有以下几个重要的评估指标。

1. 广告曝光次数(Advertising Impression)

广告曝光次数是指网络广告所在的网页被访问的次数,这一数字通常用Counter(计数器)来进行统计。假如广告刊登在网页的固定位置,那么在刊登期间获得的曝光次数越高,表示该广告被看到的次数越多,获得的注意力就越多。但是,在运用广告曝光次数这一指标时,应该注意以下问题:

第一,广告曝光次数并不等于实际浏览的广告人数。在广告刊登期间,同一个网民可能几次光顾刊登同一则网络广告的同一网站,这样他就可能看到了不止一次这则广告。此时的广告曝光次数应该大于实际浏览的人数,并不是相等。还有一种情况就是,当网民偶尔打开某个刊登网络广告的网页后,也许根本就没有看上面的内容就将网页关闭了。此时的广告曝光次数与实际阅读次数也不相等。

第二,广告刊登位置的不同,每个广告曝光次数的实际价值也不相同。通常情况下,首页比内页得到的曝光次数多,但不一定是针对目标群体的曝光;相反,内页的曝光次数虽然较少,但目标受众的针对性更强,实际意义更大。

第三,通常情况下,一个网页中很少刊登一则广告,更多情况下会刊登几则广告。在这种情形下,当网民浏览该网页时,他会将自己的注意力分散到几则广告中,这样对于广告主的广告曝光的实际价值到底有多大无从知道。总的来说,得到一个广告曝光次数,并不等于得到一个广告受众的注意,只可以从大体上来反映。

2. 点击次数(Click)与点击率(Click Through Rate,CTR)

网民点击网络广告的次数就称为点击次数。点击次数可以客观准确地反映广告效果。而点击次数除以广告曝光次数,就可得到点击率,这项指标也可以用来评估网络广告效果,是广告吸引力的一个指标。如果刊登这则广告的网页的曝光次数是5000,而网页上的广告的点击次数为500,那么点击率是10%。

点击率是网络广告最基本的评价指标,也是反映网络广告最直接、最有说服力的量化指标,因为一旦浏览者点击了某个网络广告,说明他已经对广告中的产品产生了兴趣。与曝光次数相比,这个指标对广告主的意义更大。不过随着人们对网络广告的深入了解,点击率这个数字越来越低。因此,在某种程度上,单纯的点击率已经不能充分反映网络广告的真正效果。

3. 网页阅读次数(Page View)

浏览者在对广告中的产品产生了一定的兴趣之后进入广告主的网站,在了解产品的详细信息后,他可能就产生了购买的欲望。当浏览者点击网络广告之后即进入了介绍产品信息的主页或者广告主的网站,浏览者对该页面的一次浏览阅读称为一次网页阅读。而所有浏览者对这一页面的总的阅读次数就称为网页阅读次数。这个指标也可以用来衡量网络广告效果,它从侧面反映了网络广告的吸引力。广告主网页阅读次数与网络广告的点击次数事实上是存在差异的,这种差异是由于浏览者点击了网络广告而没有去浏览阅读点击这则广告所打开的网页所造成的。目前由于技术的限制,很难精确地对网页阅读次数进行统计,在很多情况下,就假定浏览者打开广告主的网站后都进行了浏览阅读,这样的话,网页阅读次数就可以用点击次数来估算。

4. 用户数(Users)与访客量(User Sessions)

用户数是指单位时间内访问某一站点的所有不同用户的数量,一般由访问的客户机确认。因此会存在着如下的情况,即通过同一服务器的不同访问者会被认为是同一个用户,这种情况会导致实际访问人数的低估。一个用户访问一个站点的全过程,被视为一个 User Session。在一定时间内所有的 User Session 的总和称为访客量。

5. 访问次数(Visits)

这一指标将访问者点击进入一个网站后,在系统规定的时间内连续进行的一系列点击计为一次 Visit。但由于网上数据是以数据包的形式传送,而不是持续连接,所以当访问者超过系统规定的时间没有再次点击要求传送数据,下一次点击将被视为另一次访问的开始。因此,在统计上可能存在着重复计算的情况。尽管这一指标有其局限,但比点击率、点击次数、网页阅读次数等指标都更接近实际访问人数。

6. 转化次数(Conversion)与转化率(Conversion Rate)

网络广告的最终目的是促进产品的销售,而点击次数与点击率指标并不能真正反映网络广告对产品销售情况的影响,于是,引入了转化次数与转化率的指标。

转化率最早由美国的网络调查公司 Ad Knowledge 在《2000年第三季度网络广告调查报告》中提出的。"转化"被定义为受网络广告影响而形成的购买、注册或者信息需求。那么,我们推断转化次数就是由于受网络广告影响所产生的购买、注册或者信息需求行为的次数,而转化次数除以广告曝光次数,即得到转化率。

网络广告的转化次数包括两部分,一部分是浏览并且点击了网络广告所产生的转化行为的次数,另一部分是仅仅浏览而没有点击网络广告所产生的转化行为的次数。由此可见,转化次数与转化率可以反映那些浏览而没有点击广告所产生的效果,同时,点击率与转化率不存在明显的线性关系,所以出现转化率高于点击率的情况是不足为奇的。

但是目前,转化次数与转化率如何来监测,在实际操作中还有一定的难度。通常情况下,将受网络广告的影响所产生的购买行为的次数就看作转化次数。

四、新媒体商业价值的质性评估

广告主媒体投资的目的是要达到广告效果,如知名度的建立、偏好度的提高、忠诚度的巩固等,即媒体效果。因此媒体投资评估不应只关注媒体受众规模、千人成本、接触人数等关于媒体效率的因素,还应考虑那些看不见的、难以简单量化的,却与目标受众对广告信息的接受效果有直接关系的因素,如媒体的形象力、受众特性、可信度、干扰度、卷入度等因素对信息接收的影响,这就必须涉及媒体质的评估问题。

(一)媒体质的特性

所谓媒体的质,是指以目前的测定技术对各广告媒体不能测定加以量化,即使能够测定也特别困难,但实际上对媒体效果有重要影响的因素。

质化因素与量化因素最大的区别是,前者指的是广告说服的深度和效果,后者强调的是广度和成本效率。量化评估上的一个基本假设是:设定同一类别的媒体对于各广告活动都是等值的,即不同的电视节目所产出的每一个百分点收视率对任何品牌及广告活动都是同等价值,不同的刊物所提供的阅读人对所有品牌及活动也是等值的。但事实上远非如此,各种媒体在服务于广告活动时,因其所能利用的广告时机、所需时间的长短、实际的表现效果、视觉化程度、对内容的阐明能力、在受众心目中的信任度、色彩的利用、给人的印象等方面的差异,从而形成了它们品质上的不同。进一步分析上述的差异,可将其分为两类:一是广告单位方面的差异,二是媒体影响力方面的差异。

(二)新媒体质的评估项目

1. 媒体形象

即媒体本身具有的形象、地位和风格。媒体本身的形象会吸引具有相同心理倾向的受众,对类似形象的品牌或创意具有较高的媒体价值;在同类别里,媒体所占的地位也对广告传播效果有影响,领导地位的媒体对受众的说服效果也较强。因此,在形象好、地位高的网站上发布广告,就可以凭借网站的信誉和地位说服目标消费者,也有助于提高广告商的可信任度。另外,不同的网站会有不同的属性和风格,有的活跃、轻松,有的严肃、刻板。选择网站时,要注意网站风格与广告主的产品或属性相一致或接近。

2. 媒体环境

媒体本身呈现的编辑氛围是由媒体的编排设计和编辑内容创造的。如果说媒体的形象和地位是经由媒体长期传播活动的积淀而形成的话,媒体的编辑状态和氛围则更多的是由具体时空环境下的编排设计和编辑内容所决定。

受众对媒体的编辑状态、氛围的反应是与对该媒体刊播的广告信息的反应相互联系的。以数字电视节目为例,情景喜剧被设计出来产生轻松、欢笑等美好的情感,有些节目将幸福与伤感掺和在一起,而其他剧目则创造紧张与焦虑。对上述媒体氛围敏感的广告主一般会要求将他们的电视广告安排在一种能够支持其品牌和受众乐于接受的氛围中推出。如有些食品公司不允许其电视广告在不完全适合家庭受众的节目期间推出,有些公司对于在涉及争议的主题或社会问题的节目上刊播广告非常小心。

3. 媒体关注度

媒体关注度是指受众对媒体内容的关注程度。一般情况下,受众对广告的关注度与对媒体内容的关注度存在着依附关系。例如,如果网站内容的关注度较高,那么消费者收看广告的意愿也相对较高,广告平均记忆度也会提高。

4. 受众特性

不同的媒体具有不同特征的受众群,如电台广播拥有大批的开车一族作为听众,时装杂志则拥有大量的女性读者。大部分网民还是比较年轻的,具体到不同的网站,网民又会呈现出不同的受众特性。例如,同样是社交网站,"开心网"吸引了众多的年轻白领,"人人网"则汇集了学生群体。

不同网站的受众群因价值观、性格特征、兴趣取向、生活习惯等方面的特征不同,对广告信息的接触、选择也表现出相当大的差异,从而影响广告效果。总之,网站受众群的特性是否与广告目标受众特性相一致决定了广告的传播效果。当两者之间差距较大时,广告将无法集中于最有销售潜力的消费群进行诉求,广告效果自然不会理想。

5. 受众卷入度

与收视率调查关注受众"有没有"接触媒体不同,受众的卷入度评估的是受众在接触媒体时的注意状态。受众在接触广告时,他可以是全神贯注、一般的关注或者是漫不经心。

以数字电视为例,据研究,卷入度较高的节目相对于卷入度一般的节目,消费者收看广告的意愿提高了49%,广告记忆度则提高了30%。这证实了受众卷入度与广告效果之间存在正相关的关系。如果能得到确切的卷入指数,用它对传统的收视(听)率进行修正,那么就能更准确地评估媒体效果。然而,卷入度往往是相对的、经验性的,很难加以确切量化。当前数字电视用得最多的是以节目形态和节目播出时段进行划分,主观地判断各节目的卷入指数。

当然受众的差异也是一个必须考虑的因素,因为不同的受众对不同节目形态的态度不一,将导致卷入指数的差异。比如,儿童对动画片的卷入指数显然高于其他栏目,男性对体育类栏目的卷入指数也比较高。因此在确定卷入指数时必须考虑受众的性别、收入水平、年龄、教育水平等人口统计资料。

6. 广告环境

媒体的广告环境是指媒体承载其他广告呈现的媒体环境。如果媒体中其他广告都是形象较佳的品牌或品类,受连带影响,本品牌也会被归为同等形象的品牌。反之,如果媒体内都是制作粗劣、名不见经传的品牌广告,则受到连累,本品牌广告也将被归为同类。广告环境衡量的是媒体自身刊播广告的质。

广告环境评估的意义有两个方面:一方面,广告环境评估能帮助我们判断具体媒体的广告环境对我们发布广告可能产生的正负面影响。如媒体所承载的其他广告都为形象较佳的品牌或制作精良的作品,则对我们的品牌或广告活动将大有帮助;反之,若多为虚假、粗制滥造,则会反受其累。另一方面,评估媒体环境有助于了解竞争对手的媒体投放状况、营销传播策略和创意设计水平,以便广告主做出应对的策略。

7. 广告干扰度

广告干扰是指广告所占媒体的版面或时间的比率会影响到广告效果。一个媒体中广告越多,分配到某一特定广告信息的回忆就越少,这种干扰效应会导致信息提取的失败。因此,广告所占的比率越大,干扰度就越大,记忆需要的时间越长,传播效果就越低。这就如同在一个房间里说话,每个广告代表一个声音,只有一个声音时,消费者可以仔细聆听,许多人一起出声时,就会相互干扰,导致广告效果降低。所以,如果众多的广告在一定的时间里集中"轰炸"消费者,就会形成广告信息强度彼此互相干扰和抵消的现象,而相同品类的广告相互之间的干扰比不同类别的广告之间的干扰要强。

8. 相关性

相关性是指产品类别、产品品牌个性或广告创意策略等信息内容与媒体载具本身在主题上的融洽、和谐性。相关性强的广告媒体载具其受众与产品的目标市场消费人群的吻合性也越强。比如,运动类商品可以投放在体育类网站上,该类网站的用户一般都是体育爱好者,对运动类商品比较感兴趣,对该类广告的关注度也比较高。相关性的意义在于,消费者对于该类型内容的网站有较高的兴趣,他们选择接触该网站时,对网站内容的关注程度较高,广告效果也更好。

9. 连带性

连带性指的是媒体载具所承载的其他广告的品质对本品牌广告产品的影响。如媒体载具所承载的其他广告都是形象较佳或口碑较好的品牌,受其连带影响,本品牌广告也会被消费者归为此类型品牌。因此,对广告媒体连带性的把握,有助于媒体决策者评估媒体载具的广告环境,选择可提升品牌形象的具体媒体。

五、新媒体商业价值的效益评估

通过媒体量化评估与质性评估,广告媒体的价值评估就有了客观依据。在此基础上,媒体的商业价值又可以用效益指标体现出来。所谓效益指标,是衡量采用某一媒体可以获得的利益同消耗费用之间关系的指标,是媒体经济效益的量度。具体而言,就是以广告运动为需要,比较购买某一媒体所花费的费用。

(一)数字新媒体的投资效益评估

目前对于数字媒体的投资效益评估更多沿用的是传统电视的评估标准。数字媒体主要有两个基本效益指标:一个指标是千人成本,一般针对广告费成本而言;另一个指标是收视点成本,也称每毛评点成本。

1. 千人成本(CPM)

CPM等于媒体单位广告费用与到达的目标受众总数之比,再乘以1000,也就是说,媒体每到达1000人其广告花费的金额。

2. 每毛评点成本(CPRP)

以电视媒体为例,CPRP是指购买一个收视率的价值高低。CPRP等于广告片的媒体单位购买成本与收视率之比。如黄金档的广告片投放,30秒8000元人民币,该节目时间段的收视率是22%,那么其CPRP就等于363.6元。

这两个计算指标对于电波媒体与报纸媒体同样适用,严谨的算法应该有准确的到达受众人数。此外,这两个指标是在同类媒体之间进行选择时的相对比较值。而且许多情况是,某个媒体的CPM比另一个媒体的CPM低,并不完全意味着它的价值就一定比另一个高。因为还有是否针对目标群体,以及媒体其他的相关因素对广告传播的影响等问题。

(二)网络新媒体的投资效益评估

网络广告的最终目的是促成产品的销售,那么广告主最关注的是基于媒体发布的广告影响而获得的收益。我们知道,收益是广告收入与广告成本两者的差,因此,对于网络媒体投资效益评估主要包括以下几个指标。

1. 网络广告收入(Income)

顾名思义,网络广告收入就是指消费者受网络广告刊登的影响产生购买而给广告主带来的销售收入。其计算公式为:

$$\text{Income} = P \times N_i$$

其中,P表示网络广告所宣传的产品的价格,N_i表示消费者i在网络广告的影响下购买该产品的数量。这一结果看似很简单,但是要得到准确的统计数字,还是具有相当大的难度,主要原因有:

(1)产品销售因素的复杂性。网络广告只是影响产品销售的一个因素,产品的销售是诸多因素共同作用的结果,其中有产品的质量、价格等,还涉及很多难于统计计算的消费者消费习惯等因素,甚至还要受到其他广告形式的促销作用的影响。因此,很难界定多少销售收入的变化是由于网络广告所引起的。

(2)网络广告效果的长期性。网络广告对产品销售的影响是长期的,有些网络广告的影响要经过一段时间才能体现出来。如果不考虑网络广告的这个特点,只通过产品销售的数据来评估网络广告的效果,这种评估就是不科学、不准确的测定。

(3)电子交易手段的落后性。电子商务在我国的发展比较滞后的现状,在很大程度上成为影响网络广告经济效果评估的障碍。网民在网上浏览后决定要购买产品时,由于电子支付手段的限制,不得不转到现实购买场所去实现。这样在效果评估时,就很难弄清楚网络广告所产生的购买数量。

2.网络广告成本(Cost)

目前有以下几种网络广告的成本计算方式。

1)千人印象成本(CPM)

千人印象成本是指网络广告所产生 1000 个广告印象的成本,通常以广告所在页面的曝光次数为依据。它的计算公式很简单:

$$CPM=总成本/广告曝光次数\times 1000$$

CPM 是目前应用最广,也是使用起来最简单的指标。广告主投放网络广告的费用是一个明确的数字,而广告曝光次数是由 ISP(互联网服务提供商)或 ICP(互联网内容提供商)直接提供的,所以 CPM 能够很容易地计算出来。然而 CPM 的真实性要受到质疑,这是因为广告曝光数字是由 ISP 或 ICP 提供的,他们为了宣传其网站经营效益,必然要夸大曝光数字。这样,网络广告 CPM 的客观性要降低,不能真实地反映网络广告的成本。

2)每点击成本(CPC)

所谓每点击成本就是点击某网络广告 1 次广告主所付出的成本。其计算公式为:

$$CPC=总成本/广告点击次数$$

CPC 也是目前常用的指标。这一数据的产生是基于点击次数计算出来的,而点击次数除了 ISP 或 ICP 提供外,广告主是可以自己来进行统计的。所以,利用 CPC 在一定程度上限制了网站作弊的可能,在很大程度上提高了评估的准确性。但是如果一个浏览者点击了广告而没有进行下一步的行动就关闭了浏览器,那么广告效果只是停留在曝光上,CPC 的数值就比实际情况偏小,这是不科学的。

3)每回应成本(CPR)

所谓每回应成本即对不同节目,每购买一个收视率(点)所需花费的金额。

利用网络访问者的回应(可以是在线填表、发出电子邮件等)次数来衡量网络广告的效果。交互直接是网络媒体相对于传统媒体的一个技术优势,通过电子邮件或在线填表及时地收集和汇总受众的需求和意见,及时地反馈给企业,实现企业与受众之间的信息交流。从这个意义来说,CPR 指标衡量网络广告效果更加准确。CPR 指标比较适合那些具有促销性质的广告,对于那些网上的企业形象广告则不太适合。

4)每行动成本(CPA)

所谓每行动成本就是广告主为每个行动所付出的成本。其计算公式为:

$$CPA=总成本/转化次数$$

如,一定时期内一个广告主投入某产品的网络广告的费用是 6000 美元,这则网络广告的曝光次数为 600000,点击次数为 60000,转化数为 1200。那么这个网络广告的千人印象成本为：
$$CPM = 6000/600000 \times 1000 = 10(美元)$$
这个网络广告的每点击成本为：
$$CPC = 6000/60000 = 0.1(美元)$$
这个网络广告的每行动成本为：
$$CPA = 6000/1200 = 5(美元)$$

由于 CPM 和 CPC 两个指标都存在一定的局限性，所以有人提出了 CPA 指标。CPA 指标对于广告主是最有借鉴意义的，因为网络广告的最终目的就是促进产品的销售，这是通过消费者的行动来实现的。但是由于目前技术的限制，很难将那些在网络广告的影响下产生实际行动的数字准确地统计出来，所以这个指标应用起来受到了很大的限制。

对广告媒体商业价值的评估是十分复杂的。要想完善广告媒体商业价值的评估，除实现媒体量化指标、质性指标与效益指标的综合评估外，还应综合考察诸多方面的变量。如媒体受众结构、媒体影响力与公信力、媒体目标与广告目标契合性等，均应进入考察范围。

在此基础上，完善广告媒体商业价值的衡量与评估，可以从以下几个方面着手：一是建立科学的量化评估与质性评估体系，优化各种评估方法与手段；二是加大对媒体具体运作的评估力度，依据实际情况，对媒体的说服力做出科学判断；三是发掘媒体商业价值潜力，在媒体的广告效果层面实现评估的优化。除完善媒体商业价值自身的评估外，第三方评估机构的建立，对媒体商业价值的科学评估与优化利用，也是至关重要的。

第二节 广告传播中新媒体选择的影响因素与优化组合

不同的广告媒体，有着不同特点和不同影响。因此，要使广告效果真正得以发挥，就必须利用不同媒体的作用和特点，科学系统地选择广告媒体。在广告媒体的选择中，对复杂的媒体环境做出判断，进行媒体的优化组合，是使广告媒体效果最大化的有效途径。

一、影响广告新媒体选择的因素

媒体选择是指通过比较各类媒体的特征，找出适合广告目标要求的媒体，使广告信息通过所选择的媒体，将相关广告信息送达广告主的目标市场。媒体选择的目标是以最低成本选择最适合传达广告的目标媒体，实现最大的传播效果。在整体广告运动中，广告媒体的选择成为媒体将广告信息传递给大众的重要环节，具有科学性和计划性两个重要特征。

广告媒体选择的依据就是目标受众的有效到达，即媒体的选择必须实现广告信息对目标受众的有效暴露。

（一）影响广告媒体选择的一般因素

广告媒体渠道策划就是选择最佳的媒体渠道传播广告信息，以最少的广告投入获得最大的广告效果。影响广告媒体渠道选择的因素是多方面的,尤其是对于广告媒体渠道组合的影响因素更为复杂,下面仅就影响广告媒体渠道选择的若干重要因素,概述其要。

1. 产品特性因素

广告产品特性与广告媒体渠道的选择密切相关。广告产品的性质如何,其具有什么样的使用价值,其质量如何,价格如何,包装如何,产品服务的措施与项目以及对媒体传播的要求等,这些对广告媒体渠道的选择都有着直接或间接的影响。因此,必须针对产品特性来选择合适的广告媒体渠道。例如化妆品,常常需要展示产品的高贵品质及化妆效果,就需要借助具有强烈色彩性和视觉效果的宣传媒体,诸如杂志、电视媒体等就比较合适,而广播、报纸等媒体就不宜采用。一般来说,对于机械设备、原材料等生产资料性的产品,采用商品目标、说明书、直接邮件、报刊广告、展销展览等媒体形式,就能起到很好的宣传作用;而服装最好选用时装表演;自选商品最好采用包装广告等等。总之,广告媒体渠道是否适合产品特性,这是制订媒体计划时必须审慎考虑的。

2. 媒体受众因素

广告媒体受众即是广告信息的传播对象,也就是接触广告媒体的视听众。它是影响广告媒体渠道选择的重要因素。媒体受众在年龄、性别、民族、文化水平、信仰、习惯、社会地位等方面的特性如何,以及经常接触何种媒体和接触媒体的习惯方式等,直接关系到媒体的选择及组合方式。例如,广告信息的传播对象如果是成熟男性,那么《特别关注》等专为成熟男性阅读的杂志当然就是理想的媒体。

3. 营销系统的特点因素

广告主的市场营销策略与特性,直接影响着广告媒体渠道的选择与组合。产品究竟以何种形式销售:是批发给经销商,还是直接向消费者或用户推销?营销范围真正有多大?营销的各个环节如何配合?全面了解这一系列营销系统的特点,是确保所选择的广告媒体触及目标对象并促进产品营销的前提。一般来说,在拉式市场营销策略下,广告主就会选择较多的大众广告传播媒体;在推式市场营销策略下,广告主就会选择较多的促销广告媒体。例如,采用拉式市场营销策略的消费品,其广告媒体渠道的选择将主要是报纸、杂志、广播、电视等大众传播媒体,其他媒体的选择只起辅助作用。而采用推式市场营销策略的工业品,其广告媒体渠道的选择将主要是采用配合人员推销的各种促销媒体,包括产品说明书、产品目录、产品展销、促销赠品等媒体形式。

4. 竞争对手的特点因素

竞争对手广告战略与策略,包括广告媒体渠道的选择情况和广告成本费用情况,对广告主(或广告代理)的媒体渠道策划也有着显著的影响。如果没有竞争对手,那么广告主就可以从容选择自己的媒体和安排其费用;如果竞争对手尚少,不足以对广告主构成威胁,就只需要在交叉的广告媒体上予以重视;如果竞争对手多而强大,广告主在财力雄厚的情况下,可采取正面交锋,力争在竞争媒体上压倒对方,在财力有限的情况下,就采用迂回战术,采用其他媒体渠道。总之,广告主要针对竞争对手的特点而采取适合自己需要的媒体渠道及推出方式。

5. 广告预算费用因素

广告主投入广告活动的资金费用使用计划,包括规定在广告计划期内从事广告活动所需的经费总额、使用范围和使用方法,是为广告预算。一个广告主所能承担的全部广告费用的多少,对广告媒体渠道的选择产生直接的影响。例如,一些效益不佳的中小企业,因受其广告费用的限制,就很少采用报纸、杂志、广播、电视等费用昂贵的广告媒体;而一些经济效益好的大型企业,因其有较多的广告费用开支,像报纸、杂志、广播、电视、网络等五大媒体就是其经常采用的媒体对象。因此,具有不同广告经费开支的广告主应根据自己的财力情况,在广告预算许可的范围内,对广告媒体渠道做出最合适的选择与有效的组合。

6. 媒体的成本因素

广告媒体的成本是媒体选择中倍加关注的一项硬性指标。不同的媒体,其成本价格自然不同;不同的版面、不同的时间,也有不同的收费标准。在媒体选择中,可能会有多个媒体颇为适合广告信息的传播,但由于费用过高而使广告主难以负担,那就不得不忍痛放弃,另择价格品位适合于自己的广告媒体渠道。

7. 媒体的寿命因素

广告媒体渠道触及受众的时间有长有短,这就是媒体的寿命因素,它直接影响着广告媒体渠道的选择。总体来说,播放类媒体寿命最短,印刷类媒体寿命长短不一。例如报纸媒体的寿命大约为 3~5 天,杂志媒体的寿命为 1~2 个月,电话号码簿上的广告寿命约为 1~2 年。媒体寿命期一过,受众便难以或很少再触及这一媒体上的广告了。因此,若要广告发挥更大的效果,就应多次重复推出,以延长整体的广告触及受众的时间。可见,广告媒体的时间要求、信息传播的速度与持久性等问题,是广告媒体渠道策划时需要认真考虑的。

8. 媒体的灵活性因素

广告主选择广告信息传播的媒体渠道,必然会考虑其灵活性。能否对媒体渠道上的广告做一定程度的调整和修改,这是衡量广告媒体灵活性高低的标准。一般来说,若在广告推出前,可较容易地修改广告文本,调整推出的时间与形式,则此媒体的灵活性就高;若在某一媒体上确定广告,推出之前不太容易修改文本或调整推出时间、形式,则此媒体的灵活性就差。例如,电视广告,其媒体灵活性就很差;广播广告,其媒体的灵活性就很强。凡是促进短期销售、推销产品多样化、推销产品多变、广告文本中需标示可能调整的价格等情况,就应该选择灵活性较强的媒体为佳。

9. 广告文本的特点因素

一般地讲,如果是以文字为主的广告,选择报纸、杂志等印刷媒体就较适宜,而其他媒体如广播、电视就无法使受众对文字内容有较深的理解和认识。相反,如果是以彩色画面及其动作为主的广告,那么选择电视媒体就最适宜,因为只有电视广告能对动态式的彩色画面广告予以最充分的表现。如果是以音乐、歌曲、音响等为主的广告,广播媒体就是最恰当的选择,它可以利用最充分地发挥声音传播技巧,使受众获得最深刻的感受。

10. 政治、法律、文化因素

对于国际广告媒体而言,所在国的政治法律状况、民族特性、宗教信仰、风俗习惯、教育水平,对广告媒体渠道的选择也有重大影响。在进行广告媒体渠道策划时,国家政权是否稳定,社会经济文化是否繁荣,法制建设是否健全,尤其是国家对广告活动的各种法规限制和关税障碍,广告宣传是否符合宗教礼仪与禁忌等方面的情况,必须全面虑及。例如,采用国际广告媒体的广告主,对所在国的这些政策、法规、宗教礼仪、文化习俗一窍不通或知之甚少,那他便无法合理地选择广告媒体渠道。

(二)新媒体环境下影响广告媒体选择的两大指标

艾瑞市场咨询长期关注中国网络营销及网络广告市场的研究,他们认为,从网络广告效果产生的过程看,网络广告用户基本遵循了 AIDA 法则,即注意、兴趣、欲望、行动的依次行为模式,而网络广告在对用户产生广告效果的过程中,从注意到行动每一个步骤之后,目标受众用户都会进一步减少,而该受众群体的广告效果则更加明确有效。艾瑞市场咨询认为,广告主网络广告的媒体选择,殊途同归,最终追求的是两个指标,一是目标受众覆盖率,二是每次覆盖的相对成本。

1. 目标受众覆盖率

广告的目标受众决定着网络广告的内容、表现形式、具体站点的选择,也最终影响着广告的效果。广告的目标对象是由广告主的产品消费对象来决定的,所以透析产品的特性是准确定位广告目标对象的关键。

2. 每次覆盖的相对成本

不同媒体所需成本是选择广告媒体的依据因素。依据各类媒体成本选择广告媒体,最重要的不是绝对成本数字的差异,而是媒体成本与广告接收者之间的相对关系。目标受众覆盖率越高,同时千人成本越低,是广告主理想的媒体选择。

理解了广告主进行媒体选择的这两大核心指标,不难理解中国网络广告市场出现的如分众传媒的楼宇广告、光源传媒的列车广告、天下互联的"窄告"广告及未来基于手机媒体的无线广告。正如所说的,需求决定市场,正是由于广告主受众覆盖率和相对成本的需求下,以互联网技术为依托,使得网络广告可以做到频道定向、内容定向及最终的用户行为定向,做到对更精准的目标受众进行营销。当然,未来广告主在网络广告上的投入仍将保持一个持续的增长,但对广告主而言,针对目标用户群体的相对营销成本将会下降,而广告效果更为显著。

二、广告新媒体选择的优化组合

(一)广告媒体选择的优化组合

不同类型的广告媒体渠道在其传播功能上各有特色,也各有缺点。对不同类型的媒体进行综合比较,选择合适的广告媒体渠道,并对各种媒体进行合理搭配、各取所长,这就是广告媒体渠道的优化组合问题。

广告媒体渠道组合的方式是多种多样的,既可以在同类媒体中进行组合,也可以用不同类型的媒体进行组合。由于不同的媒体具有不同的对象,即使是同一对象,其效果也不同。因此,在媒体组合中,一般应有主要媒体和其他几个辅助媒体。每种媒体组合方式均有其独特的长处,而最佳媒体组合是通过使各种媒体科学地相互协调,效果配合,试图以最少的投入获取最大的广告效果。如何实现广告媒体渠道的优化组合,是广告策划要解决的一个重要问题。在广告运动中,要真正实现最佳媒体组合,涉及诸多方面的因素。

在广告活动中,企业所以要选择多种具体媒体并加以最佳组合推出广告,根本原因在于单一的媒体无法触及所有的目标市场消费者。选用多种媒体,其总体考虑就是要尽可能触及所有的目标市场消费者,因此在媒体组合运用时必须注意以下几个问题。

第一个问题是媒体组合如何能包括所有的目标市场消费者。可将所有选用的广告媒体的覆盖域加在一起,其总覆盖域是否可把绝大多数目标市场消费者归入广告可产生影响的范围内;再将选用的广告媒体的针对性累加起来,看广告是否必须对准的目标市场消费者都可以接收到广告信息。如果这两种形式累加组合尚不能达到,则对遗漏的目标市场消费者,用再增加媒体的办法将其纳入到广告影响的范围内。

第二个问题是媒体组合运用如何选取影响力集中点。多种媒体组合,势必会发生两种或两种以上的媒体影响力是重叠在一起的情况。因而就要分析媒体影响力重叠的形式所带来的问题。如果重叠在重点目标对象上,那么企业在媒体购买上花的费用就很合算;反之,媒体影响力重叠在不重要的目标对象上,甚至是在非目标对象上,则企业投入的这部分广告费就不合算。在媒体组合时,应考虑在哪些媒体上多投入广告费,以增加其对重点目标对象的影响力,同时削减另外一些媒体上的广告费,以免在非目标对象或非重点目标对象上浪费资源。

第三个问题是选择运用广告媒体的技巧。一般地说,任何广告主都可以选用,并都在运用一定的广告媒体。然而,效果却大不一样。这里面就有一个技巧问题,即广告在媒体上推出时所采用的具体形式和技能。常见的媒体运用技巧有稳定推出法、重点推出法、波浪式推出法、大周期式推出法、渐强式推出法、渐弱式推出法、组合同时推出法等。每一种运用媒体技巧,都只适用于一定条件下的广告活动需要。运用技巧本身既丰富生动,又无固定模式,要靠在广告活动实践中积累经验,灵活运用,不断采用和总结新的技巧。

比如网络媒体的组合可分为搜索引擎类网站同专业性网站的组合。可口可乐公司广告总裁纳达乐曾说:网络广告的形式必须要与你的产品或服务相符合,否则就是浪费金钱。由此可见,尽管网络由于技术上的优势发展迅速,吸引了大量的消费者,但在网络上做广告,还是需慎重规划。

搜索引擎类网站是指那些日访量大,具有众多消费群的综合性门户网站,比如Netscape、雅虎、搜狐等,很多大的广告主,像宝洁、微软、IBM等,都在这类网站中投放了大量的广告。而专业性网站是指有明显的行业特征的那些网站。比如Fedex.om(联邦快递)等,这类网站吸引了大量具有专业性质的广告主。像Nike、Adidas就在Nba.com

中投放了大量网络广告。在组合中到底以谁为主,这要依产品本身的特点、目标消费群的分布和广告主的财力、物力决定。

一般而言,在搜索引擎类网站中打品牌,然后在专业性网站中做销售,比如卡迪拉克汽车,除了在 Netscape 中做品牌形象广告外,还有着自己的专业网站(http://www.cadic.com)。在这个专业网站里,消费者可以通过一个互动展室来完成购买或租一辆新卡迪拉克的全部过程。顾客可以选择自己感兴趣的车型,还可以从外部颜色到内部设计各方面进行选择,屏幕也会相应显示这种车的样子。

(二)广告媒体选择的优化组合策略

在媒体类型组合策略的选择上,首先遇到的是采用单一媒体策略,还是多媒体组合策略问题。单一媒体策略,其做法就是采用单一媒体做持续性广告发布,它是一种集中进攻型广告发布策略。如在杂志的每一期做全页广告。这样虽然到达率有限,但暴露频次和持续性都相当高。这比较适合于那些经常出现在主妇购物单上的日常消费品,如卫生纸、食品等。它可以起一种提醒作用,对销售有较大影响力。

以下是一些主要可以参考的媒体类型组合策略。

1. 视觉媒体与听觉媒体的组合策略

无论是视觉媒体或听觉媒体都有其明显的传播局限性,即使是电视,虽集视听为一体,但在传播深度、理性诉求上的局限仍十分明显。组合能带来互补作用,强化印象和记忆。因此,传播上应倡导多种媒体的组合互补来提高传播效率。例如,对计算机、房地产等商品的营销传播,更应深入研究多媒体组合传播,提高传播效果,即采用"多管齐下"的传播策略就必须借助媒体组合来实现。

2. 瞬间媒体与长效媒体的组合策略

瞬间媒体是指广告信息停留时间短暂的媒体,如电视、广播等,这些需与有保留价值的长效媒体(主要是印刷媒体)合用,才能使信息能既有利吸收,又便于查阅。

3. 媒体覆盖空间组合策略

媒体覆盖空间组合策略主要有以下几种类型。

(1)全面覆盖。利用覆盖面大的媒体和媒体组合,一次覆盖整个目标市场。

(2)重点覆盖。选择销售潜力大的几个市场重点覆盖。这样做,在一个时期内花费的广告费用省、广告效益高。

(3)特殊覆盖。在特定的环境条件下,对某一特定消费群体有针对性地进行覆盖。

(4)渐次覆盖。对几个不同地区分阶段逐一覆盖。即将全国分为几个区域,逐一在各区实行集中覆盖。媒体工具多选用地区性的,甚至具体广告制作也可以针对这一地区特点而特别制作。这是一种小单元、低成本、高频率、高选择性的广告传播策略。在一个地区得手之后,再将宣传主力转移到另一地区,这有些类似于"集中优势兵力,各个歼灭"的军事策略。

(5)交叉覆盖策略。利用省级卫星频道的省际传播,实现大范围的交叉覆盖。省级上星频道覆盖范围大,广告费用低,利用这些频道的交叉覆盖,从某种程度上讲,其广

第七章 新媒体的选择与组合

告传播效果不会亚于中央电视台黄金时段的传播效果。

在确定覆盖策略计划时,往往是综合运用多种策略。例如,我们可以把全国市场分割成都市、城镇、农村市场,也可以再将这些分割成老、中、青、少市场,然后可以对都市市场实行全面覆盖,对农村市场实行重点覆盖,对老年市场实行季节攻势,我们可以同时制订覆盖策略计划,也可采取渐次覆盖方式。

4.可控制媒体与不可控制媒体的组合策略

不可控制媒体是指需花费金钱才能传播广告信息的媒体,一般是大众媒体,如报纸、电视等。可控制媒体则是自己创办、设计制作并由自己负责传播的媒体,如直效广告、邮寄广告等。可控制媒体一般传播范围较窄,但能对顾客产生直接促进作用。可控制媒体与不可控制媒体结合使用,便能达到"点面结合",取得更佳的传播效果。大众传媒具有权威性,但不能控制其传播范围和传播重复次数,可将其传播的信息通过自办的可控制媒体进行多次扩散传播。

5."跟随环绕"消费者的媒体组合策略

这种媒体组合策略就是随着消费者从早到晚的媒体接触,安排各式媒体以跟随方式进行随时的说服。例如,清晨时使用广播、电视,消费者出门时使用手机和楼宇电视,继之以早报、晚报以及晚间的IPTV等媒体类型,以造成环绕立体传播效应。

第三节 广告传播中新媒体选择的方法与原则

一、广告传播中新媒体选择的方法

为了减少广告媒体渠道选择中的偏差和失误,必须善于灵活巧妙地运用广告媒体渠道选择的方法。进行媒体渠道选择的方法很多,常用的主要有以下几种。

(一)按产品特性选择

每种产品都有其不同的特性,在广告投放上要结合这些特性进行选择。例如,价格较为便宜的日常消费品,适用受众面广,因此适合投放在综合门户网站;而一些专业性较强的产品则应该选择一些受众特征较为集中,且可以进行深度诉求的专业网站。

再如,据CTR媒介智讯调查显示,70%的网络用户已形成购物前先进行网络搜索的习惯,且女性的比例略高于男性,但男性比女性更容易养成重度习惯。而网络信息搜索的产品主要是数码产品、家电产品和服装服饰,同时也是网络购买比例最高的三类产品,因此,对于这三类产品投放搜索引擎广告就比较适合。

(二)按消费者特征选择

任何产品都有其目标消费者,选择广告发布渠道应该充分考虑产品目标消费者的网络接触习惯。例如,女性产品广告应该选择女性喜欢登录的网站投放,同样男性产品广告更适合投放在男性喜欢登录的网站。调研公司 comSeore 在 2013 年 7 月发布的调查报告反映了男女网民不同的网络接触习惯。与男性网民相比,女性网民更倾向于访问社交网站。报告称 2013 年 5 月份,全球 75.8% 的女性网民访问过社交网站,而男性网民的该比例只有 69.7%。其中,拉美女性网民最喜欢访问社交网站,比例高达 94.1%;其次是北美,比例为 91%;欧洲为 85.6%;而亚洲为 54.9%。另外,全球范围内,女性网民访问零售网站的时间比男性网民多 20%。在观看网络视频方面,大多数国家的女性网民花费的时间比男性网民少。

（三）按目标市场选择

任何产品都有其特定的目标市场,广告目标市场必须服从并服务于营销目标市场。因此,在进行广告媒体选择时就必须对准这个目标市场,使广告宣传的范围与产品的销售范围相一致。一般来说,如果某种产品以全国范围为目标市场,就应选择在热门门户网站、全国知名的网络社区等进行投放。如果某种产品是以某一细分市场为目标市场,则应考虑选择在能对这一区域产生有效影响的地方性网站、地方性网络社区等投放。

（四）按消费者的记忆规律选择的方法

广告通过传递产品信息来促进产品销售,但广告是间接推销。人们接受广告传播的信息,却由于时间与空间的原因,一般不会听了或看了广告就去立即购买,总是经过一定时间之后才付诸行动。因此,广告应遵循消费者的记忆原理,不断加深与强化消费者对广告产品的记忆与印象,并起到指导购买的作用。例如,某企业推出的产品是在全国范围内销售,那么这家企业除了应选择最有影响的传统电视媒体和数字电视媒体外,还应选择最有影响的网络媒体和移动手机媒体,认真考虑传播广告信息的连续性,其目的就是为了强化消费者对广告产品的记忆。

（五）按广告预算选择

广告主媒体预算的多少决定了在广告发布时能选择什么级别的媒体。对于预算充足的广告主,选择媒体的范围较大,针对产品的具体情况,像新浪、搜狐、网易等热门网站的首页广告位都可以考虑;而对于预算有限的广告主,就需要精打细算,可以选择一些能够精准到达自己的广告对象,但又并不是特别抢手的广告位。

（六）按广告效果选择的方法

广告效果是一个相当复杂而又难以估价的问题。一般来说,广告主在选择媒体时应坚持选择投资少而效果好的广告媒体。例如,在界定清楚目标受众的情况下,某企业在日点击量为 100 万人次的门户网站上做一个月广告,广告主即可将自己的产品信息重复传播给每一个接触该网站的目标受众,比报纸和传统电视媒体要便宜得多。

二、广告传播中新媒体选择的原则

正确选择广告媒体渠道,除了依照广告媒体渠道选择的科学方法外,还必须遵循广告媒体渠道选择的基本原则,这是广告策划取得成功的重要因素。归纳起来,广告媒体渠道选择应遵循以下五项原则。

(一)目标原则

所谓目标原则,就是必须使选择的广告媒体同广告目标、广告战略协调一致,不能背离相违。它是现代广告媒体渠道策划的根本原则。消费者群体不同,他们对于广告媒体的态度也必然有所不同,而只有根据目标对象接触广告媒体的习惯和对媒体的态度来选定媒体,才能符合广告战略的要求,进而顺利达成广告目标,收到良好的广告效果。

从媒体自身而言,任何广告媒体都有其不可替代的优势和难以弥补的弱点。如果广告媒体传播信息的受众并非广告目标所针对的消费者或潜在消费者,即使广告主投入再多的广告费,广告创意再新奇独特,也不会取得预期的广告效果,最多也只能是收效甚微。

(二)适应性原则

所谓适应性原则,就是根据情况的不断发展变化,及时调整媒体方案,使所选择的广告媒体与广告运动的其他诸要素保持最佳适应状态。

适应性原则包括两方面的内容。一方面,广告媒体的选择要与广告产品的特性、消费者的特性以及广告信息的特性相适应。例如,消费品多以大众传播媒体为主,工业品多以促销媒体为主。因此,广告媒体策划必须通盘考虑上述各种因素,确定最适用的传播媒体。

另一方面,广告媒体的选择要与外部环境相适应。外部环境是指存在于广告媒体之外的客观原因或事物,如广告管理、广告法规、经济发展、市场竞争、宗教文化,以及媒体经营单位等。外部环境是不断发展变化的,媒体方案也要相应做出调整。因此,进行广告媒体策划时,必须既要站在一定的高度上,综观全局,把握宏观,又要步入现实的市场中,认清各种情况,把握微观,正确处理广告媒体与外部环境影响的关系,力求使两者保持处于最佳的适应状态。保持了这种最佳状态,就是最理想的媒体选择。

(三)互补原则

进行媒体组合的目的在于通过不同媒体间的优化互补,实现媒体运用的"加乘效应"。具体来说,可以从以下几个方面来分析。

1. 点面效应互补

以两种媒体覆盖面的大小为互补条件的组合方法,以提高信息的重复暴露度。当选定某一媒体做一个或数个目标市场覆盖时,还可选择一种或多种局部区域覆盖的媒体与之组合,来提高信息的重复暴露度。

2. 媒体传播特性的互补

每个媒体都有其不同的个性和诉求特点,利用这种不同的个性,进行互补组合,可以使信息传达全面完整。

3. 时效差异互补

以媒体时效长短结合的组合方法,以扩大信息与消费者的接触时空,提高信息扩散度。

4. 时间交替互补组合

这种方法是利用在时间上的交替形式实行媒体组合。当个别主要媒体得到最佳到达率后,另一种较便宜的媒体与之交替作用,提高重复暴露率,使信息送达主要媒体未达到的受众。

(四)优化原则

所谓优化原则,就是要求选择传播效果最好的广告媒体,或作最佳的媒体组合。

一般来说,应该选择传播速度快、覆盖区域宽、收视(听)率高、连续性强、色彩形象更好、便于记忆、信誉高的媒体。

优化原则强调,广告媒体渠道的选择及其组合,应该尽可能寻求到对象多、注意率高的传播媒体及组合方式。然而,就目前的媒体传播技术而言,要想寻找到各个方面都具有优势的某种媒体及其组合是不可能的。例如,报纸广告的注目率相对低一些,形象效果也较差,而电视广告在这些方面取得优势,但从记忆方面分析又不尽如人意。即使是同类同种的传播媒体也是各有长短的。例如,同属于杂志的媒体,由于级别、性质、特点各有区别,因而其优势与不足也就各有不同的具体体现。

由此可见,无论是选择单一媒体,还是进行媒体组合,只能是努力趋优避劣,通过反复认真地比较权衡,两弊相权取其小,两利相衡选其大,从中选定最优化的方案。

(五)效益原则

所谓效益原则,就是在适合广告主广告费用投入能力的前提下,以有限的投入抓住可以获得理想效益的广告媒体。

现代市场经济条件下,无论选择何种广告媒体都应该将广告效益放在首位,这就要求广告媒体渠道策划应该始终围绕选择成本较低而又能够达到广告宣传预期目标的广告媒体这个中心来进行。所以效益原则强调广告媒体渠道策划的成本费用应该同广告后所获得的利益成正比。

一般来说,各种广告媒体因其技术手段、覆盖区域和质量的不同,成本费用也不同。某种广告媒体的技术手段高超、覆盖区域广阔、质量出类拔萃,则其成本费用就高;反之则低。即使是同一媒体,也会因有关因素的影响,成本费用也会有明显的差异。例如,从同一份报纸上看,广告版面的大小、版位的划定,从同一电视上看,播发时间的长短、占据的是一般时段还是"黄金时段"等,都将决定出成本费用的高低。考虑媒体成本费用不仅要考虑其绝对价格,还要考虑其相对价格。有些媒体绝对价格看起来很高,但平均成本却较低。尤其是对一般的专业性不强的产品,更应注意从相对价格来考虑媒体的成本费用。这就是讲究效益原则。

本章相关概念

媒体价值（media value）
媒体评估（media evaluation）
媒体选择（the choice of media）
媒体组合（media mix）

本章思考题

1. 新媒体商业价值评估体系包括哪些范围？
2. 新媒体商业价值的量化评估有哪些主要指标？
3. 新媒体商业价值的投资效益评估有哪些主要指标？
4. 什么是广告媒体组合？新媒体运用有哪些可供选择的组合策略？
5. 广告传播中新媒体选择的方法有哪些？

本章推荐阅读书目

《广告媒体策划》
作者：(美)杰克·西瑟斯　(美)罗杰·巴隆
出版社：中国人民大学出版社
出版年：2006年

内容简介：

有人认为，媒体策划是广告行业里不需要创意的部分，这种说法大错特错。一份成功的媒体策划方案，要求在媒体、时间安排、广告费分配和其他方面做出有创意的决策。除了在可用媒体资源方面掌握深入的知识外，最出色的媒体策划人还必须是营销、广告、调研和财务方面的战略专家。

在此前的 5 个版本中，《广告媒体策划》已经成为专业而有远见的媒体策划人的必读之书。在这本具有里程碑意义的第 6 版中，它继续为读者提供有关媒体策划的深刻见解，并涵盖了媒体方案构建、到达范围和连续性测量等诸多方面的基本原理。此外，它还及时更新了以下的内容：

- 最新的学术研究和业内最佳实践
- 一份全新的假想性媒体方案，全方位地展示了真正的媒体策划工作
- 在整部作品中补充了因特网和其他新兴媒体的案例

《广告媒体策划》用简明易懂的风格解释了策划工作的复杂性。我们迈入了一个广告新技术和营销挑战层出不穷的时代,任何有志于从事创意媒体策划和采购工作的读者,绝不能错过这本全面、可读性极强的手册——它将经过时间检验的基本原理,以及最新的工具和方法,完美地结合在一起。它是一座不可多得的资料宝库。

本章参考文献

[1] 西瑟斯,巴隆.广告媒体策划[M].6版.闫佳,邓瑞锁,译.北京:中国人民大学出版社,2006.

[2] 陈刚.新媒体与广告[M].北京:中国轻工业出版社,2002.

[3] 蒋宏,徐剑.新媒体导论[M].上海:上海交通大学出版社,2006.

[4] 舒咏平,陈少华,鲍立泉.新媒体与广告互动传播[M].武汉:华中科技大学出版社,2006.

[5] 田智辉.新媒体传播[M].北京:中国传媒大学出版社,2008.

[6] 宋安.网络广告媒体策略与效果评估[M].厦门:厦门大学出版社,2008.

[7] 舒咏平.新媒体广告[M].北京:高等教育出版社,2010.

[8] 宫承波.新媒体概论[M].4版.北京:中国广播电视出版社,2012.

[9] 匡文波.新媒体概论[M].北京:中国人民大学出版社,2012.

第八章 新媒体类广告组织

本章导言

1. 了解新媒体类广告组织的主要类型及运作程序。
2. 熟悉新媒体经营类广告公司的类型及组织结构。
3. 掌握广告代理制及新媒体广告代理发展情况。
4. 了解新媒体广告主的分布及其与广告公司的互动关系。

本章引例

戛纳国际创意节

案例回顾：

2015年6月19日，素有"广告界奥斯卡"的戛纳国际创意节依旧如约而至，来自全球各地的广告创意精英汇聚戛纳，再次掀起广告行业的顶级头脑风暴，领略灵感迸发的创意饕餮。戛纳国际创意节是世界范围内的行业交流平台，同时也是全球广告行业的一面镜子，折射出广告行业的变迁。

本届戛纳国际创意节，特别推出全新单元——创新狮子节（Lions Innovation），旨在探讨创意背后的技术与数据的推动，展示数据与技术领域革命性的产品、重大事件及行业趋势。本届戛纳创意节中，基于大数据与技术驱动的程序化购买成为重要关键词，成为创意节上热议的焦点。论坛特别邀请到来自亚洲、北美、欧洲三家最具代表性的程序化购买公司，汇聚各区域程序化购买发展特色，更立体地为全球广告人展示程序化购买行业的发展趋势。

一直引领中国程序化购买行业发展的悠易互通CEO周文彪受邀出席本次戛纳创意节并发表重要演讲，分享中国程序化购买的发展进程及对程序化购买的趋势洞察。悠易互通由此成为首家受邀出席并在戛纳发声的中国技术型广告公司，这也标志着大数据时代中国广告技术的蓬勃发展正引起全球广告界的高度重视。

联合利华召集全体互动营销大比稿如图 8-1 所示。

图 8-1　联合利华召集全球互动营销大比稿

案例点评：

近几年来，数据与技术对广告创意和营销的驱动作用愈加明显，并前所未有地改变着品牌创意传递方式，以及与消费者的沟通方式，以程序化购买为代表的新型广告技术公司正在迅速推动着广告行业的变革。传统广告公司的运作是根据受众特点进行广告创意制作，购买媒体广告位，通过投放广告创意吸引受众，达到诉求。这种传统运作模式使得广告公司要靠创意和媒体资源两大优势求得生存。然而新媒体的高速发展，使传播门槛逐渐降低，传播媒介资源极大丰富，受众注意力分散，使得广告组织的构成和相互之间的关系都在不断变化。

知识要求

了解新媒体类广告组织的主要类型及运作程序；熟悉新媒体经营类广告公司的类型及组织结构；了解广告代理制及新媒体广告代理发展情况；了解新媒体广告主的分布及其与广告公司的互动关系。

技能要求

了解并能及时更新主要新媒体类广告公司发展动态；掌握广告主与广告公司的互动关系。

第一节 新媒体类广告组织概述

一、新媒体广告产业的构成

新媒体是相对于报刊、广播、电视等传统媒体而言的新的媒体形态。近些年,各种新媒体形态和概念层出不穷,从最初的互联网,到数字电视、流媒体、IPTV,再到移动互联网、4G手机、触摸媒体等。新媒体在新的技术体系支撑下,力图将消费者生活中所有的时间和空间挖掘出来,以视觉、触觉、听觉甚至嗅觉的沟通形式,对高度细分化的受众进行集中的有针对性的传播。于是伴随着新媒体的不断发展,新媒体广告的潜力也不断被挖掘并发展壮大。

广告业是一门综合性的服务行业,它是由一系列相关部门联合运作为广告主服务的。因此,从广义上来讲,广告产业就是把广告活动作为一个市场的主要核心变量,围绕广告活动展开的以广告生产、广告制作、广告的消费以及其他经济活动所构成的市场,也就是广告市场,由参与到广告活动中的广告主、广告公司、广告媒体以及广告受众构成。从狭义上来讲,广告产业是指由专门从事广告制作、广告代理以及相关广告服务活动的广告公司构成。

广告业作为一个独立的产业部门,主要包括四大部分,即广告主、广告公司、广告媒体以及广告受众,它们共同构成一个完整的产业链条。新媒体广告产业的构成与传统广告产业基本相同,但产业链各部分在新媒体环境下已发生了巨大变革。

(一)广告主

广告主是整个广告活动的起点,广告主通过支付一定的费用并提供企业及产品的相关信息,向广告公司发出营销宣传服务需求。在广告市场的交易过程中,广告主处于买方位置,广告主的数量、对广告产品的购买力以及广告主的广告意识决定了广告市场的规模。

2005年中国广告市场出现巨大拐点:报纸、杂志、广播、电视等传统媒体广告收入增长放缓,甚至部分出现负增长。然而,与此同时,互联网、楼宇液晶电视等新媒体广告收入一路高扬,并在之后几年的时间里一直保持增长态势。摩根士丹利2008年发布的《中国传媒行业研究报告》称,"互联网等新媒体的增长速度远远超过传统媒体,并且呈现出'赢家通吃'的局面"。这份研究报告指出,在过去的5年里,中国互联网广告收入以平均每年60%左右的速度增长,而报纸、电视等传统媒体的广告收入增速只有百分之十几。实力传播发布的《2013年新媒体广告市场预测报告》显示:中国已超过日本,成为世界第二大数字广告市场,市场规模总值达145亿美元。而新媒体广告主的日益壮大成熟,是促进新媒体广告市场成熟壮大的重要原因。

首先是新媒体广告主数量和投放费用不断增多。网络广告监测系统iAdTracker的数据研究表明:2000年中国网络品牌广告主数量只有669个,2003年上升至1790个,到2009年超过了10000个,而到了2012年,仅房地产类品牌广告主数量就已经达到12448个。广告主数量增多的同时也带来了更多媒体费用的投入。2009年7月,网络品牌广告主投入费用7.78亿元,到了2014年7月,网络品牌广告主仅单月投入的费用就增加到26.43亿元。新媒体广告主数量的增多和投放费用的增加,一方面表明新媒体广告市场有足够大的潜力和吸引力,另一方面又能进一步促进新媒体广告市场的发展。

其次是新媒体广告主行业分布渐趋均衡。2000年度中国网络广告主行业分布中(见图8-2),网络媒体类广告主占32.88%的比例,IT类产品及电子商务分别为15.10%和9.57%,位居二、三,这三者的比例总和超过50%。此时网络媒体类广告主的大量出现,是因为要想试水网络广告,必须勇做先行者。IT产品则针对互联网用户的使用习惯而选择网络广告。在这之后,随着互联网站自身实力的不断增强以及网络广告为其带来的巨大效益,使得网络服务类广告主持续关注网络广告的投放。同时网络广告得到了越来越多的传统广告主的青睐。自2003年起,交通类和房地产类广告主在网络广告中的投入不断增加(见图8-3),这也使得网络广告主不再局限于互联网内部,呈现扩大化的态势。传统媒体广告主的逐渐加入,证明了新媒体广告的效果不断得到认可。

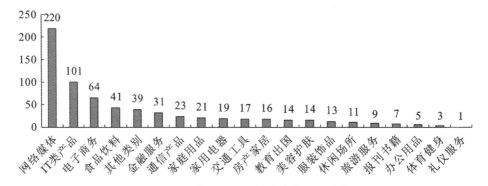

图8-2 2000年度中国网络广告主行业分布图

(数据来源:中国传媒大学广告主研究所。)

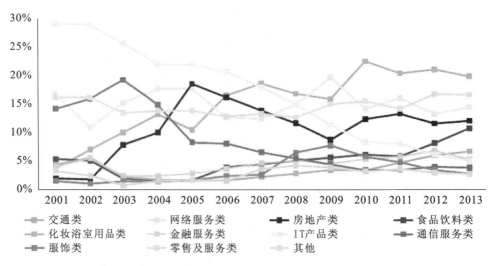

图8-3 2001—2013年中国网络广告主行业分布图

(数据来源:艾瑞咨询。)

（二）广告公司

广告公司既是广告市场的经营主体之一，也是广告产业的主体之一。广告公司在接受代理服务后，整合各方面的资源，执行广告策划、广告制作以及媒体单位的选择等工作。广告公司在广告市场活动中居于核心地位，其专业化程度，标志着一个国家或地区广告产业的发达程度。

新媒体时代的到来使得全球广告市场发生了革命性变化：英国的互联网广告在2009年已经超越电视及报纸成为第一大广告投放媒体；美国与日本的互联网广告在2010年底成为各自国内的第二大广告投放媒体。2010年，中国内地的互联网广告成为排在电视和报纸之后的第三大广告投放媒体。当越来越多的广告主青睐数字化"精准营销"时，传统广告公司的发展接受着巨大挑战。

传统广告公司的运作是根据受众特点进行广告创意制作，购买媒体广告位，通过投放广告创意吸引受众，达到诉求。这种传统运作模式使得广告公司要靠创意和媒体资源两大优势求得生存。然而新媒体的高速发展，使传播门槛逐渐降低，传播主体无限增多，传播内容海量化，媒体资源极大丰富，受众注意力分散，广告主和媒体以及受众之间的互动关系变得更加直接，这些都使得传统广告公司的代理服务功能开始具有可替代性。

科特勒指出："数字科技大幅度改变了资讯和力量的失衡状态，广告行业如果试图在数字经济中成功地运营和发展，就必须在业务和营销思维上做出更重要的改变。"于是，传统广告公司开始逐步变革自身的发展模式。一方面，越来越多的广告公司利用网络开展品牌营销活动，使新媒体广告营销方式不断增加。另一方面，传统广告公司努力成为整个营销传播的主导，实现传统业务领域和新媒体领域业务的整合，以提供专业化、个性化的服务，建立独特的竞争优势，并在专业化的基础上走产业集群的规模化之路。

此外，新媒体时代开始出现了很多新型广告公司。这些新型广告公司和传统广告公司相比较而言，最大的优势在技术方面，而新媒体技术则是传统广告公司的短板。如悠易互通、易传媒等众多新兴数字营销广告公司，它们利用DSP定向技术、SEM搜索引擎营销、IWOM网络口碑营销等方式，采取了与传统广告公司完全不同的模式，广告运作模式的核心由媒体转向受众。好耶则能为广告主提供从前期内容策划到后期数据追踪一系列的服务，其中iDigger系统能够检测不同媒体渠道的cookie来源，并由此分析出消费者对于品牌或者产品的一系列行为数据，比如停留时间、跳转率、注册信息，这成为好耶帮助广告主优化广告投放结构的重要依据，也是它的立足之本。而Google、Facebook、腾讯、新浪等互联网公司也已经不满足于做单纯的广告传播渠道，开始跳过传统的广告公司模式，直接为一些大的品牌提供线上广告服务。

（三）广告媒体

一个规范的广告市场中，广告媒体主要负责为广告产品的生产提供信息载体。广告媒体作为一种信息发布渠道，主要进行的是广告的发布活动，并进行一定的效果评估、与客户的沟通等。

由于新媒体是一个不断变化的概念,新媒体广告的传播媒介也必然不断变化,呈现出风格多样化的态势。传统广告传播主要依托报纸、广播、电视等媒介形式,虽然数字技术的进步对这些传统媒介会产生影响,但媒体构成的基本要素不会有变化。对于新媒体来说,数字技术的进步所带来的将是全新的媒介构成和媒介形式,网络、数字电视、IPTV、移动电视、3G乃至4G手机等的出现在不断拓宽新媒体广告的传播媒介渠道。

媒介形式多样化似乎为广告投放提供了更多选择、更多可能,但实际上它同时也会造成传播平台的碎片化。联合利华大中华区媒介总监周博在接受《第一财经周刊》采访时曾说:"互联网的入口在不停变化。大家打开浏览器看的第一个东西已经从门户网站变成搜索,再变成社交网站比如开心网和新浪微博,我们需要考虑在不同平台之下什么才是最有效的营销组合。我每天80%的工作时间都在研究这件事。"因此,新媒体广告传播媒介类型的多样化也为广告行业的媒介策划与购买带来了严峻的挑战。

在传统媒介环境下,选择三五种广告媒介,进行版面、时段的组合搭配后,对受众进行"套餐式"传播,就会达到不错的效果,但在新媒体时代,这种方法已行不通了。媒介的选择菜单不断拓宽与交叉,数字电视、报纸、网络、IPTV、移动电视、3G与4G手机的受众呈现日益细分又不断交融的状态。网络融合的本身使得广告投放人员需要动用越来越多的媒介种类并要把这些媒介整合好。媒介组合包括传统媒介之间的组合、传统媒介和新兴媒介的组合以及新兴媒介内部的组合三种。如何实现媒介的联动与互补,同时避开不必要的资源重复与浪费等等,这些都需要进行严谨的科学调查和详细的数字分析,只有借助高级计算机软件程序才能完成这项工作。广告传播媒介的增多以及媒介选择时操作过程的复杂化恰恰对传统广告公司提出了挑战。

另外,越来越多的广告媒体不再满足于简单地通过代理,而是选择直接与广告主合作。一部分网络媒体通过人员合并、重组和大范围的人才招揽,正在逐步变相的"回收"广告代理权,增加直接服务客户的数量。甚至有些网络媒体直接发展代理部门,拓展广告、公关等业务,大大挤占广告代理公司的生存空间。

(四)广告受众

广告受众是整个广告活动的终点,广告受众是广告信息的接受者,他们处在整个广告产业链的末端,其信息接收行为决定着广告主是否能够实现预期的广告宣传目的。一个国家或地区广告受众的规模大小和广告意识对广告市场的繁荣起着关键作用。新媒体时代,广告受众的心理和消费行为都在发生巨大的变化,这些变化会对整个广告产业链产生重要影响。

首先,新媒介形式的多样化使广告受众的媒介消费变得更加灵活,而新媒体带来的信息海量性又让广告受众时时刻刻受到信息的包围。新媒体时代的受众不乐于单一的媒介形式,往往尽可能地尝试甚至同时使用多种媒介,他们会边上网聊天、边看网络视频、边发微博,他们被称为多任务处理的能手,能同时处理多种信息。但看似强大的受众,在接触越来越多的媒介、越来越多的信息的时候,对信息的感知和记忆却变得越来越弱。

其次，新媒体的互动性、信息传播的便捷性使得受众在信息传播上从被动接收转向主动收集和传播。这是一个被传播学者称之为 Web2.0 的时代，Web2.0 的本质就是互动，它让受众更多地参与信息产品的创造、传播和分享。随着搜索引擎发展，受众对广告信息的索取也更加便捷，更加具有针对性和计划性。他们可以自由地利用 RSS 技术进行个性化的信息定制，利用搜索关键词进行信息的精确筛选，豆瓣网、YouTube 之类的 Web2.0 网站，一些商品的论坛、官网、QQ 群也将会成为他们获取产品信息的渠道。而以 Blog、Wiki、BBS、SNS 等为主要形式的个人媒体，不仅停留在个人信息发布和群体信息共享，还涉及将广告信息进行比较讨论等各种各样的传播形式。

最后，新媒体广告受众能够获得更丰富的信息，同时也会使他们的知识、视野、价值倾向发生变化。技术变革所引发的知识革命使得人们的独立性、选择性、多变性和差异性得到增强，在与新技术、新媒介的互动基础上，形成了一种全新的消费形式——个性化消费。越来越多的消费者渴望自己不流于俗，希望自己所购买的产品能够足够体现自己的个性。但是这些看似拥有着独立思维的消费者还是会处在无意识的引导之中。他们热衷于根据相同的爱好等建立"圈子"文化群，每个小群体中都会存在"代言人"，通常"代言人"是圈子里最具人气也是最具话语权和公信力的人。当消费者由于时间和精力的局限，不能对某种产品全面认知的时候，所在圈子的代言人便会对具有独立思维的个性化消费者产生影响。

二、新媒体类广告组织的职能与机构设置

组织是通过协调活动来达到个人或集体目标的社会群体。作为行业组织之一，广告组织是为了对广告工作实行有效管理，以便更好地完成各项广告业务而设立的对广告活动进行计划、实施和调节的经营机构。新媒体类广告组织包括专业新媒体类广告公司、新媒体内部广告组织、企业内部广告组织等。

（一）专业新媒体类广告公司

专业新媒体类广告公司是专门从事新媒体广告代理与广告经营的商业性服务组织。专业新媒体类广告公司可按照其规模以及业务范围分为综合服务型广告公司和专项服务型广告公司。

综合服务型广告公司为广告主提供全方位的广告服务。这些服务涉及广告运作的各个环节，包括产品的市场调查、广告战略策划、广告创意与制作、广告媒介的选择与发布、广告效果评估等一系列的活动。随着信息技术的不断发展和全球市场竞争的日益加剧，综合服务型广告公司除了为广告主提供广告运作相关服务，还为广告主提供市场信息收集、消费趋势分析、产品开发、企业形象建设、企业的发展战略制定、企业文化建设、售后信息收集与分析等信息咨询服务，日益集广告服务与信息服务于一体。

相对于综合服务性广告公司服务的全面性，专项服务型广告公司的业务范围较狭窄，服务项目较单一。专项服务型广告公司可以按照特定广告主类型来划分，如房地产广告公司、游戏广告公司、金融广告公司等；也可以按照广告运作环节划分，如专业广告调查公司、广告制作公司、广告设计公司等；还可以按照媒体类型来划分，如网络广告公

司、手机广告公司、移动电视广告公司、楼宇液晶广告公司等。

专业新媒体类广告公司中一般设有客户服务部、创意部、媒介部、技术部等专业部门。其中，客户服务部是直接与客户接触的专职部门，负责接洽客户、协调广告客户与广告公司间的关系，它负有沟通、组织、推动、指引各部进行适当有效的分工与合作的责任。创意部主要负责广告策划及创意的构思与执行。它对客户部门和调研部门提供的有关资料和意见加以分析，依照广告计划的要求，配合消费者的心态，完成创意方案，然后同客户部门和调研部门一起，制定出整套广告方案，并在客户审核同意后进行制作。媒介部门的任务是根据广告计划，制定广告活动的媒介策略，负责媒介的选择并与有关单位接洽和联络，在广告实施过程中，负责对广告的实施进行监督，检查印刷质量或播放质量。技术部是专业新媒体类广告公司中比较特殊的一部分，为广告运作提供数据监测和技术支持。新媒体广告是依托数字技术、互联网络技术、移动通信等新技术向受众提供广告信息服务的新兴媒体广告，对数字信息技术的要求较高，要想在广告市场竞争中获胜就必须充分了解和掌握新媒体技术，为了向客户证明自己具有在移动互联网时代继续创造价值的能力，广告公司不得不加大在技术方面的投入。除了部门制之外，也有一些广告公司采用项目小组的结构形式，不设不同部门，而是将不同专业人员以小组的形式组织创建项目小组。每个项目小组设有一名客户主管、一名策划人员、一名文案人员和一名美术指导。

（二）新媒体内部广告组织

媒介广告组织是指各种广告媒介内部设置的专门性广告组织。传统广告业中的媒介广告组织主要是报纸、杂志、广播、电视这四种大众传播媒介组织内部设置的广告部门。就目前而言，新媒体内部广告组织主要是指新媒体公司下设的广告公司或内部设置的广告部门。

按照现代广告代理制的要求，广告公司在整个广告经营中处于中心地位，而广告媒介在广告经营中一般只承担广告发布的职能，向广告公司出售媒介版面和时间，是媒介广告版面和时间的销售部门。而在新媒体时代，新媒体组织不仅作为传播媒介而存在，而且能跳过广告公司这一环节，主动与广告主联系，除负责广告的发布外，还兼任广告承揽与广告代理之职。

以 Google 为例，它是一家科技公司，同时也是一家网络媒体公司，且是以广告驱动的媒体公司，其收入的 90% 来源就是广告。Google 最早盈利的基础就是广告定向投放，它最初的广告是采用关键字广告，即给每一个关键字广告定价，只要广告主给出相应价格就可以在相关广告位得到广告展示。后来为了争取更多的中小企业广告主，2002 年又推出了基于拍卖的广告位售卖模式。Google 除了和其他广告公司一样提供网络媒体平台外，它还会直接进行广告销售。Google 有专门的广告部门，广告销售人员以垂直方式构成，分别向汽车、娱乐和消费品等行业的广告客户销售广告。它的广告客户既可以通过授权代理商开通广告业务，也可以通过广告代理商，还可以自行通过 Google 在线开通广告账户。在数字化环境下，像 Google 这样的公司对广告的影响力越来越大，因为它们可以利用技术来为广告客户提供最便捷的服务。除此之外，近年

Google 公司又收购了多家广告公司（见图 8-4），如在线广告公司 DoubleClick、广告追踪公司 Adometry、视频广告公司 mDialog。这些都在不断壮大 Google 的广告业务实力。

收购时间	公司名称	涉及领域	公司国籍	收购金额/亿美元	对应Google业务
2003/4/1	Applied Semantics	在线广告	美国	$1.02	AdWords
2003/10/1	sprinks	在线广告	美国	—	AdWords
2006/1/17	dMarc	在线广告	美国	$1.02	AdSense
2007/2/16	ADSCAPE	游戏内置广告	美国	$0.23	AdSense
2007/4/13	doubleclick by Google	在线广告	美国	$31.00	AdSense
2009/11/9	admob by Google	移动广告	美国	$7.50	AdSense
2009/11/23	teracent	在线广告	美国	—	AdSense
2010/6/3	invite media	在线广告	美国	$0.81	AdSense
2011/3/7	beatthatQuote.com	比价服务	美国	$0.62	AdWords
2011/6/9	Admeld	在线广告	美国	$4.00	AdSense

图 8-4　Google 收购的网络广告企业

（数据来源：艾瑞咨询。）

总之，新媒体内部广告组织的广告职能比传统媒介广告组织职能要广泛得多，除了广告发布外，还包括方案设计、统计系统部署、日常工作优化、广告数据分析、提供阶段性优化方案、广告系统开发等。

新媒体内部广告组织的机构设置因其广告业务规模大小而有所不同。一般是在公司内设置与技术部、营销部、公关部、财务部并列的广告部，下设销售部、客户部等部门。销售部主要负责直接面向广告主的销售以及面向代理商的代理权销售。虽然网络新媒体公司基本上都会有自己的广告代理公司，但自身销售队伍的建设可以让公司获取更大的销售利润。有些情况下销售部门中也会配备专门的广告策划人员，负责与客户合作的广告传播方案的策略制定及方案撰写。客户部对内负责各部门沟通，安排项目的执行，并跟进执行效果，对外则负责与客户沟通，反馈项目执行情况，维护客户关系。

（三）企业内部广告组织

企业内部广告组织是企业内部设置的专门负责广告活动的公司/部门。传统的企业一般通过内部设置的广告部门来负责企业广告政策的制定、广告计划与战略的谋划、与广告代理公司的沟通以及对广告活动实施的监督，而策划、创意、制作、发布等具体运作则交给专业广告公司来处理。也有少数企业在广告管理部门的基础上设立自己的广告代理公司来办理相关的广告事务。

新媒体时代,伴随着新媒体技术的发展以及整合营销传播理论的流行,为了更好地利用新媒体,并将广告与整个营销的其他环节相配合,一些大型企业集团纷纷成立自己的新媒体类广告公司,而一些小型企业也成立新媒体广告部。虽然企业专属广告公司(In-house Agency)从20世纪六七十年代就已经开始出现,但在新媒体时代,这种类型的广告公司发展越来越迅速。美国广告主协会2009年上半年的一份调查统计报告显示,42%的广告主协会单位都有自己的广告公司或相当于广告公司职能的部门。中国传媒大学广告主研究所执行的《2009—2010年中国广告生态调研》报告显示,17.5%的广告主选择与本企业集团下属广告公司合作,2005年这一选择的比例是9.6%。

大型企业集团的专属广告公司的职能和机构设置基本和专业广告代理公司差不多,不同的地方在于这些专属广告公司是由一家企业出资组建、专属于该客户并由其运作。它们能从所属企业获得比较稳定的代理权,负责本企业全部或部分营销传播业务,或者用来协调企业外部广告代理公司工作。

而小型企业所设立的广告部门的主要职能仍然是参与制定企业广告决策、负责广告活动的管理、根据营销战略制订广告活动的计划、选择广告代理公司、监督和控制广告活动以及自建网站发布广告。这类广告部门大多从属于企业的销售部门,其主要责任在于销售配合,也就是企业的广告部门在行销主管的管理下,与企业的其他行销部门一起,共同为企业行销服务。还有一些是将企业广告部门从具体的销售层次中分离出来,提升为与其他职能部门并列的独立机构,注重将企业广告的宏观决策、组织管理和具体实施结合起来。在实际操作中,又可以市场和产品为基础分为两种组织管理类型。以市场为基础的组织管理类型是以企业的销售市场区分来组建广告部门,而产品型组织管理类型则以企业生产经营的产品类型组建广告部门,例如宝洁公司广告部下分护发部、洗涤部、纸品部等。

三、新媒体类广告组织业务运作的一般程序

新媒体类广告组织业务运作可以分为计划、执行和广告后的评估三大部分,有效整合这三个部分是新媒体类广告组织运作成功的关键。目前新媒体类广告运作的主要模式有两种:一是代理运作;二是无代理运作。

（一）代理运作

代理运作一直是广告组织业务运作的基本模式,是由广告主委托广告公司实施广告宣传计划,广告媒体通过广告公司承揽广告业务,广告公司通过为广告主和广告媒体提供双向服务。代理运作模式中广告公司处于核心地位,不论广告公司采取何种组织结构类型,采取何种服务方式,其基本的业务运作流程大体相同。

一次完整的广告运动包含的环节有广告调查、广告策划、广告创意、广告制作、媒介购买与执行、广告效果评估,因此广告公司的业务从接受广告主的委托开始,直至广告作品完成并投放至媒体后将广告效果调查数据反馈给广告主,一次广告活动才算完成。

1. 接受广告主委托

广告代理模式下,广告活动从广告公司接受广告主委托开始。通常广告主决定委托广告公司前会主动了解广告公司相关情况。或者有的广告主不将广告计划立即委托一家广告公司,而是让多家广告公司彼此竞争,再从中选择最优秀、最满意的广告公司。这种选择形式称作比稿(competitive presentation),也就是让众多广告公司进行公开竞技。一旦广告主意向基本确定后,广告公司要委派客服人员与广告主进行多次接触、沟通,了解广告主委托代理的意图和代理业务的内容以及要达成的目标,并向客户全面推荐本公司。这一阶段以得到客户的代理委托书为工作目标。

2. 制订工作计划

广告公司在接受客户的正式代理委托书后,要收集业务资料,召开业务工作会议,对客户委托代理的业务项目进行具体的讨论和分析,确认这项代理业务的重心和难点。并在此基础上,确立广告公司为开展此次业务的具体工作安排。具体工作计划的确定与工作计划的编写,是这阶段的工作计划目标。

3. 广告策划与创意

这一阶段的工作是广告公司业务运作的重点,也是广告公司代理水平与服务能力的集中体现。其主要工作内容是建立具体的广告目标以及为达成这一目标实行的策略手段,包括目标市场与目标视(听)众、目标消费者的确定、市场机会的选择、广告讯息与广告表现策略、广告制作计划、广告媒体策略和媒体计划的制定,还应该包括配合妥善活动的营销及其他推广建议,自然也包括妥善活动的具体日程安排。总之,就是具体规划如何以最适当的广告讯息,在最适当的市场时机,通过最适当的传播途径,送达最合适的受众,最有效地实现预定的广告目的。其重要的工作方式有广告策划会议、广告创意与表现会议。拿出完整的广告策划方案是这阶段的工作目标。

4. 广告提案

提案是指对前一阶段工作所形成的广告策划方案的审核。其审核包括两方面:一是广告公司内部的自我审核与确认,二是客户对提案的审核与确认。可以采取公司内部提案审核会以及对客户的提案报告会的方式。一般要先开展内部审核会,由公司的业务审核机构执行或公司资深的业务人员参与审核,以保证在正式向客户提交前,对该提案的科学性与可执行性进行审核和质询。内部提案通过后召开对客户的提案报告会,听取客户反馈意见,并进行修改调整。有些情况下提案需要经过多次审核,才能最终确定。这一阶段工作的目标就是客户对策划方案的认可。

5. 广告执行

提案通过后,便是具体执行客户签字认可的广告方案。一是依据方案所确认的广告创意表现策略和计划,从事广告制作。广告制作可由本公司制作部门执行,也可委托专门的广告制作机构执行。二是依据方案所确定的市场实际、媒体策略和媒体计划,从事媒体购买、媒体投放与发布监测。还可根据客户的要求,对已制作完成的广告作品进行发布前的效果测试和刊播试验。

6. 广告活动的事后评估与总结

依据广告公司与客户双方的评估方案，对此次广告活动进行事后评估。广告公司还应以报告会的形式，完成对客户的评估报告与业务总结。至此，整个广告代理活动才算终结。

（二）无代理运作

无代理运作是指广告主直接通过媒体发布广告，而不通过广告代理公司这个中间环节。和代理运作中把广告公司放在核心地位不同，在这种运作模式中，广告主和广告受众直接通过广告媒体沟通，省略掉广告公司这个中介。

传统媒体资源有限，广告主要经过激烈竞争才能够获得发布广告的机会。而新媒体，尤其是网络、手机等新媒体能提供更丰富的资源、更加自由的空间以及更加便捷的操作方式，这使得在新媒体上发布广告的自主权可以落实在广告主手中，广告主可以通过广告代理公司发布，也可以选择自行发布。同时新媒体的发展改变了原有的广告传播方式，将原来的"推"变成"引"，测量指标也由触达变成卷入。而广告主对自己企业的理解远远超过广告代理公司。因此广告主完全可以不借助广告代理公司，自己开发、制作、管理自己的网站、微博等，自行发布和管理广告信息。2013年1月，耐克公司社交媒体部门决定全面收回之前由AKQA、W+K、Mindshare、R/GA等公司代理的社会化媒体广告业务，而由自己公司独立运营。此外也有一些广告主会直接寻求与媒体的合作，由相关服务商为广告主办理广告业务、执行广告计划。这种运作模式一方面可以帮助广告主省掉大笔的代理费，另一方面也能让广告主获得最直接的受众反馈和数据，能和消费者之间建立更好的情感纽带。

虽然取消了广告代理商这个中间环节，但无代理运作的基本流程和代理运作相差不多，除了省掉客户委托环节外，广告调查、策划与创意、内部提案审核、执行以及评估环节都不能少。

第二节　新媒体经营类广告公司

一、新媒体经营类广告公司的分类与业务范围

新媒体经营类广告公司是专门从事新媒体广告代理与广告经营的商业性服务组织。新媒体经营类广告公司可按照不同标准进行划分。

（一）按所经营新媒体的不同形态来划分

新媒体是相对于报刊、广播、电视等传统媒体而言的新的媒体形态，是个变化的概念。因此新媒体经营类广告公司的类型也是不断变化的。同时由于新媒体广告多是依托数字技术、互联网络技术、移动通信等新技术而出现，要想赢得竞争，专业的新媒体广

告公司既要从事新媒体广告代理和经营业务,还要积极发展新媒体广告平台。因此,多数新媒体广告公司都带有很强的技术性。目前比较常见的有网络广告公司、手机广告公司、户外数字媒体广告公司、社会化媒体广告公司、数字移动电视广告公司、游戏内置广告公司等几种。

1. 网络广告公司

网络广告就是在网络平台上投放的广告,是利用网站上的广告横幅、文本链接、多媒体等方法,在互联网刊登或发布广告,通过网络传递的一种广告形式。网络广告公司就是从事网络广告代理和经营的商业组织。目前我国的网络广告公司数量众多,其中一部分是成立之初作为专业的网络广告公司出现,有一部分是由传统广告公司转型而来,还有一些是传统广告公司为了应对互联网的快速发展而创建的子公司。

好耶(Allyes)创立于1998年,是中国网络广告的先行者、中国最大的专业网络广告公司之一,也是中国最早参加国际互联网广告协议和标准制定的组织之一(见图8-5)。2002—2005年连续四年成为中国最大的网络广告代理公司;2005年10月中国第三届网络广告大赛中独获22个奖项,占据全部奖项近20%;2007—2009年年度艾瑞评选的中国十佳网络广告代理公司;2010年8月《互联网周刊》中国网络广告公司TOP50排行榜排名第一。好耶以网络广告技术起家,如今,好耶iMedia数字广告管理平台占有中国第三方付费软件市场80%的份额,好耶iDigger在线效果监测工具为网站、代理商和广告主所广泛使用,还创建了好耶WinMax需求方平台,利用互联网展示广告中最新的实时竞价技术(RTB)及先进的优化算法,为广告主提供跨媒介、跨平台的广告投放及优化解决方案。

图 8-5 好耶系列

图 8-6 华扬联众

华扬联众(Hylink)和好耶一样是中国最早的专业性网络广告代理公司之一(见图8-6)。创立于1994年,创立之初主要从事传统广告代理业务。自2002年起转型为提供互联网及数字媒体领域全方位服务的广告公司,致力于提供跨媒体领域的整合营销服务。曾多次荣膺国内及国际创意大赛的诸项殊荣,其中包括中国广告节长城奖互动创意奖、金投赏、时报华文广告金像奖、中国4A创意金印奖、金手指网络奖等大赛奖项。自2002年起,华扬联众多次夺得中国地区各项最具价值互动代理公司奖,多次在国内权威媒体的"网络广告公司综合服务排名"中蝉联第一,并多次入选互联网营销领域相关媒体或机构评选的"十佳网络广告公司"。2011年,华扬联众作为中国内地唯一一家互动广告公司入选戛纳广告节评审委员会,华扬联众创始人苏同在2012年美国互动广告节(IAB)年度领袖会议及2013年戛纳广告节的中国日均发表主题演讲。

2. 手机广告公司

手机广告是以手机为媒介的广告形式,包括 WAP 广告、APP 广告、移动搜索广告等多种形式。2012年上半年国内通过手机接入互联网的网民数量达到3.88亿,相比之下台式电脑为3.80亿,手机成为我国网民的第一大上网终端。智能手机发展和普及、手机广告投放能力提升及手机广告市场发展带动了一批手机广告公司的发展。我国的手机广告公司大多出现在2010年前后,具有强大的技术平台支撑。有的从广告代理业务转向技术平台开发进而发展整合业务,有些则反过来走从技术向资源转变之路。目前国内的手机广告公司以力美、多盟、有米、哇棒、安沃等为代表。

力美科技(limei)成立于2010年,原名为力美广告有限公司,致力于打造中国领先的移动广告平台(见图8-7)。力美科技2012、2013年连续2年荣登《互联网周刊》发起并发布的"中国移动广告公司服务水平排行榜"榜首。旗下的主营业务是将手机页面广告、手机互动广告、手机展示广告进行整合,构建业界最全面的业务体系,拥有智能手机领域最优质的应用及广告资源。在此基础上,实现广告的资源管理、投放控制、效果分析等移动互联网营销及广告后台管理功能。自2010年成立以来,力美科技依托旗下的力美广告网络和力美DSP两大产品,已成为中国移动互联网广告市场强有力的引领者,是中国发展最快的手机广告公司之一。

图 8-7 力美科技

图 8-8 哇棒

哇棒(Wooboo)成立于2009年,是我国最早开展手机广告业务的广告公司(见图8-8)。核心团队由具有多年移动互联网、4A广告公司、公关公司从业经验的人员构成,是移动互联网行业中最早开始提供综合广告服务的公司。"哇棒"手机广告发布平台于2009年初立项并开始研发,并在2010年5月平台全面运行,创立了移动广告平台的行业基础。随着业务的发展,哇棒不再单纯地进行广告平台的运营,而是开始积累可控的市场化媒体资源。2010年开始,与中国三大电信运营商的紧密合作。哇棒广告平台已拥有优质APP2万余款,已有稳定合作的媒体渠道超过600家。目前的哇棒又开始从资源累积转为大客户战略。力图通过整合,为客户提供更加合理、贴心的广告服务。

3. 户外数字媒体广告公司

户外数字媒体(digital out-of-home)是指在大型商场、超市、酒店、影院、车站等户外公共场所,通过大屏幕终端显示设备发布信息的媒体形态。最近几年,户外数字媒体广告得到了较大发展,涌现出以分众传媒为代表的一批户外数字媒体广告公司。

分众传媒(Focus Media)创建于2003年5月,首创中国户外视频广告联播网络,是中国最早的一家户外数字媒体广告公司(见图8-9)。2005年收购框架媒介(Framedia),将电梯媒体资源纳入分众数字户外,2006年合并中国楼宇视频媒体第二大运营商聚众传媒(Target Media)。经过多年发展,分众传媒已经成为覆盖商业楼宇视频媒体、卖场终端视频媒体、公寓电梯媒体、户外大型LED彩屏媒体、电影院线广告媒体等多个针对特征受众并可以相互有机整合的媒体网络。目前,分众传媒所经营的媒体网已经覆盖100余个城市、数以10万计的终端场所,日覆盖超过3亿的都市主流消费人群,效果被众多广告主所认同和肯定。

图8-9 分众传媒

图8-10 航美传媒

航美传媒(Air Media)创立于2005年,是我国高端户外数字媒体广告公司(见图8-10)。创立之初定位于航空数字媒体,拥有中国航空数字媒体市场超过90%的占有率,开创性地建立了遍布中国各主要城市机场的航空电视及数码刷屏系统,打造了覆盖北京、上海、广州等全国主要机场以及7家航空公司2550余条航线的航空媒体网络。2007年成功在美国纳斯达克上市,上市后坚持规模化优势、跨媒体资源整合与数字媒体的发展,发展成为国内户外数字广告领军企业之一。

4. 社会化媒体广告公司

社会化媒体(social media)指允许人们撰写、分享、评价、讨论、相互沟通的网站和技术。现阶段主要包括社交网站、微博、微信、博客、播客等。社会化媒体广告造就了庞大商机,Facebook、Twitter及LindedIn 2012年的广告收益加起来即超过50亿美元,有高达全球81%的广告公司和75%的广告主。目前很多网络广告公司都将社会化媒体广告业务纳入其中,但也有一些是以社会化媒体广告经营为主的细分广告公司,如时趣互动、创新传播、环时互动等。

时趣互动(Social Touch)成立于2011年,是一家以中国客户的社会化营销需求为中心的社会化媒体广告公司(见图8-11)。通过不断完善其社会化营销SaaS平台、社会化大数据分析平台、社会化精准广告投放管理平台SAD,以及社会化媒体整合服务产品的优化,时趣互动获得超过40家大型品牌客户和4万家中小型品牌客户,在多个社会化媒体平台上管理着超过2500万名消费者粉丝以及每天上百万次的互动。时趣在2013年获得宝洁"年度最佳数字创新"大奖,2014年又获得了宝洁"年度最佳社会化媒体代理商"大奖,同时塑造了多个行业经典案例,如打造极致化游戏体验的"海飞丝巴西实力挑战赛"、利用人脸识别技术的"飘柔秀出来勇敢爱"等社会化媒体广告活动。

环时互动(SocialLab)是一家以创新为生命线和竞争力的新形态广告公司(见图8-12)。其主要服务范围包括社会化媒体平台运营、策略咨询、整合营销、数据调研及微信后台建立与开发。环时互动基于受众洞察,整合多种创意方式,聚焦社交网络,协助品牌和产品扩大其社会化影响力,同时通过数据挖掘与创新服务,重塑品牌的数字化影响力。众所周知的杜蕾斯漂流瓶、可口可乐社交十年派对、可口可乐昵称瓶夏日战役等经典案例均来自环时互动团队。

图 8-11　时趣互动

图 8-12　环时互动

图 8-13　创新传播

创新传播(NTA)成立于 2010 年,初创团队由专业社会化媒体人组成,在中国开创社会化传播先河,致力于构建基于社交网络的传播(见图 8-13)。在微博、微信、社区、移动客户端等平台提供社会化传播服务。借助社交网络和微媒体的创意营销,为企业做品牌传播,并利用社会化网络进行舆情监测与危机管理。服务对象跨互联网、快速消费品、电商、金融、游戏等多个行业。

5. 数字移动电视广告公司

数字移动电视是信息型移动户外数字电视传媒,是不同于传统电视媒体的新型媒体。主要通过无线数字信号发射、地面数字设备接收的方法进行数字节目的播放与接收,并可在高速移动的物体中收看的一种现代化电视系统。随着公交、出租、地铁等交通网络的发展,数字移动电视广告也受到更多企业的重视。目前,我国的数字移动电视广告公司中发展最好的就是华视传媒、世通华纳和巴士在线。

华视传媒(Vision China Media)成立于 2005 年 4 月,拥有中国最大的户外数字电视广告联播网(见图 8-14)。华视传媒户外数字电视广告联播网是以采用数字移动电视技术、支持移动接收的户外数字电视为载体,结合户外受众的视频需求,提供即时的新闻、资讯、信息、娱乐、体育等丰富精彩的电视节目,实现全国范围的广告联播。2009 年华视传媒以 1.6 亿美元收购 DMG 集团,并获得了该公司所属 7 个主要城市共计 26 条线路的地铁移动电视广告代理权。2014 年与百度游戏签订独家战略合作协议,成为百度游戏独家数字移动电视广告合作伙伴,独家为百度游戏提供全国公交地铁移动电视媒体推广和投放解决方案,范围涉及华视传媒在国内的 88 个公交城市和 14 个地铁城市。

世通华纳(TOWONA)成立于 2003 年,下设营销中心、影视中心和资源管理中心等核心部门,为客户提供最优质的媒体资源以及最完善的服务,成为业内少有的具有完整意义的广告传播公司(见图 8-15)。作为专业的公交移动电视传播平台的提供商,世通华纳在为广告主制订广告投放计划的同时,不仅仅是简单地将广告的投放频次、地区推荐给客户,而是融入对客户产品的理解分析,为其量身定做一套适用于移动公交电视媒体的整体营销策略和建议。

图 8-14 华视传媒

图 8-15 世通华纳

6. 游戏内置广告公司

游戏内置广告(in-game advertising)是游戏中出现的嵌入式商业广告。在国外,游戏内置广告早已成为新媒体广告市场的热点之一。微软公司在 2006 年曾收购 Massive 公司,Google 在 2007 年也收购了 Adscape 公司,Massive 和 Adscape 都是游戏内置广告公司。伴随着中国的网游、手游市场逐渐发展,内置广告作为一种新的盈利模式也越来越受到中国网游提供商们的关注。在我国从事该领域的广告公司曾有三类:

一是以创世奇迹(Wonderad)、酷动传媒为代表的独立第三方网游广告代理公司,为各种网游运营商提供广告代理。创世奇迹在 2003 年成立之初就全面进军游戏行业,成为 17173 第一家广告代理商,之后又独家代理联众世界,并与新浪、搜狐、腾讯等多家媒体签订代理合同,成为最大网游广告代理商。2006 年推出游戏内广告技术平台 Game power,依托创世奇迹游戏引擎、SEM 优化管理系统、实效营销数据管理系统,对游戏广告进行系统化传播。酷动传媒则是创世奇迹旗下全资子公司。这两家公司在 2007 年被分众传媒收购。

二是以游戏运营商天联世纪为代表,其为自己的网游专门成立了天街广告有限公司,这是种自给自足模式。天联世纪是国内最早尝试游戏内置广告的网游运营商之一,2006 年初成立了游戏内置广告团队,并且在 2006 年成立上海天街广告有限公司,专门负责该业务。

第三种是以盛大投资的上海盛越广告有限公司为代表,虽为网游运营商自设广告公司,但渴望成为游戏内置广告领域的第三方服务公司,同时为其他网游运营商提供广告方案。盛越广告成立于 2004 年,拥有自主研发的游戏内置广告投放平台,可实现游戏内广告的精准投放、效果监测等。

(二)按新媒体广告公司经营特色来划分

1. 综合代理型广告公司

此类广告公司可以实施调研、策划、创意、执行、媒介购买、效果预估、公关、促销等广告活动可能涉及的每一项活动,可以提供全方位的信息传播服务。因为提供服务内容较全面,所以这类广告公司一般规模大、实力雄厚,多数传统的 4A 广告公司提供的都是综合型代理服务。例如 WPP 集团旗下的奥美、智威汤逊、达彼思,阳狮集团旗下的阳狮、盛世长城、李奥贝纳等广告公司。

这类广告公司通常是将新媒体类广告作为整合营销传播的一部分。一方面充分利用新媒体来拓展营销传播方式和手段,另一方面促进新媒体与传统媒体的有效整合和互补,为整合营销传播价值最大化地实现拓宽渠道。除了在具体的广告运作中充分整合新媒体外,为了应对新媒体环境的变化以及日益激烈的竞争环境,传统广告公司也在积极做各种调整。

一是通过加强公司内部新媒体广告部门的建设或者直接并购、创立新媒体类子公司,积极探索新媒体广告的策划与运作经验。WPP集团旗下的智威汤逊在2011年收购了国内全方位数字营销服务提供商A4A;奥美则早在2006年就成立了全球互动直销公司奥美世纪,专门从事网络广告代理;而阳狮集团从2009年起收购了Razorfish、Big Fuel、Rosetta、Rokkan、网帆互动、古美互动、龙拓互动等新媒体策划及代理机构,不断扩大其在数字互动传播领域的实力。

二是积极转型,从传统广告业务转向新媒体广告业务。华扬联众在1994年创立之初就是一家传统广告代理商,2002年起转型为提供互联网及数字媒体领域全方位服务的广告公司,致力于提供跨媒体领域的整合营销服务。

三是为了提高工作效率与广告质量,大力发展公司内部的数字化平台,从而提升自身的国际竞争力。中国本土广告公司的领军者广东省广告公司就在2012年投资设计并使用"广告数字化运营系统"。广告公司的这种应变,一定程度上是新媒体技术推动使然。

图 8-16　网迈广告

除了传统的4A广告公司外,也有一些新兴的新媒体广告公司提供这种综合代理服务,它们更关注以互联网为代表的新媒体整合营销服务。宏盟集团(OMG)下属的网迈广告(NIM Digital)就是一家提供数字整合营销解决方案的广告公司(见图8-16)。网迈广告在营销理念、模型、方法和执行层面上覆盖互联网和移动互联网,通过研究客户和消费者的沟通关系,运用灵活的策略、有感染力的创意、丰富的媒介组合为广告主提供一站式服务,注重社会化媒体、搜索引擎、视频、移动终端以及电子商务的整合营销。

过去,综合代理型广告公司受到很多广告主的欢迎,因为它们能提供一站式服务。而在新媒体时代,媒介策略与表现策略需要配合、不同媒体间需要交互配合,传统的媒介作业模式越来越不适应现实要求,客户纷纷提出创意性媒介策略和创意性购买执行的要求。同时营销观念的转变,线上与线下、广告与促销、创意内容与媒介形式等界限趋向模糊,而结合却更加紧密,这就需要更透彻的媒体理解力、专业的创意策划和执行能力。因应这两点趋势,一些广告主开始不再将广告业务打包给一家综合型公司来分解操作,而是倾向于自行剥离分解业务,分别交由不同专业领域的专业公司来操作。2013年宝马中国的广告业务就分成多个部分——凯络媒体(Carat)接棒华扬联众获MINI数字媒介策划及购买业务,而im2.0击败天一国际(Interone)获MINI传统及数字创意业务。广告业务的分解体现的是广告的专业化细分程度在不断加强。通常广告主会将创意代理交给传统的4A广告公司或者独立的创意公司,因为这些广告公司在创意策划方面较有优势,而媒介代理则会交给那些专业的媒介代理公司来完成,广告监测等技术性服务则交由那些技术型广告公司来处理,各司其职,各展所长。

2. 媒介代理型广告公司

也叫媒介购买公司,此类广告公司是以从事媒介信息研究、媒介购买、媒介企划与实施等为主的独立运作经营实体,是随着广告业的发展而从传统4A广告公司细分后形成的公司种类。传统的媒介代理型广告公司是将报纸、杂志、电视、电台的广告版面以及时段买断整合,然后推荐给广告主。随着新媒体的发展,媒介代理型广告公司所代理的媒体业务也都开始逐渐将新媒体纳入代理业务范畴,将新媒体与传统媒体进行整合。它们的服务内容包括及时更新信息、竞争对手分析、市场策略、媒介策略、媒介计划、与创意部门协作、媒介定位、媒介执行、买后评估分析、持续发展性建议等。

伴随着广告行业的发展,媒介代理型广告公司已经成为各大广告传播集团不可缺少的主体部分。WPP集团下有群邑媒介集团(GroupM),宏盟集团下有宏盟媒体集团(Omnicom Media Group),安吉斯集团下有安吉斯媒体(Aegis Media),阳狮集团旗下阳狮锐奇(VivaKi)下有星传媒体(Starcom MediaVest Group)、实力传播(Zenith Optimedia)等。在中国,这几家主要的跨国媒体集团把持着大部分媒体预算。

群邑媒介集团是整合了迈势、竞立、尚扬、传立及邑策这五家媒体公司而成立的母公司(见图8-17)。这五家媒介代理公司业务都涉及新媒体领域:

迈势(Maxus)旨在帮助客户建立品牌和消费者之间值得信赖的关系,服务包括传播策划、媒介策划和购买、数字营销、社交媒体策略、SEO(搜索引擎优化)、SEM(搜索引擎营销)、数据分析以及营销投资回报评估。

图8-17 群邑媒介集团

竞立(MediaCom)旗下拥有 MediaCom Interaction,负责互动营销,运用前瞻技术促进客户业务增长。

尚扬(Mediaedge:cia)协助客户寻求具有可行性的广告传播方案,服务包括媒体计划和购买、数字媒体、移动营销、搜索、效果营销、社交媒体、分析和洞察、体育、娱乐和公益营销、多文化的内容植入、零售、整合策划。

传立媒体(Mindshare)下设有数字媒体部,致力于迅猛发展的互动式传播平台,主要从事互联网媒介的策划、购买和调研,为客户提供各类咨询,帮助客户更有效地利用新兴媒体。

邑策(Xaxis)是一个全球性的数字媒体平台,以程序化的方式帮助广告主、广告发布商通过所有可访问渠道和受众建立联系,结合专有技术、独特的数据资产和独家媒体合作关系,能够将相关内容和广告传达给有价值的受众。

3. 创意代理型广告公司

也叫创意热店或独立创意机构,此类广告公司是以广告创意为主导的独立运营机构。这类广告公司在品牌策划、品牌传播、视觉设计、互动营销、广告创意与策划等基础之上,更注重创意的发挥,以创意为核心帮助客户解决实际问题。相较传统 4A 广告公司,这些广告公司一般规模较小,不提供一条龙式服务,程序简化,强项突出,能带给客户更独特的一对一的传播体验。这些创意公司现在几乎都把视野转向了数字与新媒体上,除了提供广告创意,它们还把服务延伸到了营销链条的前端,比如参与产品创意乃至实际的设计过程、APP 的开发以及消费者的体验。其中比较著名的有百比赫、韦柯,此外还有一些新兴的创意机构越来越受关注,比如美国的 Droga 5、法国的 Fred&Farid、英国的 Leagas Delaney、日本的 PARTY、中国的 180China 以及麦肯世界集团下属的 Can Create 等。

图 8-18　百比赫广告

百比赫(BBH)是较早的以追求策略性手法和绝妙创意著称的广告公司之一(见图 8-18)。虽然在它的早期业务中是以 TVC 创意策划为主,但在新媒体时代到来后,BBH 也不断在新科技领域探索,并取得同样好的成绩。2008 年 BBH 为苏格兰威士忌品牌尊尼获加打造了一部《兄弟之约》的微电影广告,2011 年又和奥美公关一起联手为尊尼获加打造了《语路》计划系列微电影广告,这是该品牌历史上对数字社交媒体上最重要一次投入。广告通过潘石屹、罗永浩、黄豆豆等 12 位时代典型人物的故事来阐释尊尼获加品牌"永远向前"的精神主题,短片上映后很短时间就引来了超过 700 万的点击量。

BBH 还曾于 2009 年为世界自然基金会(WWF)量身定制了一次手机宣传活动,开发了全球首个能和真实环境互动的手机广告。广告采用当时流行的"无标示增强现实技术",通过手机摄像头,将真实场景转化为虚拟小熊可以识别的数码环境,将野生动物的命运交到用户手中,看一只无家可归的小熊在都市环境中会有怎样的遭遇:它可能睡在街头,可能被人踩一脚,可能在公园里玩,也可能被车撞飞⋯⋯这款手机软件可在世界自然基金会的官方网站上下载,并迅速在年轻人之间流传。广告发布后两周,世界自然基金会的会员增加了超过两倍,有 50 多万人浏览了网站。BBH 凭借此活动在当年 OneShow 互动类别中摘下银铅笔奖。

韦柯(W+K)也是一家以创意为核心的老牌广告代理公司(见图 8-19),坚持创意主导和独立运营,致力于为那些期望与消费者建立长久、密切、深入联系的客户提供创意解决方案。在 W+K 里,创意指导、文案人员、制片、摄影师、设计师⋯⋯他们是这个公司的核心和领袖,同样也很重视新媒体新技术的发展。在 W+K 员工中,数字团队所占比例为 40%。他们曾为耐克公司制作了一个像冰雪清理车一样的能够在环法自行车赛道上用粉笔写字的"粉笔机器人"(Chalkbot),公众可以通过网站、旗帜广告和 Twitter 等来提交信息,当 Chalkbot 在地上写下这些消息后,它会给地面照一张照片,加上时间和 GPS 定位信息,把这些信息传给用户。这场活动非常有创意,充分发挥了社交媒体的优势,而且有效地促进了收入的增加,Nike 的销售增长了 43%,为阿姆斯特朗基金会收获了 400 万美金用于抗癌行动。W+K 也因此获得了 2010 年戛纳国际广告节网络类金奖。

图 8-19　韦柯广告　　　　图 8-20　180China 广告

180China 是中国最新锐的创意公司之一,致力于为客户提供最具创意的品牌解决方案,其在数字创新、社交媒体及移动营销方面的创意能力已经获得广泛认可(见图 8-20)。并于 2014 年 5 月成立独立数字业务单元 RITMOT(睿迈),专注于数字创意、社会化营销、数字媒体策划。英国著名创意刊物《Campaign》发布"2012 世界领先独立广告公司"名单,180China 广告作为唯一的中国公司入选。

4. 技术型广告公司

此类广告公司以技术见长,其主要优势不是来自创意策划或媒介策略,而是来自于技术产品和服务。它们通常都具备高效处理大规模媒体资源能力和产品设计研发能力。其中一部分公司原本只是作为广告技术供应商而存在,为各种广告代理商提供技术支持。但是越来越多的广告主发现,跳过以广告创意和媒介投放为主的代理商,直接跟某些广告技术供应商合作,可以用更便宜的价格获取技术,自己掌握第一手数据完成广告执行与监察的工作。同时,随着广告媒体的一步步变迁,从门户时代到搜索时代再到当下的社交网络时代,媒体受众的行为已然高度碎片化,单纯的代理模式显然不能覆盖准确的用户,因此广告公司也越来越重视广告技术。于是出现了以自身研发技术产品为依托,同时直接为广告主提供广告和整合营销解决方案的技术型广告公司。目前国内比较有代表性的公司包括聚胜万合、悠易互通、艾维邑动、传漾科技等。

聚胜万合(MediaV)就是一家标榜为拥有自主研发产品的领先技术型广告公司(见图 8-21)。在互联网广告投放技术、效果监测、数据处理及动态优化、网页监测及网络行为分析、受众目标精细分类、智能匹配广告等方面有着丰富的开发经验和领先的技术成果。2012 年 4 月推出国内首家面向中小客户自助式精准营销平台——聚效广告平台(MediaV DSP)、聚合数据管理平台(MediaV DMP)。聚效广告平台是一项基于点击竞价的自助式智能精准营销平台,可以为广告主提供自助式的精准广告投放服务。聚合 DMP 数据平台则是为拥有独立网站的 B2C 电商企业打造的免费商业数据分析系统,通过聚合 DMP,广告主不仅可以分析不同推广渠道的效果,还可以把数据应用到实际的广告投放中,实现海量人群与海量商品之间的匹配,提升广告效果,降低投放成本。

悠易互通(YOYI)是中国多屏程序化购买引领者,依托庞大的专有受众数据库和先进的广告技术,成为多屏融合及大数据营销时代最富创新精神、最具营销实效的互联网广告公司(见图 8-22)。致力于以互联网广告定向技术及优化系统,深入分析中国网民的兴趣与属性;以新锐的创新思维,通过数字媒体整合传播渠道,为客户的品牌数字营销提供全方位的解决方案,帮助客户实施更高效的数字媒体策略。自 2012 年将程序化购买概念引入中国以来,悠易互通始终引领程序化购买行业的发展,积累了极为丰富的程序化购买实战经验。悠易互通是中国第一家实现实时竞价(RTB)投放的需求方平台(DSP);2012年,悠易互通与沃尔沃合作了中国第一支RTB品牌广告;2014年,悠易互通推出了第一个真正意义的DMP平台——数据银行DateBank2.0。2015年,悠易互通再次发力,与广州日报达成战略合作,并在此基础上推出程序化购买趋势概念"程序化购买+",将线上的PC、移动、社交、视频与线下的平面、LED、户外、电视、汽车、影院等各种资源相连接,以技术来实现,数据打通,将多方数据形成闭环,使资源更全面的加以整合。"程序化购买+"概念的出现,引起了业内的持续热议。

图 8-21　聚胜万合广告　　　　　图 8-22　悠易互通广告

艾维邑动(Avazu)是一家集PC和移动互联网广告全球投放、全球专业移动游戏运营及发行于一身的技术型广告公司(见图8-23)。公司致力于通过程序化广告技术进行效果营销,从技术研发、服务创新两个方面为合作伙伴提供全球一流的服务。在此基础上,相继开发推出基于实时竞价的需求方平台Avazu DSP、广告网络Avazu Network、跨屏跨媒体广告效果跟踪优化系统Avazu Tracking以及广告交易私有平台Avazu Private Exchange。

图 8-23　艾维邑动广告　　　　　图 8-24　传漾科技广告

传漾科技(AdSame)作为中国领先的智能数字营销引擎网络广告公司(见图8-24),通过RTB平台、营销平台和技术平台,以视频广告、富媒体广告等形式,实现品牌广告及效果广告的精准定向投放。传漾科技打造了以DSP、SSP、DMP三大平台为核心的互联网广告营销生态系统——RTB生态链,推动了网络广告RTB模式自由交易的新发展。并在此基础上驱动产业链延伸,深耕无线互联网广告,进一步打通PC+Mobile用户数据通道。此外,传漾科技还有Dolphin广告发布协作平台、Eagle广告监测协作平台以及SamBa富媒体广告协作平台,共同为广告主和代理公司提供广告解决方案。

二、新媒体经营类广告公司的组织结构与管理模式

广告公司通常会根据公司的运作特点和发展目标来设置适当的组织结构和管理模式,以提高管理效率。常见的新媒体经营类广告公司组织结构设置有五种。

(一)按照职能设置部门

按照广告业务运作的主要职能设置部门。一般由客户服务部、媒介部、创意部、技

术部等几大职能部门组成,每个部门还可以按衍生的次要职能再细分。这些部门与财务部、行政部、人力资源部等常规部门一起由公司总部直接指挥。大多数综合代理型广告公司都会采取此种组织结构。

这一组织结构的优点是可以确保公司高层直接管理广告运作。它符合广告业务专业化的原则,使人力资源的利用更为有效,并有利于各环节管理的统一和协调。它的缺点是各职能部门易生发"强势部门"的自大观念,片面强调自己部门的重要性,影响公司的整体性。由于总经理独掌大权,对公司的全面事务负责,可能导致公司在发展过程中对个人的依赖性过大,从长远来看,不利于培养有全面、综合管理素质的经理人员。

(二)按照客户设置部门

这是广告公司中典型的组织结构形式,又被称作小组作业式的组织结构。这一类型的组织结构中除了行政部、财务部、媒介部和调研部以外,其他部门都是按照公司服务的客户设置。公司为每个客户分别配备客户服务人员、创作人员(如文案、设计)及公关协调人员(还可以根据需要增加其他专业人员),成立不同的客户项目小组,这些组的规模视客户业务量的大小而定。这种组织结构运作较为协调、灵活,能适应各种不同广告客户的不同需要。

按客户划分部门的优点是公司能满足客户的特殊需要,人员沟通便利,无论是客户还是广告公司,都能节省大量人员培训的成本。缺点是由于客户对其服务部门的特殊要求,使这个部门同公司那些按其他方式组织起来的部门之间的协调难度增大。另外,根据客户的类别而专门安排的人员和设备可能得不到充分利用。再次,一旦客户离开这家广告公司,解散部门将造成人员重新安排的困难。

(三)按照地区设置部门

对于广告公司来说,按地区划分部门也是一个较为普遍的方法。许多大广告公司,特别是跨国或全国性的广告公司,往往采用按职能划分和按地区划分相结合的组织结构。来华的跨国广告公司在国内刚设立合资公司时,在北京或上海只设媒介部、客户服务部、市场部,创作部设在香港或台湾。在国内一个城市注册一个合资公司,在其他大城市设立分公司,几个分公司既是一个整体,又有相对的独立性。在业务上有所分工,也有配合。

尽管现代的通信技术在传达双方的意向时不会迟滞和误解,然而在更多情况下,双方业务人员面对面的交谈能够达到更好的传播效果。从经济上,与客户在同一地区办公更能节省成本,因为客户要参与他们的广告活动,他们会感到广告公司离他们越近,他们工作越方便。但是,按地区划分部门的缺点是增加了广告公司管理的难度,使业务小组不能快速地面对面讨论,另外,按地区划分部门对部门主管的素质有更高的要求,他们要有很强的理解力和表达能力,才能很好地和异地的同伴协同为客户提供服务。

(四)按照服务项目设置部门

一些有独特优势部分服务型的广告公司和媒介代理公司常采用这种组织结构。公司依据给客户提供的广告服务项目设置部门,把与某项服务有关的各项业务工作组成为一个部门。

这种组织结构的优点是它使公司的注意力集中在广告产品上,有利于公司应对竞争激烈和日趋变化的市场环境;各个部门的业务流程相对完整,便于展开以利润为目标的管理;业务管理相对简单,部门随服务项目的增加而复制;有利于培养高级管理人员。不足之处在于管理成本较高,分部权力增大以后可能增加总部的控制难度,部门间因业务不同较难平衡,如果分权及控制不当,会使公司的整体性受到破坏。

(五)按照矩阵组织设置部门

这一类型的组织结构是按职能划分部门与按客户或产品划分部门的一种综合方式。在一般情况下,公司按职能划分部门,但当需要为某个客户服务或完成某项任务时,设置专项工作部门。

这一组织结构的优点是它吸收了按职能划分部门和按客户或服务划分部门的长处,便于为客户服务并保证服务质量,有利于集中各部门的优势力量争取或服务客户;有利于公司积累对不同客户服务的经验。缺点是员工接受项目经理和职能经理的双重领导,两者的牵引力不同,工作容易扯皮,当两方面的领导出现矛盾时,员工不知所从。广告公司在采用矩阵组织时,应明确职能经理与项目经理的关系,促使两者之间协调地完成公司的组织目标。

三、新媒体广告代理

(一)广告代理制

广告代理制是伴随着广告经营活动规模扩大和专业化分工而形成的现代广告经营与运作机制。在广告活动中,广告主、广告公司和广告媒体明确分工,三方在委托代理关系的基础上实现广告交易行为。广告主委托广告公司代理实施广告计划,广告媒体通过广告公司承揽广告业务。在三者之中,广告公司处于中心位置,为广告主和广告媒体提供双向服务,发挥主导作用。实行广告代理制,可以使广告业内部形成良性运行秩序,最大限度地发挥广告主、广告公司与广告媒体的长处。

目前,世界广告市场实行的广告代理制有两种基本模式,一种是以欧美为代表的商品细分广告代理制,另一种是以日本为代表的媒介细分广告代理制。以欧美为代表的商品细分广告代理制是以客户代理为主。这种模式强调广告公司要作为独立的第三方,对广告主和广告媒体进行双向代理服务。为了保持独立,广告公司要实行独家代理,在同一行业内只能代理一个客户,利用专业化的服务满足客户的要求。以日本为代表的媒介细分广告代理制是以媒介代理为主。这种模式下广告公司依托的是媒介,可以代理同一行业内不同的竞争品牌。

广告公司在双重代理的过程中,其报酬主要来自为媒体出售广告位和广告时间而获取的佣金。按照国际惯例,大众传播媒体的代理佣金为广告刊播费的 15%,户外媒体的佣金为 16.7%。但是这个固定佣金的比例一直以来都是广告主争论的焦点。广告主认为媒体的刊播费越高,广告公司所得的佣金越多,为了谋求自身利益,广告公司就会倾向使用更为权威和价格高昂的媒体,广告公司还有可能和媒体私下协商,说服广告主支付更高的广告费用。为此,一些国家的广告管理机构和广告行业自律协会通过制定法律,禁止广告公司和媒体之间的"私下协商",同时建议使用协商佣金制、实责制、议定收费制或效益分配制等收费制度。现如今,广告代理收费方式又有了新的变化,除了传统佣金制外,还出现了项目制、包月制等新的形式。

(二)新媒体广告代理的发展

早期的广告代理从属于报业,因为最早承揽并发布广告的大众媒体是报纸。在经历了版面销售、媒体掮客、技术服务和全面代理几个不同阶段后,现代意义上的广告代理制度真正确立,并逐渐成为国际通行的广告经营机制。同时,随着大众媒体的不断发展,广告代理涉及的媒体范围也不断扩大。以互联网为代表的新媒体出现后,新媒体广告代理也逐步发展起来。

在新媒体广告出现之初,并没有专业规范的新媒体类广告代理公司。当时主要靠一些网络媒体内部的广告部门来为自己的网站承揽广告业务,因为它们对新媒体的属性更了解,相关技术也更成熟,这是普通的广告代理公司所不具备的优势。并且这种直接承揽的方式能为广告主省去代理费用,节省开支。但是,互联网公司并没有专业的广告代理公司在策划、创意以及整合营销方面的经验,没办法为客户提供更全面的服务,而且没有第三方的监督,直接提供给广告主的数据可信度未必够。

随着新媒体技术的快速发展,新媒体广告行业不断发展,广告主的需求不断增多,不再仅仅是寻求广告位,进行简单的文字介绍或链接。于是,一方面是互联网公司不断吸收广告专业人才,收购一些广告公司来提升自身在广告业务上的能力。另一方面,传统广告代理公司也开始注意到新媒体广告广阔的发展前景,纷纷涉足新媒体广告领域。在中国,跨国广告业巨头在拓展新媒体广告业务时的反映要比本土广告公司迅速得多:灵智大洋在1999年就设立了"互动传播部";同年10月,北京电通成立网络互动中心,推出全新的服务品牌Digication,为客户提供专业的数字媒体服务;2000年精信广告正式推出Beyond互动广告服务;WPP集团从2002年开始加力发展数字业务,且取得迅速发展——其数字业务收入从2002年的5.86亿英镑上升到2012年的34.23亿英镑,年均增速达到了48%,而数字收入占总收入的比重也从2002年的15%提升到2012年的33%左右。这些传统广告代理公司的积极调整推动了新媒体广告代理业的发展。它们依靠多年的广告运作经验,为新媒体广告的成长和发展提供了宝贵的借鉴。不过对于这些传统的综合代理型广告公司而言,新媒体广告代理业务只是其广告代理业务中的一部分,它们多是将新媒体广告作为整合传播中的一项来看待,并且在新媒体技术应用方面存在明显不足。

真正专业的新媒体广告代理公司的出现是推动新媒体广告发展的主要力量。这些广告代理公司专注于新媒体广告代理,其中大部分掌握有大量的新媒体资源,并且掌握着先进的新媒体技术。相较于传统广告公司的网络广告部门,由于专业新媒体广告公司大多脱胎于网络业,有更强的技术力量,而且也更了解新媒体广告的特性和作业模式,它们拥有自己的广告管理系统和技术平台,能为客户提供基于新媒体的广告策划、投放与监测等一系列的行销解决方案。国外的新媒体广告代理公司发展较早,MEDIA999、BMCMedia、24/7 Real Media、Double Click 等代理公司也较早地进入中国市场。

中国本土新媒体广告代理公司出现的时间大概在 1999 年前后。在中国,一开始就出现了专业化的网络广告代理公司。1998 年,好耶用自己开发的网络广告管理系统换回了大量的网站手上卖不出去的广告位,走上广告代理之路。2003 年涌现了一批新的新媒体广告代理公司,如创世奇迹、科思世通、博圣云峰、网迈等。2004 年到 2005 年,中国网络媒体和广告代理商公司迎来了第一个春天,众多互联网公司开始赢利,风险投资重新大批进入互联网产业,而网络广告市场也稳步增长,平均增长率在 70% 以上。自这之后,新的媒体形态不断出现,新媒体广告代理业持续稳定发展,出现了大批广告代理公司,且类型多样。除了传统的网络广告公司外,还有手机广告公司、游戏内置广告公司、户外数字媒体广告公司、社会化媒体广告公司等。并且这些代理公司的类型还会不断更新,有些则会进一步细化。

现如今,新媒体广告代理业受到一些新的冲击。这冲击主要来自几个方面,一是广告主开始回收代理业务。2007 年 7 月,全球最大的广告主宝洁在中国区广告投放发生了巨大变化,取消原来和媒体谈判的代理公司,由宝洁亲自出马,和媒体展开面对面的谈判。2013 年 1 月,耐克也宣布要收回社会化媒体广告业务,转由内部团队全权打理,不再将业务外包给代理公司。这两件事都让大家看到了在新媒体时代,广告主对媒体使用的自主性在不断扩大。二是对广告代理业极具颠覆能力的竞争模式"程序化购买"越来越受关注。程序化购买指的是通过数字平台,代表广告主,自动地执行广告媒体购买的流程,与之相对的是传统的人力购买的方式。程序化购买允许广告主跳过以广告创意和媒体投放为主的代理商,直接跟某些 DSP 广告技术服务商合作,可以用更便宜的价格获取技术,自己掌握第一手数据并完成广告执行与监察的工作。这一方面让广告主欢喜,另一方面却让代理公司感到深深的忧虑。《广告时代》曾发表过一篇文章,直接指出媒介代理商与广告技术供应商真枪实弹争夺广告主的现状,并将这场对决称为"广告圣战"。这种广告主绕过媒介代理商,直接与广告技术服务商合作的趋势开始威胁到广告媒介代理商的预算份额。

第三节 新媒体广告主

一、新媒体广告主的类型

广告主即广告客户。按照《广告法》中的规定,广告主是指为推销商品或者服务,自行或者委托他人设计、制作、发布广告的自然人、法人或者其他组织。

广告主是整个广告活动的起点,广告主通过支付一定的费用并提供企业及产品的相关信息,向广告公司发出营销宣传服务的需求。在广告市场的交易过程中,广告主处于买方的位置,广告主的数量、对广告产品的购买力以及广告主的广告意识决定了广告市场的规模。

新媒体广告主可以从不同角度进行划分:

根据广告主经营内容的不同,可分为生产商、销售商和服务商。生产商是指从事生产资料和消费资料生产的企业,比如食品、日用品、化妆品、汽车等生产商。这类广告主是传统广告市场上数量最大的广告主,但也越来越多地进入到新媒体广告市场。销售商是指购买了生产者的商品后再转卖给消费者的机构或个人,如百货公司、电商等。这类广告主在新媒体广告市场上份额也较大。服务商是主要包括如网络服务、金融服务、通信服务等行业,同样也是新媒体广告中的主要广告主类型。

根据广告主广告目标的不同,可以分为效果类广告主和品牌类广告主。效果类广告主基本是互联网企业或者业务模式与互联网密切相关的企业,这种类型的广告主投放新媒体广告是为了扩大用户规模,重视销售效果,通常选择按效果付费模式,如CPC、CPA、CPR、CPS 等方式。品牌广告主重视的是品牌传播,基本上和传统广告中常见的投放品牌吻合,新媒体广告的投放对其来说就是媒介覆盖组合策略的一个类别,通过保持一定频次的广告曝光和覆盖。

二、新媒体广告主的行业分布

从全球广告市场来看,以网络为代表的新媒体发展迅速,新媒体广告市场规模增长迅速。2008 年以来,传统媒体除了电视广告市场规模能基本保持稳定外,报纸、杂志等广告市场规模持续下降。而以网络为代表的新媒体广告市场则在持续稳定增长,2008 年全球网络广告市场规模为 509.5 亿美元,全球广告媒体排名第四。到了 2013 年,全球网络广告市场规模就增长到 977.4 亿美元,占广告支出的 20.6%,增幅非常明显。就在 2013 年,网络广告第一次超过了报纸广告的市场规模,成为世界第二大广告媒介。单从中国广告市场来看,网络广告市场份额自 2011 年起就超过了报纸、杂志、广播等传统媒体,市场份额仅次于电视广告,并在最近 4 年一直保持增长态势。相对立的是所有传统媒体广告市场份额都在不断萎缩。2004 年中国网络广告市场规模只有 23.4 亿元,到 2013 年已经增至 1100 亿元,一直处于高速增长期。这期间,除去 2009 年受金融危机的影响,环比增长率基本保持在 50% 左右,最高达到 74.6%。

伴随着新媒体广告市场的成熟和发展,越来越多的广告主开始选择在新媒体上投放广告,使得新媒体广告主在数量、行业分布等方面也日趋成熟和多元。以网络媒体为例,早期广告形式简单,广告市场不够成熟,因此广告主类型较为单一,行业分布较为集中,主要集中在和互联网行业相关企业,如 IT 产品、网络服务、通信相关等行业。随着网络媒体的成熟和广告市场的发展,广告主也开始不断扩散,逐渐吸引了许多传统媒体广告主,如食品饮料、汽车、房地产、化妆品、服装等行业广告主。

从美国网络广告投放情况来看,1996 年只有 IT 产品类广告投放超过 1.4 亿美元,其他广告主投放均在 6000 万美元以下,仅 IT 产品类广告投放比例就占到整个市场份额的 38% 以上。在这之后,金融服务类、商品服务类和医药保健类开始逐渐加入到网络广告主行列。经过15年的发展,各广告主广告投放规模均在增长。其中消费类广告主投放量增加尤为突出,自1998年以来就已经是最大广告主,2010年的投放量更是超过了150亿美元,占比达到了58%。这主要是因为互联网的接入、使用门槛都大大降低,已经深入居民生活当中。而消费类产品市场本身竞争十分激烈,在传统媒体中的广告投放量也是十分大的,并且其需要与消费者保持更频繁、更近距离的互动,对于消费类广告主来说,互联网有着更好的广告效果,其投放量得以实现快速增长。消费类广告主下细分的各个广告主在2002—2010年的分布较为稳定。零售类广告主份额最大,一直在35%~50%之间。汽车类广告主份额第二,一直在20%左右。

除了消费类广告份额不断增加外,金融服务类广告的市场份额相对比较稳定,一直在10%~20%。而IT产品类广告的市场份额一直在下降,到1999年降至20%以下,2008年更是低至10%。通信服务类广告主曾一度跌出前五,但近几年其份额提升较多,2008年以来其份额达到10%以上,超过金融服务类广告主位列第二。

从中国网络广告投放情况来看,从2001至2004年,IT产品、网络服务、通信服务类广告主一直占据着市场份额的前三位。尤其是在2001年,三者所占比例之和超过50%。而在传统媒体广告中占主流的消费品广告——食品饮料、化妆浴室用品、服饰、零售及服务类对于网络广告的投入均在5%以下。在这之后,IT产品和通信服务类广告份额持续下降——IT产品广告主所占市场份额在2007年已经降至20%以下,2010年降至10%以下,这点和美国网络市场呈现的变化基本一致;通信服务类广告主的市场份额从2003年起也开始迅速下降,到2005年已经降至5%以下。网络服务类广告主(包括网上购物服务、电子邮箱服务、无线增值服务、网络游戏等行业)市场份额相对稳定,连续多年基本维持在10%~20%。与此同时,传统行业广告主的比例有了不同程度的上升——交通类广告主市场份额除2005年和2008年外每年都在上升,从2010年起连续四年排名第一;房地产类广告主市场份额在2002年至2005年间增幅明显,2005年更是升至18%,居当年第二,之后虽有小幅下降,但基本保持在10%以上;服饰、食品饮料、化妆浴室用品、金融服务、零售及服务类广告主市场份额都自2003年起保持增长态势。这些都表明网络广告主在不断扩散,网络新媒体的广告效果得到了传统广告主的逐步认可。新媒体形式多样,除网络新媒体外,还有手机新媒体、户外移动新媒体等不同形式,新媒体广告类型更是多样,除网络广告、手机广告、户外移动广告外,近些年还出现了微电影广告、游戏内置广告、触屏广告等新形式。在这些不同新媒体广告中,广告主行业分布也各有不同,且在内部平台细分上各行业分布也有区别,波动也较大。

网络广告主目前主要分布在房地产、网络服务、交通、金融服务、IT产品、通信服务类这几个主要行业,此外,消费电子、教育、医疗、家居装饰类广告主也在不断加入。广告主分布较为广泛。其中,门户网站广告主以交通、网络服务和金融服务类为主;视频网站中网络服务、化妆浴室用品和食品饮料类分列前三;社区网站中行业投放前三分别为交通、网络服务和零售及服务类。移动应用广告主行业以食品饮料、服饰等快速消费品类为主。艾媒咨询调查研究数据(见图8-25)表明:2013年快速消费品类广告主占到移动应用广告主的28.5%;其次是汽车类,占24.7%;排在第三位的是日化类,占

12.2%。此外,还有娱乐、电商、IT产品、应用、房地产、金融、教育、服饰等行业广告主选择投放移动应用广告。

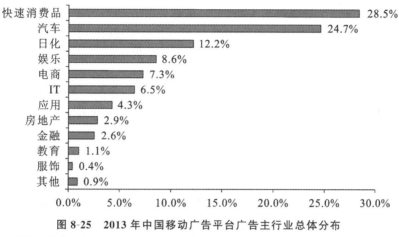

图8-25　2013年中国移动广告平台广告主行业总体分布

(数据来源：艾瑞咨询。)

在不同平台上其差别也较明显,艾瑞咨询曾对2012年几家不同移动广告平台广告主行业分布进行构成分析。结果显示,安沃平台广告主前几位分别是日化、游戏应用、快速消费品、工具和汽车类,艾得思奇平台广告主前五位为游戏、电商、娱乐、快速消费品和工具类,多盟平台上汽车、零售、金融、IT产品和食品饮料类居前五名。再进行细分化,移动应用广告主在iOS和Andriod平台上也有区别。以安沃平台为例,在iOS平台投放的广告主主要是汽车、快速消费品、日化、IT数码和金融类,而在Andriod平台上投放最多的广告主行业是工具类,其次是汽车、快速消费品、游戏应用和日化类。

微电影广告主行业分布涵盖电子产品、服装、家居、汽车、游戏、金融、通信、旅游、商业、房地产、服务业、快速消费品、食品/饮料、美容、互联网/计算机、机关组织、医药卫生、娱乐、媒体、能源、航空等20余个行业。虽然行业分布广泛,但有集中的势态——越来越集中到食品饮料、服装、电子产品、汽车、游戏等行业。主要是因为这些行业品牌众多,且容易在电影中植入。这种态势与视频网站的广告主分布极为相似——艾瑞咨询2012年研究数据显示:在线视频PC端各行业广告主投放金额份额的对比中,食品饮料类、化妆浴室用品类、交通类广告主的投放金额份额位居三甲;而在移动端方面,化妆浴室用品类广告主的投放金额占比高达64.9%。这表示,主要依托在线视频平台、无线播放平台传播的微电影已经被更多的主流广告主所认识。

户外视频媒体广告中,交通类户外视频媒体广告主以邮电通信行业和电商网站为主,定点类户外视频媒体广告主以交通、房地产和金融服务类为主。楼宇液晶广告主中,汽车、IT产品、通信、化妆浴室用品、快速消费品等行业投放较为突出。网络游戏内置广告主集中在食品饮料、服装、汽车、体育运动、数码产品几个行业,因为网络游戏所针对的受众主要是19～35岁的人群,他们的消费结构和消费水平决定了游戏内置广告主的行业分布。

三、广告主如何选择新媒体广告公司

随着新媒体广告市场规模的不断扩大,新媒体广告公司的数量也越来越多。2010年,我国广告公司数量从2000年的40497家增长至143727家,其中绝大部分都涉及新媒体广告经营业务。同时,全球正在发生的转变是广告主们都在抛弃单一代理模式,他们需要更多的灵活性。在美国,大概50%的广告主至少有5个数字代理公司。在中国,一个广告主平均有9家代理公司,而且广告主与代理商的合作关系平均只有3年。面对那么多的新媒体广告公司,广告主应该要如何选择?要综合考虑以下几个因素:

(一)广告主自身的发展情况及需求

广告主的广告活动都是为了达成一定的目标,也许是有效的促进销售,也许是塑造品牌形象。不同企业在不同发展阶段和不同市场环境下,其广告目标都会有所不同。选择新媒体广告公司时,首先要明确自身的发展情况以及需求。毕竟广告是一项付费活动,无论新媒体广告公司采取何种收费方式,最终都还是要由广告主来付账,这些广告代理和投放费用最终都要算到广告主的运营成本之中,不能盲目投入。广告主必须要依据自身规模、产品性质、服务需求和资金预算来选择与自身契合度较高的新媒体广告公司。

(二)广告公司的规模与声誉

广告主将广告业务交给广告公司来代理,由广告代理公司来帮助其实现广告目标,那么代理商的规模和声誉就是广告主必须要考虑的问题。相对而言,规模大、声誉好的公司能有更大的人力物力投入来提供更加完善的服务,而小公司在各项资源上可能会有不足。因此在选择广告公司时要考量它们的规模是否能够承担你的业务量,其声誉是否好到值得信任和合作。但并不是所有的广告主都追求大型广告公司为其代理,大型广告公司业务范围广、知名度高,通常代理业务也较多,如果你的公司不够有名气,广告预算也不够多,那么就有可能受不到足够多的重视。毕竟对广告公司来说,效益也是一个不得不考虑的问题。

(三)广告公司的优势与经验

新媒体类型多样,因此新媒体广告公司类型也很多样化。广告业的发展也呈现出更加细分化的态势。面对广告公司细分、广告媒体细分、广告受众细分的现实,充分了解新媒体广告公司的专业优势,能更好地做到有的放矢。面对诸多的新媒体广告公司,广告主要搞清楚它们的优势在哪里——侧重策划、创意、技术、媒体投放还是整合?专注与互联网媒体、手机媒体还是移动户外媒体?擅长房地产类、汽车类、游戏类还是教育类?总之要讲求其专业性。拥有专业资深的经历和背景能让新媒体广告公司根据以往积累的经验更加准确地分析广告主所要解决的问题,并相应地提出中肯的建议。同时,广告主有必要接触一下该公司目前的客户或过去的客户,全面考查一下该公司的履约能力和服务能力。对于广告主来说,有经验的新媒体广告公司更加值得信赖。

（四）广告公司的收费及交易方式

广告主永远面临着成本考虑的问题，因此他们不得不关注广告代理的价格。大手笔如可口可乐公司，向包括李奥贝纳、奥美、FCB（博达大桥）等现任代理商和没有商业关系的其他代理商在内的13家代理公司发出创意报价征询（RFI），要求它们将所提供各项创意服务的明细报价一一列出。

新媒体广告公司的收费方式较传统的代理佣金制已经有了很大的变化，除了固定比例的佣金制外，还有项目制、包月制等不同收费方式。而在不同的新媒体平台上也会有CPC、CPA、CPM、CPO、PPL、PPS等不同计费模式。这就要求广告主在和广告公司签订代理合同之前要充分了解新媒体广告公司的收费及交易方式。

除了考虑以上因素之外，广告主在选择新媒体广告公司时，还应该考虑内部员工、公司组织结构、最近的经营状况以及是否代理竞争品牌等问题。一个条件完备的广告公司除了拥有全面多样的专业人才，员工富有高度的责任心和敬业精神外，公司内部精诚协作、气氛热烈，才可能有高效率的作业水准，才能够为企业提供全方位、高质量的服务，真正成为广告主事业上的合作伙伴。业界规则一般是同一个广告公司不能同时代理两个竞品品牌，同一个广告集团经常的做法是用旗下不同的广告公司去解决客户冲突问题。可口可乐在选择代理公司方面就有一个不成文的规定——绝对不用宏盟集团旗下的任何一家广告公司。原因就在于该集团旗下的广告公司BBDO和TBWA是百事可乐的广告创意代理商。

广告主找广告公司代理广告活动，最重要的是希望能提供新的观念和新的构想。广告公司因为其专业性质，不一定了解企业的经营和市场经验，如果广告主能够从市场一线的角度出发，将好的传播构思和意见提供给广告代理公司参考，可以帮助广告代理公司把广告策略制定得更富有效果。

四、新媒体类广告公司与广告主的互动关系

广告公司与广告主同是广告活动的主体，且两者间存在代理关系，这是现代广告中一个最重要的特征。广告主将广告计划委托给广告公司来执行，这种委托代理关系的确定是一次广告活动的起点。从这一点上来讲，广告公司与广告主应是平等互利的互动合作关系。一方面，广告主需要借助广告公司的专业能力来帮助其实施广告活动，并通过广告活动的开展来实现其目标，促进其发展；另一方面，广告公司需要有广告主的委托代理业务才能维持生存，获得更多广告主的认可和委托，广告公司才能求得更好的发展。而只有两者共同发展，才能进一步促进整个广告市场的成熟。

要实现和维持双方的互动关系，需要广告主和广告公司双方的共同努力。

首先，要明确各自的角色定位。广告作为一个服务行业，广告主是广告公司的衣食父母，但是广告主绝对不是上帝，广告公司也不是广告主的奴隶。广告公司和广告主之间的理想关系就是合作关系，而不是附属关系或者寄生关系。但是目前很多客户就是用"上帝"的态度指挥着广告公司，从而出现"广告策略、创意不重要，重要的是客户满意，按照客户的意愿去执行"的现象。而这种现象很不利于双发的长远发展——对广告

主来说，可能一时心里痛快，但会以牺牲广告效果为代价，浪费广告费。而对广告公司来讲，也许能求得一时安稳，顺利拿到代理费用，但没有好的广告效果，后续合作很难维持，更不可能有好的口碑。广告公司的角色定位应该是广告主的"外脑"，因此，广告公司的作用不是在"客户永远是对的"这个基础上去证明客户是对的，广告公司的作用应该是为企业提供"外脑"支持，想客户未曾想到的，颠覆客户自以为是的正确，用专业的视角为客户品牌思考，为客户品牌把脉，为客户品牌布局，从而发挥自己的作用，促进客户的发展。而广告主要尊重广告公司的专业，配合广告公司的工作，共同实现品牌的发展。

其次，要有共同的目标。从表面上来看，由于广告活动中的广告公司和广告主分工不同，两者在广告活动中的目标也有差别——广告主是为了促进销售或塑造品牌，而广告公司的主要目标是提供好的广告策划创意方案。于是会出现广告公司拿出自以为创意无限的方案而广告主却不认可的情况。实际上，广告公司的使命不应该是单纯地追求创意，而应该是通过实现广告主的发展从而实现自身的发展，没有了客户的发展，"皮之不存，毛将焉附"？把广告主的事业当作自己的事业，就需要广告公司扪心自问：如果这个品牌是我的，我会采用这样的策略吗？如果我是消费者，这样的策略可以打动自己吗？如果说服不了自己，那就不要去忽悠广告主。在服务期限内，广告公司没有任何理由不给广告主提供最优化的服务，只有把广告主的事业当作自己的事业，充分发挥广告公司的作用，才能促进客户和自身的双重发展。

总之，广告公司与广告主要结成市场竞争中的伙伴关系，认识到双方不是临时的合作关系，而是长远的利益相连的关系。广告主与广告公司要共同努力去争取消费者，实现品牌地位的提升和促进销售的目标，同时树立起广告公司的名声和信誉。此时，广告主与广告公司才能形成互利共赢的互动合作关系。

本章关键概念

新媒体（new media）
广告组织（advertising organizations）
广告主（advertiser）
广告代理制（advertising agency system）

本章思考题

1. 简述新媒体环境下广告产业发生了哪些变化。
2. 新媒体广告组织主要有哪几种类型？
3. 简述新媒体广告组织的运作流程。
4. 简述新媒体经营类广告公司的组织架构。

5. 简述新媒体经营类广告公司的类型。
6. 什么是广告代理制？简述我国新媒体广告代理的发展情况。
7. 广告主要如何选择新媒体广告公司？

本章推荐阅读书目

《大数据时代：生活、工作与思维的大变革》
作者：(英)维克托·迈尔-舍恩伯格 (英)肯尼斯·库克耶
出版社：浙江人民出版社
出版年：2013年
内容简介：

维克托·迈尔-舍恩伯格在《大数据时代：生活、工作与思维的大变革》中前瞻性地指出，大数据带来的信息风暴正在变革我们的生活、工作和思维，大数据开启了一次重大的时代转型，并用三个部分讲述了大数据时代的思维变革、商业变革和管理变革。大数据是人们获得新的认知，创造新的价值的源泉；大数据还是改变市场、组织机构，以及政府与公民关系的方法。维克托认为，大数据的核心就是预测。这个核心代表着我们分析信息时的三个转变。第一个转变就是，在大数据时代，我们可以分析更多的数据，有时候甚至可以处理和某个特别现象相关的所有数据，而不再依赖于随机采样。第二个改变就是，研究数据如此之多，以至于我们不再热衷于追求精确度。第三个转变因前两个转变而促成，即我们不再热衷于寻找因果关系。书中展示了谷歌、微软、亚马逊、IBM、苹果、Facebook、Twitter、VISA等大数据先锋们最具价值的应用案例。

《奥美的数字营销观点》
作者：(美)肯特·沃泰姆 (美)伊恩·芬威克
出版社：中信出版社
出版年：2009年
内容简介：

媒体的数字化给营销人带来了重大影响。新媒体世界具有多重通路的特性，它赋予企业大量机会，同时也带来挑战。营销人有了数量空前的方式来与消费者互动。然而，许多人面对变革的速度感到压力巨大，而且不知道该如何完全发挥这些新选择所带来的优势。本书提供给读者如何运用主要数字媒体的方法，随附了领先的行销人有效运用这些媒体于营销的最佳案例。提供了数字营销的十二原则，本书亦提出完整贯穿的数字行销企划架构，协助读者规划自己的数字行销计划。

《新规则:用社会化媒体做营销和公关》

作者:(美)戴维·米尔曼·斯科特

出版社:机械工业出版社

出版年:2011年

内容简介:

《新规则:用社会化媒体做营销和公关》是社会化网络时代全球公认的营销和公关领域最具权威性和实用性的著作之一,曾多次入选美国《商务周刊》畅销书榜单、Amazon超级畅销书,长期雄踞营销和公关类图书榜首,被翻译为25种语言在全球发行,被誉为社会化媒体领域必读的10本书之一。全书共为三个部分:第一部分详细阐述了社会化网络如何改变传统营销和公关的规则,并针对性地指出了企业应该如何挣脱旧规则的束缚,在新规则的指引下制定行之有效的策略;第二部分详细讲解了如何在新规则的指导下利用社交网站、微博、博客、播客、在线论坛等社会化媒体来实现营销和公关上的新突破,包含大量真知灼见;第三部分通过数十个成功的营销和公关案例讲述了如何利用新规则来制订具体的行动计划,极具实操性,同时从这些案例中提炼出了大量具有启发意义的观念和见解,旨在告诉读者如何利用这些社会化媒体和新规则来建立"思想领袖"地位,从而成功地进行营销和公关。

本章参考文献

[1] 高丽华,赵妍妍,王国胜.新媒体广告[M].北京:清华大学出版社,2011.

[2] 陈培爱.广告学概论[M].北京:高等教育出版社,2010.

[3] 赵海风,安杰.如何选择广告代理商[M].北京:中国商业出版社,2007.

[4] 林升梁.网络广告原理与实务[M].厦门:厦门大学出版社,2007.

[5] 朱海松.国际4A广告公司基本操作流程[M].北京:中国市场出版社,2009.

[6] 倪宁,王芳菲.新媒体环境下中国广告产业结构的变革[J].当代传播,2014(1).

[7] 邵华冬,杜国清.中国企业数字新媒体广告传播平台研究[J].国际新闻界,2010(11).

[8] 杨魁,林媛熹.新媒介环境下广告产业链的变革及中国广告产业的发展取向[J].广告大观(理论版),2011(6).

[9] 郭嘉.数字技术发展对我国广告公司的影响研究[J].中国文化产业评论,2013(1).

[10] 向北.微电影:迎合时代的"宠儿"[J].市场观察,2011(8).

[11] 游程.网络广告代理商的前世今生[J].声屏世界:广告人,2008(3).

CHAPTER 9 第九章 新媒体广告受众

本章引言

1. 理解新媒体环境中受众获取信息和传播信息的方式。
2. 理解用户需要在新媒体广告信息传播中的重要性。
3. 认知新媒体广告受众的群体特征。
4. 了解在新媒体环境下消费心理的变化。
5. 理解新媒体环境下消费者的行为方式的转变。

本章引例

麦包包做海报 帮你换个包

案例回顾：

微博先发声，实为箱包节造势

据了解，2014时尚箱包节是国内最大的时尚箱包网站麦包包，继三八节官网全新改版上线之后的另一大动作。2014年3月5日上午，麦包包首先在新浪微博发声为其箱包节造势。一条"女生不如意时十有八九，正能量被水逆冲走，心灵鸡汤随大姨妈东流。So，想吃大餐，但怕肥；想去旅行，但怕累……取悦自己，#不如换个包#"的微博，以诙谐的文案写作手法配以9张幽默搞笑的主题海报亮相(见图9-1)。其调侃性的幽默口吻和吐槽式的搞笑话题迎合了互联网时代主体性特点，充分调动了网友自产信息和自我娱乐的热情，激发了"小我"在自己的舞台上尽情表演的欲望。话题一经抛出就得到热烈反响。网友纷纷以#不如换个包#这个话题作为情绪的发泄口，自由创作制图，取悦自己的同时也为2014麦包包时尚箱包节起了一个不错的开头。

图9-1 2014麦包包时尚箱包节主题微博

微信再发力,官网专题齐步走

网络时代,话题倍出。一个话题的抛出,如果不利用多种媒体形式进行持续发酵,很有可能石沉大海。所以说在话题营销中,仅靠一个传播手段开展营销是远远不够的,还需要尽可能将一切可以利用的资源结合起来,为这个话题提供更多的营销助力。麦包包深谙这个道理,在微博首站收到热烈反响之后,麦包包微信又推出扫二维码直接制作海报的程序接力微博话题热潮,同时麦包包官网"不如换个包"专题活动同步更新分享网友海报制作创意,将移动社交平台的聚焦效应再次推向高潮!

整合资源另辟蹊径引爆点

麦包包善于整合手中已有的社交媒体资源,在微博上善用140字的"核爆"力量,与目标受众进行有效互动。同时在微博的基础上,开辟微信、官网同步舆论场推波助澜,三地资源共同携力将品牌营销的效应最大化,成为其品牌营销中的一条全新路径。从麦包包此次新颖的营销案例中可探:与其在千篇一律中互相模仿,不如整合资源另辟蹊径,找到新鲜引爆点才是制胜的关键。

案例点评:

麦包包官方微信(mbaobaovip)推出"不如换个包"互动游戏,抓住女生情绪容易波动的特点,提供海报生成器,请用户生成自己的海报,并可以分享给朋友,并有机会赢取红包。在互动性、激励性和趣味性上都堪称活动营销的典范。

第九章　新媒体广告受众

知识要求

了解在新媒体环境下受众获取信息和传播信息的方式；理解用户需要在新媒体广告信息传播中的重要性；认知新媒体广告受众的群体特征；把握消费者的消费心理和消费行为的变化。

技能要求

理解在新媒体环境下受众对于信息需要和传播方式的变化；了解新媒体环境下消费者的基本特征；在此基础之上把握消费者新媒体消费的心理和行为，准确地识别目标消费者。

第一节　新媒体广告与受传者

在信息的传播过程中，受众扮演着多重角色，既是信息的接收者，又是信息的反馈者。广告受众就是接受广告信息的受众。在广告信息传播过程中，广告的诉求对象即广告目标受众。

广告受众的媒体接触行为是一个选择性过程。在这一过程中，不同受众表现出不同的媒体偏好和内容偏好。在广告信息的接触过程中，受众出于需要的动机，往往产生不同的行为模式。

一、新媒体广告信息的受传者与传播方式

由于新媒体的互动性，在传播过程中，传播者与受众的界限十分模糊。通常情况下，新媒体用户既是传播者，又是受众。因此，在新媒体研究中，对新媒体用户的研究，尤其是对网民的定量分析，一直是西方学术界研究的热点。

（一）受众、网络受众和网民

受众，简单地说，便是接收信息的人。传统上的受众是观众、听众、读者的统称。受众，在传播过程中是信息到达的终点（信宿），此过程可以简要表示为：信息—新闻传播者—大众传媒—受众—极少量的信息反馈。在这里，受众是与新闻传播者相区别的一个相对固定的群体。在传统信息传播过程中，他们只能被动地接收新闻传播者所传播给他们的完全一致的信息内容。而在受众选择性很大的新媒体中，有条件的受众摆脱了被动的地位，成为与从前的新闻传播者一样主动的信息传播参与者。

受众既包括大规模信息传播中的群体,即报刊的读者、广播的听众、电视的观众,也包括小范围信息交流中的个体。随着新媒体的出现,受众中又加入了一类新的成员:网络受众。受众的定义在网络上被赋予了新的含义。在新媒体中,无论是信息发布者还是受众,他们首先都是网络媒介的共同使用者,有条件的受众既可以在网上接收信息,也可以发布信息。所谓网络受众,我们可以将其定义为新媒体的信息接收者。这些信息接收者可以是一个个人,也可以是一个组织、团体或国家。

由于新媒体具有主动性和互动性,网络受众也有着传统媒体受众所不具备的许多新的特点。新媒体中的传播者和接收者可以在瞬间进行角色转换,这种转换尤其在BBS、电子邮件、网上聊天中表现十分明显。在新媒体的许多情况下,信息的传播者和接收者在动态上难以清晰区分,两者的界限比较模糊。当然,新媒体中的传播者和接收者在静态上还是能够区分的。

"网民"泛指上网者,上网者除了通过浏览等方式接收信息外,还经常通过BBS、电子邮件、网上聊天等方式发布和传播信息,即扮演传播者和接收者的角色;只有上网者处在单纯的接收信息的状态时,我们才能称之为"网络受众"。网民和网络受众是联系十分紧密的两个概念。网民有时既接收信息又发布信息;从外延上看,网络受众是网民的子集,或者说是其组成部分。

在逻辑上,研究网民必然包含了对网络受众的研究。由于客观条件(经济、技术、时间、知识技能等)的限制,至少目前的大多数情况下,网民依然主要处在信息接收者的位置,即主要以网络受众的身份出现在新媒体中。从整体上看,网民发布、传播信息的影响力、科学性、真实性、可信度还无法与经济、技术等各种实力雄厚的新闻网站、商业网站等相提并论。事实也是如此,绝大多数网民在上网时,浏览、检索、下载、接收的信息要远远多于上传、发布的信息。尤其是在网络新闻传播中,例如新浪、搜狐、人民网、新华网的新闻发布还是更多地类似于传统的大众传播,网民的受众(信息接收者)角色是十分清晰的。但是,随着网络的迅速发展,网民的自我意识、民主意识进一步提高,将来会有越来越多的网民发布高质量的信息。

显然,在理论研究和实践中,都难以将网民与网络受众两者截然分开。本书的网民研究也可以理解为网络受众研究。由于新媒体具有互动性,传播者与受众之间的界限十分模糊,两者角色可瞬间转换,可以用"用户"一词取代"受众"。

从20世纪90年代开始,新媒体的崛起产生了巨大的社会影响。国内外一些调研机构和企业对网民做了大量的调查,积累了大量的数据。国内有著名的中国互联网络信息中心(CNNIC)每半年一次的调查,中国社会科学院、国内的一些高校和一些市场调查公司,国外著名的Nielsen、IDC等网络调查公司和机构也做了大量的网民调查。

目前的受众理论是基于传统媒体产生的,难以合理解释网民现象。从受众角度看,新媒体具有选择性、主动性和互动性的特点,这些传统大众传播方式所不具备的特点使得原有的受众理论亟须更新。

(二)新媒体环境下受众获取信息的主动性

20世纪90年代中期,互联网的规模快速扩张,成为全球最大也是最流行的计算机信息网络。互联网的迅猛发展,已将世界各国、各地区连成一片。它打破了传统的地缘政治、地缘经济、地缘文化的概念,形成了虚拟的以信息为主的跨国界、跨文化、跨语言的全新空间。在这种情势下,受众的地位及其反馈发生了根本性的转变。新媒体中受众的主动性表现得十分明显。在新媒体中,受众能够主动地选择自己感兴趣的、需要的媒介信息,他们积极地使用媒介,而不只是被动地听任媒介的摆布。

在传统的大众传播过程中,受众只能被动地接收大众传媒传递的信息。在新媒体中,受众可以对信息进行自由选择,包括选择信息内容和信息的接收形式以及接收时间和顺序。目前,网络信息是名副其实的海量,不仅有文本,还有图像、声音,供受众自由选用。在信息的编排上,网络媒体除少数重大新闻事件采取同步传播外,对大多数信息采取异步传播,将各种信息散布在网上,并随时更新,让受众去选择,使受众可以随时在网上按自己喜爱的顺序浏览或下载新闻信息。新媒体改变了受众的地位和角色。有条件的受众不仅将从被动地接收信息变为主动地获取信息,还将进而主动地报道甚至发布信息。

传统的大众媒体是点对面的传播,传者处在中心控制地位,受众较少有主动选择的余地,受众的个性化受到一定程度的限制。广播、电视的线性传播,带给受众的是强制性,它迫使受众只能按时间顺序线性地看下去。传统的大众传媒发送信息有两个特点:一是单向的推送式,媒体把经过编排了的信息推送给受众;二是点对面式,一家媒体向众多受众推送同一种信息。媒体发送信息的特点,决定了受众获取信息的方式。这种方式一方面是被动的,受众不管愿意与否,只能接收既定的信息;另一方面是群体性的,受众无论喜恶如何,只能是接收同样的信息而别无选择。

新媒体打破了传统大众传媒的单向传播模式,从而使得信息发送有了双向互动和点对点的特点。这种传播特点决定了受众获取信息的方式。这种方式首先是主动的,受众从丰富多彩的网络中自己获取信息;其次是个性化的,受众根据自己的需要想选择什么就获取什么。这种从群体向个体的转移,无疑增强了受众的自主性。

在新媒体中,受众不再是被动接收信息,而是主动发现、处理信息。传播者与受众之间的关系发生了根本的变化,"受众中心"替代了"传者中心",受众地位得到了充分的尊重。

现在的受众已不再满足于"你说我听"或者"你播我看"的旧有传播方式。由于市场经济的冲击以及观念的开放,受众结构已经发生分化,受众这一整体变成了一个个有着不同愿望和需求的"小众"群体。主体意识的增强,使得受众的参与意识较之从前有了很大提高,新媒体的发展促进了个性化传播趋势,除了传播方式的变革外,我们的政治将更加民主化,我们的经济、文化、社会和个人生活、学习、工作都将更加多样化。这些都加速了个性化传播趋势,不仅信息来源很多,选择余地很大,个人的独立自主性也会相应增强;受众眼界开阔,文化程度高,独立思考、判断的能力和习惯增强,盲从度会大大降低,受众需求的个性化程度会相应提高。

(三)新媒体广告受众的接受行为

1. 新媒体广告受众的信息接触

美国品牌传播学者斯科特·戴维斯等人认为:"我们将每一种接触命名为品牌接触

点。简单来说,品牌接触点就是品牌采取不同途径与顾客、员工和其他风险承担者相互产生作用和影响。每一步行动、每一个战术的运用和战略的实施,都是为了去接近顾客和风险承担者,上述措施不是通过广告、收银员、客服电话,就是通过代言人来阐释接触点。"也就是说,品牌传播的效果更多地体现在具体的、能与每一位消费者相遇的品牌接触点上。

不可否认,传统广告正是针对消费者逃离不了接触大众媒体的机缘,而使品牌信息无孔不入地与消费者不期而遇、产生接触,至今依然有旺盛的生命力。从消费者角度审视,个体消费行为是一种信息接收加工过程,其开端就是品牌信息的接触。而传统广告,就是利用人们接触报纸、杂志、电视、广播、路牌等大众媒体,从而无意识地、被动地接触到品牌信息,并产生识记与记忆。应该说,传统广告在信息的广而告之上功不可没。

但是,面对传统广告,消费者要想深度了解品牌或品牌产品的信息则显得非常无奈,除非亲自来到商家的店铺咨询。而新媒体广告正好提供了消费者对品牌深度接触的便利。如对于那些技术含量较高的产品,人们已经开始习惯于上网了解产品的各方面信息。有人去中关村随机访问了 20 名购买 MP3 随身听的顾客,竟然有 18 个人事先通过上网已经详细了解过他们要购买的产品。根据艾瑞市场咨询网站 2013 年公布的调查数据显示,除了从家人、朋友、销售商那里获得相关的汽车信息外,汽车厂商网站已经成为购车族最主要、最直接的信息获取渠道。包括普通信息网站、销售商网站在内的其他一些互联网信息渠道也都吸引了比以往更多的消费者,互联网成为购车族获取信息的主要平台。消费者在网络时代对于品牌信息的接触已更多地走向网络空间。显然,新媒体广告受众对于品牌信息的接触,相对于传统广告的无意识来说,更多的是有意识的、主动的接触。

2. 新媒体广告受众的搜索行为

随着网络经济的发展,搜索引擎所代表的另一种虚拟经济形态——"搜索力经济"已经浮现,可以说"搜索力"激发了新媒体的无限潜能。"注意力经济"曾经在第一批知名门户网站兴起之初引发人们的广泛关注,但它不可避免地拥有着网络经济信息资源的无限性和商机的有限性的矛盾。而"搜索力经济"将"注意力"转化为"吸引力",通过关键词,将漫无边际的目标客户牢牢锁定,解决了上百年来营销业、广告业面临的大问题,从而成为技术改变商业模式的典范。

自古以来,从最早市场上的以物易物,到摇货郎、作坊标志、商贾店号,以及今天的商标品牌、广告公关,最基本的功能是面向消费者,为消费者提供一个商品寻找、抉择、消费的前提。而消费者则经历了从现货市场的逛街寻找商品,到根据广告引导再到现货市场有目标地寻找商品,再到今天直接在新媒体世界中搜索商品、体验商品直至消费商品的过程。

一个新媒体广告受众的消费需求的产生,一是受众自身生活于消费社会中,因此本身存在消费需求,二是在品牌接触中获得刺激也会激发出需求。由品牌接触并结合需求形成广告信息搜索的动力,受众会首先搜索品牌及其产品,随后会在行业比较中进一步进行搜索,最后在形成消费意向后,还会进一步进行验证性搜索,以为消费决策做好充分的信息准备。在搜索进行中,该受众会与产品品牌的网络管理员进行互动沟通,以了解自己最为关心的问题,也会通过社区论坛向热心的"专家"进行咨询求证,从而在搜索中满足自身消费信息需求。

3. 新媒体广告受众的二次传播

所谓"二次传播",即任何信息的接受者将他所获得的信息再向其他人转告的行为。任何人都存在一种信息传播的需求,在他的传播中,他会将自己印象深刻的信息积极地向他人转告,其间则往往会加入自己的意见。如告知自己的亲友到何处去购买某品牌产品,因为自己对该产品消费印象良好;他也会谆谆告诫自己的亲友某品牌产品千万不可消费,因为自己在对该产品消费中产生物无所值之感。由于新媒体广告的接受者往往就是新媒体的熟练使用者,那么他还必然会利用新媒体进行更大范围的二次传播。如在网络社区或论坛中发布自己对某品牌产品的意见,在自己的博客中详述自己消费某品牌产品的切身体会,在自己的邮件或即时通信中表达自己消费某品牌产品的自得或激愤;而这些意见,又会与新媒体另一端的新的受者产生共鸣,并顺便在新媒体上转手传播。产生连锁反应往往存在几何级放大信息、形成新媒体舆论的可能性。因此,对新媒体广告受众二次传播的特点与能量,需要予以格外的重视。

二、新媒体广告信息的核心——接受者需要

需求是传媒业发展的推动力。无论新技术为新媒体增添了何种功能,最终的目的还是为人所用。作为新媒体的使用者,受众的角色不再仅仅是接受信息那么简单,任何一个个体或组织都有可能成为传播主体。技术的革新能否带来媒体消费方式的变革,关键因素在于它是否吻合了人的现实需求和潜在需求,是否为人们提供了新的实惠和便利。与传统媒体相比,新媒体受众的需求发生了变化。这既是新媒体的特点所决定的,同时也促进了新媒体优势的发挥,受众的使用与新媒体自身功能的开发相互作用,使得新媒体的形态不断走向成熟。

(一) 用户的需求与使用特点发生改变

由于新媒体大多是通过电信运营商渠道提供的,因此,传统媒体的受众概念被替换成了用户的概念,这里体现了一种服务意识的增加。而且,与传统的受众相比,新媒体受众的互动参与性更强,对媒体的使用更有迹可寻。

1. 互动和参与性增强

用户渴望在新媒体的使用中体现出自主和参与。以 IPTV 为例,用户对点播、互动有着很高的使用热情。据上海文广在各地参与 IPTV 运营、试运营的数据统计分析:IPTV 用户中 VOD 点击占 63%,时移点击占 7%,收看直播电视的用户只占到 30%。同时,用户对互动节目需求旺盛,使用频繁。运营 IPTV 的百视通公司聘请市场调查公司进行专业分析,同时自己进行月度调查,最后得出的结论是:用户逐渐从对电视节目的需求转为对更多互动服务的需求,而且,互动的消费需求将随着时间的推移更加突出。

在这种自主和参与的背后是用户对媒体开放性的强烈要求。新媒体使用者主要是年轻、时尚的人群,要迎合他们的需求,新媒体内容的提供者就不仅要改变产品形态,还

要改变产品的内容和叙述方式。比如互动电视,给用户提供多条线索和多种可选择的结局,显然就比单线的叙述更能让用户满意。

2. 使用时间与传统媒体拉开差距

用户对新媒体的收视和使用时段也与传统媒体不尽相同。根据联通公司开展手机电视的业务统计,手机电视的使用高峰期分别是在早上、中午和晚上下班时间,此外,晚饭之后,大约21点左右,人们的使用率也比较高。用户比较习惯在路上和一个人待着时观看手机视频节目。

IPTV在时段上的变化则更为明显,百视通公司的运营表明,相比传统电视,IPTV在收视时段上表现出随机分散的特征。首先,由于用户遇到节目不好看时,可转而使用节目点播功能,这使各时段收视活动波动比传统电视要平缓得多;其次,基于类似原因,周末与平时的收视活动差异不大。同时,由于有了更多的选择余地,相比传统电视,用户在IPTV上的收视时间更长。

3. 对内容的选择性更强

需求的变化还体现在对媒体内容的选择上。与传统报纸不同,手机报的读者喜欢先看天气预报和股市行情,然后才是当天发生的重大新闻。性别之间的使用差异也比较明显,男性比较喜欢体育和财经,女性更容易接受娱乐和实用的生活信息。手机电视的用户最喜欢看音乐视频,其次才是传统的影视节目。在哈尔滨和上海的IPTV平台上,影视剧点播节目受欢迎程度最高,其次是细分的虚拟频道内容点播,纪实、少儿等节目的收视率大大高于传统电视。用户有了选择权之后,内容与受众生活的贴近性就显得尤其重要。值得注意的是,一些传统媒体中受用户欢迎的内容在新媒体中未必同样受欢迎,而原先一些"小众"的需求则有可能显现出重要价值。

(二)新媒体的使用需求构成

人的需求是无限的,新的技术往往带来新的期待。那么,新媒体究竟可以或者将会满足人们的哪些需求?感官的盛宴、前所未有的便捷、随时随地的面对面交流等,这些都只是其中的一部分。

1. 娱乐需求可无限开掘

娱乐即玩耍,而玩耍并不是孩子的专利。繁忙的都市人特别渴望通过零碎时间的玩耍释放自己紧绷的神经,娱乐方面的需求有无限的空间可开掘。北京师范大学心理学院教授、心理测量与评价研究所所长许燕认为,玩耍是人的天性,是人最原始的生活方式。随着人越来越社会化,这种原始的需求越来越难以得到满足。现在人们热衷于追求"原生态"正是这个原因。

新媒体恰恰具备满足人们娱乐需求的客观条件。中国人民大学郑兴东教授在接受采访时指出,受众对于不同的媒体有着不同要求和不同期待,对新媒体更多地要求轻松、生动、简单,也即希望通过新媒体获得娱乐。新媒体从某种意义上而言就是一种"娱乐媒体"。比如,手机媒体本身从接收方式来讲就具有娱乐性,信息掌握在手掌中,自由自在。

调查数据也证实了人们对于新媒体的娱乐期待。中国人民大学舆论研究所的调查显示,休闲娱乐是手机上网最主要的使用目的。在回答"使用手机上网的目的"这一问题时,66.5%的受访者选择了"休闲娱乐",选择"随便看看"的占26.8%。

艾瑞调查得出了相似的结论:3G应用后,手机用户最为期待的服务是视听娱乐业务,占38.4%;在线网游也占到了5.7%的比例。

中国互联网络信息中心《2014年中国手机网民娱乐行为报告》显示,"低头族"日益成为社会媒体关注的热点,截至2014年12月底,98%的手机网民在过去半年内曾使用过音乐、视频、游戏、阅读等娱乐性手机应用。当前娱乐类应用已经同互联网广告、电子商务类应用共同成为移动互联网产业收入的三大核心支柱。手机娱乐类应用的渗透率在2014年得到了稳定增长,其中,手机音乐和手机视频的使用率增幅最大,分别达到了7.6和6.8个百分点,而手机游戏与手机阅读小说的用户使用率基本保持稳定。另外,网民平均每天使用手机娱乐的时间长度从2013的109分钟,提升至2014年的158分钟,增长了45%。这种大幅度的增长可以归因于视频内容与手机游戏的品质有了显著的提升,66.1%的用户认为自己对手机娱乐产生了依赖性。

2. 猎奇需求将被实用需求所取代

人们最初接触新媒体往往是由好奇心驱使的,这种好奇心持续的时间并不会太长,人们总有司空见惯的那一天。但是,实用的工具则不会被人们轻易抛弃,相反,使用习惯的养成将使人们对媒体产生依赖性。

许燕教授指出,人都存在一个"感觉敏感期"。特别是在信息社会,人们对于旧的形式的感受能力常常会下降,表现为司空见惯、见怪不怪。对于从未见过的、与众不同的新生事物的感觉敏感度则比较高,人的眼睛、耳朵等感官都趋向于捕捉来自新事物的"信号",对新事物的接受能力明显好于旧事物。这其实是人的猎奇心理的一种表现。然而,由于新的事物总是不断涌现的,人们对一个事物的好奇心不会持续很长时间。而实用性需求则比较持久,从长远来看,有可能取代猎奇需求,成为人们对新媒体的主要诉求之一。

CNNIC调查结果显示,浏览新闻、搜索引擎、收发邮件是网民经常使用的三大网络服务,三者的选择比例分别为66.3%、66.3%和64.2%。这三大网络服务满足的都是人们的实用性需求。艾瑞关于互联网用户的调查与CNNIC的结果不太一致。在网民经常使用的网络产品及服务中,电子邮件占83.8%,搜索引擎占78.8%,即时通信占61.3%,分列前三名。

在手机网民预计将会继续使用的服务中,实用性服务占很大一部分。中国人民大学舆论研究所在手机上网调查报告中提出了"预期继续使用率"指标。"预期继续使用率"等于"预计将继续使用该服务的样本数"除以"目前使用该服务的样本数"。在该指标的排名中,"位置服务"排在第一位,信息查询、手机炒股、电子邮件、交通导航、移动POS的"预期继续使用率"均在80%以上。以电子杂志为例,表现形式多样,能充分融合音频、视频等多媒体手段是电子杂志吸引读者的形式特征,但"没有几个读者会因为花哨却空洞的视听效果而留下来",电子杂志不应脱离"阅读"本质。

3. 便利性是使用新媒体的最重要原因

"方便"、"快捷"是在谈论新媒体需求时被提到最多的两个词。人们总是不断地追求新的方便,对已有的服务方式感到不满。人们使用新媒体的最重要原因之一就是希望它为生活和工作带来实际效用。新媒体时代的受众需求层次有了新的提高,受众要求的是文字、声音、图像等全方位的感官调动,希望随时叫停或者回放正在播放的视频,任意抓取流动影像中的画面,以求"为我所用"。

中国传媒大学刘京林教授认为,在媒体内容上,人类所有的需求都逃不过马斯洛需求理论的分类,新媒体的内容也如此。在形式上,新媒体是各种媒体功能的汇聚体,满足的是人们追求方便、省钱、节省资源的需求。

郑兴东教授认为,人们的思想意识、心理上习惯于迅速获得信息,及时知晓外界的变化,传统媒体在时效性上达不到这么高的要求,手机媒体却可以做到随身接收、随时随地。生活方式的变化和技术的变化是互相推动的。许燕教授也指出,手机等新媒体给人带来的最大好处就是能够便捷、舒适地获取信息,进行沟通交流以及娱乐。

中国人民大学舆论研究所的调查报告中提到,在回答"哪些原因可能会增加您使用手机上网"的问题时,36%的被访者选择了"手机网站上信息查找更方便"。在回答"您理想中的手机上网服务应该是怎样的,请说出最先想到的三个形容词"时,被访者提到最多的三个形容词是:快捷、方便、便宜。

4. 人际交流需求在新媒体时代的实现

许燕教授在接受采访时谈到,如今,人的生活空间越来越私密化,交往受时空的影响很大。巨大的工作压力也使人们感到疲倦,都希望在工作之余有比较轻松的交往方式。网上聊天室为人们提供了这样一个便利,不认识的人可以无所顾忌地畅所欲言,宣泄自己的烦恼。网络主题论坛汇聚了一群关注共同话题、拥有相似兴趣的人,通过网上的发帖、回帖、讨论,人们找到了一种"英雄所见略同"的心理认同感。

通过调查数据可以看出,受众对于通过新媒体进行互动交流有着巨大的需求。根据 CNNIC 的调查,"网民上网经常使用的网络服务"中排序第二阵营和第三阵营的服务包含了很多互动元素。第二阵营主要包括论坛/BBS/讨论组(43.2%)、即时通信(42.7%)、获取信息(39.5%)、在线影视收看及下载(37.3%)、在线音乐收听及下载(35.1%)、文件上传下载(33.9%)、网上游戏(31.8%)。网上校友录、网上购物、个人主页空间、博客等共同组成网民选择比例相对较低的第三阵营,选择比例都在 30.0% 以下。

而艾瑞关于"网民经常使用的网络产品及服务情况"的调查则显示,对于即时通信服务,61.3%的网民表示"经常使用",81.3%的网民表示"使用过"该服务;对于网络社区服务,41.9%的网民"经常使用",68.7%的网民"使用过"。

三、新媒体广告受众的群体特征

1. 知识化和中坚化

接触以网络为代表的新媒体,首要前提是具有一定的知识能力。随着我国教育的发展,具备上网浏览能力的中高学历层次的受众越来越多。中国互联网络信息中心

(CNNIC)在京发布的《第24次中国互联网络发展状况统计报告》显示,截至2009年6月30日,我国网民规模达3.38亿。如果说,当时网民的年龄尚具有年轻化的特点,那么,经过近10年的发展,当年的年轻网民已经成为社会的中坚力量,而社会的中坚人群也因网络的普及几乎无一例外地需要运用网络。再加上新媒体广告的设置与发布又需要精准地服务于该部分人群,因此,知识化、中坚化成为新媒体广告受众人群的首要特征。

2. 消费化和品牌化

当今社会是个高度消费性的社会,随着社会分工的细化、人们收入水平的提高、市场商品的丰富,人们的消费需求也得到空前的刺激,于是多种多样的产品均得到开发,消费成为人们生活的重要内容,也成为社会保持活力的重要方式。一般来说,拉动市场经济发展的动力有三个:一是外贸出口,二是基建投资,三是内需消费。可见消费的重要性。但不同社会阶层,因收入不同、需求不同、观念不同,所进行的消费是不一样的。如农村的老年人的消费就会大大低于城市的年轻人,而城市的一般工薪阶层的男性消费又会低于中高收入家庭的女性。而在消费意识与行为中,消费者又会对不同档次、不同个性、不同品质的品牌商品有所选择,如此就产生了品牌化消费的差异。正因为如此,承担着不同品牌传播使命的新媒体广告的受众群体,就有了消费化、品牌化的特征。

3. 个体性和聚合性

由于人们的观念、个性的差异,在社会群体中就会产生各种各样的差异化群体。美国传播学者约瑟夫·塔洛在1997年出版的著作中写道:"因为美国社会比以往任何时候都更为'支离破碎',广告主需要各种视听形态以吸引比以往更狭窄和更确定的受众。"随着社会人群的无限细分,学者们指出:"碎片化"已经成为社会学、消费行为学、传播学界的一个热门概念,一种最真实的写照,这里指的是社会阶层的多元裂化,并导致消费者细分、媒介小众化。而这种社会群体、消费者、受众的碎片化,前提就是人们个性化力量的显示。为了尊重消费者或受众的个性,社会消费需求个性化特点日趋明显,市场的离散化程度越来越高,为了更好地满足市场的需求,品牌必须进行市场细分。市场细分客观上是按一定的依据把整体市场分解为许多同质性的细分市场,但是,市场细分不仅是一个分解的过程,也是一个聚合的过程。所谓聚合,就是把对某种产品特点最易做出反应的消费者集合成群,直到显示出一个有一定规模的能使企业细分化的生产富有利润的消费者市场。而随着互联网的广泛运用、消费者网上互动集群性增强,弥散的、碎片化的消费者或受众又按一定的特点标准聚合起来,新媒体广告要诉求的对象也就是这样的一个既具有鲜明个性,又在新媒体的黏合下重新聚合起来的人群。

4. 参与性和互动性

新媒体本身是就人们具有高度的参与性互动性而设计的,面对有着100多个频道的数字电视,观众个体需要自己选频道选节目;面对空间无限的网络世界,更需要网民个体进行网页的选择与点击;面对诱惑力无限且让你有成功感的游戏,同样需要游戏者参与其中;而在网络社区或论坛中,只要你参与,你的所有疑问、所有才华均可得到解答与展示。因此,新媒体广告的受众群体必然有着主动的参与性与热情的互动性。

第二节 新媒体广告与消费者

广告产品消费者与广告受众既有联系,又有区别。消费者是广告营销的诉求对象、目标人群;广告受众是广告信息传播的诉求对象、信息接受者。当广告运动呈现广告营销特征时,所需要考量的对象就是广告的消费者与目标消费者。

受社会、文化、个人和心理因素组合的影响,消费者的购买表现出特有的人口统计特征与心理特征;在实际的购买决策过程中,消费者经历了从刺激需求到买后反应等多个阶段。广告诉求、广告暴露以及媒体传播对消费者的心理及购买决策都起了重要的作用。

一、消费者与新媒体广告目标受众

在市场营销学的界定中,消费者(customer)是指购买、使用各种产品的人或组织,即产品的需求者、购买者和使用者。

广泛意义上的消费者具有一些基本特点:

(1) 非营利性。作为产品的需求者、购买者和使用者,消费者对产品的消费是为了获得某种使用价值,满足自身的需要,而不是以营利为目的。

(2) 非专业性。消费者一般缺乏专门的商品知识和市场知识,往往容易受生产者和广告商的影响,成为生产者和广告商的说服对象。

(3) 层次性。不同的经济基础、社会地位和价值观念使消费者的需求会表现出不同的层次。

(4) 广泛性。市场上的消费者人数众多,分布广泛,组成复杂,其行为更具有广泛性和异质性。

依据不同标准,在市场营销学中对消费者予以了基本分类。

根据消费者在购买行为中的购买角色,可将消费者分为:需要者,即第一个产生购买动机的人;建议者,即第一个想到要购买某种产品的人;影响者,即他的看法会影响最后的购买人;决定者,即做出购买决定的人;使用者,即使用了该产品的人。

根据消费者的消费状态,可将消费者分为:现实消费者,即有实际消费行为的消费者;潜在消费者,即对某种产品有需要,尚未形成实际的消费购买行为,在未来可能产生消费行为的消费者。

根据消费者对产品的消费程度,可将消费者分为:重度消费者,即对产品产生忠诚消费的消费者;中度消费者,即产品的经常性消费者;轻度消费者,即偶尔使用该产品,可能成为竞争产品使用者的消费者;新消费者,即目前不是产品的消费者,但可能成为产品使用者的消费者。

根据消费者的决策特点,可将消费者分为:经济型消费者,即从经济上进行理智的考虑并做出理性决策的消费者;被动型消费者,即与经济型消费者相反,在消费方面易受自我兴趣和市场促销的影响,被认为是冲动和非理性的消费者;认知型消费者,即积极地寻找并接受所需要的产品,关注并选择足够的信息,做出令人满意的决策;情绪型消费者,即基于情绪的需要,并不把精力放在收集有关产品的信息上,而把主要的精力放在当前的心情和情感上,以满足情感作为购买的标准。

在广告运动中,消费者是广告目标的诉求对象,也是广告营销的营销对象,然而,消费者对于广告运动的意义并不局限于此。现代广告营销观点认为,在整个广告运动中,消费者应居于广告营销传播活动的中心,消费者的需求是广告营销的出发点,整个广告营销活动应以消费者为中心而展开。同时,消费者是消费活动的主体,广告运动的最终成败将由消费者来检验,因此,对消费者的把握又成为整个广告运动的标准。"以消费者为中心"成为现代广告营销传播的核心观念。

如前所述,广告营销的具体诉求对象就是目标消费者(广告目标消费者)。目标消费者产生于一般消费者,又不同于一般消费者,它特指在消费者群体中,对产品产生购买动机进而产生购买行为的那部分特定消费者。对营销传播者而言,通常会对消费者进行目标预设,确定可能从中获取利润的那一部分消费者,并依其特点实施相应的广告战略。

广告营销传播者对消费者预设,从中找出目标消费者的过程通常通过市场细分和消费者细分来实现。

所谓市场细分,指的是企业在研究市场购买者的总体需求、购买习惯和行为等差异的基础上,按照一定的市场变量,把整个市场细分为若干不同的市场部分。每个市场都是一个具有某种颇为相似的欲望或需求的购买者群,每个市场与每个市场之间在消费者需求和行为上又存在较大差异。市场细分实际上就是界定目标消费者。

市场细分的根本依据是消费者需求的差异。所谓消费者细分,就是根据消费者的行为变量、地理变量、人口统计变量、消费心理变量来细分消费者市场,锁定目标消费者群。经过细分后的消费者群体,不同群体间存在异质性差异,同一群体则表现出同质性。根据市场和产品需要,广告营销传播者从细分后的不同群体中寻找合适的特定群体,并将其作为广告诉求的对象,这就是广告目标消费者的确定。在不同的营销阶段,市场目标不同,广告运动阶段不同,对目标消费者的确立也会随之发生变化。

二、消费者的人口统计特征

(一)消费者的人口统计学特征

从大量的消费者中寻找目标消费者,以达到最基本的广告目标:谁最可能购买。为了获得尽可能接近目标的消费者群体,广告营销人员往往会通过消费者资料来获取相关信息。这些资料包括消费者的人口统计特征、消费者心理特征和生活方式特征、其他消费者变量等。

人口统计学(Demograpy)最初是用描述性和定量性的人口统计资料,诸如性别、年龄、种族、婚姻状况、教育、收入和地理区域等,来研究人口的结构、分布和变化。

由于人们的感知、态度和购买行为经常和人口统计特征紧密联系,因此,在广告运动中,广告商和市场经营者常常利用人口统计信息来制定营销战略。运用相关的人口统计数字,就可以得出心理与行为模式相似的人群的特征。

人口统计变量通常包括性别、年龄、收入、职业与教育、家庭生命周期。

性别:男性与女性在产品需求与偏好上有很大不同,如在服饰、鞋帽、化妆品等方面的需求明显有别。

年龄:不同年龄的消费者对产品需求的特征有着明显的差异。按年龄细分市场,有利于满足各年龄档次的消费者的特定需要。

收入:不同收入的消费者对产品的需求也有明显的差异。一般而言,低收入者对产品价格会比较敏感,而高收入者更看重产品的品质以及购买的方便性。

职业与教育:可以按消费者职业的不同、所受教育的不同以及由此引起的需求差别细分市场。消费者所受教育水平的差异所引起的在兴趣、生活方式、文化素养、价值观念等方面的差异,会影响到他们的购买种类、购买行为、购买习惯等。

家庭生命周期:一个家庭,按年龄、婚姻和子女状况等,可划分为不同阶段。在不同阶段,家庭购买力、家庭人员对产品的兴趣与偏好有较大区别。

根据具体广告目标的不同,还可以对种族、国籍、宗教等人口统计变量予以考察。

通过人口统计变量的分析,广告商和营销者可以对目标人群予以大致的勾勒。通常营销传播者会从统计数据中选择那些对产品产生最大销售量的人群或拥有最多使用量的用户。

用人口统计变量来考察消费者和目标消费者状况是通行的方法。这些特征对于广告策划和制定营销策略方案十分有用。但是,需要注意的是,人口统计特征是不断发生变化的,这些变化存在于广告运动的整个过程,这些变化趋势也将持续影响未来的广告和营销。在人口统计特征中,时代的变迁、人口结构的改变、年龄的整体增长(老龄化)等都成为重要的变化趋势。

同时,仅仅依据人口统计特征变量还不能完全客观地揭示目标消费者的特征。因为消费者更多地会在社会情景框架下受到环境的影响。经济、文化、社会环境成为影响消费者的宏观变量,特定的心理特征和行为特征也成为影响消费者的重要变量。所以,消费者人口统计特征的分析是营销传播者选择目标人群的重要参照,但不是唯一的参照。营销传播者必须结合更多的消费者变量予以分析,才能尽可能准确地勾勒出目标消费者群体。

(二)新媒体广告消费者的人口统计学特征——以网络新媒体为代表

对于网民的概念,全球互联网研究计划(WIP)曾给出定义,即"你现在是否使用互联网",凡回答"是"的即可被称为网民。CNNIC则针对中国的具体情况提出定义:平均每周使用互联网至少1小时者才可被称为网民。后者在网络调研和其他网络商业行为以及学术研究的操作上更有意义。

要了解网络广告受众,我们必须先了解中国网民以及网上消费者的概况。根据CNNIC2015年2月发布的《第35次中国互联网络发展状况统计报告》:截至2014年12月,我国网民规模达6.49亿,全年共计新增网民3117万人。互联网普及率为47.9%,较2013年底提升了2.1个百分点。如图9-2所示。

图 9-2 中国网民规模和互联网普及率

(来源:CNNIC 中国互联网络发展状况统计调查(2014 年 12 月)。)

从网民结构来看,我国网民的性别结构保持稳定,截至 2014 年 12 月,中国网民男女比例为 56.4∶43.6,近年间基本保持稳定。如图 9-3 所示。

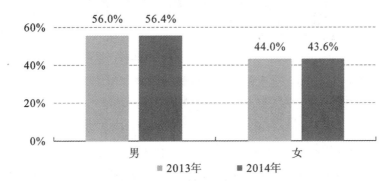

图 9-3 中国网民性别结构

(来源:CNNIC 中国互联网络发展状况统计调查(2014 年 12 月)。)

从年龄结构来看,截至 2014 年 12 月,我国网民以 10~39 岁年龄段为主要群体,比例合计达到 78.1%。其中 20~29 岁年龄段的网民占比最高,达 31.5%。与 2013 年底相比,40 岁及以上年龄段的网民比例有所增加,19 岁及以下青少年儿童网民的比例有所降低。一方面,是网络接入环境日益普及、媒体宣传范围广泛,增加了中老年群体接触互联网的机会;另一方面,是人口的老龄化。两方面因素共同导致网民的年龄结构出现年长化趋势。如图 9-4 所示。

从学历结构来看,截至 2014 年 12 月,网民中具备中等教育程度的群体规模最大,初中、高中/中专/技校学历的网民占比分别为 36.8% 与 30.6%。与 2013 年底相比,网民的学历结构保持基本稳定。如图 9-5 所示。

从职业结构来看,截至 2014 年 12 月,网民中学生群体的占比最高,为 23.8%,其次为个体户/自由职业者,比例为 22.3%,企业/公司的管理人员和一般职员占比合计达到

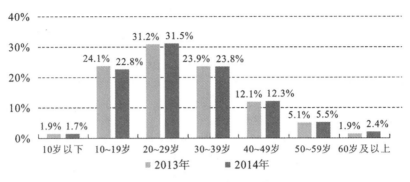

图 9-4 中国网民年龄结构

(来源:CNNIC 中国互联网络发展状况统计调查(2014 年 12 月)。)

图 9-5 中国网民学历结构

(来源:CNNIC 中国互联网络发展状况统计调查(2014 年 12 月)。)

17.0%。如图 9-6 所示。

从收入结构来看,截至 2014 年 12 月,网民中月收入在 3001~5000 元、2001~3000 元的群体占比最高,分别为 20.2% 和 18.8%。与 2013 年相比,网民的收入水平有一定的提升,一方面是由于城镇网民的增幅高于农村网民,另一方面也与社会经济的快速发展、人民收入水平持续提高密不可分。如图 9-7 所示。

总体来看,从广告和营销的角度,我们可以对我国网民总体的特点进行以下概括:

(1) 网络使用呈现全民普及趋势。网民的性别结构已经和中国总人口的性别结构趋于一致。从年龄层来看,网民群体向高龄化扩散的趋势非常明显。从职业和受教育程度角度来看,网民群体也趋于多元,分布领域更广。从区域来看,农村互联网的普及率迅速上升。就目前的状况来看,我国互联网用户全民化趋势正在展现。

(2) 市场上升空间巨大。虽然从数据上来看我国网络市场已有较大增长,网民群体迅速扩大,但是在众多领域还有巨大的增长空间。例如,农村网络覆盖率仍较低,但是近几年增长势头旺盛,已经开始有形成巨大市场空间的势头。

(3) 网络应用多元化。与前些年相比,各类网络应用的使用率都在不断上升。可以预见未来几年仍会呈现出这种趋势,网络的应用会越来越多元化。网络广告也会随着众多应用的兴起获得更加精准的市场细分和更大的操作空间。

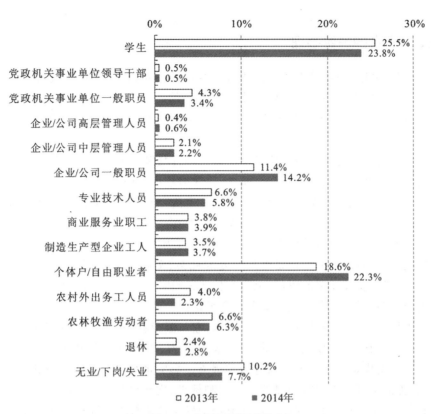

图 9-6 中国网民职业结构

(来源:CNNIC 中国互联网络发展状况统计调查(2014 年 12 月)。)

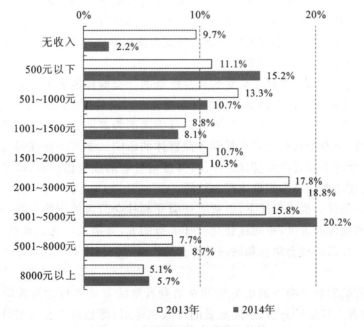

图 9-7 中国网民个人月收入结构

(来源:CNNIC 中国互联网络发展状况统计调查(2014 年 12 月)。)

三、消费者的消费心理

人口统计特征变量的分析主要关注人口情况的变化,但仅仅依靠人口统计特征对消费者情况做出的结论往往是比较粗浅和不准确的。事实上,对消费者群体的分析还与目标人群的态度、生活方式和价值观念密切相关。因此,除人口统计变量分析之外,消费者心理特征分析也是重要的分析方法。

消费者心理研究是用来对消费者生活方式进行测量的定量研究方法。消费者生活方式是消费者个性和价值研究的一个概念,旨在描绘出人们生活消费的模式。

消费者心理研究能够使广告商获知消费者生活方式和价值心理对消费者行为的影响。这些潜在影响会直接关涉消费者的购买行为。

消费者心理研究显示,消费者的生活方式和行为方式对消费者的购买产生重要影响。事实上,消费者的个人特征是由其所处的社会、文化、经济等环境最终决定的。因此,在考察消费者相关变量的时候,也应充分认识到宏观因素对消费者的影响。这些宏观因素主要包括经济因素、文化因素和社会因素。

经济因素是产生消费动机最基本的因素,它与消费者所处的经济环境相联系,如消费者所处的消费状态、市场供求关系、物价水平、商品供应情况、需求个性化状况等。

文化因素是决定消费者欲望和行为的因素。影响消费者行为的文化因素包括:文化习得,它为消费者的消费行为提供了规范和标准;文化延续性,它影响着消费者的风俗习惯和信仰;文化价值观,它成为指导消费者行为和判断的最核心、最持久的信念,告诉消费者需要什么、怎样去做、如何判定自己的行为和如何评价他人的行为。

社会因素的最基本构成是家庭。对消费者而言,最早开始并最为持久的影响来源于消费者所处的家庭及社会群体。家庭对消费者的购买决策往往起到决定性作用,因为消费者对产品的需求在很大程度上是由家庭生活周期变化而带来的。家庭成为对消费者产生影响的最基本社会因素。

除家庭因素之外,消费者还会受到自身所处的社会群体的影响。消费者的社会属性决定了每一个消费者都会归属于某个社会群体。对所处群体的归属感引导着个人的价值观和生活目标,也同样在产品类别和品牌方面影响着消费者购买。除消费者所归属的群体之外,消费者的行为还会受到参照群体的影响。参照群体在行为模式和生活方式等方面,会对消费者产生榜样的作用,并使消费者形成模仿动机,以此形成对消费者的压力,促使消费者与参照群体行为趋同。

在更宏观的社会情境框架下,消费者还会受到社会阶级的影响。每一个人在社会中都有自己的地位和等级,不同社会地位和等级的人,其消费行为也往往不同。通常,人们会选择与自己的社会角色和地位相吻合的产品,同时,产品和品牌也可能成为社会地位的象征。

从消费者的宏观影响因素的分析到对消费者生活方式和行为方式的消费心理研究,以及消费者人口统计分析,上述变量的选取和运用,都是科学客观细分消费者群体以获得目标消费者群体的重要方法。当然,在上述可循规律之外,也应注意到在实际的消费行为中,真正了解和把握消费者行为是困难的。因为消费者在实际购买时,往往带有很大的盲目性。所以,对于营销传播者而言,观察消费者群体不断变化的现实是尤为必要的。

四、消费者的购买行为

(一)传统媒体环境下消费者的购买行为模式

传统的考察消费者购买行为理论旨在考察两个基本问题:消费者是如何做出购买决策并产生购买行为的;外部因素是如何影响消费者的购买行为的。

广告营销的核心是消费者,广告传播的宿点是消费者,以消费者为核心,成为广告运动的重要法则。事实上,消费者在整个广告运动中,扮演的是购买决策者的角色。把消费者作为决策者来描述和理解消费者决策过程,可以使广告营销者和传播者更好地拟定广告目标并找到最强有力的说服信息。

1998年由美国广告学家E.S.刘易斯最先提出关于消费者购买的行为模式——AIDMA法则。如图9-8所示。

该理论将消费者的购买行为模型化,有助于广告主系统地研究消费者并更有效地进行产品宣传。但是,该理论并没有具体细化到不同的商品类别,实际上,该理论更多适用于高卷入度的商品(价格高,需要小心做决策),而对于低卷入度商品,消费者的决策过程往往没有那么复杂。这个理论可以很好地解释在实体经济里的购买行为,但在网络时代,该理论的解释无法准确地概况一些消费者的典型特征。

图9-8 AIDMA模式

(二)网络广告消费者的行为特征

E.S.刘易斯在1998年提出了传统广告受众的行为模式理论模型AIDMA,很好地阐释了基于传统媒体和实体经济活动的受众行为模式,但无法适用于解释网络广告受众的行为。基于网络媒体构建的具有双向互动性和开放性等特点的传播新环境,日本电通公司提出了AISAS理论模式,对AIDMA模式做了修正和发展。其仍将网络广告受众整体行为划分为五个阶段,但加入并强调了进行搜索(Search)和交互分享(Share),认为网络广告受众的整体行为一般经历引起注意(Attention)、引发兴趣(Interest)、进行搜索(Search)、购买行为(Action)和交互分享(Share)等五个阶段。如图9-9所示。

互联网与移动应用改变了人们的生活、工作、娱乐、学习的方式,在消费者的生活时钟里,除了看电视、看报纸、行车、逛街、差旅等传统行为,收邮件、搜索信息、上论坛、写博客、收发短信/彩信、在线交易等借由互联网与手机创造的生活方式,亦已成为消费者的生活环节。

图 9-9　AISAS 模式

其次表现在消费者主动性消费的增加。由于互联网为消费者主动获取信息提供了极大的便利,消费者在购买决策过程中,可以在互联网上搜索、收集产品的信息作为依据,再决定其购买行为,进行较之以前更为理性的消费。CNNIC 历次调查数据显示,对产品等的信息检索始终是网民对互联网的主要用途之一。

互联网还引起了消费者心理的改变,"不愿失败"的消费心理有了更充分的信息依据。在传统时代,营销的手段万变不离其宗,是刺激需求的手段,消费者亦在种种产品信息与营销宣传中混沌迷糊地进行着购买决策。在网络时代,行业频道、行业垂直网站、专业评论网站、专业博客的出现,使消费者有机会从多种渠道获得详尽的专业信息,从而确保其尽可能进行"正确"的购买决策。

由于传播环境与生活方式的改变,生活者的购买探讨过程也随之变化。营销者需要重新考虑这样的问题:在消费者的购买探讨过程中,处于认知阶段,消费者的信息来源是什么?适合的媒体是什么?处于理解和比较探讨阶段,消费者的信息来源是什么?适合的媒体是什么?处于购买阶段,消费者的信息来源是什么?适合的媒体是什么?

根据日本电通公司的调查数据,处于认知阶段,消费者的信息来源以电视、报纸、杂志、户外、互联网等媒体广告为主;处于理解和比较探讨以及购买的阶段,除了亲临店面之外,互联网及口碑相传是其主要信息来源与决策依据。基于以上一系列的研究与探讨,日本电通公司对作为营销基础的消费者行为模式进行了重构。

基于网络时代市场特征而重构的 AISAS 模式,将消费者在注意产品并产生兴趣之后的信息收集,以及产生购买行动之后的信息分享,作为两个重要环节来考量,这两个环节都离不开消费者对互联网(包括无线互联网)的应用。

(三)数字媒体广告消费者的行为模式

继提出 AISAS 理论模式之后,日本电通公司又提出了即将到来的 Social Media 时代的 SIPS 模型。如图 9-10 所示。

SIPS 指共鸣(Sympathize)、确认(Identify)、参与(Participate)、Share&Spread(共享·扩散)。当受众接受到品牌发出的信息或生活信息之后,心理层面将对信息做出一个本能的反应,在 SIPS 模型中,提取出引起注意(Attention)和引发兴趣(Interest)的核心观点——共鸣,意指只有受众与其所接收到的信息产生了共鸣,潜在地一致赞同,才会采取下一步的有利行动;反之,若受众产生兴趣,但无法达成共鸣,信息仍会被受众遗忘甚至抵制。模型中将进行搜索(Search)改为确认(Identify),意在搜索的最后目的是为了确认所得到信息的真实度,但确认的途径不仅仅限于搜索,确认更为精确;将购买行动(Action)改为参与(Participate),意指将该过程泛化,参与由一般参与者、粉丝、忠

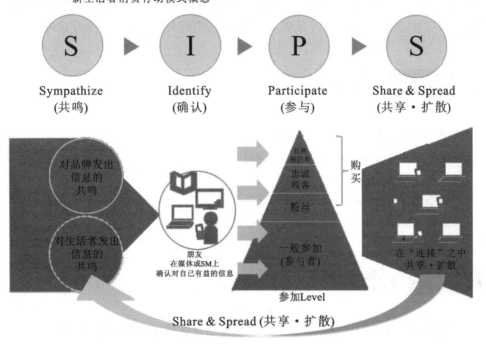

图 9-10　SIPS 模式

诚顾客和狂热拥护者构成。不一定所有的参与者都有购买行动,但每个人的参与都促进了品牌传播。最后为共享·扩散(Share & Spread)的过程,该过程中传播的信息再次被其他的受众接受,又进入 SIPS 模型的循环,因此,该模型也诠释了再传播的过程。SIPS 模型更加全面、准确地描述了新媒体时代广告受众的行为特点。

SIPS 模型是对 AISAS 模型的延伸,即深入分析和解剖消费者行为。人类社会进入了"对话"时代,我们讨论互联网的精准营销,最大的关注点应该是社会个体和信息的关系。社会个体可以主动检索信息、分享个人信息,意见相同的可以聚集在一起形成社群。消费者个体权利大大增强,他们能够主动检索信息,主动分享意见,形成个体间的"对话",或称群体(社群)间的对话。我们的营销策划就是要让意见相同的人聚合在特定的信息平台,以形成消费者和品牌的对话。我们的策划目标是:找到推进消费者和品牌对话的信息起点。

SIPS 模型告诉我们,当下的消费者在获得任何一个产品/品牌信息时,都会有两个信息管道:第一个是品牌发出的信息,即企业官方渠道发出的声音;第二个是互联网上生活者及网络社群发出(分享)的信息。该模型给我们的启示:如何在一开始就逮住我们的消费者?消费者通过两个信息管道获得了一定的信息,会形成自己的初步判断。可是,这个判断究竟是否正确?消费者往往会到媒体、朋友当中,去确认自己的判断是对是错。比如,我觉得北京三里屯不错,晚上想去那里喝咖啡,但我还可能会和我的朋友在网络上"对话",目的是求证我晚上到三里屯喝咖啡究竟合不合适。往往这些"求证"行为,大多是在互联网上的"对话"中完成的。于是,这个行为规律就告诉我们:要用策略来引导人们"参与分享"、"参与对话"、"参与行动"。SIPS 模型把消费者获取信息、产生共鸣后的"确认"、"参与"、"分享·扩散"的三个行为环节表达得十分清晰。

本章相关概念

接受者需要 (the audience needs)
接受者特征 (audience characteristics)
消费者 (consumer)
消费心理 (consumer psychology)
购买行为 (purchasing behavior)

本章思考题

1. 新媒体环境下用于获取信息的方式与传统媒体环境下有什么不一样?
2. 为什么说需要是新媒体广告信息传播的核心?而新媒体环境下用户有什么样的媒体和广告接触需要?
3. 新媒体广告消费者具有什么样的人口统计学特征?
4. 新媒体广告消费者的消费心理是什么样的?
5. 新媒体环境下消费者的消费行为是什么样的?

本章推荐阅读书目

《长尾理论 2.0》
作者:(美)安德森
出版社:中信出版社
出版年:2009 年
内容简介:
《长尾理论 2.0》是克里斯·安德森对所有问题最明确的回答。在此书中,他详细阐释了长尾的精华所在,揭示了长尾现象是如何从工业资本主义原动力——规模经济与范围经济——的矛盾中产生出来的。长尾现象虽然是明显的互联网现象,但其商务逻辑本身,却是从工业经济中自然而然"长"出

来的,网络只是把酝酿了几十年的供应链革命的诸多要素简单地结合在一起了。同时,长尾理论转化为行动,最有力、最可操作的就是营销长尾,通过口碑营销,长尾理论将在不可能情况下实现销售。所有的行业都有无限多样化的顾客。品种多样化趋势推动了从机构到个人的权利转移,在这一过程中控制着网络对话的人不是营销人员,而是用户。营销长尾带来了可信任的、真实的、自然发展的、自下而上的、基层民众的意见,并最终影响到21世纪消费者的行为。

建议所有的商务人士都仔细研读这本"杰出而又及时的著作"。长尾理论是众多企业成功的不二法门,它将改变企业营销与生产的思维,带动新一波商业势力的消长。而长尾理论的影响不仅限于企业战略,也将左右人们的品位与价值判断。大众文化不再万夫莫敌,小众文化也将有越来越多的拥护者。唯有充分利用长尾理论的人,才能在未来呼风唤雨。

本章参考文献

[1] 安德森.长尾理论 2.0[M].乔江涛,石晓燕,译.北京:中信出版社,2009.

[2] 陈刚.新媒体与广告[M].北京:中国轻工业出版社,2002.

[3] 舒咏平,陈少华,鲍立泉.新媒体与广告互动传播[M].武汉:华中科技大学出版社,2006.

[4] 方雪琴.新兴媒体受众消费行为研究[M].郑州:郑州大学出版社,2010.

[5] 何威.网众传播[M].北京:清华大学出版社,2011.

[6] 匡文波.新媒体概论[M].北京:中国人民大学出版社,2012.

[7] 宫承波.新媒体概论[M].4 版.北京:中国广播电视出版社,2012.

[8] 胡正荣,唐晓芬,李继东.新媒体前沿发展报告(2015)[M].北京:社会科学文献出版社,2016.

[9] 唐绪军.新媒体蓝皮书·中国新媒体发展报告(2015)[M].北京:社会科学文献出版社,2015.

CHAPTER 10 第十章 新媒体广告投放及传播效果测评

本章导言

1. 熟悉新媒体广告的投放方式与规范。
2. 掌握新媒体广告的评测原则与特点。
3. 掌握新媒体广告的评测数据获取及内容指标。

本章引例

金山电话大头贴的微博广告传播

案例回顾：

金山旗下电话大头贴的微博广告营销借助热播的《步步惊心》，但承载广告的仅仅是 GIF 图片（见图 10-1）。据统计，新浪和腾讯微博的累计转发近 2 万，累计评论约 5000 条，覆盖网民约 300 万。

金山电话大头贴的案例对多数品牌企业微博营销具有借鉴意义。

第一，热点可复制。金山电话大头贴同样形式的 GIF 微博营销已经成为一个系列，在此之前，金山的营销已经针对"乔布斯离职"（转发约 3 万）、"李双江之子打人"（转发约 1 万）等热点事件均做了传播。任何时候，针对突发焦点事件，金山其实都可以依样画葫芦，取得很高的炒作。

第二，这是一个名不见经传的新产品。电话大头贴属于金山的冷门产品，不如 WPS、毒霸有名。可是对于多数企业来说，这或许更具价值——该产品自由换手机图标的属性在优秀的广告文案中被巧

图 10-1 金山电话大头贴微博广告

> 巧妙植入。
>
> 　　第三,策划成本递减。很多企业微博营销执行只配1~2名专职员工,在保证足量的内容更新之外,还需要大量精力策划亮点微博,这并非易事。
>
> **案例点评:**
> 　　金山电话大头贴的GIF微博广告营销成本会越来越低,未来围绕此类创意可顺手拈来。当然,并非所有品牌企业都适合GIF营销路线,契合自身品牌和产品才是王道。从金山的案例中最值得学习的一点便是,企业要善于发现通用的营销模型,让热点营销变得可复制、可循环利用。

知识要求

了解熟悉新媒体广告的投放方式与规范、评测原则与特点。

技能要求

掌握新媒体广告的测评数据获取及内容指标等。

第一节　新媒体广告的投放

新媒体广告设计制作完成后,其广告内容通过媒体投放得以显现,广告的效果亦是投放之后才可以进行测评的。

一、新媒体广告的投放方式

广告主如何通过网络投放企业的广告?网络投放广告的渠道和形式众多,各有长短,企业应根据自身情况及新媒体广告的目标,选择适合自己的新媒体广告投放渠道及方式。目前主要有以下13种方式,企业可以根据自身的需求从中选择。

(一)主页投放方式

建立自己的主页,对于大公司来说,是一种必然的趋势。这不但是一种企业形象的树立,也是宣传产品的良好工具。实际上,在互联网上做广告,归根到底要设立企业自己的主页。其他的新媒体广告形式,无论是黄页、工业名录、免费的互联网服务广告,还是网络报纸、新闻组,都只是提供了快速链接至企业主页的一种形式,所以说,在互联网上做广告,建立企业的 Web 主页是最根本的。主页形式是企业在互联网上进行广告宣传的主要形式。按照今后的发展趋势,一个企业的主页地址也会像企业的地址、名称、标志、电话、传真一样,是独有的,是企业的标识,将成为企业的无形资产。

(二) 商业网站投放方式

目前,可以投放广告的商业网站主要是指以营利为主要目的的大型综合门户网站,包括门户网站和专业网站两大类,其中最具代表性的如国外的 AOL、Google、雅虎、Facebook、YouTube 等,国内的腾讯、百度、新浪、搜狐、网易、新浪、淘宝、天猫、优酷、土豆等。这些商业网站无论从信息量上还是信息的投放速度上都大大超过企业主页,成为人们阅读新闻、搜索信息的主要选择,因此投放广告的效果较好。在商业网站上,首页广告价格高但效果好,其他页面价格低一些而效果可能比较一般,因此要综合考虑各种因素决定如何有效的投放。

(三) 专类销售网投放方式

这是一种专类产品直接在互联网上进行销售的方式。现在有越来越多的这样的网络出现,著名的如 Automobile Buyer's Network、AutoBytel 等。以 Automobile Buyer's Network 为例,消费者只要在一张表中填上自己所需汽车的类型、价位、制造者、型号等信息,然后轻轻按一下 Search(搜索)键,计算机屏幕上就可以马上出现完全满足所需要的汽车的各种细节,当然还包括何处可以购买到此种汽车的信息。

另外,消费者考虑购买汽车时,很可能首先通过此类网络先进行查询,所以,对于汽车代理商和销售商来说,这是种很有效的互联网广告方式。汽车商只要在网络注册,那么他所销售的汽车细节就进入了网络的数据库中,也就有可能被消费者查询到。

与汽车销售网类似,其他类别产品的代理商和销售商也可以连入相应的销售网络,从而无需付出太大的代价就可以将产品及时地呈现在世界各地的用户面前。

(四) 电子邮件列表投放方式

在互联网中到处都充满了商机,就像传统广告中的邮寄广告一样,网络世界中另外一种广告投放形式正在被更多的商家所利用,即电子邮件广告。传统的邮寄广告是广告主把印制或书写的信息,包括商品目录、货物说明书、商品价目表、展销会请柬、征订单、明信片、招贴画、传单等,直接通过邮政系统寄达选定的对象的一种传播方式。电子邮件广告是广告主将广告信息以 E-mail 的方式发送给有关的网络用户。

互联网还有一种可供使用的资源,就是电子邮件列表。电子邮件列表非常流行,在互联网上,对外公开开放邮件列表就超过 5 万个,而且没有人确切地知道到底有多少个邮件列表。要使用电子邮件列表,可以有两种选择。

一种是建立自己的邮件列表服务器。邮件列表服务器可以生成相当于大宗邮件的电子邮件。假定你的公司在一个有 3000 名客户所在的地区新建了一个办事处,现在想把这个消息发送给这些客户,就可以使用电子邮件列表:向自己的电子邮件列表服务器发送一个消息,服务器就会把这一消息和该地区 3000 名客户的 3000 个电子邮件地址混合在一起,并发出3000个地址相互独立的电子邮件消息。这样不仅比邮局投递快捷省力,而且无需邮费。

另一种方式是租借其他公司的电子邮件列表。利用电子邮件列表需要收集足够的电子邮件地址,这往往要花费很多时间和精力,一种越来越大众化的获得电子邮件地址的捷径是从其他公司租借电子邮件列表。这种列表是最常用的商业广告列表,此时发送的电子邮件相当于传统广告中的直接邮寄广告。有的公司提供的电子邮件列表常常是那些自愿加入的、想要接收特定主题的电子邮件广告的人。如果能租借到这样的电子邮件列表,就可以向目标客户发送电子邮件广告,而不用担心会激怒他人,并且所花费的费用要比采用普通邮寄广告方式廉价得多。

邮件列表向我们提供一种新的广告形式,弥补了站点网幅广告信息量有限、对用户点击依赖程度高的弱点,也许会带来具有突破性的新媒体广告发展的新机遇。

(五)黄页投放方式

在互联网上有一些专门的用以查询检索服务的网络服务商的站点,如雅虎、Infoseek、Excite、Google、百度等。这些站点就如同电话黄页一样,按类别划分,便于用户进行站点的查询。在其页面上,都会留出一定的位置给企业做广告。比如在Excite上,你在search一栏中填入关键字auto mobile,Excite页面的中上部就会出现某汽车公司的广告图标。在这些页面上做广告的优势在于:①针对性好,在查询的过程中都是以关键字区分的,所以广告的针对性较好;②醒目,处于页面的明显处,较易为正在查询相关问题的用户所注意,容易成为用户浏览的首选。

(六)企业名录投放方式

一些互联网服务提供商(ISP)或政府机构会将一些企业信息融入他们的主页中。如香港商业发展委员会(Hong Kong Trade Development Council)的主页中就融有汽车代理商、汽车配件商的名录。只要用户感兴趣,就可以直接通过链接,进入相应行业代理商(或者配件商)的主页上。

(七)网络报纸杂志投放方式

在互联网日益发展的今天,新闻界也不落人后,一些世界著名的报纸和杂志,如美国的《华尔街日报》、《商业周刊》,国内的《人民日报》、《文汇报》、《中国日报》等,纷纷将触角伸向了网络,在互联网上建立自己的Web主页。更有一些新兴的报纸与杂志,干脆脱离了传统的"纸"的媒体,完完全全地成为了一种"网络报纸或杂志",反响非常好,每天访问的人数不断上升。由此可见,随着计算机的普及与网络的发展,网络报纸与杂志将如同今天的报纸与杂志一般,成为人们必不可少的生活伴侣。对于注重广告宣传的公司,在这些网络杂志或报纸上做广告也是一个较好的传播渠道。

(八)友情链接投放方式

采用友情链接的方式投放新媒体广告,需要从网站的访问量、在搜索引擎中的排名位置、相互之间信息的补充程度、链接的位置、链接的具体形式等方面加以关注,这些都是在建立友情链接时需要考虑的。

1. 发出邀请函

首先,礼貌地开头,尽可能地找到对方网站管理员的名字,用他们的名字与其联系。称赞他的网站提出的某个观点,这样你可以抓住对方的注意力,使他们立刻感到温暖。不能这样开头,"请参观我的网站,地址为 http://www.yoursite.com。如果你给我一个链接,我也将给你一个链接",他们可能不会去访问。其次,告诉他们你已经有一个链接指向贵方的网站,并且给出那个网页的 URL 地址。如果你给对方一个有价值的链接,也许还有对网站的简单介绍,那么你可能得到更多的"巧克力"。不一定用你的网站首页建立友情链接,任何一个子网页都可以(这要看对方网站提供友情链接的形式),用户可从你的子网页"跳到"你的首页。再次,告诉对方你的网站提供什么产品,同时你已经浏览过他们的网站,并知道贵方的网站访问者对什么感兴趣,与他们建立链接的理由就是你的网站与他们有着相同或相近的主题。也就是说,可以提供其他有价值的信息给贵方的访问者。

2. 向谁发函

你需要与哪些访问量大的网站建立链接,一个有效的办法就是在搜索引擎中查找网站,然后浏览结果列表前面的网站,这些就是你所需要的,选择与你的主题相似或互补的网站。你希望链接的网站有着很好的排名位置,也就意味着,网站管理员选择对象是非常苛刻的,实际上,他们想要建立友情链接的网站是他们认为有用的站点,大有"不要给我们打电话,我们会给你去电话"的味道。所以不要总是不厌其烦地要求,除非你提供大量免费的、有价值的资讯。

3. 选择对方网站

如果你为了增加网站访问量而敞开你的大门,与任意网站建立友情链接,这样不会给你带来任何的好处。建立友情链接不仅仅是为了增加访问量,还应对你的网站内容起补充的作用,以便更好地服务你的用户。如果你链接了大量低水平的网站,用户将不会再来了。

4. 信守承诺

互惠链接一个基本的原则就是诚实。事实上,网站管理员很少有时间来查看已建立互惠链接的网站,他们信任其他的网站管理员。所以,不要把其他网站的链接随意地删除,维护人家的他人利益的同时,也保护了自己。

(九)即时通信投放方式

即时通信在我国的发展十分迅速,由于我国的文化和电信资费等原因,我国九成网民上网之后的首先就是即时通信应用。即时通信服务使人与人之间的互动更为频繁和紧密,使服务对用户的吸引不只存在于内容,更在于关系,用户一个人的转移成本变成了一群人的转移成本。具有较高黏性的即时通信服务发展前景广阔。腾讯 QQ 在我国即时通信的竞争中已经稳居领导者的市场地位,拥有 8 亿用户,同时在线活跃用户约

2亿,因此 QQ 登录弹窗、聊天窗口等是新媒体广告投放的有效位置。

(十)网络社区投放方式

Web2.0 市场已发展成为中国互联网媒体营利的主要集中区域,网络社区是 Web2.0 的主要应用。网络社区是指包括 BBS/论坛、贴吧、公告栏、群组讨论、在线聊天、交友、个人空间等形式在内的网上交流空间。同一主题的网络社区集中了具有共同兴趣的访问者。网络社区就是社区网络化、信息化,是一个以成熟社区为内容的大型规模性局域网,涉及综合信息服务功能需求,同时与所在的信息平台在电子商务领域进行全面合作。

网络社区不仅能够令用户获取信息,而且还是用户情感寄托的一种方式,发展势头迅猛。例如,人人网、开心网等新型的 SNS 社交网站发展势不可挡,成为网络媒体营利手段中的生力军。截止到 2013 年底,中国使用社交网站的网民数达到 2.78 亿,在网民中的渗透率达到 45.0%。社交已发展成为各种互联网应用的基本元素,网络购物、游戏、视频等服务纷纷引入社交元素以促进发展。

随着互联网普及率的提高和网民对于网络应用的深入,越来越多的互联网用户将现实生活中的人际关系延伸到网络中。各类社交网站因需而起,在竞争中快速发展,病毒式营销、口碑相传的推广方式推动了中国社交网站用户规模的迅速增长。通过内容黏着、互动应用和人际关系在网络上的维护与拓展,社交网站正在发挥平台化、工具化的作用,逐步成为广大网民休闲娱乐、获取资讯、传播信息的重要渠道。因此,网络社区尤其是基于 LBS(基于位置的服务)的 SNS 社区更是广告投放的绝佳领地,能够真正实现小众且有针对性的广告传播。

(十一)企业微博微信 APP 投放方式

在社交媒体日益多样化的今天,新媒体广告也可以直接投放在企业微博微信 APP 以及公众账号上,这不但是企业形象的一种展示途径,也是宣传产品的良好工具。在企业官网上投放广告,是一种和消费者直接进行沟通的方便、快捷、成本较低的方式,但大部分企业的官网访问量过少,该种方式的广告效果差异很大。如今,随着移动互联网的发展,一些企业开发了自己的 APP 或者在微信上建立自己的公众平台,APP 和公众账号是与消费者联络的最直接平台,而微信公众账号更是可以和粉丝建立更为紧密的类私人关系并提供直接的服务。借助恰当的形式将广告置于其中,效果较佳。

(十二)手机 WAP 网络投放方式

目前,智能手机普遍使用,WAP 网络服务日益便捷,以手机为终端的移动互联网环境已经形成,这已成为新媒体广告新兴起的投放领地。

2000 年 6 月 19 日,人民日报网络版日文版、英文版 iMode 手机网站在日本正式开通,成为国内第一家实现手机上网向订户发送短消息的网站。中国移动互联网整体行业保持强劲发展态势,移动终端的特性进一步体现,行业内应用发展呈现新的特点。其中,交流沟通类应用依然是手机的主流应用,在所有应用中的用户规模和使用率均第一,但用户主要集中在手机即时通信上,微博、微信、社交网站、论坛等应用的使用率均有所下降;休闲类娱乐应用发展迅速,手机游戏、手机视频和手机音乐等应用的用户规模大幅上升,增长态势良好;手机电子商务类应用渗透率虽然相对较低,但领域内所有应用的使用率全部呈现快速增长。未来移动互联网将是互联网广告的重要发展领域,在WAP网络中,手机游戏、手机视频、手机音乐、微博、微信、社交网站、论坛商务等均为新媒体广告投放的新阵地。

(十三) 新媒体户外广告投放方式

新媒体户外广告无论是采用何种形式,都有其在一定范围、位置固定的要求。而展示装置的基本结构较简单,它的单件复制成本远远低于其他户外广告,户外广告投放方式不失为一种新的途径。新媒体户外广告的种类较多,目前尚无明确划分种类的方式。根据应用范围可分为电影、服装类广告(海报灯箱画),酒类广告(灯箱画、卖点展示牌),银行、保险类广告(门头、立柱式灯箱画),电器类广告(卖点展示牌、落地式灯箱),地铁站、公交亭广告栏等。常见的新媒体户外广告包括以下几种。

1. 电子菜谱广告

电子菜谱广告是指利用平板电脑可视听化效果,充分结合当今餐饮酒店行业的发展趋势,将广告以图片、文字、视频、互动的形式植入到平板电脑中。与其他广告平台相比,它十分注重广告的品牌效果,通过精准定位,集中于年轻时尚、消费能力强的受众人群,使广告的产出比达到最佳效果。广告形式有贴图、内页底图、撕页、注脚、视频贴片、栏目冠名、频道冠名等。优势是高清触摸电容屏保证了优质的广告显示效果和互动性;运行流畅,保证高清图片及视频的高保真呈现;六大板块八大频道,频道设置清晰,提高了广告到达率;全天候广告服务,不受天气等因素的影响,更利于广告价值的发挥;广告的强制性高,费用低;人群数量稳定,广告接受于用餐、聚会时段,具备良好的话题环境,是品牌传播的理想场所和时间。借助电子菜谱植入广告,品牌可以成为饭友们讨论的一部分,这是培养客户关系的一种创新方式,让成千上万的饭友们以一种舒适、愉快和高度相关的方式与品牌形成互动,这种方式要远远胜于单纯的户外广告。这是品牌参与用户交流的方式,也是用户和朋友分享品牌的动力。每一位用餐者,都会成为一个活的广告牌,向他的朋友传播这些品牌的优势,这是一个品牌从用餐者的关系网中获取收益的过程。

2. 网络名片广告

网络名片是指加载在新闻页面上的浮动广告,它通过关键词匹配可以快速实现全网覆盖,是传播效果极好的一种新媒体广告形式。目前,人民网、环球网、浙江在线、东方网、安徽新闻网等新闻网站都引入了这一广告模式。与其他网络广告相比,它十分注重广告的品牌效果,通过精准的关键词匹配,使新闻内容、广告,以及软文推广达到高度一致。网络名片关键词是按年销售的,因此好的新闻关键词也是不可多得的网络资源。

3. 公交广告

公交车与乘客的相互流动性是公车广告最具魅力的所在。乘客在车内停留的时间长且处于休闲状态,而车内亮丽的广告版面、翔实的文字图案给车厢内广告增添了无穷的活力。车内聚集的人群是产品宣传的重要阵地,它具有较强的广告冲击力和其他媒体不可替代的广告受众率。

4. 楼宇广告

平面框架广告是一种媒介,它能够以最低的成本最精准地到达目标消费者,而楼宇框架广告媒体的出现,势必将会在国内掀起新一轮的"圈楼运动"。凡居住在高层时尚住宅楼的用户,每人每天至少3至4次上下楼梯,因此楼梯旁边的平面广告至少3至4次会闯入他们的视线。楼宇广告具有其他媒体所不可能具有的广告阅读的强制性。

5. 兼具性广告

这类型的广告展示形式多样,具有文字和色彩兼备功能,从产品商标、品名、实物照片、色彩、企业意图到文化、经济、风俗、信仰、规范无所不包含。通过构思和独特创意,紧紧抓住诱导消费者购买欲这一"环",以视觉传达的异质性,去达到广告目的。

6. 健身房广告

该类广告更加针对男性与高消费人群。健身需要耐心,在健身的时候,人群将会寻找分散自己注意力的目标。所以这个时候的广告将会受到关注,给人群带来更加深入的感受。

7. 终端机广告

现在的高档楼宇小区、写字楼、商场、地铁都摆放有自助终端机,上中下三个显示屏,中间的功能区是便民服务加购物,上下两个屏幕都是广告播放。其优点是人流量大,受关注度高。

二、新媒体广告投放的误区

(一)只考虑购买网站的首页

广告主投放新媒体广告的最终目的或者是为了扩大产品的市场知名度,或者是增加销售量和销售额,为公司赢得利益。每种产品,只有找准市场,定位准确,才能在激烈的竞争中立于不败之地。那么在投放新媒体广告时,也应该将新媒体广告投放到适合公司产品的相应页面上。

但目前的情况是,由于各网站一般都将网站首页的广告价格定得比较高,这样在客观上误导了对网络媒体缺乏认识的广告主,使他们误认为网站首页的广告效果要比其他页面好。事实上,虽然网站首页的访问量一般都比较高,能产生大量的页面浏览量,但是由于网站首页的访问人群存在主题不明确、目的性不强的特点,在客观上造成广告缺乏针对性,导致广告的效果不理想,同时也造成资金的浪费,最终使广告主对新媒体广告失去信心,放弃对新媒体广告的投放。

一般说来,首页广告的点击率永远是最低的,选择内容与自己业务密切相关的分类页面投放,能够过滤掉那些对企业缺乏商业价值的访问者,不必为无效的广告显示付钱。

（二）仅以页面浏览量为站点选择主要衡量标准

目前在我国，比较知名的门户网站有腾讯、新浪、网易、搜狐等，比较著名的专业性站点有联众游戏等，它们之间的区别不仅仅表现在内容上，也表现在所吸引的用户人数、用户类别和用户特征上。所以，广告主在选择网站的时候，应该首先考虑网站及网站访问者的特点是否与自己的产品和活动符合，其次才应该是该站点的访问量。只有在选择好适合自己产品和活动的站点后，这样所了解的该站点的访问量才有可能成为有用的浏览量。这一观点在历次 CNNIC 发布的中国互联网络发展状况统计报告中都能得到验证。

（三）广告投放的量越大，广告效果就一定越好

如何用最少的广告费换取销售的大幅增长，是所有广告主在进行广告投放时所面临的问题。由于目前新媒体广告的平均费用较传统媒体而言还是比较低的，所以在广告投放上，很多时候，广告主相信只要在某个页面上投放的量越大，所得到的广告效果就一定越好。

目前我国的新媒体广告主要按照 CPM 来计算价格，广告的效果是随着广告投放的量不断上升，但是这种上升并不是线性的，而是有一定阶段性的。显而易见，广告的效果与广告的投放，开始时是随着广告投放的上升而不断上升，但是当广告投放达到一定数量时，广告的效果可能就不会再有很大的变化。因此在某个固定的浏览量很大的网站上投入大量的广告，可能可以很快地达到所需要的浏览量，但是仔细考虑这些广告受众，我们会发现最终换来的只是大量的重复受众，这并不是广告主的目的，他们需要的是覆盖不同的受众人群。所以，在广告的投放量上需要有一个投放数量的考虑，并不是在浏览量最大的站点上投放最大的量，就一定可以达到广告主的目的。

三、新媒体广告投放规范管理

当前新媒体广告中存在一系列问题：有些网站发布虚假广告，欺骗消费者；有的网站发布法律、法规禁止或限制发布的商品或服务的广告；有些特殊商品广告发布前未经有关部门审查，内容存在着严重的问题；一些网站在广告经营中存在着不正当竞争行为等等。

我国 1995 年《广告法》等相关法律、法规对新媒体广告没有明确的规定，这是造成新媒体广告行业混乱的重要原因。要把新媒体广告投放监管落到实处，就必须把新媒体广告纳入法律的控制范围内。2015 年新修订的《广告法》顺应了时代需求，在广告内容准则、广告行为规范、法律责任方面对新媒体广告进行了规范。

无论是新媒体广告发布管理，还是新媒体广告的管理，甚至于对网络的管理，都涉及法律、社会、技术等诸多因素。相关新媒体广告的法律法规的不断制定在一定程度上为有效管理提供了依据，为新媒体广告的健康发展提供法律保障，然而能否真正地促进其迅猛、长足发展，关键还在于对这些法律法规，具体实施和落实。

第二节 新媒体广告的传播效果测评

目前,网络已经成为继电视广播、报纸杂志和户外广告以外的第四大广告媒体。新媒体广告由于其交互直接、反馈及时、覆盖面广、无时空差异、针对性强、便于统计、费用低廉等优势越来越被广告主所看好。除上述优点外,新媒体广告不同于传统媒体的一个特有优势便是其效果的可测评性。

一、新媒体广告传播效果测评及其意义

新媒体广告传播效果包含两方面的含义,一方面是新媒体广告活动的效果,另一方面是新媒体广告本身的效果。本书所叙述的仅限于新媒体广告效果第一方面的含义,是指新媒体广告作品通过网络媒体刊登后所产生的作用和影响,或者说目标受众对广告宣传的结果性反应。

新媒体广告效果同传统广告效果一样具有复合性,包括传播效果、经济效果、社会效果。而新媒体广告效果的测评就是利用一定的指标、方法和技术对新媒体广告效果进行综合衡量和评定的活动。相应地,新媒体广告效果的测评也应该包括传播效果测评、经济效果测评和社会效果测评。

由于新媒体广告是建立在计算机、通信等多种网络技术和媒体技术之上,所以在效果测评方面显示了传统广告所无法比拟的优势和特点。

(1)网络媒体的交互性使得网络受众在观看完广告后可以直接提交个人意见,广告主可以在很短的时间内得到反馈信息,迅速对广告效果进行测评。

(2)广告主可以利用网络上的统计软件方便准确地统计出具体数据,而且新媒体广告受众在回答问题时可以不受调查人员的主观影响,这样新媒体广告效果的测评结果的客观性与准确性大大提高。

(3)互联网是一个全天候开放的全球化网络系统,新媒体广告的受众数量是无限庞大的,因此新媒体广告效果调查能在网络大范围内展开,参与调查的目标群体的样本数量能够得到保证。

(4)新媒体广告效果测评在很大程度上依靠技术手段,与传统广告测评相比,耗费的人力、物力比较少,相应的广告成本就比较低。

与传统广告相比,新媒体广告的效果测评虽然具有众多优势,但是目前在测评的具体实施上还存在相当大的难度,这主要体现在以下方面:传统广告的受众是被动地接受广告信息,广告主可以有目的地选择广告受众,并且在效果测评过程中可以明确统计数据来源的样本,而新媒体广告受众在接受信息时具有自主性,这就使得新媒体广告主在选择广告受众时完全没有主动权,在对广告进行测评时所需要的数据来源的样本很不确定;在传统广告中,只有对广告的浏览,而没有对广告的点击之类的反馈,而新媒体广告除了对广告的浏览,还有相当一部分转化为对它的点击,而点击行为是要受到诸如网

民的心理过程等多方面未知因素的影响,这样就增加了其效果测评的难度;受传统广告影响所产生的购买行为一般是在现实购物场所实现的,而受新媒体广告影响所产生的购买行为除了一部分在网络实现购买容易进行统计之外,目前主要的购买行为是通过现实线下购买实现的,这样就使得对新媒体广告所产生的销售数据难以准确地统计。

尽管新媒体广告的效果测评存在以上诸多困难,但是我们并不能回避这项活动,因为新媒体广告效果测评是新媒体广告活动的重要环节。广告一旦投放到网络媒体,广告主最关心的是广告所产生的效果,那么自然会对新媒体广告刊登一段时间后的效果进行测评。这个测评结果是衡量广告活动成功与否的唯一标准,也是广告主实施广告策略的基本依据。新媒体广告效果的测评,不仅能对企业前期的广告做出客观的评价,而且对企业今后的广告活动能起到有效的指导意义,它对于提高企业的广告效益具有十分重要的意义。

二、新媒体广告传播效果测评的原则

我们在进行测评时必须遵循一定的原则,这些原则是贯穿整个过程的指导思想,所以是非常有必要而且必须是明确的。同样,新媒体广告的效果测评也要遵循特定的原则。

(一) 相关性原则

相关性原则要求新媒体广告的效果测定的内容必须与广告主所追求的目的相关,DAGMAR(defining advertising goals for measured advertising results)方法是这一原则的很好体现。举例说来,倘若广告的目的在于推出新产品或改进原有产品,那么广告测评的内容应针对广告受众对品牌的印象;若广告的目的在于在已有市场上扩大销售,则应将测评的内容重点放在受众的购买行为上。

(二) 有效性原则

测评工作必须要达到测定广告效果的目的,要以具体的、科学的数据结果而非虚假的数据来测评广告的效果。所以,那些掺入了很多水分的高点击率等统计数字在新媒体广告的效果测评中是没有任何意义的,是无效的。这就要求采用多种测评方法,多方面综合考察,使对新媒体广告效果进行测评得出的结论更加有效。

三、新媒体广告效果测评的特点

实践中,传统媒体的广告效果测评往往并未引起广告主的真正注意,所以大量的广告预算在媒体的自吹自擂中淹没掉了,所谓的广告测评也是以沟通效果和销售效果的调查研究为主,一般就是邀请部分消费者和专家座谈评价,或调查视听率、发行量,或统计销售业绩分析销售效果等等。在实施过程中,由于时间性不强、主观性影响、技术操作的误差、样本量过小等原因,广告效果评定结果往往和真实情况相距甚远。

计算机本身的数字编码能力和网络资讯空间,为测评新媒体广告传播效果提供了现实的基础。与传统广告测评相比,新媒体广告的效果测评的特点就越发明显地表现出来了。

（一）及时性

网络媒体和受众之间的沟通交流远远快于传统媒体,新媒体广告受众访问广告所在站点时,能够在线提交 Form 表单或发送 E-mail,广告主能够在很短的时间里（通常只有几分钟）收到信息,并根据大多数客户的要求和建议做出积极反馈。新媒体广告效果测评既迅速又直观,广告主可以随时了解广告被关心的程度如何、广告的传播效果如何、社会效果如何,甚至广告的经济效果如何等。

（二）可靠性

由于受众或访问者在回答问卷时,多是在自己的家中进行的,舒适、安静的环境以及不受调查者的影响使得回答问题变得从容、自信,被调查者也会更加重视、更加认真,这大大提高了回答问题的质量,增强了新媒体广告效果测评的可靠性。

（三）易统计性

方便统计是新媒体广告效果测评的又一特点。不论是采用何种指标计量（如 Hit、Click Through、CPM、CPC 等）,只要使用适当的软件工具,都很容易统计出具体、准确的数据。这是传统媒体广告效果测评所无法比拟的。传统媒体广告效果测评,无论是广播电视还是报纸杂志,都只有通过问卷、调查或专家测评得出一个粗略的统计数字,由于诸如选择调查对象不当（如选择的调查对象不具有典型性）、专家意见偏差等原因而造成的测评数据失真的情况很多,从而造成对广告主及广告发布者的误导。而互联网从一开始就是一个技术型的网络,它的技术优势使得传统媒体无法望其项背,它的全数字化从一开始就表明了统计数字的准确性。

（四）自愿性

新媒体广告效果测评的第四个特点就是自愿性,这也是伴随网络技术特点而来的。新媒体广告本身就具有自愿的特点,这种特点使得一向讨厌传统广告的人们对它网开一面,甚至产生了友好的感觉。因为传统媒体（如电视广告）不管观众愿意不愿意、喜欢不喜欢,一味地强行把广告推给你,而受众只能被动接受这些信息,几乎没有选择的权利。新媒体广告则能使受众充分享有主动选择的权利,可以按需查看。新媒体广告自身的自愿性带来了新媒体广告的自愿性,举个简单的例子,新媒体广告效果测评的调查表完全由网络用户自愿填写,没有任何压力和强迫行为。

（五）高技术性

新媒体广告效果测评比以往任何时候都更加依赖科学技术的进步和发展。因为,互联网本身就是高科技的产物,是信息时代的特征。美国的 Web 评级公司 Media Metrix 首先进入客户终端 Web 受众领域,它招募家庭用户在计算机上安装追踪软件,然后每月将磁盘寄给公司,这说明 Media Metrix 公司的测评方法依赖于追踪软件的技术含量。而另外一家美国 Web 评级公司 Relevant Knowledge 从 Media Metrix 借鉴了测量方法,并且发扬光大,它一改等待用户将盘寄给公司的方法,直接从用户的计算机上通过互联网收集追踪数据。可以说,Relevant Knowledge 公司能直接从用户的计算机中收集追踪数据,这是技术的胜利。可见,不管网络上的评级公司采取什么样的测量方法,都必须通过一种手段去实现,而这种手段就是科学技术。

(六)广泛性

互联网是一个开放的全球化网络系统,它的受众是无限广阔的,它的时间是全天候的。对于一则新媒体广告来说,它可以被世界任何一个国家的消费者看,并受其影响,甚至产生购买行为;从新媒体广告效果测评来说,测评的范围也同样是全球的受众,可以从全球的受众那里获得好的建议。因此,相对于传统的媒体广告效果测评来说,新媒体广告效果测评具有极其广泛的调查目标群体,新媒体广告效果测评的正确性与准确性得到空前提高。

(七)经济性

与其他传统广告媒体相比较,新媒体广告效果测评投入的成本最为低廉,这也是新媒体广告效果测评的特殊优势之一。我们知道,任何企业、团体在投入广告时都要首先考虑成本,或者更确切地说是首先考虑单位成本的效果。单位成本的效果越大,就越值得做;反之,就不值得做。新媒体广告效果测评以其针对性强、效果好、费用低而著称于世。对传统广告的测评,掺杂了太多的人为因素,而新媒体广告测评更多借助了技术优势,"一次投入,终生受益",新媒体广告效果测评的这一特点大大增加了新媒体广告较之传统广告的先进性和竞争力。

四、新媒体广告传播效果测评数据的获取

在进行新媒体广告效果测评之前,首先就是获取测评所需的统计数据,这是测评工作得以进行的前提。目前新媒体广告效果测评主要通过以下两种方式来获取数据。

(一)ISP 或 ICP 获取

ISP(网络服务提供商)或 ICP(网络内容提供商)是通过使用访问统计软件获得测评数据。使用一些专门的软件可随时监测网民对新媒体广告的反映情况,进行分析后生成相应报表,广告主可以随时了解相关的信息。目前权威的新媒体广告监测公司 DoubleClick 和 Netgraphy 就是用一定的统计软件来获得广告曝光、点击次数以及网民的个人情况的一些数据。在美国比较流行的 AdIndex 软件可以跟踪网民对产品品牌印象变化的情况,同时广告主非常希望新媒体广告在网站上刊登时具有针对性,这就需要获得每个网民的 IP 地址和消费习惯,cookie 技术提供了实现的可能。cookie 技术可以区别不同地址甚至同一地址不同网民的信息,以此来为广告主提供不同类型的统计报表。这种方式是目前普遍采用的,但是这种方式存在很大的作弊危险。

(二)第三方机构获取

广告效果测评特别强调公正性,所以最好委托第三方机构独立进行监测来获取测评数据。传统媒体广告在这方面已经形成一套行之有效的审计认证制度,并且也有专门的机构来从事这一工作,如美国的盖洛普、中国的央视-索福瑞等。第三方独立于ISP或ICP之外,因此在客观程度上有所提高,减少了作弊的可能,使统计数据的可信度增强。国外像Media Metrix、Alexa、Netvalue等著名的网络调查公司,利用对网民的随机抽样,来测评新媒体广告行为,获得效果测评数据。

目前新媒体广告效果测评的标准和体系还很不完善,随着各界人士对这个问题关注程度的提高,新媒体广告效果测评体系的确立为时不远,测评技术和测评方法会有很大的进步,那时新媒体广告的效果测评将会更加客观、准确。

五、新媒体广告传播效果测评的内容及指标

新媒体广告效果测评独有的技术优势,有效地克服了传统媒体的诸多不足,让广告主明确知道广告的影响范围,明确选择目标受众,缩短了交互的时空距离,也为缩减广告预算提供了可能性。借用管理上的事前控制、事中控制、事后控制原理,我们可以将新媒体广告效果测评分为事前测评、事中测评、事后测评。

(一)事前测评——明明白白广告消费

对传统广告而言,也有一些专门人员在广告投放前,对广告的内容、形式、创意进行沟通效果的测试,这种测评的目的在于收集消费者对广告作品的反应,以便在广告投放前进行修正。新媒体广告在给广告主展示广告价值定位时,就通过多种指标,近乎全方位地预测了广告效果,更准确地说,最初的广告预算方案就已经让广告主明确知晓了可能的广告传播效果。因此本书所指的新媒体广告事前测评指标,就是指新媒体广告价值定位展示时常用的指标。

CPM是指向1000个人传送广告信息所支出的费用。一般而言,媒体的针对性越强,对广告主的吸引力也就越大。不同的媒体CPM有较大的区别,目前美国最高的是邮寄销售广告,因为它的针对性最强,其CPM是27美元,一般媒体的CPM为5美元。在评价传统媒体时,也会提及CPM,但往往是由媒介提供商告知一个数据,它可以是一个很高的数字,但不能传递给广告主真正的广告收益,由于缺乏可控的因素,这一指标的应用现在已经变少了。在新媒体广告中,对CPM的应用发挥到了极致,它不仅可以用来评判媒体的好坏,而且可以由此预计可能的广告支出、源于网站的计数能力,它还可以保障完全实现广告的页面浏览数。

CPC是按照新媒体广告产生的实际点击数量计价。此种计价方式对广告效果的衡量比CPM又进了一步,广告主追求的不仅仅是CPM反映的浏览量,与浏览量相比,点击数量更客观地提供了对广告感兴趣的受众数量。点击是指网站访问者用鼠标点击某个广告的行动,CPC体现了"点击才是最重要的"。这样,媒体商就和广告主共同承担了促使用户点击广告的责任。问题在于,媒体商应该有权修改广告主提出的广告创

意,否则就不应该由媒体商对点击数负责。

CPA 是按照新媒体广告产生的实际购买行为计价。这种计价方式对于广告主而言,是非常优惠的,因此有些广告主曾经说过:"对我们来说,只有广告受众采取了行动的结果才是我们愿意出钱购买的。客户从站点看到广告而产生的每一次购买行为,我们都愿意付钱。而用户对页面的印象,没有太大意义,单纯推广品牌(而不促进用户采取购买行为)是没有价值的。"广告主要求网络媒体分担客户风险和创意风险,这样广告主就没有任何风险了。但是与网络媒体根据 CPM 得到的收入相比,广告主的支付太少了。由此不难看出,广告主偏向于采用这种计价方式,因为它可以直接衡量广告产品的销售效果,而网站因为承担了很多不必要的风险,因而尽量避免采用这种方式。

CPT(包月或包天等)是传统媒体广告购买模式的延续,它使得网络广告的计费模式更趋近于传统媒体的购买模式。广告主可以根据自身需求在特定时间段选取特定广告位进行有针对性的宣传。换言之,CPT 在技术上可以看作是 CPM 的变体,以适应国内广告主在广告购买上的方便。广告主可以根据自身需求在特定时间段选取特定的广告位进行有针对性的宣传。由于网络的双向性,网络媒体拥有传统媒体所不具有的广告效果可记录性,然而 CPT 显然抹杀了互联网的这一优势。广告主渐渐发现这种计费形式缺乏说服力,或者说,广告主们越来越需要系统地分析互联网广告所产生的效果。

为弥补 CPT 和 CPC 的不足,国内目前采用 CPA 和 CPS 模式的广告主有所增多。CPA,即用户在浏览该广告后做出了明显利于广告主实际利益的行为,比如注册广告主会员。CPS,即用户在浏览该广告后产生实际的购买行为。后者实际是前者的进一步细化。由 99click 发起,联合奥美世纪、易观国际、天极传媒、金山软件共同起草的《中国网络营销(广告)效果评估准则》意见稿中,提出了全新的评估指标——广告二跳率(2nd click ratio)。二跳率主要是指通过点击广告进入推广网站的网民,在网站上产生了有效点击的比例。具体来说,广告带来的用户在着陆页面上产生的第一次有效点击称为二跳,二跳的次数即为二跳量。我们可以看出,二条率实际上是 CPA 中"action"的一个细分类型。只是它相对平衡了广告主和广告商的利益关系,即只要用户被广告所吸引并进行一次有效点击,广告主就应该支付广告商一定的费用,而不是像 CPS 那样要求苛刻。实际上,广告计费方式是否合理,还要考虑到广告主与广告商的实力对比。比如,对于在淘宝网主页上做广告的个人卖家,淘宝网是广告商,个人卖家是广告主,但是显然广告商的实力远远超过广告主的实力,此时采用 CPS 的计费方式反而是一种更加合理的行为。

以上所介绍的行业内几种计费方式,实际上都与现行主流网络广告效果评估指标有着密切的关系。要分析哪一种评估指标更加科学和实用,就必须兼有考量指标和计费方式。在这之前,我们需要确立评估这些指标优劣的标准,它们分别是真实性、时效性、公平性和标准化潜力。真实性是广告主非常在意的一大因素。现行的收费方式较多,各种检测网站的浏览量、点击率的第三方机构也不乏其数,但是真正权威的少之又少。一种广告效果评估方式,如何能够更好地真实反映实际情况,自然更加受到广告主的青睐。而承蒙互联网交互技术的发展,网络广告评估区别于传统广告评估的一个巨大优势就在于它能够实时实现广告效果评估,而不需消耗几天甚至几个月的时间来统计到达率、浏览量等指标。因此我们认为,能不能很好地体现互联网广告评估的时效性,是评估一种收费模式是否合理的重要指标。公平性是指,对于广告主和媒介平台而言,一种收费方式如何能够达在真实有效的前提下,达到双方利益最大化。标准化潜力则是指,一种收费方式是否易于在整个互联网广告行业推广,技术壁垒是否过高。

首先,CPM 只与广告展示量有关,即它不考虑实际效果,而只考虑实际投入。公示表达为:Total cost＝Unit price×Traffic×Impression/1000。在这里,一段时间内的变动量只有 Traffic,展示量和单价都是固定的。基于现有技术,浏览量可以实现实时监控,因此 CPM 的时效性很好。就真实性而言,网站的浏览量多有水分几乎是互联网行业心照不宣的"潜规则"。因此,权威检测第三方的出现,是这种收费方式在中国进一步发展的前提。但是 CPM 并不涉及广告播出效果的考量。CPM 是国际上通用的广告收费方式,这从一个侧面说明了,CPM 能够很好地调整广告主与媒介平台间的利益关系。一般网站运营情况越好,它的浏览量越大,广告也就更有效果。这基本是一个"靠实力说话"的收费标准。

其次,CPT 是按照每广告位时间单位,比如包月、包天等来进行收费。公式为:Total cost＝Unit price×Time。在这个公式中,一定时间内,没有任何变量出现,因此 CPT 的时效性非常低。甚至可以说没有时效性。但是另一方面,由于不引入变量,CPT 的计算方法非常真实。一个网站的运营情况越好,它的 CPT 单价也就会越高,这主要通过广告主和媒介平台的商讨决定,而时间是一个任何人都无法作假的单位量,因此,CPT 的真实性非常强,公平性也比较适当。但是如同不是努力了就一定有回报一样,并不是投入时间了就一定有效果。CPT 在这个方面与 CPM 有一定的相似性。那就是,它们都不考虑实际广告必出的效果,从某种意义上来说,这对广告主并不有利。CPT 是传统媒体的主要收费模式,在目前中国的网络广告中也有一定市场,它符合中国广告主的习惯,行业标准化潜力较大,甚至高于 CPM。

再次,对于 CPC 而言,通过广告点击数和点击率来收费显然比 CPT 更加具有时效性。公式为:Total cost＝Unit price×Clicks。Clicks 与 Traffic 一样具有很强的时效性,但相对而言,它的真实性高于 CPM。广告主可以花钱雇佣第三方检测通过广告链接进入广告主自己网站的受众比例,这就在一定程度上避免了虚假点击率的存在。CPC 的另一个优势在于,它考虑到了广告播出后的实际效果,它考量了用户在看到广告之后有没有行为层面的意愿。这点迎合了广告主的需求。而就行业标准化潜力来说,CPC 的推行仍有赖于权威第三方检测机构的出现,并且不是所有媒介平台都乐于那么为广告主着想。而这种方法的推行,在一定程度上需要广告主扮演强势角色。

最后,CPA 和 CPS 则沿着 CPC 的道路走得更远。三者都要求用户在浏览广告之后有所行动,而行动的深度则不断增强,从点击,到注册,到购买。这三种收费方式明显更加利于广告主而非媒介平台,尤其是后两者,对于中小型网站而言,选择这样的收费模式无异于慢性自杀。CPA 和 CPS 的真实度较高,不过同样有第三方检测的问题。例如 CPS,如何监控广告主的数据,使其不要少算由广告带来的销售额呢?媒介平台需不需要为这样的检测再自掏腰包呢?这些都是问题。我们并不看好这样的收费方式的行业标准化潜力。虽然它在一些特定情况下可能更利于广告主,如淘宝网目前部分采用了 CPS 广告模式，但这只有建立在媒介平台十分强大，强大到不通过这个媒介平台广告主就无法售出自己的产品的前提下，这样的收费模式才能做到双方利益的平衡。否则如此苛刻的收费条件，相信大多数网站都不会接受。

总的来说，CPM 和包月方式对网站有利，而 CPC、CPA、CPR、CPP 或 PFP 则对广告主有利，通用的计价方式是 CPM 和 CPC，最为流行的则为 CPM。

（二）事中测评——清清楚楚广告进展

广告放到网站上之后，并不意味着万事大吉了，还要对广告的效果进行实时监测、动态跟踪，及时掌握第一手信息，根据监测结果来判断是否达到了预期效果以及未来的改进方向。例如，我们可以将某个广告每天的点击率在坐标轴上连成线，研究每个创意衰竭的时间，为设定更换广告创意间隔提供依据。新媒体广告效果的事中测评主要是指借助信息技术，在发布新媒体广告的同时，动态监测新媒体广告的效果。

Nielsen//Net Ratings 是 Nielsen Media Research 和 AC NielseneRatings.com 通过战略合作成立的公司，是唯一提供全方位互联网用户行为信息服务的公司，它从全世界将近 90000 个固定样本收集实时数据，这些用户广泛地代表了最大的互联网行业媒体研究样本。Nielsen//Net Ratings 的标志广告监测重点在于跟踪并报告用户与新媒体广告之间的交互行为，标志广告是互联网络基本的广告媒体。

Nielsen//Net Ratings 的用户行为跟踪软件主要用于传送最精确、最有用的信息，与其他方法相比，有几个方面的优点。

（1）最精确。Nielsen//Net Ratings 的 JAVA 代理体系意味着"坐在数据流上"，使得收集各种网络行为无障碍。基于 JAVA 的软件也意味着不必考虑平台（PC，Mac，UNIX）的差异，用同样的方法收集同样的资料，确保记录行为的一致性。

（2）可监测和全面的信息。广告主和营销人员正寻找比页面浏览和独立用户统计更多的信息，Nielsen//Net Ratings 的用户跟踪技术有独特的能力，可以自动测量标志广告浏览和点击、电子商务行为、缓存页面浏览以及网页下载时间，利用这些方法可以全面观察用户和网络的交互行为。

（3）方便友好的跟踪。任何调查的关键在于尽可能不要让被调查者反感，以便取得无偏见的调查结果。一旦样本设置完成，Net Ratings Insight 需要最小的干预，实时行为资料上载设计在系统和用户资源上，也设置最小的负担——用户系统上没有历史文件，也不需要寄回存储设备。

（4）安全可靠的跟踪。所有被调查者的行为资料都自动预先加密传输以确保被调查者的绝对安全。

（5）对新平台容易快速携带。新的网络接入设备逐渐流行起来，这些也需要跟踪用户行为资料。对于那些不使用 JAVA 的每种设备都开发新的软件将是一件很麻烦的事情，Nielsen//Net Ratings 的 JAVA 结构可以很方便地被移植到便携上网设备进入网络电视、机顶盒以及其他允许使用 JAVA 的平台上。

cookie 是由网站服务器发出的特有文件，由浏览器自动储存在用户的硬盘上。这种文件的数据不受任何限制，可以是时间/日期标记、IP 地址或用户 ID 等。一旦浏览器接收了 cookie,只要浏览器向服务器发出访问某个网页的请求,浏览器都会在请求时将 cookie 包含进去。浏览器只给原先发来 cookie 的服务器发去 cookie,这样网站就不可能看到其他网站的 cookie,也不可能从其他网站请求 cookie。cookie 文件上有签名,所以网站可跟踪用户访问的次数及访问网站的路径。这种信息可用来获取用户行为数据,以便网站和广告主起草营销方案,跟踪用户在某个网站的采购行为,或定制用户在这个网站的体验。

cookie 技术在使用过程中可能会受到用户或第三方的反对。cookie 存在用户的硬盘上,如果改变其内容对用户有利的话,那么大多数用户都会这么做。另外,第三方网站也可能会篡改竞争对手的 cookie 内容,或者为了掌握用户的行为特征、购买特征而读取用户存储的数据,侵犯用户的隐私权。

虽然这种技术涉及安全、保密等问题,但这种定制营销方法具有很大的价值。如果与用户注册时所提供的数据结合起来,就可以掌握关于用户年龄、性别、职业、购买偏好等信息,这对广告主来说无疑具有很大的吸引力。

(三)事后测评——了如指掌广告结果

新媒体广告投放后,会引起不同程度的产品销售量和品牌知名度的提高,对这一系列效果的测定即为事后测评。

从传统广告来看,在甲、乙、丙三家报纸上同时置放了分类广告,怎么知道哪家的效果好,哪家的不好。媒体自己说的发行量不可信,读者定位也虚得很,但可以通过一定的标识来进行广告效果的监测。如果消费者打电话来,你可以"顺便"问一下对方是从哪里看到广告的。对于传统来函,可以事先在甲、乙、丙的广告中,把联系地址稍加一两个既不影响准确投递又可区分开来自何处的简单标识,以示区别。客户的信一来,就能知道这是来自哪家报纸的读者。

尽管新媒体广告有准确计量的优势,但如果你的广告同时出现在若干个站点上,那么可以通过事前测评获得哪个站点的价格较为优惠,通过事中监测了解潜在客户身在何方,但依然无法监测哪个站点带来的最终影响效果更好、哪个站点的受众更符合目标定位,这时事后测评就该发挥功效了。如同在邮寄地址中加标识一样,可以在编写指向链接的 URL 标签时,稍微增加一点东西。

举例说,如果站点网址为 www.xyz.com,在 A 站点的广告链接可以写成 http://www.xyz.com? a,在 B 站点的广告链接可以写成 http://www.xyz.com? b,依次类推。如果对方是 X 站点,也可以写成 http://www.xyz.com? x,等等。然后,需要在网络上找一个免费的计数器,放到相关的网页上。各网页设定一个单独的 ID 名,然后就可以在特定的网页上随时查看访问数量及准确来源,是 A 站、B 站还是 X 站。

页眉广告是新媒体广告的一种基本形式,也是一种比较昂贵的形式。虽说目前的价格比传统媒体便宜,但是对于很多中小企业来说,也不会轻易尝试这种形式。那么,对于通过分类广告站、BBS 甚至留言板等免费工具做新媒体广告的营销者来说,该如何监测广告效果呢? 这里同样有一种简便可行的办法:在编写电子邮件的指向链接时,可以使网民在点击链接、弹出发给你的新邮件窗口时,自动填好"主题"一栏。比如,假如要留的地址是 webmaster @ xyz.com,你在 A、B、C 等若干站点放了分类广告。对 A

站点,可以写成 mailto:webmaster @ xyz.com,subject＝a 分类广告(主题词由你根据需要随意定),对 B 站点,可以写成 mailto:webmaster @ xyz.com,subject＝b 分类广告,依次类推。这样,等你统计一定时期的回函时,你统计一下"主题"为"a 分类广告"、"b 分类广告"的回函数量,就能准确分析不同站点的反馈数量以及网民的个人特征了。

事后测评是对网民看到广告后反应的定量分析,和对传统广告的销售效果测评有相通的地方,但一旦借助了网络这一数字时代的利器,它就变得更加具有可操作性,从结果上来看,也更加准确了。

(四)测评具体应用

在广告效果测评中,使用最多的方法就是 DAGMAR 方法,在新媒体广告的效果测评中同样适用,只不过在这里是通过新媒体广告中的特定指标和方法来体现的。根据使用测评指标的情况,可以将测评方法大体分为两大类:单一指标测评法和综合指标测评法。但是不管哪一类,但是 DAGMAR 方法一直贯穿其中。

顾名思义,单一指标测评法是指当广告主明确广告的目标后,应该采取适当的单个指标来对新媒体广告效果进行测评的方法。当广告主所追求的广告目的是提升和强化品牌形象时,只需要选择那些与此相关的指标,如广告曝光次数、广告点击次数与点击率、网页阅读次数等指标来衡量;当广告主所追求的广告目的是追求实际收入时,只需要选取转化次数与转化率、广告收入、广告支出等相关指标进行测评。

所谓综合指标测评法就是在对广告效果进行测评时所使用的不是简单的某个指标,而是利用一定的方法,在考虑几个指标的基础上对新媒体广告效果进行综合衡量的方法。

下面介绍两种综合指标测评方法,其测评结果从不同方面反映了新媒体广告的效果。

一是传播效能测评法。随着新媒体广告的刊登,其广告宣传对象的信息也在不断传播,从而产生了对品牌形象和产品销售潜力的影响,这种影响侧重于长期的综合效果。传播效能测评法就是对新媒体广告刊登后的一段时间内,对新媒体广告所产生的效果的不同层面赋予权重,以判别不同广告所产生效果之间的差异。这种方法实际上是对不同广告形式、不同投放媒体或者不同刊登周期等情况下的广告效果比较,而不仅仅反映某次广告刊登所产生的效果。

二是耦合转化贡献率测评法。广告主在以往新媒体广告的经验基础之上,会产生一个购买次数与点击次数之间的经验比例数值,根据这个比例即可估算广告在网站刊登时,一定的点击次数可产生的购买转化次数。而该网站上的广告的最终转化次数可能与这个估计值并不完全吻合,由此产生了实际转化次数相对于预期转化次数的变化率,我们称之为该新媒体广告与该网站的耦合转化贡献率。

下面以一个实例来说明传播效能测评法和耦合转化贡献率测评法两种方法的应用。

某通信制造商在 A、B 两家网站上刊登了某通信产品的广告,刊登周期为 1 个月。广告刊登结束后,A、B 两家网站向该制造商提供了新媒体广告在其网站上的被点击次数,分别为 5102 和 3051。同时,网站协助制造商对网民的行动进行了跟踪调查,得到由于受新媒体广告影响而产生的购买次数分别为 102 和 124。在使用这两种方法进行计算之前,需要说明的是:根据一般的统计数字,每 100 次点击可形成 2 次实际购买。

那么按照两种方法进行测评的情况如何呢?

先来看一下传播效能测评法。根据上面所提到的统计数据,每 100 次点击可以形成 2 次购买,那么可以将实际购买的权重设为 1.00,每次点击的权重设为 0.02,由此可以计算新媒体广告在 A、B 两家网站刊登所产生的传播效能:

新媒体广告在 A 网站上所产生的传播效能为:$102 \times 1.00 + 5102 \times 0.02 = 204.04$

新媒体广告在 B 网站上所产生的传播效能为:$124 \times 1.00 + 3051 \times 0.02 = 185.02$

再来看一下耦合转化贡献率法。根据统计数据,每 100 次点击可形成 2 次实际购买,那么按照这一经验预测,新媒体广告在 B 网站产生 3051 次的点击,应该有 61 次的购买,而实际的购买是 124 次,由此实际转化相对于预期转化发生了变化,其变化的幅度就是该新媒体广告与网站 B 的耦合转化贡献率。

下面具体来计算该新媒体广告与这两个网站的耦合转化贡献率。

新媒体广告与网站 A 的耦合转化贡献率为:$102/(5102 \times 0.02) \times 100\% = 99.96\%$

该新媒体广告与网站 B 的耦合转化贡献率为:$124/(3051 \times 0.02) \times 100\% = 203.21\%$

从中可以看出,该电信制造商的广告在 A 网站刊登获得的实际转化远远不及在 B 网站刊登所取得的实际转化,但是它的传播效能较高,对品牌形象的提升以及促进今后的产品销售都有非常重要的意义。而新媒体广告在 B 网站刊登,其耦合转化贡献率较高,在短期内取得了很好的销售效果,但是对品牌形象的提升以及今后的销售影响力的影响不是很大。所以,该电信制造商如果刊登新媒体广告的目的侧重于追求品牌形象的提升和长期的销售影响时,应该选择在网站 A 刊登广告的策略;如果所追求的目的是促进产品的销售,提高实际收入时,更适宜采取在网站 B 刊登广告的策略。

这里需要说明的是,点击次数与转化次数之间的比值关系是至关重要的,即使在评价相同的广告时,由于这一比值数据的选取不同,也可能出现截然相反的测评结果。所以,需要在大量统计资料分析的前提下,对点击次数与实际购买次数之间的比例有一个相对准确的统计结果,并在此基础上来决定这一数值。

最后需要指出的是,上面两种新媒体广告的效果测评方法所得出的结论好像存在矛盾,其实并非如此。一个新媒体广告在绝大多数情况下不可能在多种效果上都达到最优,只是在某一个或某几个方面的效果达到最优。所以在进行广告测评时,一方面,不要片面地以某个方面或某些方面的效果来对新媒体广告的效果下定论,而应该将所有方面的效果综合考虑;另一方面,应该将测评的方面与广告的目的结合起来,只要测评的结果有利于广告目的,就可以说新媒体广告是有效果的。所以要提醒广告主,在刊登新媒体广告之前,一定要先明确广告的目的,选择适合自己目的的网站来刊登广告,切不可盲目。

对诸如新兴的新媒体广告,本章后续内容对手机广告、微博广告、微信广告三种不同类型新媒体广告传播效果测评进行具体解读。

第三节 手机广告传播效果测评

一个媒体要想良性地发展,必须有一个有效的评估体系,手机广告也不例外。通常来说,媒体广告的效果主要体现在说服的广度和深度这两个层面。说服的广度主要指投放的广告能够有多大的曝光量,广告能够到达多少一般受众,到达多少目标受众;而说服的深度主要指广告说服被接受的程度,一般通过了解受众对广告的记忆、理解、偏好情况,以及最终产生一定的购买行动来评价。而从评价的角度来看又基本上是两个角度:一是企业角度,也就是广告主对广告效果进行评估;二是媒体角度,即媒体评估自身的广告传播价值,意为在与同类媒体进行竞争、夺取广告资源时,能够证明自己的传播能力更强。为了两者兼顾,我们从以下四个方面进行分析:媒体层次、受众层次、广告设计开发制作层次、商品方层次。

一、手机广告媒体层次的评价指标体系

广告媒介是广告活动中的重要组成部分,广告媒介的选取和利用在很大的程度上决定着广告的成功与否。企业在选择广告媒介时,需要根据其产品的特点制定相应的广告媒介策略,才能使用最经济、有效的方法,在最适当的时间和地点,将产品的特色及魅力传播给广大消费者。在传媒日益丰富的今天,广告如何充分地认识各种媒体的特点,在广告费用有限的前提下,配合整合传播策略,实行各种媒体的优势组合,合理运用不同的传播媒介,使信息传播的有效性达到最佳,是目前企业广告媒介选择急需解决而又难以解决的问题。为此,我们引入层次分析法基本原理,通过建立分析模型,对上述问题进行探讨,试图给企业决策提供一种数字化的科学的工具。

手机广告效果媒体层次的评测可以分为七个指标衡量:形态、内容、表现力、投放位置、投放时间、投放频率、投放通道。

第一,形态层面。

手机媒体是新的技术支撑体系下出现的媒体形态,如数字杂志、数字报纸、数字广播、手机短信、移动电视、移动网络、桌面视窗、数字电视、数字电影、触摸媒体等。相对于报刊、户外、广播、电视四大传统意义上的媒体,手机媒体被形象地称为"第五媒体"。广告媒介的选择是影响广告效果的重要因素,广告的根本目的是对目标受众产生影响,或者说是产生媒介受众对广告的结果性反应。根据每一种媒体形态特点的不同,我们可以将其概括成以下指标:网络、手机报、手机短信、手机视频、手机音频、手机游戏、手机内置软件。根据目标对象赋予不同的权重,从而对媒体形态有更量化的评估。

第二,内容层面。

目前手机媒体的内容主要有视频、音频、文本、图片、软件、游戏等。视频的表现形式如手机电视、电影等。音频的表现形式如手机广播。文本的表现形式以 Wap 网页、短信、彩信、手机报为主。图片的表现形式有彩信、手机报、网页等。软件主要是内置于手机内部的使用软件和一些合作开发软件,比如 ucweb、IE 浏览器等。游戏主要是内置于手机或者是手机网游。

第三,表现力层面。

如果说传统的广告是推的方式,那么手机广告就是拉的方式。传统的广告是无孔不入地把广告信息传递给目标受众,是广泛撒网,然而手机广告是基于数据库营销的对客户精准分类的娱乐传播过程,通过吸引手机用户的方式来完成广告过程。个性化、分众化、定向化和互动性这些特点,决定了手机媒体的表现力不俗。不同的形式有不同的

表现力；图片，可视化强，内容承载量少；视频，集视听与一体，内容丰富；音频，内容承载量多，表现力不强，转瞬即逝；游戏，隐蔽性强，信息量少，适合做品牌；内置软件，垄断性强，信息简单，互动性强；短信，内容承载量多，互动性强，不受时间的限制；彩信，内容承载量多，集视听于一体，有利于产品认知，成本高；彩铃，内容简单，面积广，成本低；邮件，内容丰富，不受时间的限制，受互联网的影响，口碑不佳。

第四，投放位置层面。

手机媒体的投放位置十分丰富，包括 Wap 网站上的文字连接、条幅（左、右）、横幅（上、下）、弹出视频（右下角、中间、左上角）、弹出声音、滚动字幕（上、下）等；搜索引擎上面的竞价排名、搜索引擎下方广告、合作等；内置游戏中的游戏内容、合作优惠券等；内置软件的内容、合作优惠等；短信内容群发；彩信内容群发，彩铃前置广告、中置广告、后置广告、全彩铃广告等；邮件内容、邮件条幅广告、邮件横幅广告、邮件弹出广告等。手机短视频广告只能采用片前广告的形式，因为片后广告毫无疑问会有高比率的用户停止播放。

第五，投放时间层面。

通过对客户生活习惯的深入研究，发现空闲的时间予以广告的投放，是决定广告能否达到预计效果的前提。比如说青少年在晚上 18 点到 22 点是手机使用的活跃期，特别是网络。而在夜晚凌晨发短信肯定不会收到很好的广告效果。

第六，投放频率层面。

通过研究发现短信广告的投放缺乏科学性，许多短信广告主利用群发设备，不仅向拥有手机的广大消费者发送他们不愿接受的内容信息，而且对发送广告的时间和频率也不加以选择，有的用户经常在深夜接二连三地收到莫名其妙的广告短信。短信广告的超量发送，超出了消费者的需求和承受能力，而未经消费者许可频繁地发送短信广告，则严重干扰了手机消费者的正常生活。盲目地发送短信广告，不考虑短信广告投放的数量和时机，也导致了消费者对短信广告的消极态度。以上三个原因严重影响了短信广告在消费者心目中的可信度和美誉度，进而影响其传播效果。短信广告的投放频率和投放时机都对短信广告的消费者态度具有比较显著的影响。根据不同的广告内容，再加上对客户群体的研究，选择合适的广告投放频率，才能达到理想的效果。具体的投放方法如下：短信、彩信、邮件，可以每周投放一次，手机报、Wap、游戏、电视、广播、彩铃，可以每天进行更新或投放。

第七，投放通道层面。

手机媒体广告有九种可操作模式。

（1）语音广告。设定一个特定的服务号码，用户可以通过拨打这个号码完整收听语音广告来换取相应的免费通话时间。或者将广告放置在彩铃的前、中、后，从而达到传递信息的目的。

（2）短信营销。短信群发广告、短信抽奖、短信促销等，在国内应用已经非常普遍。

（3）冠名短信广告。现在手机用户定制天气预报、新闻、交通讯息、股市行情等往往需要支付一定的费用。开通手机广告投放服务以后，可以将这部分服务费转嫁到广告主身上。

（4）间隙广告。是指在下载手机电影、游戏时插播的广告。

（5）游戏广告。即手机游戏插广告。

（6）折扣券。这还得跟折扣信息网站结合。

（7）本地化广告。本地化网站服务（城市门户、地图等）的发展，是一个极好的应用契机。

（8）会员广告。现在许多超市、商场、银行、俱乐部等都有自己的会员卡，运营商可以向他们提供会员广告信息服务，并收取广告费用。向那些同意接受发卡广告的用户发送诸如促销、新业务等商业广告信息。

（9）屏幕保护广告。企业可以通过互联网制作投放带有企业标识的手机屏幕保护图片供手机用户下载。企业按照下载量的大小支付给网站广告费用。

随着无线上网费用的降低，Wap用户将呈现大幅度上升的趋势。互联网上的广告形式自然也就会更多地出现在"简易移动PC"手机的屏幕上，包括现有的网络旗帜广告、链接式广告、电子邮件广告等。

二、手机广告受众层次的评价指标体系

受众层次的评价指标体系包含受众对广告的态度的测评、受众对广告所承载商品的态度的测量、受众对广告媒介的态度的测量、受众对广告设计制作的态度的测量。

第一，受众对广告的态度的测评。广告作品的好坏直接影响这广告效果，对手机广告态度测量的方法主要有四个方面。

（1）仪器测试法。主要在实验室场景内，在目标对象观看手机广告的过程中，使用程序分析仪器、瞬间显示器、反应测定仪、眼睛照相机、皮肤反射测定仪等不同的仪器设备测定不同目的的广告作品。

（2）意见评定法。一种是对手机广告作品的各个创作阶段进行测评，在不同的阶段严格选择合适的测评人员，对广告作品创作进行测评。另一种是将同一商品制作多份广告原稿，请目标对象做出选择，测定哪一种广告作品的效果引人注意、印象最深。

（3）评分法。评分法是将意见评定法进行量化处理，最后以统计方法进行测评。先列出对广告作品的评价项目，制定表格，请目标对象打分，以确定广告作品的实际效果。

（4）实地访问调查法。由调查员访问手机广告样本户，获取对象对所观看广告的反应态度。这种方法的目的是尽量不加上人为操作因素，任其自然反应。

第二，受众对广告所承载商品的态度的测量。消费者在接受广告信息时，发生广告认知效果；对广告商品逐渐理解并产生好感时，发生心理变化效果；决定购买广告商品，发生导致购买效果。但是首要的一步是手机媒体广告用户对手机广告所宣传商品的态度。想知道受众对商品的态度如何，我们可以通过做抽样调查问卷来完成。

第三，受众对广告媒介的态度的测量。要想对手机广告做深刻的研究，必须要了解受众对手机媒体本身的态度，这样我们才能从宏观上审视媒体的优劣。针对消费者对手机媒体特度的测量，我们可以依照以下三个指标来衡量：感受（道德观和价值观）、情感（"喜欢-厌恶"、"爱-恨"等）、意向（谋虑、企图等）。在具体的调查中，可以采取传统的抽样调查方式、深度访谈方式、焦点访谈方式对目标受众进行调查。当然，在调查的过

程中,要细化指标。

第四,受众对广告设计制作的态度的测量。在对消费者关于广告设计制作的态度的测量中,也可以用到量表评估法,可包含美观性、可读性、互动性、娱乐性等方面。

三、手机广告广告设计开发制作层次评价指标体系

手机广告广告设计开发制作层次评价指标体系要从手机技术标准、广告文件格式、文件大小、广告时间长度、广告作品艺术标准等方面建立。

第一,手机技术标准。从分辨率上来说,一般可以分为 128×128、128×143、128×160、132×176、176×208、120×160、208×208、240×320、320×240、640×480、800×352、412×352。单位均为像素。

第二,广告文件格式。

(1) JPG。这是经常见到的格式,是制造 BMP 的原文件各式,算是 BMP 文件的母文件,而且大多数用在壁画上。

(2) GIF。以动画为主,通常屏保的壁画都是这格式的文件包办。

(3) WAV。术语为波型文件,一般是音频文件。

(4) AVI。该格式的文件是要用播放软件才能看的。

(5) 3GP。属于质量较好的文件,因为文件容易停较长时间,所以不被广泛使用。

(6) RM。是比较常见的文件,质量一般,容易出现跳帧现象。

(7) AMR。超底质数的声音文件,通常用作背景音或者录音。

(8) TXT。能在电脑和手机上通看的格式,缺点是掌上图书不受理此格式,而且只有文字,没有图片。

第三,文件大小。图片大小一般不超过 500 KB。彩信一般在 50 KB 左右。短信长度不超过 70 个字。彩铃一般不超过 1 M。手机报大小不超过 50 KB。视频广告大小不超过 1 M。

第四,广告时间长度。对于视频广告,目前普遍接受的观念是互联网视频长度大多在几分钟左右。很明显,传统的 30 秒 TVC 对于 1~2 分钟的手机视频来说是过长了,限制在 15 秒以内比较合适。对于音频广告,5 秒、10 秒、15 秒。

第五,广告作品艺术标准。

(1) 短信。语气和谐,平易近人,言简意赅,通俗易懂。

(2) 彩信。画面美观,语气和谐,言简意赅。

(3) 邮件。通俗易懂,冲击力强。

(4) 游戏。画面美观,广告与游戏融为一体。

(5) 手机报。画面简单,美观,有冲击力。

(6) 内置软件。与软件进行无缝连接,简单,大方。

(7) Wap。生动,美观,丰富,趣味性强。

四、手机广告商品方层次评价指标体系

手机广告商品方层次评价指标体系包含广告对商品美誉度推广测量、广告对销售

量的测量、广告对品牌影响力改变程度的测量。

第一,广告对商品美誉度推广测量。

品牌的美誉度是指某品牌获得公众信任、支持和赞许的程度。如果说品牌名声是一个量的指标,那么品牌美誉度就是一个质的指标,它反映某品牌社会影响的好坏。相对于品牌的名声,考察品牌美誉度也应分为公众美誉度、社会美誉度和行业美誉度三方面。因行业内部影响因素比较复杂,所以行业美誉度只作为参考,重点对公众美誉度和社会美誉度进行考察。品牌的公众美誉度也可以用简单测量法和复合测量法来考察。品牌的社会美誉度可以通过大众传播媒体对某品牌报道的性质来考察,它以正面积极报道占总报道量的比重来表示。如,某品牌被大众传播媒体报道的次数为204次,其中167次为正面积极的报道,那么,该品牌的社会美誉度就是167/204=81.86%。

第二,广告对销售量的测量。

促进产品的销售效果的因素是多方面的,有广告持续的传播效果的累积效应,也有营销策略中各个因素的综合效应,例如促销、产品试用、公共关系等。同时,有人购买商品不一定看过广告,而是通过人际传播、柜台推荐等方式购买。因此,测量广告销售效果时,要在确定广告是唯一影响销售的因素,其他因素能够暂属于不变量的条件下进行测定。在手机广告的销售测量中主要可以用到实验法。另外也可以直接根据手机广告投放之后所反映的效果来评价,主要关注订单量、真人访问量、电话回访量、短信回复量、报名量、投票数量等指标。

第三,广告对品牌影响力改变程度的测量。

在广告对品牌影响力测量的过程中,要视手机广告为唯一的广告媒体,然后对消费关于某一品牌的认识在广告前后的不同进行比较。也可以设计出一些指标运用量表进行评估和对比。对品牌影响力改变程度量表指标应包含美誉度、忠诚度、知名度、品牌标识、品牌偏好等。

五、手机广告传播效果测评具体应用

2013年2月,河南新锐传媒与郑州金水区北环路一家四川饭店合作。该饭店由于地理环境不好,几个月以来生意一直都不怎么好,门可罗雀,很少人光顾。根据该饭店的具体情况,新锐传媒提出了先做品牌推广、再做特色经营的销售策略。首先对饭店20公里范围内的手机用户进行短信广告品牌宣传,让他们知道有"四川饭店"这样一家非常有特色的用餐地点。然后利用手机短信互动平台进行短信留言、短信抽奖、短信点歌等互动活动。消费者在饭店吃饭的时候,发发短信就有可能获得一次免费就餐的机会,得到意外的惊喜。在合作的过程中,新锐传媒首先制定了媒体投放方案。投放日期:2013年2月12日至2013年2月22日。广告规格形式:手机短信。CPM:10元。女性受众:40%。男性受众:60%。受众人群年龄段:25~29岁/35~39岁/40~50岁。受众人群受教育程度:大学专科/大学本科/硕士。受众人群职业分布:公务员、教授、教师、医生、律师、企业员工等。受众人群收入水平:2000~2999元/3000~3999元/4000~4999元。效果监测过程:短信回访率+客户回访。广告效果:四川饭店很好地完成了中高端特色菜的品牌定位,4月份日收入提升至3000元左右。

新锐传媒从品牌出发，首先确定了本次宣传的目的，根据宣传目标对消费者进行分析，获得他们的生活习惯、兴趣爱好、工作规律等，然后根据这些特点做出最优的媒体宣传模式——手机广告。在媒体的效果监测中，手机媒体的优势得到了很好的发挥，直接用短信回访和客户走访的方式，从量的角度对广告主的广告活动做出回答。

第四节 新媒体广告的微博整合营销传播及其效果

移动互联网的普及和 SNS 的广泛应用使广告与营销的界限越来越模糊，在微博等层面进行产品或品牌的整合营销传播非常便捷，而且其广告传播效果远远超越了传统互联网的广告投放。杜蕾斯、《爸爸去哪儿》等不同类型的企业品牌借助移动互联网的便捷，在事件营销传播和话题营销传播中取得了惊人的传播效果。

一、杜蕾斯的微博广告传播

2011 年 6 月 23 日北京的那一场暴雨，催生了杜蕾斯的广告营销神话。翻阅那条"套鞋事件"的微博，其转发次数超过了 8 万。毫无疑问，杜蕾斯这次"借题发挥"是微博营销历史上的经典案例。但值得思考的是，对于品牌企业，如何构建一种可复制、长效的微博营销模式。

暴雨、交通拥堵中人们靠微博打发时间、安全套，加上一个绝妙的炒作创意，这四个因素成就了"套鞋事件"（见图 10-2）。正如"凡客体"的爆红、贾君鹏的蹿热一样，需要天时地利人和。假设同样的暴雨、同样的交通瘫痪，甚至同样是安全套，炒作的品牌并非"杜蕾斯"，这个案例还会成为经典否？

杜蕾斯"套鞋事件"的成功不可复制，正如再也不可能有第二个贾君鹏事件一样。在微博广告营销领域掀起向杜蕾斯学习的热潮中，唯一值得借鉴的，应该是杜蕾斯对热点事件的营销敏感度。

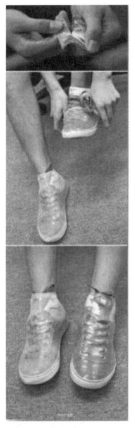

图 10-2 杜蕾斯在北京暴雨事件中的微博情况

二、《爸爸去哪儿》新媒体整合营销传播

到底《爸爸去哪儿》电视栏目组运用哪些手段使更多人认知《爸爸去哪儿》电视节目，并在媒体力量的助推下，放大观众口碑，提高电视节目美誉度？研究发现，《爸爸去哪儿》从微博营销、话题营销、病毒式传播、整合立体式营销、电视衍生品助力二次传

等方面进行新媒体层面的整合营销传播。

(一)《爸爸去哪儿》新媒体整合营销传播实施过程

第一,微博营销。

微博营销是以微博为平台,对企业、产品或个人进行宣传、推销的一种营销方式。其优点是互动性强、传播速度快、成本低、针对性强,而且微博用户大多是网民中的精英用户,对社会新事物有很高的敏感性,活跃度高,有一定的购买能力,是商家宣传的首选对象。《爸爸去哪儿》第一季开播前电视台鲜有关于节目的预告宣传,但《爸爸去哪儿》微博上却早早开始了宣传预热。2013年9月6日,《爸爸去哪儿》新浪官微开通。通过几期的对比发现,官微发布的内容大多按照节目剧情透露、节目微直播、节目趣事盘点/话题讨论/活动赞助、节目花絮、嘉宾花边内容的顺序。以第八期(直播时间2013年11月29日晚十点)为起点,以第九期(直播时间2013年12月6日晚十点)为结点,《爸爸去哪儿》官微微博内容发布情况如表10-1所示。

表10-1 《爸爸去哪儿》第八期至第九期微博发布情况

时间	微博总条数	主要内容
11月30日(周六)	3条	告知第八期直播已结束,回忆节目感动细节
12月1日(周日)	9条	发表关于第八期节目看点或任务的漫画,拍摄照片的重新编辑,与网友互动,如GIF动图、"表情帝"照片的整合,并通过设置关于某个孩子下期表现状态的议题向第九期节目过渡
12月2日(周一)	9条	直播《爸爸去哪儿》节目广告资源招标会,多次通报高收视率、高收视份额
12月3日(周二)	6条	以孩子与父亲的头像制作"最受欢迎(爆笑)摇头娃娃"系列漫画,展示亲子之间有趣的对话;安排1条微博预告第九期内容
12月4日(周三)	11条	转发嘉宾爸爸与广告赞助商的微博;安排1条微博预告第九期内容
12月5日(周四)	11条	转发与节目相关的有趣的微博;安排4条微博预告第九期内容
12月6日(周五)	57条	38条微博对当晚的节目在微博上进行"微直播",这38条微博发布的时间间隙平均少于2分钟

在每期《爸爸去哪儿》电视节目播出前,官微陆续发布《爸爸去哪儿》宣传片及海报、明星的花边新闻、"最受欢迎(爆笑)摇头娃娃"微视频,让粉丝预先了解《爸爸去哪儿》节目内容,并与五位明星爸爸进行互动,而且还不时@湖南卫视微博、制作人、工作人员、兄弟节目进行持续的网络互动。例如在节目即将播出时,湖南卫视著名主持人何炅、谢娜以及《爸爸去哪儿》节目总顾问也是《我是歌手》的制作人洪涛都发表微博力挺节目热播。

节目开播后,为满足粉丝收视渴求,播出前进行本期节目预告;节目播出时在微博上进行全程微直播,满足受众边看节目边刷微博的需求;播出结束后,对本期节目进行盘点,然后会发起话题讨论,比如"你最喜欢哪个萌娃",增加话题热议度。在等待下一期的节目播出的时间里,转发明星爸爸发布的关于宝贝趣闻囧事和萌照的微博并加以评论,增加粉丝活跃度,保持粉丝对节目的持续关注。节目结束后微博会不时发出未播出的片段,让观众在等待下期节目开播之前过一把瘾。

除了《爸爸去哪儿》新浪官方微博,节目中几位明星爸爸及家人的微博也为节目的宣传做了莫大贡献。在《爸爸去哪儿》第一季开播前,林志颖以及李湘的微博粉丝人数已过百万,他们通过发微博与《爸爸去哪儿》官微互动,让更多人了解节目,在一定程度上使明星的粉丝转化为《爸爸去哪儿》电视节目粉丝。《爸爸去哪儿》第一季结束后,明星爸爸及家人不时晒出女儿、儿子的趣事萌照,@《爸爸去哪儿》官微二者互动,使明星保持自己知名度的同时,还能隐形地为《爸爸去哪儿》节目做宣传(见图10-3)。

图 10-3　田亮微博发布女儿趣事

但是微博营销在操作过程中也有一些不足,如和粉丝互动较少,粉丝的评论几乎没有官微的回复,这在一定程度影响受众的黏性。另外,《爸爸去哪儿》官微主要注重微博的发布,而其主页节目单与文章两项仍是空缺,简介也仅仅是一句话,由此可以看出,《爸爸去哪儿》官微没有完整系统地对《爸爸去哪儿》整个栏目的推介做出规划,因此微博营销的整合力度还有待加强。

第二,话题营销。

话题营销是指通过企业通过媒介手段和消费者的口口相传,使产品或服务成为广为谈论的话题,从而促进销售的一种营销手段,属于口碑营销中的一种。由于其成本低、效果好、可信任度高,有利于提高产品或服务的美誉度,受到商家的广泛欢迎。

《爸爸去哪儿》电视栏目组多次捕捉热点,借力传统媒体和新媒体,成功炒热话题。在节目播出前,《爸爸去哪儿》电视栏目抓住明星爸爸与宝贝的一些生活趣事或者与节目有关的幕后故事制造娱乐话题,引起网友热议。如郭涛给儿子的一封信和田亮女儿游泳萌照成为湖南卫视为节目造势的主推内容,它们在微博、微信疯狂转发,在微信朋友圈更是以刷屏的速度引起人关注。另外首映礼时李湘女儿王诗龄偷吻林志颖儿子Kimi被各大媒体大做文章,第二天,北青网、腾讯、新浪、网易、乐视、金鹰网均出现"李湘女儿强吻林志颖儿子小小志"的娱乐头条,李湘与林志颖的名气,加上女生(王诗龄)主动的反常行为,使这次事件赚足了眼球,很多观众是从这件新闻开始知道《爸爸去哪儿》节目。

栏目组在节目内容上故意设置中心议题,剪辑时通过错位搭配和字幕提示,夸大萌娃间的小情谊。Kimi和王诗龄之间的互动被描述成"甜蜜的第一次牵手",第六期故意派森碟和天天一起做任务,并按偶像剧的模式进行内容剪辑。萌娃父母也不时发布二人萌照,网友调侃二人"佳偶天橙"、"天森一对",使话题持续发酵。最终森碟生日会上石头称天天为森碟绯闻男友这则新闻登上了各大门户网站娱乐版,微博话题热议度排第三,无论是节目组还是萌娃的父母与网友互相配合,成功炒热话题。

另外,节目内容同样引起专家的关注。专家们从专业角度评点爸爸们的表现、教育方式以及节目内容的设置,如"护蛋"环节、"换爸"事件遭到专家的批评,并上升到社会角度讨论教育中父亲缺位的问题。例如,《人民日报》刊发由中国科学院心理研究所专家撰写的题为《〈爸爸去哪儿〉引深思父亲在儿童成长中有多重要?》的文章,探讨父亲对孩子成长的影响,此类有深度的报道无形中提高了节目的深度与品位,区别于一般的单纯搞怪恶俗的娱乐节目,拥有更高的社会价值。

《爸爸去哪儿》电视栏目无论是开播前还是播出后,捕捉敏感事件,放大事件热点,然后利用社交媒体、传统媒体进行多方面宣传,引起潜在受众注意,并在网友与专家的讨论中,提高节目的美誉度。

第三,病毒式传播。

病毒式传播是指利用口碑传播的原理使信息在用户之间像病毒扩散一样迅速传播,具有成本低、传播速度快的特点,一个成功的病毒式传播,用户会本着好东西大家分享的心理自发进行,最终收获良好口碑。《爸爸去哪儿》电视节目播出后,出于对节目的热爱,"爸爸粉"们自发创作出各种《爸爸去哪儿》神P图,"红楼版"、"甄嬛版"、"白娘子版"、"还珠格格版"《爸爸去哪儿》相继出现。最具代表性的是"红楼版"《爸爸去哪儿》,《爸爸去哪儿》萌娃们变身《红楼梦》中各位人物(见图10-4),这些恶搞剧照毫无违和感,在网上像病毒一样迅速传播,一时间成为微博上热议的话题,人民网、新华网、腾讯网、金鹰网、搜狐娱乐、网易娱乐纷纷附图报道。

另外,新浪微博一位网友发布了萌娃们长大后的素描图并发起投票,一月之内共有1855人参与投票,而这个微博经《爸爸去哪儿》官微转发后,凭借强大的号召力,大量粉丝疯狂转发,共有207114个人转发该微博、52071个评论,微博话题热议度可见一斑。

对《爸爸去哪儿》几位萌娃的"恶搞"俨然成为全民的狂欢,大大满足了粉丝们话题讨论的欲望。在这场狂欢当中,最终受益者则是《爸爸去哪儿》电视栏目和节目嘉宾,他们在话题中不断被提及,这场网民自发的病毒式传播最终以节目好口碑收场。

第四,整合立体式营销。

门户网站中不时爆出《爸爸去哪儿》明星嘉宾的新闻花絮,有时媒体会发布关于《爸

图 10-4 "红楼版"《爸爸去哪儿》

爸去哪儿》下期剧情猜测,《爸爸去哪儿》电视节目在周五晚十点播出、周六周日重播,看似平常自然的事情,但是将这些资源整合起来,进行系统规划,将会形成一套全方位立体式的营销模式,对于深度挖掘《爸爸去哪儿》电视节目的受众大有裨益。

周五晚十点首播,瞄准上班一族,一天的工作结束,第二天又是周末,不用早起上班,没有工作的压力,工作一周又颇有成就感,怀着美好的心情窝在沙发里安静地看完节目,有益于提高受众对节目的观感体验。周六上午十一点、周日下午四点重播,老人与孩子可以补回错失的首播节目,老人通常睡得比较早,而孩子们因为上学的原因,周末才能有自己的娱乐时间,所以周六下午节目重播抓住老人与小孩这些节目受众。周五首播,周四就开始节目预热,《爸爸去哪儿》官微和各大门户网站都将发布对剧情的各种猜测,并提前透露一些节目内容让观众对新一期节目充满期待。首播之后,周六周日会对本期节目进行大盘点,细数各种笑点泪点,并针对节目中某些话题发动网友讨论,将那些周末窝在家里的宅男宅女们收罗在内。下周一开始发布星爸萌娃的花絮新闻,提高节目的曝光次数,把那些周末没有收看而去旅游的人们再次拉到屏幕前面。在节目宣传的狂轰滥炸中,《爸爸去哪儿》的潜在受众得到无限的开发,最终收回一大批死忠粉丝,稳稳地坐在屏幕前,每期必看,每期必评,形成舆论热点,反过来助推《爸爸去哪儿》节目一路收视长虹。

第十章 新媒体广告投放及传播效果测评

第五,电视衍生品助力二次传播。

衍生品,原本是一个生物学的概念,是指一种生物,在其生存、发展的环境中,接受了其他物种的影响,而生成含有原物种属性的新的较为复杂的物种。电视衍生品则是指基于电视节目品牌而发展出来的含有电视节目某种元素的各类产品。电视媒体的"二次传播"就是通过电视衍生节目,借助自身平台以及网络、平面、户外、线下活动等传播手段,在电视节目的一次传播后,通过电视节目的热点话题,实现"二次传播"甚至再次传播,提高频道的知名度、关注度和忠实度,实现电视媒体的持续影响力和传播力。《爸爸去哪儿》衍生产品有《爸爸去哪儿》主题曲、《爸爸去哪儿》人物漫画剧照、爆笑摇头娃娃系列、《爸爸去哪儿》同名手游、《爸爸去哪儿》同名图书、《爸爸去哪儿》动画版、《爸爸去哪儿》删节全新制作版、《爸爸去哪儿》大电影。

《爸爸去哪儿》播出之后,随着节目的火热,主题曲也红过大江南北,甚至被制作成手机铃声。《爸爸去哪儿》的漫画海报(见图10-5),契合节目小清新的风格,漫画中人物特点与节目相符,受到网友喜爱。

图 10-5 《爸爸去哪儿》漫画海报

爆笑摇头娃娃系列是明星与萌娃搞笑对话形式的短音频,因说话时相应的人物头像左右摇摆故取名"摇头娃娃"(见图10-6)。它截取每期节目中五对明星父子/女搞笑对话做成摇头娃娃系列陆续发出,这样不仅不透露太多节目内容,还能以搞笑的内容吸引观众的好奇心,为节目预热。

图 10-6　爆笑摇头娃娃系列

湖南卫视推出的《爸爸去哪儿》同名手游,添加很多节目中的元素,以五对明星爸爸和萌宝为主角,造型符合人物特点,还加入了节目中的经典名言,如王诗龄"我不是大明星我是小公主"、森碟"吃饭睡觉打豆豆",让爸爸粉们玩游戏时有很强的代入感(见图 10-7)。

图 10-7　《爸爸去哪儿》手游界面

湖南卫视还推出了包含了大量幕后故事和节目花絮的《爸爸去哪儿》同名图书,在书中五位爸爸各自讲述自己的育儿经。

《爸爸去哪儿》删节全新制作版则是把以往被删掉的素材重新剪辑,片长约 7 分钟,继续延续以往节目的温馨搞笑风格。

《爸爸去哪儿》大电影则是《爸爸去哪儿》第一季的延续,故事情节相似,又被称为《爸爸去哪儿》春节特辑。

无论是主题曲、同名图书、手游还是大电影,抑或是删节全新制作版,都能够帮助爸爸粉们深入了解《爸爸去哪儿》台前幕后,在体验衍生产品的时候会再次联想起关于《爸爸去哪儿》电视节目的相关信息,拓宽受众对《爸爸去哪儿》的体验渠道,无形中实现了《爸爸去哪儿》电视节目的二次传播。《爸爸去哪儿》电视栏目巧妙地将电视、电脑、手机、电影院四屏有效地结合起来,尽最大可能拓展宣传渠道。在宣传策略上,明星微博、《爸爸去哪儿》官微互动频繁,不断制造有趣话题引发粉丝评论互动,从而激发受众潜力自主产生内容引发病毒式传播。《爸爸去哪儿》栏目组整合所有可利用资源进行立体式营销,提高《爸爸去哪儿》电视栏目的知名度和美誉度,推出衍生产品促成《爸爸去哪儿》二次传播,最大程度挖掘潜在受众。

(二)《爸爸去哪儿》新媒体整合营销传播效果

《爸爸去哪儿》通过精心的产品设计、多元的营销渠道、巧妙的营销手段,使"爸爸去哪儿"微博提及度最高,《爸爸去哪儿》电视节目被新浪微博评为 2013 年最佳综艺节目,在一定程度上证明了节目微博营销的成功。《爸爸去哪儿》电视节目的火热,最终也为湖南卫视带来了更高的品牌价值和丰厚的经济回报。

第一,微博营销的胜利。

通过微博营销,明星爸爸们与《爸爸去哪儿》官微互动频繁,营销效果明显。五对明星爸爸和萌娃以及官微提及度、粉丝数显著增加,《爸爸去哪儿》微博视频播放量跟随提及度同步增长。在新浪媒体微博小秘书发布的统计图中,10 月 11—31 日之间,无论是新浪微博提及度还是粉丝增长量,五位爸爸中林志颖排名第一。而萌娃中,Kimi 在网友讨论中被提及的次数最多,其次是天天。大家对田雨橙比较好奇,搜索度最高,达 13.1 万次(见图 10-8)。

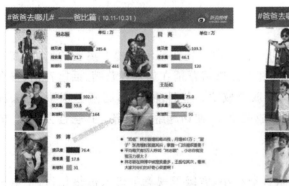

图 10-8 《爸爸去哪儿》爸爸与萌娃们微博热度对比

如图 10-9、图 10-10 所示,《爸爸去哪儿》微博视频播放量增长趋势与提及度相似,《爸爸去哪儿》每期节目在电视上播出后几天,《爸爸去哪儿》提及度显著增加,并达到一个顶峰,视频播放量也在增加。这说明每期节目播出后,《爸爸去哪儿》话题在微博上持续发酵,带动《爸爸去哪儿》视频播放量增加。

2013 年,《爸爸去哪儿》电视节目在新浪微博上以近乎 2 亿的网络提及量被新浪微博评为"年度综艺"节目(见图 10-11)。

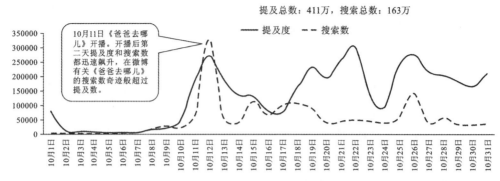

图10-9　《爸爸去哪儿》新浪微博提及度、搜索数趋势分析

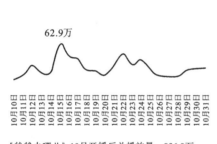

《爸爸去哪儿》10月开播后总播放量：886.9万

图10-10　《爸爸去哪儿》微博视频播放量趋势

图10-11　《爸爸去哪儿》微博年度网络提及量

《爸爸去哪儿》节目本身与节目中明星爸爸和萌娃在新浪微博上热度的增加，在一定程度上反映了湖南卫视《爸爸去哪儿》栏目组微博营销在病毒式营销、话题营销、整合立体式营销等其他宣传策略合力作用下取得成功。节目播出后，湖南卫视《爸爸去哪儿》栏目组引导粉丝们在微博上讨论，形成舆论场，使话题继续发酵，为《爸爸去哪儿》的良好口碑打下基础。

第二，品牌价值高。

在媒介融合时代，电视台生存空间日渐狭小，省级卫视竞争进入白热化，每个电视台都在竭力打造自己的王牌综艺节目，塑造电视台品牌，提升竞争力。而《爸爸去哪儿》的热播，使湖南卫视成为最大赢家，其高收视率让湖南卫视如虎添翼，近乎"零差评"的口碑也为湖南卫视品牌带来更高的美誉度。《爸爸去哪儿》第一季共12期，每期节目收视率均位于同时段综艺节目第一（见表10-2），而且与其他王牌娱乐节目相比，美誉度高达89.26%（见图10-12），近乎"零差评"，稳居各大娱乐节目美誉度首位。如此高的美誉度固然与优质的节目内容有关，但其巧妙的营销手段屡屡引爆社交媒体热点话题，是赢得好口碑的重要因素。

表 10-2 《爸爸去哪儿》第一季收视率

播出日期	全国网收视率			CSM46 城收视率（第七期采用数据开始 48 城测量）		
	收视率	收视份额	同时段排名	收视率	收视份额	同时段排名
第一期	1.1	7.67	1	1.423	6.74	1
第二期	1.67	11.45	1	2.588	11.53	1
第三期	1.8	13.47	1	3.116	14.43	1
第四期	2.16	13.70	1	3.471	15.26	1
第五期	2.13	14.47	1	3.851	16.73	1
第六期	2.3	15.92	1	4.024	18.16	1
第七期	2.69	18.37	1	4.748	20.68	1
第八期	2.81	18.51	1	4.760	21.11	1
第九期	2.9	18.68	1	4.980	22.12	1
第十期	3.21	20.37	1	5.300	23.22	1
第十一期	3.40	21.41	1	5.008	22.16	1
第十二期	—	—	—	4.916	22.06	1

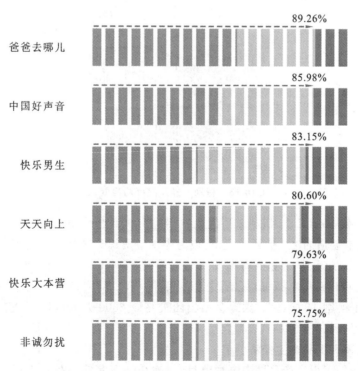

图 10-12 各热门电视节目口碑比较

第三，丰厚的经济回报。

《爸爸去哪儿》电视栏目精心做内容、专心做营销使节目获得高收视率和美誉度，在微博上也有很高的提及度。最终获得的高超的品牌价值反过来给湖南卫视《爸爸去哪儿》电视栏目带来巨大的经济收益。经济收益主要来自两个方面：广告赞助费和衍生产品所带来的经济收益。

第一，广告赞助费水涨船高。

《爸爸去哪儿》第一季的高收视率与近乎"零差评"使广告赞助商成为最大赢家，第二季度广告赞助费水涨船高，《爸爸去哪儿》经济收益增长显著。《爸爸去哪儿》第一季赞助商美的集团因不看好节目，在节目拍摄到第四期时临时逃脱，华润三九集团经过三天的研讨，决定以2800万的价格独家冠名。而后陆续对该节目进行赞助的有思念食品、英菲尼迪、去渍霸、青蛙王子等。随着《爸爸去哪儿》节目收视率逐步提高以及收货"零口碑"，《爸爸去哪儿》三大广告赞助商999感冒灵、英菲尼迪、思念水饺知名度显著提高。以节目播出前后微博热值变化作为广告商赞助回报参考进行统计发现，999感冒灵在没有任何配套宣传的情况下微博热议度强进增长，而英菲尼迪在第三期开始赞助节目后，微博热值增加显著，思念水饺在线下销售终端推出"爸爸吃什么"活动配合《爸爸去哪儿》广告赞助，最终话题量有所增加（见图10-13）。

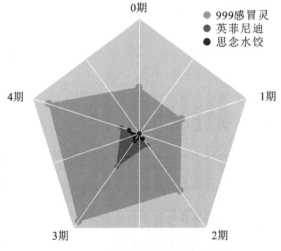

图10-13 赞助商提及热度趋势变化

《爸爸去哪儿》第二季，伊利以高达3.1199亿元的高价拿下独家冠名权，刷新了《中国好声音》之前创造的2.5亿元的纪录，成为中国最贵综艺节目。紧随其后的赞助商分别为蓝月亮7299万、富士达电动车5299万、乐视TV4500万。对于网络平台，百度旗下的爱奇艺和PPS看准商机，买断《爸爸去哪儿》第二季网络播出权，并坚持"独家播出、不分销、不换剧、不赠送"。银鹭食品集团最终以6600万元获得《爸爸去哪儿》第二季独家网络冠名权。

第二，电视衍生品产生经济价值。

《爸爸去哪儿》衍生产品助力电视节目"二次传播"，其实在另一方面，无论是歌曲、手游的高下载量,图书的销售,还是大电影的高票房,都为《爸爸去哪儿》栏目组带来不少的经济收益。《爸爸去哪儿》主题曲广为传唱,甚至被制作成付费手机铃声供人下载。《爸爸去哪儿》同名手游首发当日,下载量突破百万,据官方统计,总下载量过亿。《爸爸去哪儿》同名图书,定价39元,上市之后短短几天,其在网上预售就达到2万余册销量,线下在知名书店里也闯进热销名单。由于《爸爸去哪儿》口碑好,粉丝众多,因此这些衍生产品都有不错的销售业绩。在所有衍生产品中,做得最成功的就是《爸爸去哪儿》大电影了。首日票房9167万,最终以7亿票房收官,这部拍摄时间仅5天,成本仅5000万,被多数人所争议的不像电影的电影最终获得超高票房,成为中国电影界的一个奇迹。它的成功与精准的市场定位有莫大的关系。根据爸爸粉特征,大电影画面制作精美梦幻,凸显童话风格,选择合家欢春节档上映,借助刚刚结束的《爸爸去哪儿》电视节目版的热度,因此电影的超高票房也在情理之中。《爸爸去哪儿》同名手游、图书和大电影,在《爸爸去哪儿》品牌的带动下,加之精准的定位,市场渴求,收到良好经济效益,而充足的资金又保证了节目的精良制作,形成一个良性循环,促进《爸爸去哪儿》电视节目的健康发展。

综合看来,湖南卫视《爸爸去哪儿》整合营销传播在其他广告传播策略合力作用下,微博提及度显著升高,电视节目高收视率提高,口碑塑造湖南卫视高额的品牌价值,衍生产品开发获得丰厚的经济回报,整合营销传播使品牌的新媒体广告的传播效果得到极大提升。

第五节 新媒体广告的微信传播及其效果测评

微信广告营销是在移动互联网经济时代,企业对广告营销方式的创新,是随着微信的流行产生的一种全新的移动互联网网络营销方式。微信没有地点和距离的限制,消费者注册微信后,可与周围同样使用微信的"朋友"形成一种关系,用户主动订阅自己需要的信息,企业通过为消费者提供需要的信息来推广自己的产品信息,这是一种点对点的营销方式。微信广告营销投放有签名栏广告式、品牌活动式、O2O折扣式、社会化媒体营销、互动营销式、一对一推送式等六种方式。

第一,签名栏广告式——查看附近的人。

产品描述:签名栏是社交软件中一个很大的特点,用户可以任意在签名栏上更新自己的信息,这样企业就可以植入强制性广告,但只有用户的好友才可以看得到。然而微信中的"查看附近的人"功能是基于LBS的功能插件,所以可以使更多的用户看到这种强制性广告。

营销机会:微信用户可以依据自己所在的地理位置点击"查看附近的人"功能查看到周围的用户。在附近的这些微信用户的资料卡上,除了显示用户的昵称等基本信息外,还会显示用户签名档里的信息。因此,这个免费的广告位是企业为自己的商品打广告的绝佳选择。

实现路径：微信运营人员在人流较为密集的区域时刻在后台运营企业官方微信，如果此区域使用"查看附近的人"功能的用户足够多，这个广告效果就会很好。随着微信用户数量的不断上升，这个简单的签名栏很可能会变成移动互联网中的"黄金时段"。

经典案例：K5便利店新店推广（见图10-14）。

第二，品牌活动式——漂流瓶。

产品描述：漂流瓶是从QQ邮箱中一款广受网友喜爱的应用嫁接过来的，这种简单的和陌生人互动的方式非常受网友的欢迎。漂流瓶简单易上手的风格在移植到微信上后得到了保留。

营销机会：漂流瓶具有两个基本的功能。第一个是"扔一个"，用户可以往"大海"中投放自己的语音或者文字，然后等待其他用户"打捞"起来，展开对话。第二个是"捡一个"，每个人每天有20次机会从茫茫大海所有的"漂流瓶"中任意捞起一个，然后根据自己的意愿决定是否展开对话。

图10-14　K5便利店新店推广微信

实现路径：需要做营销的企业可以和微信官方进行合作，把企业抛出的漂流瓶在规定时间内增加到一定数量，消费者"打捞"起来的概率将会变大。企业可以根据自己的需要设置不同的文字或者语音小活动，如果活动设置符合目标受众的心理，就可以产生很好的效果。

经典案例：招商银行"爱心漂流瓶"（见图10-15）。

第三，O2O折扣式——二维码。

产品描述：扫描二维码这个功能原来是用于识别其他用户身份或添加好友的方式，来源于国外的一款社交工具LINE。但是随着经济和商业的发展，二维码的用户越来越多。

营销机会：通过手机摄像头拍摄下其他用户的二维码，微信可以帮助用户找到其他用户，当然也包括企业用户，然后用户可以获得一些会员折扣或者优惠券。

实现路径：企业用户通过二维码为消费者提供会员折扣或者优惠券，消费者通过扫描二维码参加活动或者获得优惠，这就完成了"线上到线下"营销。这种O2O的营销方式是目前最流行的营销方式，加上微信的几亿用户量，未来前景不可估量。

经典案例：深圳海岸城"开启微信会员卡"（见图10-16）。

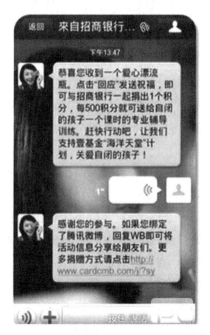

图10-15　招商银行"爱心漂流瓶"微信

图 10-16　深圳海岸城微信

第四,社会化媒体营销——第三方应用＋朋友圈。

产品描述:移动应用开发商可以将自己开发的第三方应用通过微信开发接口接入到微信,这是微信 4.0 版本推出的新功能。用户在回话的过程中可以很方便地使用第三方应用,然后选择内容或者分享内容,这是因为在微信的附件栏里有开发者放入的应用 LOGO。

营销机会:社会化媒体营销是近年来互联网界和营销届最热门的话题。在微信公布的合作伙伴名单中,上面的商品可以连接到微信上,然后通过用户一个一个地传播出去,这就是社会化媒体营销中最直接的营销效果。

实现路径:微信中最好的社会化媒体营销路径是微信 4.0 版本中推出的"朋友圈"功能。消费者可以通过朋友圈与好友分享一切网络信息,这也是微信中唯一一个社会化属性。通过分享,企业的信息会无限放大,当然,效果如何还要取决于企业营销策略的选择。

经典案例:美丽说 & 微信营销活动(见图 10-17)。

图 10-17　K5 美丽说微信

第五,互动营销式——微信公众平台。

产品描述:微信公众平台也是 4.0 版本推出的一个新功能,相比于开放平台,微信更加亲民化，不再仅限于大众化媒体、企业以及明星等。

营销机会：企业的产品信息、活动推广等可以通过公共平台对消费者进行一对一的推送和关注，同时也可以增加信息客户服务、咨询反馈等 CRM 功能。相比于微博的认证账号，微信公众平台更加完美，它基于的是一个几亿用户量的移动互联网。

实现路径：消费者通过二维码或者公众平台号随时随地订阅自己感兴趣的公众平台。公众平台可以根据地域等因素进行分组管理，并根据企业不同的需要，对不同的消费者进行精准度营销推广。然后通过用户的朋友圈实现对外扩散，达到病毒式营销的效果。

经典案例：1号店"我画你猜"的微信营销活动（见图 10-18）。

图 10-18　1号店"我画你猜"微信

第六，一对一推送式——微信推送功能。

产品描述：信息推送功能是微信最基本的功能，也就是一对一地推送信息，可以是文字、语音、视频或者链接等，这也是微信可以百分百精准的保障。

营销机会：微信好友是许可式的模式，也就是好友之间是相互同意的，这就意味着是可以相互发送信息的，不需要再经过好友的同意。这样一来，只要企业通过技巧吸引足够的好友，再进行有趣的信息推送，就可以实现 100% 到达率的营销。

实现路径：通过一对一的推送，企业可以与"粉丝"展开个性化的互动活动，提供更加直接的互动体验，让营销内容百分百地到达到目标受众那里。

经典案例：星巴克"自然醒"（见图 10-19）。

无论是新媒体广告投放方式的多样性，还是微博微信 APP 等更为新颖的新媒体广告效果测评内容及指标体系的复杂化，都需要我们审慎地看待这一新兴的广告形式。主要依托于互联网而兴起的新媒体广告，在"摄取"传统互联网与移动互联网正面影响异军突起的同时，也"沾染"其负面因子，新媒体广告投放中媒介的选择、投放内容监管、新媒体广告效果测评数据的来源、测评内容指标的应用等诸多方面有待进一步规范和完善。

图 10-19　星巴克"自然醒"微信

本章关键概念

社会性网络服务(social networking services)
媒介策略(media strategy mass marketing)

本章思考题

一、简答题

1. 试就某一新媒体广告列举其可行的投放方式。
2. 结合实例分析新媒体广告效果测评中应遵循的相关原则。
3. 根据新媒体广告效果测评的内容指标体系,结合大型门户网站(如腾讯等)的某个新媒体广告,试收集相关数据进行效果测评。
4. 在移动互联网终端的微博与微信上投放广告有何区别?

二、案例分析

明星姚晨被一头"驴"给抢了风头。某则代言广告中,姚晨乐乐呵呵地赶着一头驴去赶集,为赶集网代言:赶集网啥都有。但是,可爱的驴子太抢镜,观众记住了姚晨赶驴,就是忘记了网站的啥啥啥。最后,央视广告的狂轰滥炸砸出来一个"赶驴网":在短短10天内,"赶驴网"的百度指数就从几十飞涨到了成百上千次,论坛也出现了大量迷茫的观众问为啥搜不到"赶驴网"。事情并未到此结束。"赶驴网"第一时间被赶集网的竞争对手——百姓网抢注,并从中获取了大量免费流量。赶集网甚至还得为"赶驴网"这个无厘头关键字再买百度的竞价排名广告,额外支付一笔不菲的开销。上亿的广告投入,最后成全了"赶驴网"的风头。百姓网仅仅花费200多块钱的域名注册费用,就"顺手牵驴"地取得了上亿广告费的效果。

问题:

在以上的案例当中为什么会有如此的广告投放效果?这是一种错误的广告策略还是精心设计的品牌传播方案,请运用本章相关知识进行分析。

本章推荐阅读书目

微博广告研究
作者:徐黼
出版社:安徽师范大学出版社
出版年:2012年
内容简介:
《微博广告研究》以独特的视角将目前微博领域的广告分为八类,分别为微博旗帜广告、微博按钮式广告、微博邮件列表广告、微博墙纸式广告、微博电子邮件式广告、竞赛和推广式广告、微博插页式广告、微博互动游戏式广告,阐述各类广告特点,并将微博广告的现状、发展趋势、盈利模式做了系统的阐述。

本章参考文献

[1] 王晓华.广告效果测定——效果评估理论与运用[M].长沙:中南大学出版社,2004.

[2] 樊志育.广告效果测定技术[M].上海:上海人民出版社,2000.

[3] 黄升民,等.广告调查[M].2版.北京:中国物价出版社,2002.

[4] 胡晓云.从引进到建构——日本的广告效果研究与实战[M].杭州:浙江大学出版社,2003.

[5] 陈刚.新媒体与广告[M].北京:中国轻工业出版社,2002.

[6] 林升梁.网络广告原理与实务[M].厦门:厦门大学出版社,2007.

[7] 冯晖.网络广告实务[M].北京:中国水利水电出版社,2009.

[8] 舒永平.新媒体广告[M].北京:高等教育出版社,2010.

[9] 陈刚.网络广告[M].北京:高等教育出版社,2010.

[10] 徐艟.微博广告研究[M].芜湖:安徽师范大学出版社,2012.

[11] 王偲.微博对提升电视节目传播效果的作用——以《爸爸去哪儿》节目官方微博为例[J].广告大观(理论版),2014(2).

[12] 袁自明,胡鑫.电视媒体进入"二次传播"新时代[J].声屏世界,2012(9).

[13] 赵亮宇.《爸爸去哪儿》的传播学解读[J].今传媒,2014(3).

CHAPTER 11
第十一章 新媒体广告经营与管理

本章导言

1. 相对于传统媒体，新媒体广告的经营同样包含广告主、代理商和媒体三个主体，但其运作方式更为多样和灵活。随着互联网的发展日趋多样，广告主的需求、代理商的执行乃至广告的发布都在新媒体这个新平台上表现出不同的流程和特点。

2. 作为一个日益重要并正在发挥益发广泛影响力的产业，新媒体广告产业的监督管理需要发挥与这个生态圈相关联的各方力量的作用，从政府监管部门到行业组织到互联网用户，形成系统化的监管体系。

3. 2015 年新《广告法》新增了关于互联网广告的规定，其出台和实施预期将对整个行业的规范带来重大影响。

本章引例

新《广告法》出重拳整治广告乱象

案例回顾：

多年来，房地产行业为了拉动楼盘销售，纷纷以出位的广告语博取眼球。比如"买房送学位"、"规划中的地铁某号线就在家门口"等字眼在房地产广告项目中更是比比皆是。以下即为常见的楼盘宣传用语（见图 11-1）：

图 11-1 常见的楼盘广告案例

买房送学区、规划中的地铁某号线就在家门口。

距×××中心区30分钟。

即买即赚18%。

根据政府规划,×××段将建设成为集城市居住、生态、旅游于一体的新板块。

选对学区房,子女的教育就成功了一半。

每平方米5000元起。

伴随2015年9月1日新修订《广告法》的全面执行,以上这些宣传手段将被叫停。新版《广告法》对于房地产广告的规定更加细化,增加了切合当下热点的内容,如广告中不得含升值或者投资回报的承诺、项目到达某地标或区域所需时间等内容,不对规划或者建设中的交通、商业、文化教育设施以及其他市政条件做误导宣传,不得违反国家有关价格管理的规定,否则将被依法处以重罚。

案例点评:

随着国内房地产行业近年来的风生水起,为吸引潜在消费者的眼球,房地产广告乱象丛生,"擦边球"现象严重,比如屡被消费者诟病的"每平方米5000元起"、多次引发争议的"学区房"、含义模糊的"距某地标20分钟"或"距某车站3公里"等。长期以来,这些广告一直没有合理的法律条款来制约。颁布于1995年的《广告法》中对于价格并无具体规定,对于"起"字也没有相关约束条款,只要曾经有这个房价的房子卖过就不算虚假广告,哪怕只有一套;"学区房"等概念也被很多楼盘在营销过程中用来招揽买家,而城市中小学的学区年年都有调整,开发商给消费者的承诺常无法兑现,纠纷不断。另外距离也是陷阱中的重要方面,许多广告宣称距市中心5公里或10公里,但这些大多指的是直线距离,并非现有道路实际距离。

为了保护购房者的相关权益,2015年出台的新版《广告法》对于房地产广告的一些相关规定进行了修改和完善,新法解决了现行广告法存在的一些问题,解决了社会公众反映比较强烈的一些广告乱象,在制度层面更加完善、健全、合理,同时也规范了执法行为,有利于促进依法行政。新广告法能够更好地规范广告活动,更有效地保护社会公众、消费者的合法权益,促进广告业健康发展,这也正是社会公众对新法的最大期待。

知识要求

了解网站经营的内容;了解百度、阿里巴巴等我国著名互联网公司的盈利方式;了解新兴的互联网营销方式;了解我国网络广告监管的现状;了解2015年新颁布和执行的《广告法》关于广告特别是互联网广告的相关规定。

第十一章 新媒体广告经营与管理

能够结合网站产品特点,分析其背后的运营及盈利方式;能够追踪新媒体广告发展的最新模式,并对其发展脉络进行思考。

第一节 新媒体广告企业经营

一、网站经营战略的选择、评价与实施

网站经营的要点包括了前期调研、内容建设、用户获取与维护、盈利方式选择以及营销管理等多个层面。其中前期调研是经营过程的起点,内容建设是最为重要的基础,用户的获取与维护以及盈利方式选择成为关键步骤。

(一)前期调研

前期调研的作用在于,对己方网站的现状进行分析,并对其他同类网站的发展状况进行掌握,分析、借鉴其他同类网站的优势,去寻找网站建设的灵感或者新的市场空间,给网站提出新的发展思路和建议。

分析的内容包括网站的流量分析、用户分析、营收分析等,并通过这个过程监控网站整体运营情况。比如网站的用户分析可能包括对网站的注册用户数、活跃用户数以及用户在线时长的分析等。

广告商需要以通过广告的回报率来检测网站广告的实用价值,因此有必要引入第三方监测机制,用监测数据完成效果的测量和对比。对检测结果进行数据分析是产品运营中最重要的一部分。通常说的网站流量(traffic)是指网站的访问量,是用来描述访问一个网站的用户数量以及用户所浏览的网页数量等指标,常用的统计指标包括网站的独立用户数量(unique visitors,UV,指通过互联网访问、浏览这个网页的不同的自然人的数量)、网页浏览数量(page views,PV,指用户每次对网站中的每个网页访问均被记录;用户对同一页面的多次访问的访问量进行累计加和计算)等。

每个网站都需要跟踪一些着重分析的数据指标,如 PV、UV、用户登录数、会员、帖子数、回帖数等,通过分析这些数据的变化可以了解到网站的状况,并可根据需要对网站进行优化。另外,互联网作为用户行为可追溯的媒介,运营方通过一些特定的数据指标,分析用户在网站上的操作情况,更有利于了解用户的行为。例如,通过分析用户最喜欢进入的页面、最爱看的内容,更能对网站进行深层次的优化。用户行为指标主要反映用户是如何来到网站的、在网站上停留了多长时间、访问了哪些页面等,主要的统计指标包括用户在网站的停留时间、用户来源网站(也叫"引导网站")、用户所使用的搜索

引擎及其关键词、在不同时段的用户访问量情况等。

以调研为基础,根据网站的目标和即时动态情况,制定并实施相关的运营措施。网站发展的每个阶段都有不同的重点,因此制定的运营措施需要依据重点不同而有所差异。比如网站新建时的目标是新增用户数量,那么可能需要在网站的推广方面制定好相关措施。另外,网站运营过程中的即时动态也要置于监控之下,及时跟踪和分析。如网站流失率较高,则需要制定关于如何留住用户的一系列运营措施,以提高用户黏度,如何留住老用户就成为网站阶段性发展的核心目标。

(二)内容建设以及用户的获取与维护

内容是指一个网站包含的所有东西——为用户提供的文字、图片、数据、表格、图片,为某一事件提供的背景分析以及网站提供的可下载的文件都属于网站内容。要衡量网站内容的质量高低,最根本的一点就是衡量它们是否对目标用户存在价值。而这些内容是否能以简洁、美观、符合用户审美和阅读心理的形式展现出来,在当下互联网信息过剩的大环境下也显得至关重要。

网站的形式和内容是否友好、功能如何,可以让用户维持或中断对于本网站的浏览。好的内容,可以吸引用户,并且能把用户留下来,不让用户成为匆匆过客。

网站的内容建设是网站运营的中心,需要紧紧围绕网站定位和目标用户的需求进行创建,并激励用户贡献内容。用户的内容创造和分享是 Web 2.0 的要义,因此网站需要建立用户互动交流的模块。在网站建设初期需要运营人员去创建内容,吸引用户;当网站聚集了一定人气后,网站即可通过运营策略去刺激用户不断地创造更多的内容。通过不断循环,带来新用户,产生更多的内容,并在此基础上形成忠实用户群。同时在用户维护过程中管理网站与用户群之间的关系,充分运用网友中意见领袖的作用,形成网站的独有特色。

(三)打造独有的盈利模式

互联网平台产品模式众多,当下很多网站都拥有数量庞大的用户和巨大的流量输出,并培养了大量高价值和高黏性的用户,但是这并没有为网站带来相应的收益。互联网流量转化为收益是一个漫长而复杂的过程,在网站运营过程中总会遇到用户体验和盈利之间的困局。对于互联网产品而言,用户体验是必不可少的,用户体验的满意度影响着网站的运行,想要留存既有用户并获得更多用户,就要限制网站广告的植入,网站广告过多只会导致用户的流失。因此,想要同时提升用户体验和盈利水平就成为一项并不容易的任务,盈利模式的探索对于各互联网公司而言都需要智慧和创新。

要想更好地做好广告经营,就要把握住网站的传播特性,同时要充分发挥社交网站的社会性和互动性,利用社交网站充足的数据,树立独有的广告营销理念,为广告传播打造一个互动平台。对于品牌来说,可以通过网络互动维持消费者的忠诚度,与顾客建立长期稳定的关系。另外,企业可以通过社交网站提供的强大的实名数据库,提高与用户的接触、了解程度,扩大营销范围,实现一步到位的精准营销。SNS 网站独具的社交特性,增强了用户之间的联系,这为营造口碑创造了有利条件。目前主流的互联网盈利模式有以下四种：

1. 模式一："流量-广告"模式

"流量-广告"模式有两种形态，一种是"内容-流量"形态，也就是通过丰富的内容吸引流量，以此作为做广告的基础，比如各大门户网站；另一种是"搜索引擎"形态，代表企业是百度和Google。

早期互联网企业的盈利基本都来自于"流量-广告"模式。使用者在使用网站服务的时候，如果点击了广告，则投放广告的企业负责付款。这个模式从盈利的角度说，是典型的"交叉补贴"，即提供服务和产品的一方，并不向使用者收取任何费用，其收益来源于第三方。目前这种模式是使用最广泛的模式之一，而正是因为门槛不高，这个模式竞争相对激烈。另外这个模式最大的不足，在于它的收费对象并不是普通用户，而是企业。这种盈利模式也就限制了互联网的商业价值，直到第二种模式的出现。

2. 模式二：电商模式

电商模式的第一个形态是直接电商。国内的代表是京东、凡客，即做一个网页或网站来销售自己的商品。

电商模式的第二个形态是平台模式。最成功的当属中国的阿里巴巴和美国的亚马逊。即自己搭建电商平台，建立公共信用、解决支付、技术等问题。买卖双方不需要互联网和计算机知识，也能利用这个平台进行买卖交易。这个模式吸引了网络两端众多的中小买家和卖家，并极大地降低了电商的门槛。

电商模式起步相对比较晚，因为电商模式的发展和成熟要依附于成熟的网络支付手段和物流。支付、配送及信用问题，在支付和物流不成熟的条件下都是电子商务的瓶颈。

电商模式最大的意义，在于它实现了服务提供方和服务使用方通过网络平台的直接对接。不同于第三方支付的广告模式，而人们愿意在互联网上直接支付，极大地提升了互联网的盈利空间。

3. 模式三：游戏模式

回顾中国网络游戏发展的过程，最成功的模式是一个公司因为一款产品成就了一次辉煌。但随着网游行业的不断发展，这种一款产品打遍天下的局面已经一去不复返。保持企业持续的盈利能力是关乎企业长期生存与发展的关键所在。如今主流网络游戏可分为收费网游和免费网游。收费网游是以出售游戏时间为盈利模式的网络游戏，网络游戏玩家首先支付上线费用，然后向运营商直接付费开始进行游戏，他们可以购买游戏点卡或者包时卡来进行充值。而免费网游始自2005年，当年盛大公司宣布《热血江湖》和《梦幻国度》将永久免费后，这一举动牵引了国内整个网络游戏行业的新一轮战斗。随后，部分网络游戏巨头也采用了免费的运营模式。在新的模式下，用户可以免费进入游戏，但如果需要用特殊的武器或装备来提高网络游戏的经验值时就要付费购买道具卡。因此玩家在享受时间免费时，会需要花钱购买网络游戏厂商提供的增值服务。

另外的一种盈利模式是通过网络游戏植入广告，即通过网络技术手段将产品或企业品牌信息植入到网络游戏内部，以体验式、互动式的信息传播方式让目标受众在游戏的过程中接触广告信息或体验广告产品,从而达到广告传播的效果。比如在开心网"开心农场"的游戏中,商家推出各品牌植入营销的特殊作物,就连农舍、花园等也都可以换成合作厂商的形象广告背景。

4. 模式四:信息服务模式

即通过为会员提供有偿信息服务完成盈利。运用这种模式的主要有各招聘网站以及婚恋网站。如招聘网站以按月或者按年收取企业会员费、举办现场招聘会收取展位费以及通过网站广告位收取企业广告费等。

二、我国互联网媒体的组织架构

组织架构调整是企业战略的投射,也是企业对于外部市场环境的一种反应形式。面对互联网行业多变的环境,及时调整战略和相应的组织架构,对于企业来说显得尤为重要。

我国国内互联网公司的组织结构各有不同,但大体来说,除了人事、财务等行政性部门之外,可分为运营部门、营销部门与技术部门三大部分。

运营部门负责网站内容以及产品的建设,完成媒体的信息提供功能。其服务对象主要是网络用户。

营销部门依托网络资源,为广告客户提供可供利用的广告或营销方案,并协助其完成品牌推广和营销的任务,完成媒体的盈利功能。其服务对象主要是广告客户。

技术部门的主要职责是为公司提供互联网技术支持和解决方案,保证网站的运营和相关产品的技术研发与维护。

当然,在现实中各大网站的组织结构远比上文讨论的复杂,每个互联网公司都有自己的特色产品和发展思路,也会由此依据实际情况形成适合公司的结构,并随着业务重心的变化而进行改变。比如新浪博客一直由新浪的运营部门开发和维护,新浪微博项目测试上线后,新浪内部对其非常重视,因此新浪微博于 2010 年独立成为新部门,并于 2014 年 4 月登陆美国纳斯达克市场,成为全球范围内首家上市的中文社交媒体。另外,新浪、腾讯、网易等门户网站从 2009 之后,先后建立地方站,在多个地区落地。

中国互联网高速发展了二十年,已形成几大寡头主导之势。百度、阿里巴巴、腾讯三家公司分别领先于搜索、电商和社交领域。业界取三家网站名称的首字母,将它们合称为互联网三巨头 BAT,构成了中国互联网的第一集团,也是海外对中国互联网的代名词。三家公司先后于 2004 年(腾讯)、2005 年(百度)和 2014 年(阿里巴巴)上市。在传统互联网用户数增长红利逐渐消失、移动互联网迅猛发、行业空间被分割确定之时,百度、阿里巴巴、腾讯这三家互联网巨头正在国内展开密集投资和收购战役,公司内外的碰撞融合也在加剧发生。从 2012 年至 2013 年,互联网 BAT 三巨头以及新浪网、人人网分别进行了各自内部的组织结构和人事的调整。我们可以从中看出这些公司对下一阶段发展的思考和预判。

1. 百度

百度于 2013 年对组织架构进行调整,将原有的四大业务体系再度整合为两大业务群组。组建"前向收费业务群组",成立"搜索业务群组",其中,搜索业务群组包括销售体系、商业运营体系、网页搜索部、搜索产品市场部。由此,百度形成了其组织架构的特点:以营收为战略导向,突出除搜索以外的"前向收费业务"。

对于未来的发展,百度主管投资的副总裁曾在公开场合表示,PC时代四道菜包含了信息整合(搜索)、社交、交易(电商)和娱乐,进入移动时代后端上了一道新菜——本地生活服务(以线上线下融合的方式)。要想成为移动生活服务平台,必须打通三个环节——流量入口、生活信息整合、交易下单。而百度CEO李彦宏2014年在一次内部分享中首次确认了百度未来五年的战略架构,即围绕大搜索、基于位置的服务(LBS)、移动云、国际化、用户消费(娱乐文化),打造一个年产值超1600亿元的百度。

2. 阿里巴巴

2012年7月,阿里巴巴集团CEO马云发布邮件,宣布阿里巴巴集团将此前的6大子公司调整为淘宝、一淘、天猫、聚划算、阿里国际业务、阿里小企业业务和阿里云7个事业群,并由这7个事业群组成集团CBBS(Consumer to Business to Business to Service partners)市场集群(消费者、渠道商、制造商、电子商务服务提供商)。

2013年1月,阿里巴巴集团宣布,为了面对未来复杂的商业系统生态化趋势,以及无线互联网带来的机会和挑战,集团将成立25个事业部,并调整原有业务决策和执行体系,成立战略决策委员会(由董事局负责)和战略管理执行委员会(由CEO负责),并将支付宝内部架构调整为4个事业群/部,筹建小微金融服务集团。

阿里巴巴的特点是打造互联网商业城市,多触角、全产业链发展,平台、金融、数据三步推进。

3. 腾讯

腾讯于2012年宣布进行公司组织架构调整,将原有的业务系统制(Business Units,BUs)升级为事业群制(Business Groups,BGs),把现有业务重新划分为6个事业群和1个独立子公司。

这6个事业群分别是:

企业发展事业群(CDG),由企业发展系统组成。

互动娱乐事业群(IEG),由管家团队和互动娱乐线组成。

移动互联网事业群(MIG),由原来的无线部门与搜索研发线的部分部门组成。

网络媒体事业群(OMG),将继续由原来的网媒部门承担。

社交网络事业群(SNG),由即时通信部门、社交部门,QQ会员产品部等除电商外互联网部门组成。

技术工程事业群(TEG),由原来的运营线、平台研发线的研究院、CDC、搜索研发线的部分部门组成。

另外,成立腾讯电商控股公司(ECC),专注运营电子商务业务。

由此可看出腾讯组织结构调整的目标和特点:重新整合,避免因业务线和产品过多导致内部交易费用增加。

4. 新浪

新浪的内部组织架构调整发生在2012年12月,称2013年公司的战略是"移动为先"。调整之后的新浪以门户和微博业务为中心,构建公司两大业务板块。

(1)门户板块。成立门户技术部,负责门户产品的开发和技术支持,包含手机新浪网移动客户端,同时合并原产品事业部视频和博客产品及技术团队划归门户板块。

(2)微博板块。移动微博、微博商业化产品和技术团队以及其他部分与微博相关的项目组并入微博事业部,负责微博用户产品及相应的技术和运营,同时也会负责微博的商业化产品和技术。成立独立的微博开放平台部,由原微博开放平台和微博商业拓展团队组成,负责微博开放平台的策略和规则,建立垂直领域的合作,搭建微博生态体系。

另外,建立独立的产品创新部门,负责创新产品及项目的孵化,公司的网络和技术支持由研发中心全面负责。

公司销售部、商业运营部、市场部、地方站及汽车和旅游频道、游戏事业部各自相对独立的运营。

由此看出新浪内部调整的特点:将微博与门户并列,并逐渐向移动端倾斜。

5. 人人网

人人网于2013年1月调整整合了旗下人人网的研发团队,并成立独立的无线业务事业部。调整后的人人公司将包括人人网、无线、游戏、糯米网、56网五大独立事业部。手机客户端的研发团队将并入人人网事业部,与PC产品进行一体化整合研发。新成立的无线事业部专注于移动互联网领域的新产品研发和运营,包括经纬名片通及其他移动产品,其特点是:"移动为先"。

从组织结构的形式来看,国内著名互联网公司都不约而同地采用了事业群/部制。事业群/部制结构主要适用于产业多元化、品种多样化、各有独立的市场,而且市场环境变化较快的大型企业。这种形式可以使得各个事业群/部权责明确,并能够保持各事业群/部之间的相对独立,促进竞争、提高效率。但可能会提高企业内部交易费用,并且对公司管理层的要求较高。

这其中,BAT三巨头拥有在各自领域的话语权,业务相对稳定,组织架构的调整更多的是它们在一定发展阶段的必然行为。但三者的风格又有不同:阿里巴巴的架构调整呈现"扁平化"特点,目的是为了配合其商业生态环境的建设;腾讯则以核心业务和产品作为结构的划分维度,以避免管理混乱,促进内部竞争;百度则体现了销售主导的特点,直接将组织结构调整为"前向收费"和"后向收费"(搜索业务)。

第二节 各类型网站的营销方式

网络平台上的互联网营销方式呈现出以往各媒体难以企及的多元化生态。根据网站的特点,各自选择不同的盈利模式。

一、门户网站的营销方式

盈利模式是指企业通过一系列业务流程创造价值,形成产品或服务流、资金流、信息流,并从客户那里获取收益的商业系统,即企业获得收益的模式和渠道。门户网站作为商业型网站,需要在提供产品和服务的同时拥有合理的盈利模式。

网易、搜狐与新浪三大综合门户网站的收入来源主要集中在网络广告、在线游戏和移动增值三大领域。当然,由于技术与品牌定位不同,其各自有自己的主打产品。如网易凭借其技术优势,一直走自主开发网络游戏之路,游戏业务在总营收中占较大比重;新浪网主打新闻牌赢得口碑,由此带来网络广告的提升。

门户网站传统的营销与盈利模式包含展示广告、软文、数据库平台营销。其中的展示广告和软文是最接近于传统媒体广告发布的互联网广告形式。

展示广告指发布在网站页面上,随着网页展示给互联网用户的图片形式的广告。一般按每千次展示计费或按展示时间计费。现在的展示广告可植入视频、微件①,并且可通过后台定向,只推送给进入广告主选择范围的一部分受众观看。

软文一般采取文字链接的形式,标题出现在网页相关区域,随着用户的观看和点击而产生广告效果。如新浪网主页的"商讯"和"资讯"频道。

数据库平台营销则更多出现在垂直门户或者综合门户网站的二级频道,如房产频道可以鼓励用户在注册使用网站过程中,提交自己的姓名、联络方式等基本信息,以及收入水平、目标购房区域、目标购房户型、价格等需求信息。这些信息会传到后台数据库,由专职人员进行分类、管理和分析,建立用户数据库,结合房地产商要推广的项目,找到一些有相应购买需求的客户来团购。

在中国互联网营销的初期,门户网站首页代表着互联网营销的入口,能够吸引用户眼球的位置就是企业争夺的营销宝地,获得门户网站黄金资源成为数字营销的重要工作,售卖方式主要以卖广告发布位置为主。随着时间的推移,互联网营销进入高速发展期,随着用户的上网行为趋于理性,网络广告售卖方式也开始转变为按时段销售和大事件营销,以此来适应网民的习惯与需求。而随着社会化媒体的出现,以及智能手机和3G 网络带来的多屏化,网民的阅读习惯越来越趋向于碎片化,同时带来了广告采购效率的降低和广告投放损耗的增加。如何实现覆盖用户的广度与深度成为考验互联网营销的新课题。近年来,视频、电商类网站获得了日益巨大的受众群体,其价值变现强势凸显,而与此同时,门户类网站的盈利虽然继续保持稳定增长,但已经倍感压力。

在此压力下,国内门户网站纷纷尝试打造更精准、更贴近受众的广告经营模式。新浪网于2013 年启动新版主页,并发布互联网全媒体覆盖广告平台"龙渊"。搜狐也于2014 年进行改革,将营销以用户生态为中心,让广告从媒介走向用户标签,由此产生两种投放方式:第一种投放方式是基于用户的标签进行投放。搜狐依据搜索、浏览、内容消费、订阅、UGC 等对用户行为进行分类,形成用户的"云端标签",然后基于用户标签向其推荐广告。第二种方式是基于内容的投放。不同的文章有着不同的受众群体,可通过关键字技术,对包含广告主感兴趣的关键字的文章进行有针对性的广告投放。与此同时,网易也基于海量的用户轨迹和行为完成用户态度 DNA 的判定体系,并据此提

---

① 微件(Widge)指一小块可以在任意一个基于 HTML 的 Web 页面上执行的代码,它在网页上的表现形式可能是视频、地图、新闻、小游戏等。用户可以通过点击其中的动态内容进行互动,或进入主页。

出了网易"态度营销"的架构。

二、社交网站的营销方式

社交网站是指旨在帮助人们建立社会性网络的互联网应用服务。国内较为著名的社交网站包括以人人网、开心网等为代表的一批新型网络媒体。自互联网进入Web2.0以来，社交类网站飞速发展，并以其深入的沟通性和即时的交流性吸引了众多营销人的视线。

社交网站的发展也带来了民众媒体习惯的巨大改变巨变。今天80后、90后们再没有充足的时间坐在电视机前，但互联网和手机已紧密融入生活。各种社交网站已成为他们联系世界的最重要方式。这些媒体互动性强，每个人都可以自由撰写、分享、评论、转发，相互沟通交流。社交媒体时代也可以说是自媒体时代，每个人都是传播的介质，当人们把时间的相当一部分分配给了社交媒体网站，它就具备了营销的价值。

社交网站营销是随着网络社区化而兴起的营销方式，也就是利用社交网站的分享、转发、评论、私信功能，在六维理论的基础上实现的一种营销，让产品被众多的人知道。通常的社交网站营销方式有以下几点：

（1）把产品或者品牌植入社交网站用户的交互媒介中（比如虚拟礼物）。

（2）建立产品和品牌的群组，在页面上分享产品的相关信息，包括产品介绍、使用感受、优惠活动以及实体店信息等，并建立用户交流互动的平台，借此让用户了解产品，接受产品和品牌的概念。

（3）利用数据挖掘，建立营销数据库。相关用户（如粉丝）的信息能够被分析，告诉企业哪些用户是可能潜在的目标用户群，这些群体有哪些特征，他们有什么需求可被挖掘。

（4）利用社交媒体分享的特点，极力促成用户之间的分享和病毒营销，如微博常见的转发抽奖以及方案征集活动。

综合而言，社会化媒体已经成为一种灵活、有效的营销方式，把社会化媒体只当作信息发布渠道的做法将成为过去，品牌与海量消费者的端对端个性化沟通互动已经进入值得探索和实践的阶段。社会化营销的精髓在于利用社会化的媒体和通信工具，在持续沟通的基础上建立品牌与消费者之间的关系，利用大数据来支持品牌的消费者洞察、沟通、销售和服务等策略，形成影响力优势。当然，在这个过程中需要在保护用户体验和进行广告营销之间找到一个平衡点。多而不当的信息骚扰一旦给用户带来负面情绪，只会加速用户的离开。在这一点上，众多社交产品已经开始探索，如微信5.0的公众账号被分为"服务号"和"订阅号"两类，企业可以通过"订阅号"实现"Push"类的资讯推送，并利用"服务号"建立"Pull"类型的服务和营销能力。微信对于订阅号的整合使得对于用户的打扰减低到最低程度。

尽管已经有了最初的探索，但如何利用社交网站平台构建完整的移动商业闭环，仍然是许多企业探索的热点。如微信推出"微信支付"、增强的"扫一扫"等适用于各种移动场景的功能模块，都是为了争取尽快构建适应O2O闭环的营销应用环境。

这些变化顺应了社会化营销的发展趋势，有利于在品牌与消费者之间形成一种朋友和伙伴关系,而不再只是强调利益刺激和交易达成。不过,社会化营销过程中参与者众多、复杂度高,必须依靠扎实的数据系统来支撑,社交平台在这方面的功能还有待探索和构建。

在移动互联网快速发展的大背景下,在丰富灵活的移动场景中创造营销机会,正是社会化媒体的优势所在。由于人们已经习惯于在任何闲暇的碎片时间,掏出手机刷新微博和微信界面,其中有些贴近消费决策、O2O 应用的典型场景,将首先成为移动营销中的竞争焦点。如何把社会化媒体上丰富的用户属性、行为数据,与企业的客户关系管理体系对接,正在成为越来越多的企业所关注的问题。随着开放数据接口的丰富,企业可以把微博、微信等社交平台上的数据与消费者管理系统(Social CRM)对接,实现更智能、迅捷的用户互动管理、服务管理、营销管理、会员管理、数据统计等功能,让社交媒体发挥更有效的营销功能。

三、视频网站的营销方式

2004 年,我国第一家专业视频网站——乐视网上线,成为我国网络视频发展起点。2005 年上半年,土豆网、56 网、PPTV、PPS 等相继上线,构成了我国视频网站群体发展初期的主要成员。2005 年被称为我国视频网站元年,门户网站也依托其平台资源和用户优势,发力网络视频领域。搜狐、新浪、网易、凤凰网等均推出或强化视频频道,百度旗下奇艺网成立,并全面进军正版、高清、长视频网络视频领域。十年间,中国视频网站群体经历了从无到有、从小到大、从弱到强的发展历程,逐渐成为改变人们生活娱乐方式的一支重要力量。由于视频产品差异化不大,赢利模式相似,所以"同质化"是视频网站最大的共性问题。现在各网站为了抢夺观众和广告市场,也开始展开了差异化的竞争,突出自己的优势个性。各视频网站纷纷发力自制内容,视频广告开启产品化进程,并借力精准营销完成升级。

视频网站的火爆从其广告市场规模可见一斑。2013 年,中国在线视频广告市场规模达 96.2 亿元,同比增长 46.8%。未来仍将保持快速增长,目前,网络视频网站的营销方式仍以广告类为主。

1. 视频贴片广告

视频贴片广告是指在视频片头片尾或插片播放的展示类广告,以及视频网站的背景广告等。作为最早出现的视频网站营销方式,贴片广告可看作电视广告在视频网站的延伸。而与电视广告不同的是,电视广告很难多次重复售卖,因为重复售卖意味着重复播出,会占用电视频道有限的播出时间,而互联网视频贴片广告则可多次销售。视频这种持续播放广告的能力根源于互联网的"长尾"特性,互联网的可保存、可选择特性使一部影视剧的生命周期几乎可以无限延长,而这一过程中观众群的属性又是相对稳定的,故而造就了营销生命周期的同步延展。

当然,视频网站可"频次控制"单个用户的收视次数,使用户收看的频次处于一定范围之内(如大于或等于 3 次,小于或等于 5 次),以在有效到达的基础上覆盖到更多受众。另外,视频网站可以对用户终端进行控制,同一则贴片广告可经广告主选择,定向推送至选定的客户端,如电脑端、iPhone端、iPad端。

视频广告对内容的独特性要求较高。走影视正版化之路,通过购买版权获得独家播放权或者首映权来吸引特定的受众群,如乐视网拥有行业最全的版权库,独家内容覆盖热播影视剧的40%～50%,对于习惯于跟大剧投放的广告主而言,乐视网是其广告投放的首选平台。

2. 微电影传播

品牌微电影就是微电影与品牌的结合,通过故事化、情节化的内容,用30秒至10分钟的长度,以电影的讲述手法展示品牌内涵。如国际品牌BMW、Prada、LV都曾以这种方式传播品牌形象。通过微电影,可以讲述品牌诉求,实现与消费者多层面、深层次的沟通,而不单纯是电视时代的广告宣传告知的方式。微电影更接近于广告与艺术的结合,正如电影一般,通过对一个故事进行艺术性的表达,来让观众体会和理解其中传递出的信息。它比传统方式传递的信息量更大,其传递的形式也更容易让观众接受。品牌广告主可以用病毒视频传递认知,用微电影提升美誉度。具有高度分享性的微电影和病毒视频不再仅仅是一种趋势,已经渐渐成为营销者用以达成品牌与消费者之间持续化深度沟通的重要工具。

3. 大事件营销

影像的力量是巨大的,也是最生动的和最易被让人理解接受的。一旦有较大事件发生,就会引起人们众多的关注,视频网站也常常适时推出事件的专题主页。而这些专题由于目标对象明确,并能在短期内吸引整个社会的关注,也常常受到广告主青睐。诸如奥运会、世界杯、欧洲杯等相关报道,都可能成为视频网站绝佳的推广机会。2012年欧洲杯火热进行时,当观众打开PPTV观看赛事时,便会弹出一个充满泡沫的动感画面,随之吉列剃须刀抹去这些泡沫,开始呈现比赛。宝洁公司旗下的吉列剃须刀广告将目标人群精准定位为20岁到45岁男性——他们既是足球运动的支持者,也是剃须刀的消费者。此外,PPTV在营销欧洲杯自制节目方面也推出了"数字欧洲杯"、"挑战者"、"疯狂东欧"等多档自制内容,为球迷营造出全天候的欧洲杯环境,成功地增加了用户黏着度,也推进了广告售卖。据统计,吉列投放30天,总曝光数近2.5亿次(见图11-2)。

从营销模式上我们能够看出,网络视频企业具有典型的媒体属性,其营收模式并未脱离传统的电视思路,贴片广告仍是最重要的营销手段。随着移动端流量的不断上涨以及商业化的深入,非广告流量变现方式(如应用中心、游戏中心等所带来的营收)在移动端营收中的占比将得到一定的提升。还有一部分来源于收费视频,而近来备受关注的大剧营销也走的是剧场冠名、广告植入的套路,此类形式在电视广告中已运用得相当广泛甚至成熟。当然,基于网络特性,网络视频平台亦会提供给广告主更多样的营销体验,如病毒视频的推荐传播、基于大数据的受众洞察及内容定制,以及以视频为起点的跨越全平台多媒介的整合营销。另外还可按照客户需求开展企业空间合作、自制节目合作等,进行软性植入或者拍摄微电影。

未来视频媒体的发展将围绕自制剧、独播版权、台网合作、跨屏营销展开。内容仍

图 11-2　PPTV 的吉列剃须刀欧洲杯投放

然是各大视频网站的争夺焦点,自制剧则成为体现品牌差异化的核心要素。内容上大剧和直播剧将服务一般受众,保证网站的人气;视频网站推出的自制内容将主要服务品牌和平台差异化的战略,目标观众为细分群体,以带动增量收视率。

四、搜索引擎的营销方式

搜索引擎(search engine)是指根据一定的策略,运用特定的计算机程序从互联网上收集信息,在对信息进行组织和处理后,为用户提供检索服务,将用户检索相关的信息展示给用户的系统。最为知名的搜索引擎有百度和 Google,近年来如 360 搜索和搜狗也逐渐在国内搜索领域占据了一定的市场份额。

搜索引擎起步于 20 世纪末互联网诞生产品大大丰富的时代。受众开始参与信息生产和共享,网络信息开始爆炸,内容呈现几何级数膨胀。互联网用户越来越迫切地需要在汪洋大海中捞到想要的那枚针,于是搜索引擎就越来越成了网民的必备工具,它也越发吸引了海量的点击。在眼球经济的时代,搜索引擎的媒体特质凸显出来,它也急需商业化运营。

搜索引擎如何变现吸金,这在搜索引擎起步的时候是一个大问题,制约了不少搜索引擎的进一步发展。比如 2000 年左右的雅虎、搜狐都曾经一手抓门户网站,一手抓搜索引擎,但是搜索引擎高度依赖技术,在没有盈利模式的情况下,迫于市场的压力,许多公司终于放弃搜索引擎或大大减少搜索引擎方面的投入,而专门做起了门户网站。门户网站的大量建成基本上成为第一代搜索引擎的终点。

在互联网从 Web1.0 到 Web2.0 的发展过程中,尤其是搜索引擎成为一个成熟稳定、吸引海量受众,并且用户黏性很高的产品时,这个问题就更加亟待解决。当然这时也更有可能解决了。正因为搜索引擎成为人们获取信息的主要途径,搜索引擎就具有了广告传播价值。跟随互联网发展,单纯的"搜索引擎"已经逐渐进化成为服务提供商、内容提供商,直到一个隐然成型的媒体平台。搜索引擎的主要盈利模式渐趋明朗,并在提供的服务和内容上呈日益多元的趋势。

中国 2014 年花在桌面搜索上的数字广告费达到 190 亿美元,占到整个数字广告花费的 38%。移动搜索在 2014 年共计吸费 56 亿美元,占到整个数字广告花费的 11%。2014 年搜索引擎是占据最大份额的媒体形式,而未来几年,搜索引擎仍将保持平稳增长。

在全球范围内,搜索广告同样发展势头良好。根据互联网广告署(IAB)公布的美国数字广告统计报告显示,2014 年美国数字广告花费创下新高,达到 495 亿美元。搜索领域仍然是吸费大户,搜索领域的数字广告开销超过 50%,共计吸收了 246 亿美元数字广告费,其中,桌面搜索领域吸费能力仍然超过移动搜索。

在国内各大搜索服务提供商中,百度成为国内搜索领域的领军者。据 CNNIC 数据,2014 年上半年使用过综合搜索引擎的用户中,有 97.4% 使用过百度搜索,品牌渗透率最高。百度也成为国内吸金最多的互联网巨头之一。百度的收益大多并非来自使用它的用户,而是来自其他的网络公司和一些希望借搜索引擎推广自己产品的企业,即百度的"竞价排名";另外"百度联盟"也以其资源整合性的广告发布方式吸引了众多中小企业的青睐。

1. 百度竞价排名与凤巢系统

百度需要面对的用户包含用百度进行信息检索的一般网民和与百度有直接经济交易的商业客户。百度对一般网民免费提供信息检索服务,赚取网络点击率;对于商业客户百度,向其提供广告宣传的平台,完成经济利益的获取。

百度最早使用的营销方式是竞价排名。广告主在购买该项服务后,注册一定数量的关键词,按照付费最高者排名靠前的原则,购买了同一关键词的网站按不同的顺序进行排名,出现在用户相应的搜索结果中。百度在国内首创"竞价排名"的概念,并早在 2001 年开始在国内市场上加以推广使用。百度作为全球最大的中文搜索引擎,每天有超过 1 亿人次访问量。如百度所称,竞价排名模式经过几年来的市场培育,已经成为中小企业最佳推广方式和营销利器。网络广告如果按点击计费则高达几元甚至几十元一次点击,而竞价排名系统如百度的每次访问最低可为 0.30 元。

除价格低廉,与一般网络广告相比,由于搜索引擎用户需要输入关键词才能找到其想要的信息,这个过程是对用户主动寻求信息过程,因此更具有针对性。这些主动花时间寻找企业信息的用户也更可能是企业的目标消费群体。

另外,搜索引擎可为用户提供本地化搜索结果,如在百度搜索栏搜索"大众汽车",则会在结果页面呈现出距离用户最近的 4S 店和优惠、试驾信息。因此,搜索引擎具有精准、按效果付费等其他网络广告难以具有的优势。

2009 年,百度正式推出百度推广企业客户的搜索营销专业版,此即此前受到业界广泛关注的"凤巢"推广系统。

新系统将为客户提供更多可管理的推广位置、更多可推广关键词的选择空间,提供包括投放地域时段设定、关键词推荐工具、预算设置、最低展现价格、创意轮显、IP 排除

第十一章 新媒体广告经营与管理

和否定匹配在内的多项功能,另外还将提供更为详尽的统计报告和相关数据。通过这一全新平台,客户可以对百度搜索推广信息进行管理与优化,对推广效果进行科学评估。

竞价排名模式促进了搜索引擎的发展,与此同时,这种主要着眼于商业利润角度的服务模式也一直备受争议。一般认为,竞价排名模式存在以下几大问题:

一方面,对用户而言,影响用户体验。竞价排名主要按照付费者出价高低为原则来进行排名,这不可避免地会对检索结果集合的排序产生影响,并将商业因素引入检索结果的组织过程中,这很有可能使得原本相关度不高的网站信息排名靠前而使相关度高的网站靠后,在一定程度上违背信息的本来面目,让用户难以获得最需要的搜索结果。

另一方面,对广告主而言,虚假/恶意点击很难控制。由于竞价排名广告的广告主需要按点击付费,因此不得不为误点甚至是恶意点击付出成本。

2. 百度联盟

百度联盟于 2001 年推出。尽管当时强大的 Google 巨人在世界各地到处跑马圈地,所向披靡,但是百度在强大对手面一直稳坐中国搜索引擎的头把交椅。百度联盟是众多联盟中申请难度最大、把关最为严格的一个,它对网站 Alexa 排名有严格要求,百度自身对网站的页面收录的数量也有很高的限制,因此能加入百度的站点一般都是人气高的佼佼者。虽然百度联盟绝对数量不及当时的 Google Adsense,但是它们绝大部分都是人气旺、美誉度高的网站,这些合作伙伴的影响力几乎覆盖所有中文网民,由此也能看出百度强势的媒体聚合效应。

回顾百度在创业初期,为了聚集流量曾与大量网站合作,百度允许其他网站把百度搜索框代码投放到网页,向其用户提供免费搜索功能。这实际上就是百度将搜索技术免费提供给这些网站使用,百度从中获得流量,而那些网站则不用自己开发搜索技术,就能够为用户提供顶级搜索服务。这种类似于网站之间的交换链接的合作模式,正是百度联盟最初的合作模式——搜索联盟的雏形。

2007 年,百度 TV 正式上线。这是一种在百度广告联盟中尝试的视频广告业务,即百度 TV 通过预置视频框的模式,在联盟网站上播放视频广告。百度 TV 作为视频广告的新形式,逐鹿网络,并赢得了诺基亚、微软、MOTO 等众多著名品牌广告商的投放。

继开发百度 TV 之后,百度联盟宣布推出针对合作伙伴的产品"知道联盟",就是百度联盟的成员在自己网站上植入"知道搜索框",用户通过这些入口访问百度知道的相关页面、点击文字链推广产生收入后,合作伙伴获得分成。

2008 年,百度联盟推出 CPA 广告平台,广告主在与百度联盟的合作中可以选择"按效果付费",这一平台使得交易效果更易衡量,成本也更可控。随后在 2009 年百度联盟峰会上,百度联盟推出"蓝天 365"诚信联盟共建行动,旨在共同打造诚信健康的联盟产业生态圈。

百度联盟推广模式主要包含了以下产品线。

1. 搜索推广合作

网站主把百度搜索框代码投放到网页,在为用户提供相关结果的同时,还能根据用户搜索的关键字显示最相关的百度推广内容,从而为网站主带来收入(见图11-3)。

图11-3 搜索推广合作

2．网盟推广合作

根据网站页面的内容,将与主题最相关的百度推广投放到网站相应的页面,网站主通过用户的点击量从百度获得相应分成(见图11-4)。

图11-4 网盟推广合作

3．新业务合作

各网站站长申请后,将产品代码投放在网站页面上。网站用户付费订购了产品或服务后,网站即可分享百度带来的新业务合作分成收入。目前可以选择的付费方式包括CPM、CPA、CPL、CPS。

4．知道内容合作

网站将"百度知道"相关代码投放在网页上,用户点击知道相关合作页面的广告文字链产生收入,合作伙伴因此获得百度分成。

5．百度移动应用合作

2014年,百度联盟整合原"百度移动联盟"后全新上线,预示着百度联盟已全面发力移动互联网广告业务。随着移动端广告市场的发力,百度移动应用合作平台先后与墨迹天气、百姓网、驾考宝典、懒人听书等APP达成合作,完成移动APP布局。

作为国内最知名的广告联盟,百度联盟的技术和平台优势显而易见。

首先,百度可以基于IP实现地域定向投放。在大型门户网站做推广的客户常常是大品牌,更多的内容是品牌和形象推广。百度网盟推广合作可以按照用户来源,分地域匹配推广合作内容。在投放的时候,百度联盟应用了地域适配技术,根据浏览者的IP地址,将距离用户最近的服务信息及时提供给用户。用户可以随时获取就近的服务信息。这样既提升了用户体验,也提高了点击率,弥补了当前多数垂直网站对中小城市无法覆盖的问题。

其次,百度对于潜在需求的挖掘,也有自己的操作模式,即通过对网站用户行为进行分析,自动将与受众使用习惯相关的广告在网站上优先投放,使网页内容和推广内容具有互补性。例如,一个对数码相机感兴趣的用户同时可能也会对存储设备以及彩色打印等设备感兴趣,百度联盟将用户这种潜在的对产品的需求挖掘出来,从而使网页的内容和推广内容组合更有效率。百度联盟也可以根据合作伙伴的要求,过滤制定的推广内容,这样非常适合需要补充非专业客户的财经类网站。

另外,对于最新布局的移动应用合作平台技术方面,百度联盟的特点在于其可依托百度,挖掘用户大数据,勾勒出移动端的受众画像,运用精准定向技术,保证移动推广内容的点击率。另外在展现形式上,百度联盟移动APP业务拥有横幅、互动、插屏和轮盘广告等创新形式,以此提升用户体验和互动率。

五、网络与新媒体广告代理模式

广告代理制是广告主、广告公司及媒体之间的分工合作关系以及在这种关系之下确立的交易模式。这种模式的目的是在广告行业内部形成良性的运行秩序,实现广告主、广告公司和媒体三方的优势互补和效率最优。

在网络广告代理制中,网站作为直接承载广告信息的平台,其类别从最初的综合性门户网站到今日视频网站、搜索引擎以及社交网站的差异化发展,见证了网络媒体的发展脉络。

而从纷繁的网站类别中选择适当的媒体并完成广告发布也成了专业性极强的工作内容。于是一部分从为互联网提供技术支持的网络公司以及从事广告媒体服务的广告公司陆续进入了这个行业,成为专业的网络广告代理公司。

作为网络广告的使用者,广告主对网络广告价值的认识不断加深,广告费用也越来越向网络倾斜。随着网络向多屏化、互动化的发展,网络广告将会出现更多的形式,满足广告主在市场竞争中的多元化要求。

随着网络广告的发展从无序到有序,网络广告代理业同样经历了坎坷的发展过程。目前网络广告代理模式主要有以下三种,这三种代理模式在网络与新媒体广告代理行业发展的过程中都占有重要的地位,也各具优劣。

1. 网络媒体(网站)直接与广告客户接触承揽广告

在网络广告的起步阶段,还没有形成规范专业的网络广告代理公司,所以大多数网站都成立了广告部门专门为自己的网站承揽广告业务。特别是一些大型的网站,如新浪、搜狐、网易三家网站2000年广告收入总和占国内网络广告收入总和的80%左右,是网络广告的稀缺媒体资源,所以它们更乐于直接与广告客户接触。

网络媒体(网站)直接与广告客户接触承揽广告的优势如下:其一,网站更了解自身的内容和受众群体,就本身网站来讲可以提供给客户更有针对性的广告投放。其二,网站直接承揽广告,免去了代理费,广告客户可以得到更多的实惠。

而其存在的劣势是：网站直接承揽广告客户，没有第三方的监督，其提供给客户数据的可信度会大大降低。另外，网站直接承揽广告客户，不能像代理公司一样，站在客户的角度上，从整体营销层面上为客户提供专业的营销方案。

2. 传统的广告公司成立网络广告（或互动行销）部门代理网络广告

随着网络广告的发展，网络媒体地位快速提升，很多传统的广告公司已开始关注网络广告并设立了相关部门，最初在国内设有网络广告（或互动行销）部门的广告公司大多为国际知名的 4A 公司，如奥美、DDB、灵智大洋、电通、精信等，它们都有比较稳定的广告客户，大多为客户提供整合营销层面的服务。随着网络媒体的兴起，网络媒体的传播在整合营销传播中扮演越来越重要的角色。随后一些本土的大型广告公司成立了网络广告部门或单独投资成立专门的网络广告代理公司。

这种代理模式的优势在于：其一，代理公司积累了多年的传统广告作业经验，大多形成了一套系统的作业模式和思考模式，网络广告的运作可以借鉴这些经验和模式。其二，稳定的较成熟的客户资源使这些公司不必为争取客户而奔忙，能够从容地在网络营销策略层面上投入更多的力量和思考，以达到更好的广告效果。

而其存在的劣势是：传统广告公司对于网络环境的了解和网络技术的应用要落后于网站和专业的网络广告公司。另外，网络广告在传统广告公司的业务中占的比重不高，相对作业能力和经验积累不足。

3. 专业的网络广告公司代理网络广告

随着网络广告业走向专业化，专业的网络广告代理公司便应运而生。专业网络广告公司不仅拥有很强的技术力量，而且还有丰富的广告作业经验，更需要对网络广告行业发展有一定的洞察力和前瞻性。而目前国内拥有这样实力的专业网络广告公司大多是跨国公司或有国外背景，本土的专业网络广告公司正在发展。

专业网络广告公司在媒介购买上存在的巨大优势在于：

首先，网络广告与传统广告相比，对于技术的依赖性更强，所以与传统广告公司的网络广告部门相比，由于专业网络广告公司大多脱胎于互联网行业，有更强的技术力量，也更了解网络广告的特性和网络公司的作业模式，它们拥有自己的广告管理系统和技术平台，能为客户提供基于网络的广告策划、投放与监测等一系列的营销解决方案。

其次，与网站自己承揽网络广告相比，专业的网络广告代理公司面对的是各种类型的众多网站，通过对每个网站资料的横向比较，它们能更客观地分析判断每个网站的资源，进行科学的媒介选择，从而实现比较理想的广告效果。

再者，通过长期合作与各大媒体建立了良好的信任关系，能与中国各行业和领域数字媒体展开合作，以整体购买量为基础谈判争取最优的价格，并且能实现媒体促销政策和媒体资源的灵活管理与运用。

因此，这些专业网络广告代理公司的出现是网络广告市场成熟的重要标志，也是推动网络广告市场发展的主要力量，同时还包括对特殊广告形式与内容资源合作方式的认知更为深切。

专业网络广告公司的具体业务内容主要包括：

第一，网络平台的品牌推广策略制定。协助企业塑造自身及产品品牌形象，使广大消费者广泛认同，树立良好的企业和产品形象。

第二，广告创意制作。能帮助客户将网络技术与创意相结合，在互联网平台上建立用户的品牌体验，并对用户在客户品牌网站上的在线体验给出鼓励、维护和优化，让线上客户体验成为线下品牌的延伸。

第三，媒介计划和投放。帮助客户掌握网络营销信息、环境、用户、竞争对手、网站平台的变化，来创造、维护和优化整合网络营销信息系统，提供媒介计划及广告投放策略。帮助客户探寻广告空间、投资赞助的机会。

专门网络广告代理公司也同样存在一些劣势：与传统广告公司的网络部门相比，专门网络广告代理公司成立较晚，在营销层面上的客户服务经验还不足；由于目前的网络广告公司大多来自海外，对中国市场的了解还不够深入，所以在本土化作业上还缺乏经验。

我们将网站与网络广告公司进行对比分析可以看出，在网络广告的经营上，网络公司只能在自己的站点中为客户做到最好，为客户提供最优的价格、最好的服务，而网络广告公司具有庞大的加盟站点网络，能够提供更为专业的网络广告解决方案，能给客户做全面的市场分析和广告代理，并提供最佳性价比。因此在客户的竞争中，网络广告公司具备一定的优势。网络广告公司接触的网站越多，广告发布的范围就越广，影响度就越大。网站的广告销售同网络广告公司可以相互配合，促进行业的发展和专业化进程。一方面，网络广告公司集中协调和开发在线广告宣传解决方案，向基于网络的公司提供稳定的营业收入，使网站可以集中精力提高运营能力，提升整体效益。另一方面，那些有海外背景的网络广告公司可以提供技术和媒体方面的专业知识，开发本地化的解决方案，帮助中国本土的广告商和网络经营者释放出互联网在树立品牌、产品销售、建立与国内外客户的关系等方面的巨大能量。

国内网络广告公司的发展已经小有规模。好耶广告网、盈科商务网、网盟等都是国内成立较早而且较为成熟的网络广告公司，提供适合国内网络推广的网络广告方案。与早先进入国内的 DoubleClick、24/7Media 等国外网络广告公司相比，国内网络广告公司的优势在于更加熟悉中国国情，并已经形成了颇具规模的中文站点网络。但从网络广告整合的解决方案提供以及整体实力与规模上，它们与世界各大网络广告代理商还有不小的差距，在全球范围的业务拓展上更落在了后面。

传统广告公司与网络广告公司之间也存在着竞争关系，传统广告公司涉足网络广告行业应该是必然趋势。早在我国互联网刚刚起步的 1999 年，国内网络广告行业规模已经接近 1 亿元，这个数字令所有的广告公司都怦然心动，涉入这个行业只是时间的问题。而这一步的最终迈出与广告公司的意识、规模、客户、经验、环境等因素密切相关。传统广告公司开展网络广告业务的优势在于其拥有较为固定的客户群，同时在广告策划、创意和制作上有相对成熟的技术。但网络广告代理商所具备的广泛的站点网络、先进的网络广告代理方案却是传统广告公司所无法比拟的。即使是纵观整个世界，在很长一段时间中，西方传统广告公司也很难同 DoubleClick、24/7Media、BMC Media 等专业网络广告公司竞争。相反，同它们展开广泛的合作，优势互补，慢慢地涉足这个新兴行业并不断成熟，最后在技术、设备、经营上达到相当的规模，才是发展之路。

第三节 新兴营销方式

一、移动营销

移动营销(mobile marketing)指利用移动通信和互联网技术,通过移动终端(手机或平板电脑),直接向分众目标受众定向和精确地传递个性化即时信息,通过与消费者的信息传输和互动达到市场营销目标的行为。因此移动营销的特点在于其可基于用户的位置,精确传递个性化信息。目前发展迅速的手段包括 LBS(基于位置的服务)和二维码技术。

LBS(location based service),指通过电信移动运营商的无线电通信网络(如 GSM、CDMA 或 GPS 等)外部定位方式获取移动终端用户的地理坐标等位置信息,在地理信息系统(geographic information system,GIS)平台的支持下,为用户提供相应服务的一种增值业务。它包括两层含义:首先是确定移动设备或用户所在的地理位置;其次是提供与位置相关的各类信息服务。如找到手机用户的当前地理位置,然后寻找手机用户当前位置处方圆 1 公里范围内的餐馆、宾馆、影院、图书馆、加油站等的名称和地址。所以说 LBS 就是要借助互联网或无线网络,在固定用户或移动用户之间,完成定位和服务两大功能。LBS 可以帮助商家在有效服务半径内进行精准营销。

二维码(QR Code)作为一种全新的信息存储、传递和识别技术的工具,自 2012 年以来得到了如火如荼的发展,因为二维码可以进行跨媒体营销,为企业和消费者的全方位沟通提供了机遇。二维码让平面广告上的信息和消费者互动起来。现在的二维码已经成为信息的入口,通过智能手机扫描二维码可以链接微信地址或者相关网页,也可以链接进入优惠券。利用二维码营销,可以实现促销、优惠券、俱乐部、互动社区、下载、移动博客、防伪等极为丰富的营销手段的组合,从而形成整体营销攻势,与消费者在各种场合、各种时间内保持紧密接触。同时,由于二维码营销一般是消费者根据需求主动获取的,所以消费者对广告信息的接受程度较高。二维码将传统广告活动上升成为一种营销活动,并最终升华为一种与消费者的沟通活动。

当前,LBS、二维码等"新名词"、"新技术"已经越来越多地出现在普通互联网用户的面前。移动互联网在不经意间全面地"入侵"着人们的生活,同时也在改变着人们的生活方式,也将给新媒体营销带来更多的机遇和增长点。

除了当前 APP 下载、营销互动、微信账号等二维码功能应用外,未来二维码将更广泛应用在个人名片、移动购物等领域。未来的二维码营销也可能更多地结合社交网络的特征,融入移动互联网的大世界之中。例如二维码将被应用于 LBS 服务领域并与之紧密结合,打造出一种更方便、更为人性化的移动消费模式。二维码展现出的商业价值和广阔前景值得探索和尝试,将在国内为通信、媒体以及其他传统行业的数字化发展带来更多的商业机会。

而对于互联网"碎片化"的发展现状,单一营销方式已不能满足广告主的营销需求,媒介组合策略将成为品牌营销必经的发展趋势。广告主更青睐多种营销方式组合,而社交媒体营销、视频营销、移动营销将成为其整体营销方案的重要组成部分。对于网络与新媒体广告主而言,对网络平台的认知和运用能力将直接决定网络广告的效果。不同于传统媒体曾经的"撒大网捕鱼",网络广告的精准性在于,广告直接面向已经在找你的受众。所以,在每一次进行线下或者其他非搜索的线上广告推广活动时,都要预计消费者初步了解产品之后,下一步他会在互联网上通过社交网站、门户网站和搜索引擎上做什么,而不是像切豆腐一般分配营销预算:这块预算是报纸的,这是电视的,然后这是互联网的,互联网里面有一块门户网站的,另一块是搜索引擎的。广告主要懂得发挥网络的媒介特性,注重和网友的互动。另外为了达到更好的广告效果,营销过程中应把握好线上线下的互动,很多成功的网络营销案例都利用了这一点,如线上进行消费者信息的收集,线下赠送赠品以及进行更深层次的消费者互动。

二、网络广告联盟

互联网的海量带来的广告主和媒体之间的信息不对称也使得网络广告投放变得困难,对中小广告主而言,这种困局尤为凸显。与此同时,当互联网进入 Web2.0 时代,大型门户网站取得了更高的访问量,而网络盈利模式的欠缺使得中小网站的广告价值尚待开发,网络空间存在大量拥有忠实用户群体但往往不被广泛认知的长尾地带。

中小广告主的投放困局和网络空间长尾地带的同时存在,催生了作为中介平台的网络广告联盟。网络广告联盟(AD network)即指集合中小网络媒体资源组成联盟,通过联盟平台帮助广告主实现广告投放,并进行广告投放数据检测统计,广告主则按照网络广告的实际效果向联盟会员支付广告费用的网络广告组织投放形式。

广告联盟包括三个要素:广告主、网站主和广告联盟平台。

广告主投放广告,并按照网络广告的效果(如暴露次数,销售额、引导数等)向广告联盟支付广告费用。

网站主通过广告联盟平台发布广告,按照访问量和广告点击次数获取佣金,把网站流量变成收益。

广告联盟是广告主和网站主之间的中介和平台,为联盟会员提供广告及第三方访问跟踪、实时报告、佣金结算等方面的服务,此外还包括网络营销的咨询、策划、广告投放、效果监测等广泛的增值服务。

网络广告联盟联合众多网站的力量,积沙成塔,组成一个广告投放平台,把互联网上各种媒体资源整合成一个"大网",帮助客户"网"住他们想找的目标受众,让广告主根据自身的品牌定位完成投放,同时帮助众多中小网站将访问流量转变为收入。网络广告联盟作为互联网各种盈利模式中不可或缺的一种,是对网络媒体长尾流量的有效整合,以其性价比为许多客户带来较高的 ROI(投资回报率),因此一直是客户网络广告投放的主要选择之一,并得到越来越多中小广告主的认可。进入中国之后,随着中国互联网的高速发展,联盟的数量和专业化取得突飞猛进的发展。

追溯广告联盟的历史,其 1996 年起源于亚马逊(www.amazon.com)。亚马逊作为广告主,召集联盟会员。联盟会员通过播放亚马逊的广告创意获取收益。通过这种新方式,为数以万计的网站提供了额外的收入来源,且成为网络 SOHO 族的主要生存方式。

虽然广告联盟发展得如火如荼,但是对于整个广告业界,其广告价值还未被完全认可。从广告主角度来说,大品牌客户仍然更倾向于传统的大众传媒,他们更多关注传统强势媒体的品牌背书。

从广告发布者的角度,网络联盟、广告主、网站长三方之间利益矛盾纠纷较多,广告效果评估体系不完善;联盟会员,特别是中小网站,在广告发布流程中没有足够的议价能力,一旦遭遇不合理待遇,也没有能力来维护自己的权益。而多数加盟网站缺少流量监测技术,只能被动地以联盟地结算为准。

对于广告效果,互联网优势之一在于它是一个可以通过点击量获取精确信息到达率的媒体,但由于互联网作弊问题,广告效果评估的公正性正在受到挑战,互联网广告的效果也变得越来越难以衡量。如何还数字以真实客观,保护广告主的利益,已经成为制约广告联盟进一步发展的一大瓶颈。

另外,联盟广告不规范操作的问题突出。不少联盟网站为了单纯地提高展示率和点击率,对广告进行误导性展示。比如在广告旁边放置误导性图片,使用户误以为广告与图片内容有关,误导用户点击广告。这不但会给广告商带来损失,也会严重影响用户体验。

国内最著名的网络广告联盟除了百度旗下的百度联盟,还有阿里巴巴旗下的阿里妈妈。

阿里巴巴集团于 2007 年 11 月在杭州宣布推出全球首创的基于本土化的网上广告服务——阿里妈妈网站(www.alimama.com),正式杀进网络广告市场,此举也被业内认为是阿里巴巴集团对搜索引擎公司百度发起的挑战。阿里妈妈是阿里巴巴集团构建网络帝国的战略性产品。

阿里妈妈进入广告联盟市场,拥有其先天优势:阿里是横跨网络众多领域的巨无霸,阿里巴巴集团拥有涵盖全球的 B2B 业务平台——阿里巴巴、C2C 淘宝网、B2C 天猫、第三方支付工具支付宝、即时通信、门户网站和分类信息等七类相关产品和网站等强势资源。阿里妈妈就是一个对内部资源整合后的衍生物,当然是"肥水不流外人田",可谓是众星捧月。

三、实时竞价

随着网站媒体数量倍增而且碎片化严重,网络广告联盟主要为大型门户网站销售大量剩余的广告位置,或者聚合众多小型网站并为它们出售广告位置。广告交易涉及三方组织:媒体网站(卖方)、广告网络(中介)和广告主(买方)。广告网络在投放的过程中,即使效果不尽如人意,也不易随时变更,因此即使是广告联盟这种灵活的广告投放方式也有可能造成预算的浪费。

随着网络广告技术愈渐成熟,为了更精准地把广告主的信息投递给目标受众,广告交易平台作为一个完全透明、全自动、实时竞投的技术平台顺应而生,让买卖双方在平台上做出即时竞价(real time bidding,RTB)交易。在广告交易的过程中,广告交易平台仅仅作为一个协作平台而存在,让多方组织在平台上进行交易买卖,而重点是在广告交易平台上所买卖的并非广告位置,而是访客,广告主可在交易前评估每一个访客的"质量",依此进行出价,实现预算零浪费。通过需求方平台(DSP)、广告交易平台(Ad Exchange)可实现广告主、网络媒体以及互联网人群三方共赢。网络广告联盟和实时竞价的关系如图 11-5 所示。

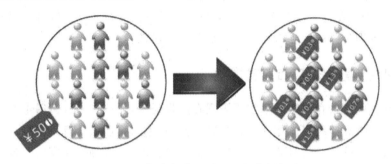

图 11-5　网络广告联盟(左)和实时竞价(右)

在技术层面,RTB 最大的区别在于所有的广告都是透过"竞价"而购买的。简单而言,如果某广告主希望在用户 A 眼前展示广告,而刚好另一家广告主也同样锁定用户 A,那么就需要"竞价"。如果一方出价 0.04 元,那么为这个展示付出 0.041 元的广告主即可赢得该次展示。

由此可见,相比以往购买"位置",实时竞价的最大突破莫过于让广告主购买"受众"。比如,广告主将可给出以下的投放要求:"25～38 岁,女性,生活在城镇,对时尚服装有浓厚兴趣,在过去 2 个月曾经进行在线购买,现正关注 2015 的春/夏季商品"。通过 RTB 投放广告,广告主不再需要考虑广告渠道与位置,因为通过 RTB,你的广告会精确地展示在你的目标客户眼前。

实时竞价广告的特点在于,广告平台(需求方平台,即互联网广告提供者(SSP))售卖的不仅仅是传统意义上的广告位,而是访问这个广告位的具体用户,这个用户会有自己的兴趣爱好,广告如果能够投其所好就能产生最大的收益。这样的用户在互联网海洋里可是稀缺资源,他完全有魅力让广告主来竞相竞价从而获得在用户面前展现自己的机会,实时竞价广告放大了网络广告的指向性和精准度,并将网络广告的作用发挥到一个崭新的水平,使需求方的效益最大化。

在我国互联网广告领域,自 2011 年底开始,RTB 和 DSP 等热词几乎充斥了整个网络广告领域。2012 也被称之为中国的 RTB 元年。继 2011 年底淘宝推出 Tanx(Taobao Ad Network Exchange)之后,2012 年 4 月,Google 中国推出 DoubleClick Ad Exchange;2013 年 1 月,腾讯正式对外发布 Tencent AdExchange 广告实时交易平台,成为国内首家进军 RTB 市场的门户媒体;不久之后的 2013 百度联盟峰会期间,百度宣布也推出 Exchange 服务,试水 RTB 广告。

第四节 新媒体广告产业监督管理

我国传统广告管理是国家工商行政管理机关、广告协会和社会监督组织,依据一定的广告管理法律、法规和有关政策规定对广告行业和广告活动进行指导、监督、控制和查处,以达到保护合法经营、取缔非法经营、查处违法广告、维护广告行业正常运行的目的,使我国广告行业朝着健康有序的方向发展。其中国家行政立法管理、广告行业自律和社会监督管理是我国广告管理的三种最基本的途径。

一、网络与新媒体广告监管现状

我国互联网广告存在的问题主要表现在广告泛滥,强迫式广告甚嚣尘上,虚假广告层出不穷。当然和传统媒体相比,互联网广告从技术和管理上具有诸多难点,而移动互联网的发展使得移动广告具有了更多更灵活的创新形式。因此"互联网广告"在其诞生初期曾经是一个富有生机和诱惑力的词语,但后来,这个概念似乎已经变成了"乱"的代名词。

互联网广告的乱象首先表现在虚假广告和非法广告层出不穷。早在2006年,国家工商总局发出整顿决定,自8月1日起,所有广播电视播出机构暂停播出介绍药品、医疗器械、丰胸、减肥、增高产品五类电视购物节目。当时有人曾预言,这些内容很可能被转移至互联网。此话不幸被言中。而时至今日,这些互联网上的非法医疗广告,仍未得到有效监管。

其次,"强迫式"广告甚嚣尘上。用户点击一个网站后,往往页面尚未打开,弹出式广告已经出现。而在上网浏览或下载过程中经常出现浮动式广告和弹出式广告,其随着鼠标的移动而移动,或者突然弹出。一些带有强迫性阅读特征的网络广告甚至强迫用户点击,否则无法打开需要的内容或者无法关闭网页,这些都严重影响用户浏览和体验,让用户不堪其扰。

这些乱象导致了广大用户对网络广告的认可度不高,网民对于网络广告普遍抱有较高的戒备心理,特别是一些小网站上带有骚扰性质的广告,大家避之唯恐不及,更担心不良插件的借机下载和电脑病毒的伺机传播。网络广告具有的诸多问题让网民对于网络广告产生了种种的不信任心态,从客观上影响了网络广告业的长期良性健康发展。

一方面是网络广告乱象丛生,另一方面金山公司和360公司先后于在电脑端和手机客户端推出了拦截广告的功能,但无一例外遭到了移动广告代理商和部分广告主的抵制,无果而终。互联网广告标准的缺失使得"渠道为王"的"潜规则"在移动广告业界横行,也正是因为没有标准,才有从业者希望去主导一些标准。

2013年,国家工商总局对互联网广告进行了专项监测检查,对网站发布的违法广告,国家工商总局已布置网站主办者所在地工商部门进行查处;对未备案或备案信息虚假的网站,提请有关部门关闭。2014年1月,国家工商总局召开互联网广告监测监管情况通报会议。总局广告监测情况显示,网络违法广告违法率总体呈下降趋势,但一些网站链接发布药品、医疗、保健食品、化妆品、美容服务广告问题突出。从违法广告数量和比例上看,在2013年3月至12月监测抽查的105.6万条次各类网络广告中,共发现严重违法广告34.7万条次,约占监测总量的32.9%。在这次会议上,新华网、百度、腾讯、新浪、搜狐向互联网广告行业发出《互联网广告活动自律倡议》,承诺自觉遵守自律规则,同时倡议全国互联网网站共同遵守,抵制虚假违法广告,促进互联网广告行业健康发展。

虽然从管理层到个互联网企业都对互联网广告乱象的规范付出了众多努力,但更多广泛问题的深度解决都需要一部适合新的媒体背景的《广告法》出台。

我国于1994年颁布、1995年实施了《广告法》,颁布20年来,广告行业背景发生了翻天覆地的变化:1995年,广告年营业额200多亿元,而到了2014年,广告年营业额达到5600多亿元;广告形式也由单一传统媒体推送变为多媒体、多广告形式推送。

在这20年中,网络广告一直保持快速增长,2014年,我国整体网络广告市场规模超过1500亿元,同比增长40%。随着互联网技术的快速发展,传媒广告行业正在加速转型改革:电视媒体广告收入基本持平,平面媒体持续下降,互联网、移动互联网广告却以年均超过30%的速度快速增长。但1995年起实施的《广告法》显然没有预见到互联网广告有如此迅猛的发展趋势,法条中甚至找不到"互联网"这个词。法治的缺失导致互联网广告从黄金时代迅速沦落。最明显的特征是垃圾短信和垃圾邮件。低价卖车、商场促销、包开发票,种种与己无关却不得不看的垃圾短信、邮件严重影响了人们的正常生活。统计数据显示,2014年我国垃圾短信数量高达454亿条,其中广告促销类占比高达65%。

因此,1995年《广告法》对广告业特别是互联网广告业出现的新问题、新情况难以进行有效规范。少数省份如北京、浙江等已制定了适用于本地区的网络广告管理办法(如自2001年5月1起施行的《北京市网络广告管理暂行办法》和自2008年1月1日起施行的《浙江省广告管理条例》),但绝大多数地区仍只能沿用1995年实施的《广告法》。面对互联网的高速发展和网络广告带来的一系列新鲜问题,《广告法》已显得力不从心。

2015年4月,十二届全国人大常委会第十四次会议通过了新修订的《广告法》,新法于2015年9月1日起施行。这次广告法修改的幅度非常大,从49条变为75条,新增33条,删除3条,同时修改37条。

新《广告法》针对网络广告的特点增设了一些专项规定。如第44条规定,利用互联网发布、发送广告,不得影响用户正常使用网络。在互联网页面以弹出等形式发布的广告,应当显著标明关闭标志,确保一键关闭。第45条规定,互联网信息服务提供者对其明知或者应知的利用其场所或者信息传输、发布平台发送、发布违法广告的,应当予以制止。

新法修订完善或新增保健食品、药品、医疗、医疗器械、教育培训、招商投资、房地产、农作物种子等广告的准则,并在第44条中规定"利用互联网从事广告活动,适用本法的各项规定"。

互联网是一个新生事物,新版《广告法》新增了对互联网广告规定。可以预言,新《广告法》实施后,新媒体将出现加速洗牌过程。而以往打擦边球的互联网广告将得到更为严格的规范,而这将对规范互联网广告活动、促进互联网广告健康发展、保护消费者的合法权益、维护公平竞争的市场经济秩序起到重要作用。

二、中国网络与新媒体广告监督管理的问题与对策

1994年10月27日,美国著名的《热线杂志》(Hotwired)推出了包括AT&T在内的14则广告主的图像和信息,宣告了网络广告的诞生,这是世界广告史上的一个里程碑。在中国国内,网络广告从1998年开始引起我国学者的注意,之后对网络广告的研究逐渐增多,并逐渐成为研究热点。目前,随着数字、网络、通信技术的不断发展,三网融合的加速进行,网络广告、手机广告、移动电视广告等新媒体广告的发展速度将远远快于传统媒体。这都给网络监管提出了新的要求,监管方式方法也亟须跟上网络发展的速度,采取相应措施,加强对新媒体广告的监管。

(一)完善政府监管

政府在互联网广告监管方面应起到积极的主导作用,从制度制定、法律法规完善、监管队伍建设等多层面完善网络广告的监管。

第一,基于对广告市场管制的博弈分析,提出有效的网络广告监管制度。政府需要借鉴成熟的市场经济规则,改革我国现行的广告监管体制,才能使其既符合国际规则,与国际惯例接轨,又能符合我国互联网发展的基本情形。

第二,及时完善广告管理法律法规,将新媒体广告纳入法律法规的调整范围,明确各方主体应尽的义务和应承担的责任,使网络广告、手机广告、移动电视广告违法经营者受到应有的处罚。

广告法律是指由全国人民代表大会及其常务委员会依照立法程序制定的规范性文件,具有普遍的约束力和强制力,这里主要是指《广告法》。

广告法规是指国务院依据宪法、法律、法令制定的规范性文件的总和,包括《广告管理条例实行细则》以及由国家工商行政管理总局起草、现正处在征求意见阶段的《互联网广告监督管理暂行办法》等。

第三,加强监管队伍建设,提高广告监管人员的业务水平和新媒体运用能力,建立运行畅通的广告监管网络,对监管队伍坚持加强培训、明确目标,完善责任追究制度。监管方应加强对网络技术、移动技术、数字技术的学习,掌握新媒体的特点,认真研究新媒体广告的特征,熟悉新媒体广告的表现形式,引入适应互联网发展规律的新的监测手段。如上海市的做法是,在上海市工商局统一监测的基础上,各分局目前采取关键词人工搜索方式,对辖区企业网上宣传行为进行分区重点监测。

在技术层面,运用先进的高科技监管技术手段,包括科学监管的广告监听监视网络和监督举报机制的建立,实现监管手段现代化。另外,关于互联网广告的取证问题,鉴于网络广告内容的无纸化特征,其电子文档可以任意修改、不留痕迹,一旦违法案发,当事人可能在网上将违法内容删除,因此办案部门必须在证据尚未灭失的情况下尽快进

行电子证据的保存,并通过当事人确认或公证机关公证后确定电子证据。

第四,加强对新媒体广告的监督管理,改变传统的广告管理方式。工商机关应充分发挥广告监督管理职能作用,逐步将广告监管重点由传统媒体向新媒体转移,建立和完善网络、手机、移动电视广告监测体系。针对网络广告和手机广告的特点,工商机关应重点监督大型网站、经营性网站及电信运营商发布的广告,要求网络广告经营者对其发布的广告、链接的网站和网页的内容进行审查;要求电信运营商对其发布的手机广告及下级运营商发送的手机广告内容进行审查留存,上述发布者要向工商机关报送广告样本。工商机关对上报的广告样本进行审查,发现问题及时处理。广告监管部门要加强对新媒体广告的监控,以保障新媒体广告内容的真实合法性,降低新媒体广告的违法率。

第五,针对网络快速发展的现状,工商机关应通过多种形式和渠道,对网络经营者、电信运营商、各类自有媒体的经营者定期进行广告法律法规的培训,使其增强广告法律意识,降低新媒体广告的违法率。

(二)加强行业监管的比重

网络广告的行业监管与行业自律是指由广告行业三方参与者(广告主、广告媒体和广告公司)自发成立的民间性行业组织,并通过制定行业规则、会员守则等方式完成广告活动的自我监管。广告自律规则的重要性在于提升广告道德在广告规范中的作用,提高广告人的道德素质,优化广告道德的外部监督体系,构建全民守信的社会诚信体系,提升社会道德水准,以构建社会道德对广告的制约机制。

作为中国广告界的行业组织,中国广告协会(简称中广协)创立于1983年12月27日,是国家工商行政管理总局的直属事业单位,是中国广告界的行业组织,是经国家民政部登记注册的非营利性社团组织。协会由全国范围内具备一定资质条件的广告主、广告经营者、广告发布者以及与广告业有关的企事业单位、社团法人等自愿组成。

为了规范和引导互联网广告的发展,中国广告协会互动网络委员会经国家工商行政管理总局和国家民政部的批准成立,于2007年6月13日在国家工商行政管理总局举行了成立大会。中国广告协会互动网络委员会旨在推动基于互联网、手机等媒体之间的互动营销,研究并规范互联网广告营销模式。互动网络委员会通过并签署了《中国互动网络广告行业自律守则》,这是中国互联网广告界第一部自律守则,旨在促进广告行业的自我约束,维护广告市场的秩序和互联网用户的合法权益,促进我国互联网广告行业健康和谐发展。对违反守则、逾期未予整改、情节严重的网络广告,互动网络委员会将通过新闻媒体向社会披露,以保证网络广告的良性稳定发展。

(三)社会监督管理

互联网广告监管有赖于网络广告的各参与主体共同完成,而最为广泛的监督管理则是来自社会监督管理。我国广告社会监督的运行分为三个层次,由上而下,逐层推进,构成一个有序的整体,并自成体系。这三个层次是:广告受众对广告的全方位监督;广告社会监督组织的中枢保障作用;新闻传媒、政府广告管理机关和人民法院对虚假、违法广告及其责任人的曝光、查禁和惩处。

作为最广泛的监督主体,互联网用户要增强互联网用户的自我保护意识,增强识别违法广告的知识,提高消费者自我保护能力。这是解决问题的关键。建立健全违法网络广告网上举报制度,积极培养消费者的自我保护意识,有利于网友发挥更全面和积极的作用,开展广泛的社会监督。

作为政府广告管理机关的工商行政管理机关应重视舆论监督,发挥舆论引导作用,积极动员广大网民和消费者对网络广告实行监督,建立举报制度、监督制度、网上购物保护制度等,以规范网络广告市场秩序,促进网络经济的发展。监管部门还应加强对消费者的宣传引导,提高消费者对网络经营商和网络产品的鉴别能力,在网上购买产品时需要看清该公司是否经工商部门登记注册,其是否具有广告经营资格,其产品是否属于正规厂家生产而非"三无"产品等等;当消费者一旦因问题广告或虚假广告上当受骗时,鼓励他们积极举报,消除用户所认为的工商部门对"虚拟"的网络无可奈何,只能暗自吃"哑巴亏"的错误认识。作为网络受众,消费者不能仅寄希望于政府部门有所作为,也应该提高对网络广告的辨识能力,加强防范意识,不上当,让虚假的广告没有市场。

阅读材料

我国将加大互联网虚假违法广告整治力度

2013年,我国网络广告市场规模达到1100亿元,同比增长46.1%。但网络广告违法率与群众投诉举报也随之增多。全国工商系统广告工作会议提出,进一步加大互联网虚假违法广告整治力度,在引导互联网广告健康有序发展的同时,着力净化互联网广告市场。

近年来,积极应对互联网等新媒体广告迅猛发展的新形势,工商部门加强了网络广告监测巡查,加大了网络非法涉性广告清理整治力度。2013年各地查办网络广告案件4034件,罚没款3827万元,查办数量和处罚金额均比2012年大幅增加。但是,一些重点类别的虚假违法广告还有待进一步加大整治力度,尤其是互联网重点领域虚假违法广告未得到有效遏制,严重误导广大消费者,侵害了消费者正当权益。为此,国家工商行政总局会同有关部门联合开展整治互联网重点领域广告专项行动,集中清理检查保健食品、保健用品、药品、医疗器械、医疗服务等重点领域的网络广告及信息。

本章关键概念

广告运营 (advertisement operation)
广告监管 (advertising regulation and management)
盈利模式 (profit model)

广告联盟（AD network）
实时竞价广告（real time bidding）

本章思考题

1. 简述门户网站的盈利模式。
2. 新媒体广告监管的主体有哪些？
3. 2015版《广告法》关于互联网广告的新增规定有哪些？
4. 在新媒体广告监管过程中，互联网用户能发挥什么作用？

本章推荐阅读书目

《李彦宏的坎》
作者：董国用
出版社：当代中国出版社
出版年：2014年
内容简介：

儒雅潇洒、问鼎首富、家庭美满，无论从哪个角度看，李彦宏都是我们艳羡的对象。然而在风光的背后，有几人能知晓他的辛酸和苦恼？本书立足于翔实资料，描述了李彦宏及其他所创办的企业百度的成长轨迹，再现了百度成长过程所经历的艰辛和挫折，客观评析了百度作为一个中国顶尖级互联网企业，在其发展过程中出现的问题和遭受的质疑，揭示了李彦宏敢于正视问题、挑战困境、从弱小走向强大的智慧和谋略。

本章参考文献

[1] 张金海.广告经营与管理[M].2版.高等教育出版社,2013.
[2] 林升栋.中国微博活跃用户研究报告[M].厦门大学出版社,2014.
[3] 曹芳华.聚合营销:网络整合营销传播[M].人民邮电出版社,2010.

CHAPTER 12
第十二章　新媒体广告发展展望

本章导言

1. 了解国内外新媒体发展的最新趋势。
2. 了解国内外新媒体广告领域的新理念。
3. 掌握国内外新媒体广告的发展趋势。

本章引例

19楼——区域性网络社区的成功之道

案例回顾：

19楼（www.19lou.com）从2006年起，相继在杭州、台州、嘉兴、宁波、重庆、福州、上海、苏州等43个城市建立分公司及分布论坛，拥有超3463万注册用户，日均页面访问量达3563万，每日独立访问用户达412万人次，影响1亿多用户，目前是中国最大的本地生活交流与服务平台。19楼致力于为各地用户提供便捷的生活交流空间和体贴的本地生活服务，已经成为全国覆盖最广、渗透最深的城市社区网站（见图12-1）。19楼的核心用户群是18岁到45岁间的城市女性，她们爱生活、爱分享，在恋爱、结婚、育儿、装修等方面，与同城网友热烈讨论，贡献知识，分享经验，相互帮助。她们热衷参加各种线上线下活动。

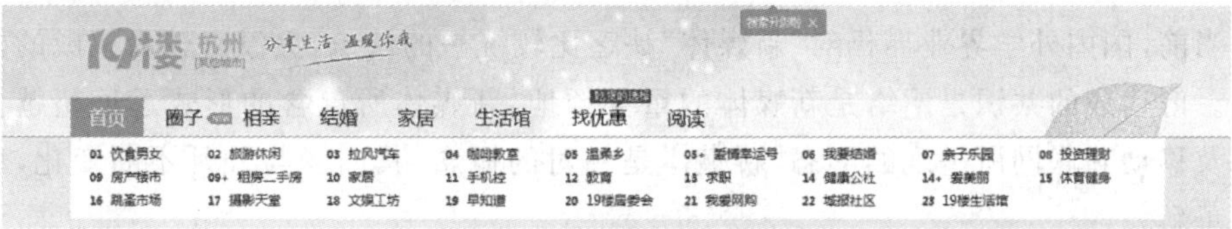

图12-1　19楼首页（部分）

19楼已经成为她们生活中不可或缺的部分。在为用户提供恋爱、结婚、育儿、装修等领域个性化服务的同时,19楼致力于为商家提供线上线下无缝融合的互动营销解决方案,建立了独特的社会化营销商业模式。19楼爱情幸运号、结婚采购大会、亲子嘉年华、家博会等O2O服务,为用户和客户所钟爱。同时,一个将社交、本地及移动等功能紧密融合,由19楼自主研发的社会化信息服务平台也日趋成熟,成为19楼快速发展的引擎。在19楼,你可以随时和志趣相投的网友讨论恋爱、结婚、育儿、装修等生活话题,并获得真诚的帮助。

2013年5月,19楼与杭州联创永溢创业投资合伙企业、杭州永宣永铭股权投资合伙企业签署了联合受让协议及增资扩股协议,受让方以6000万元人民币总价向19楼增资。

案例点评:

19楼的成功在于深知受众需求是新媒体传播生命力所在,能够立足区域,为特定群体的受众提供精准的内容信息服务,不但是永久地留住了受众,更是培养受众对品牌的无限忠诚度,这是其成功之道。由19楼的成功可知,新媒体广告传播虽是小众的、区域的,但亦可以成功,最恰当的受众策略才能带来最有效的传播效果。

知识要求

了解国内外新媒体发展的最新趋势、新媒体广告领域的新理念。

技能要求

掌握国内外新媒体广告的发展趋势。

第一节 新媒体的发展趋势

当前,国内外学界业界仍对"新媒体"缺乏比较统一的认识,更没有较为权威的概念解读。但达成的共识是网络是新媒体的重要领地,新媒体所包含的形式远远超越目前传统及移动互联网所呈现的形态,新媒体是相对的概念,其内涵与外延不断变化,也不断被革新。

第一,国家层面对新媒体的日益重视。2011年2月,中央党校举行省部级主要领导干部"社会管理及其创新"专题研讨会,提出要"进一步加强和完善信息网络管理,提

第十二章 新媒体广告发展展望

高对虚拟社会的管理水平,健全网上舆论引导机制"。2012年,习近平等中央领导不止一次强调,"领导干部要善用媒体、善管媒体、善待媒体,要尊重新闻舆论的传播规律,正确引导社会舆论"。2013年8月18日,习近平在全国宣传思想工作会议上强调,"要把网上舆论工作作为宣传思想工作的重中之重来抓,提高网上舆论引导的质量和水平"。2014年2月27日,中央网络安全和信息化领导小组宣告成立,在北京召开了第一次会议。中共中央总书记、国家主席、中央军委主席习近平亲自担任组长,李克强、刘云山任副组长。习近平在中央网络安全和信息化领导小组第一次会议上指出,"做好网上舆论工作是一项长期任务,要创新改进网上宣传,运用网络传播规律,弘扬主旋律,激发正能量,把握好网上舆论引导的时、度、效,使网络空间清朗起来"。2014年8月18日,中央全面深化改革领导小组第四次会议审议通过了《关于推动传统媒体和新兴媒体融合发展的指导意见》。习近平强调,要着力打造一批形态多样、手段先进、具有竞争力的新型主流媒体,建成几家拥有强大实力和传播力、公信力、影响力的新型媒体集团。中央新一届政治局在2013年密集地做出了多项加强重视新媒体建设的有关决策,这表明了党中央对新媒体的高度重视。十八届三中全会的决定也提出了具体的要求,怎么样发展好、利用好、管理好互联网,是全面看待和处理互联网各方关系的焦点。中央也成立了安全领导小组,新媒体的发展已经提高到了国家战略层面的高度。

第二,移动新媒体进入发展迅猛。2013年是移动新媒体元年,中国的移动互联网用户规模超过8亿。个人电脑用户加速向移动互联网环境下的"智能移动终端+APP"的移动新媒体模式迁移,几大门户纷纷发力,布局移动互联,其中搜狐、网易、腾讯三家新闻客户端先后宣布用户数破亿。2014年,移动新媒体进入发展年,各家移动新闻客户端将进入全面深度整合期,与自有微博、微信和视频平台等打通互联,构建全媒体发展战略;同时,深度挖掘用户个性化需求,打造自身特色,实现差异化竞争。跨过元年,移动新媒体的商业化闸门必将打开并全面加速。

第三,传统媒体进入深刻转型期。十八届三中全会为传统媒体深刻变革指出方向,2014年迎来了传统媒体向新媒体发展的深刻转型机遇期。近几年来,新媒体强势倒逼传统媒体变革。以智能移动终端为特征的移动新媒体元年,更为困顿中的传统媒体再次提供了一个变革与重生的机会。未来的两到三年,传统媒体尤其是市场化运作的媒体再不抓住移动化、数字化和网络化的大趋势,必将丧失最后的优势和资源,面临生死存亡的大问题。相信更多的传统媒体将坚定地擎起移动化、数字化和网络化的大旗,以受众为中心,做足用户体验,通过个性化的内容和定制化的服务,在移动互联网时代巩固自己的"一亩三分地",重获新生,更好地发挥其自身价值。

第四,微信、微博、APP"三驾马车"领跑新营销。2013年末,《哈佛商业评论》就曾发出评论文章《传统广告已死》,声称包括广告宣传、公共关系、品牌管理以及企业传媒在内的传统营销手段都已失效。然而现实是,新媒体发展带来的新营销思路和传播方式早已深入人心。依托当今中国智能手机用户的两大杀手级应用,微博营销与微信营销十分火热。微博"粉丝"服务平台的上线和微信公众平台的不断优化,正使客户价值挖掘与大数据营销逐步落地。随着越来越多人过起丰富多彩的APP生活,可以预见的是,品牌企业逐年增加的新媒体广告投放预算中流入移动端的比例也将越来越大。面对移动化浪潮和数亿级用户,品牌企业的移动营销探索越发引人期待。

第五,移动入口争夺愈演愈烈。2013 年,各大互联网巨头上演移动互联网入口争夺战。百度收购 91 无线,加强布局应用商店;腾讯坐拥 6 亿用户的微信,又战略入股搜狗,加码移动搜索;阿里巴巴投资新浪微博、高德地图,高调推出来往,开启移动扩张之旅。移动互联网入口卡位战远未结束,2014 年,中国的移动互联网船票之争愈演愈烈,除去即时通信、应用商店、客户端应用、移动搜索,浏览器、安全软件及手机厂商、操作系统等也都存在变数,巨头依然会强势出击,草根也能独占先机。

第六,视频和手游迎 4G 东风。国内 4G 牌照刚一发放,三大运营商的 4G 品牌大战烽烟即浓,率先出鞘的中国移动,更是放出豪言"600 亿元打造全球最大网络"。4G 时代来临,受惠更多的无疑是移动视频与手机游戏。3G 时代,各家视频网站对移动端用户的争夺已经日益激烈;截至 2013 年 9 月,爱奇艺在移动端的流量已经超过 PC 端;而优酷、土豆移动端的日均视频播放量超过 3 亿,三个季度增长 200%。4G 牌照的正式发放,必然会为移动视频市场新一轮的爆发注入充足能量,"钱景"一片光明,"春天"指日可待。近几年来,手游一直是投资界关注的重点。伴随 4G 的发展,移动终端进一步普及,基于云计算的云游戏概念将实现落地,全民手游时代不再只是设想。4G 的发展势必也会给虚拟运营商带来商机。随着工信部对 11 家中资民营企业虚拟运营商牌照的发放,民营资本如何搭载 4G 大潮逐浪电信领域值得期待。

第七,大数据从概念到落地。大数据概念持续火爆,不但国内学术界、产业界对其趋之若鹜,政府也展露出极大的热情,科技部的《中国云科技发展"十二五"专项规划》和工信部的《物联网"十二五"发展规划》等都已把大数据技术作为一项重点予以支持。从 Google Trends 跟踪登革热疫情到 CIA 追捕恐怖分子,国外的大数据应用案例已被人反复称道。而在国内,大数据的发展也有望全面进入落地时代。大数据营销是一大突破口,百度依托搜索数据实现精准营销,阿里巴巴构建数据挖掘与交易平台,腾讯背靠大社交数据打通全平台营销。而大数据在金融保险、互联网金融以及网络舆情等方面的应用也值得期待。

第八,移动电子商务进入争夺战。中国的电子商务迎来高速发展期。2013 年"双十一",阿里巴巴旗下的天猫和淘宝实现了一天 350.19 亿元的交易额,其中的 53.5 亿元来自手机淘宝;而支付宝的手机支付占比已接近 1/4,手机支付额更是突破 113 亿元,一举创下全球移动支付的最高纪录。阿里巴巴 2014 年 9 月美国上市后,仍在加快布局移动端,大数据王国的构建也马不停蹄,两万名员工中,从事数据业务的已近千人。结束"修"养生息战略,启动扬帆远航战略的京东,也把移动和大数据明确置于战略的高度予以重视。微信也成为越来越多的中小企业移动电商的重要阵地。2014 年,移动电商陷入激烈的争夺战,移动电商可谓是疯狂崛起,大数据的商业价值在电子商务领域得到进一步体现。

第九,资本青睐移动领域。2013 年以来,移动互联网领跑新兴创业领域,投资活跃度持续增长;而中国互联网领域的并购潮也迎来爆发,屡创新高的投资与并购金额轮番刺激公众敏感的神经。阿里巴巴急于弥补自身短板,开启激进的投资策略,麾下已囊括 UC、高德、新浪微博、天弘基金;腾讯战略入股搜狗,海外投资频频曝光;百度 19 亿美元全资收购91无线,创下了中国互联网并购案的金额新纪录。2014年,移动互联网依然触动投资界神经。除去手机游戏、移动社交,企业级移动应用、移动理财、移动电商及移动教育等领域都将引发资本关注。而移动互联网领域的"圈地运动"也将持续,各互联网巨头仍将主导瓜分二线资产的浪潮。应用商店、手机游戏、在线旅游、电商及O2O等或将备受百度、阿里巴巴、腾讯及其他巨头青睐。

第十,自媒体"钱景"可期。2014年自媒体生态形成,涌现出了基于微博微信的个人自媒体、企业自媒体以及专业自媒体等各种形态。微博、微信、网络视频等新媒体技术与平台的发展,加速了自媒体时代全面到来的步伐。技术大牛反攻内容,传统媒体人突围新渠道,人人都想借助社交网络自产自销,争做颠覆传媒业生态的一支新兴力量。经过一轮野蛮生长,互联网巨头的全面介入或将使自媒体的商业潜力日趋明朗。搜狐新闻客户端的自媒体平台已现端倪,网易云阅读开放了自媒体入口,腾讯也推出全平台推广资源吸引百位"自媒体精品"入驻,新媒体联盟打造了自媒体超市,而百度百家更是意图打造完整的自媒体生态链。未来,自媒体新生态的发展及商业探索将迎来跨越。

第十一,互联网金融拥抱春天。2013年被业界誉为"互联网金融元年",互联网巨头纷纷布局互联网金融,互联网金融草根创业者逆袭,银行等传统金融机构摩拳擦掌。互联网金融成为社会一大热点,部分细分领域甚至已经热到出现泡沫。2014年,互联网金融迎来了发展的春天。互联网金融各领域除了继续纵深化发展,移动化发展趋势将愈加明显。互联网金融的几大模式正逐步清晰,不管是P2P网络贷款还是众筹集资,或是定位于搜索的互联网金融门户,众多项目,包括文化创意产业项目、传统金融机构理财项目纷纷借助这些新兴金融模式获取更多资源与营销价值。据CIFC互联网金融联盟预测:随着移动互联网飞速发展,移动端将成为互联网金融的新战场。互联网各巨头纷纷入局移动安全领域,竞争加剧必然带来移动安全生态的不断优化;而伴随支付宝与微信移动支付大战升级,移动互联网金融将成下一个热点。

第十二,新媒体管理将加强。2013年有两件大事,一件是美国"棱镜门"事件的曝光,二是中央决定成立国家安全委员会。这两件大事足以使得2013年以网络空间安全管理载入史册,网络空间安全问题已经延伸到了国家政治安全、文化安全等领域,而不再仅仅是信息安全的问题。在美国"棱镜门"事件的影响下,网络空间安全问题首先是一个政治问题,其次才是社会问题,最后才是技术问题。2013年国家有关部门在全国范围内开展规范互联网新闻信息传播秩序专项整治行动,国家互联网信息办公室要求网络名人承担更多的社会责任,传播正能量,并提出了"七条底线"。2014年国家信管办又在国际上提出了各国必须遵守的基本共识。各方合力整治网络传播秩序取得成效。

对于中国新媒体未来发展而言,互联网普及率将超过50%,手机网民将大幅增长;移动互联网全面进入爆发期;新媒体资本市场将掀起新一轮上市并购的热潮;4G成为新媒体投资的热点领域,互联网金融进入深水区,电子商务开启新的商业模式,移动视频之争愈演愈烈,宽带发展提速;主流媒体加快微传播转型,新媒体成为推动社会治理创新的重要力量。国家层面的互联网管理部门需要高度重视新媒体安全,进一步加强顶层设计和整体规划;充分把握新媒体发展机遇期,着力推进自主技术创新;加快部署

4G 基础设施建设;高度重视新兴媒体与经济金融行业的融合;推动形成开放有序、活跃的资本格局;积极主动推动产业转型升级;充分发挥新媒体促进社会发展的正能量作用;加强法规建设,提高管理水平。

近年来,中国新媒体经历了急剧的移动化发展,同时加速的社会化与融合化促进新媒体的功能不断拓展,社会影响强势延伸。在国家顶层设计的强化下,中国新媒体在社会发展中的战略地位进一步凸显,新媒体超越传统媒体成为跨越诸多领域的超级产业,并进一步成为中国社会转型关键期的结构性因素,新媒体与政治、经济、文化的深度融合不断释放出正能量,中国正迈步从新媒体大国走向新媒体强国。

第二节 新媒体广告的新理念

在全球范围内新媒体广告产生与发展离不开广告传播基础理论的支撑,离不开新的媒介环境的孕育。自互联网诞生之日,不同学科与新兴媒介环境不断交融,催生出新的营销理论、新的经营管理理论、新的媒介传播理论等,不同领域的新兴理论对新媒介环境下的广告产业具有较大的推动作用,值得投入更多的关注。

一、蓝海战略

蓝海战略(blue ocean strategy)是由欧洲工商管理学院的 W. 钱·金(W. Chan Kim)和莫博涅(Mauborgne)提出的。蓝海战略认为,聚焦于红海等于接受了商战的限制性因素,即在有限的土地上求胜,却否认了商业世界开创新市场的可能。运用蓝海战略,视线将超越竞争对手而移向买方需求,跨越现有竞争边界,将不同市场的买方价值元素筛选并重新排序,从给定结构下的定位选择向改变市场结构本身转变。

(一)基本含义

蓝海以战略行动(strategic move)作为分析单位,战略行动包含开辟市场的主要业务项目所涉及的一整套管理动作和决定,在研究 1880—2000 年 30 多个产业 150 次战略行动的基础上,指出价值创新(value innovation)是蓝海战略的基石。价值创新挑战了基于竞争的传统教条即价值和成本的权衡取舍关系,让企业将创新与效用、价格与成本整合一体,不是比照现有产业最佳实践去赶超对手,而是改变产业景框,重新设定游戏规则;不是瞄准现有市场"高端"或"低端"顾客,而是面向潜在需求的买方大众;不是一味细分市场满足顾客偏好,而是合并细分市场、整合需求。

(二)构思方法

如何构思蓝海战略呢?构思蓝海的战略布局需要回答四个问题:第一,哪些被产业认定为理所当然的元素需要剔除?这个问题剔除产业中企业竞争攀比的元素,这些元素不再具有价值,却经常被认为理所当然。第二,哪些元素的含量应该被减少到产业标准之下？这个问题促使做出决定，看看现有产品或服务是否在功能上设计过头，目的只为竞比和打败竞争对手，而企业所给实际超过顾客所需并徒然增加成本。第三，哪些元素的含量应该被增加到产业标准之上？这个问题促使去发掘产业中消费者不得不做出的妥协。第四，哪些产业从未有过的元素需要创造？这个问题帮助发现买方价值的全新源泉，以创造新需求改变产业战略定价标准。

（三）实施原则

在实施蓝海战略中需要遵守相关原则，即四项战略制定原则和两项战略执行原则。其中，四项战略制定原则分别为：重建市场边界；注重全局而非数字；超越现有需求；遵循合理的战略顺序。两项战略执行原则分别为：克服关键组织障碍；将战略执行建成战略的一部分。

蓝海战略的第一个原则是重建市场边界。从硬碰硬的竞争到开创蓝海，使用六条路径重建市场边界。

（1）产业——跨越他择产业看市场。红海思维：人云亦云为产业定界，并一心成为其中最优。蓝海观点：一家企业不仅与自身产业对手竞争，而且与替代品（alternatives）或服务的产业对手互为竞争。

（2）战略集团——跨越产业内不同的战略集团看市场。红海思维：受制广为接受的战略集团概念（例如豪华车、经济型车、家庭车），并努力在集团中技压群雄。蓝海观点：突破狭窄视野，搞清楚什么因素决定顾客选择，例如高档和低档消费品的选择。

（3）买方群体——重新界定产业的买方群体。红海思维：只关注单一买方，不关注最终用户。蓝海观点：买方是由购买者、使用者和施加影响者共同组成的买方链条。

（4）产品或服务范围——跨越互补性产品和服务看市场。红海思维：以雷同方式为产品服务的范围定界。蓝海观点：互补性产品或服务蕴含着未经发掘的需求，简单方法是分析顾客在使用产品之前、之中、之后都有哪些需要。

（5）功能情感导向——跨越针对卖方的产业功能与情感导向。红海思维：接受现有产业固化的功能情感导向。蓝海观点：市场调查反馈的往往是产业教育的结果，企业挑战现有功能与情感导向能发现新空间，如果在情感层竞争，可去除哪些元素使之功能化？反之亦然。

（6）时间——跨越时间参与塑造外部潮流。红海思维：制定战略只关注现阶段的竞争威胁。蓝海观点：从商业角度洞悉技术与政策潮流如何改变顾客获取的价值，如何影响商业模式。

蓝海战略的第二个原则是注重全局而非数字。一个企业永远不应将其眼睛外包给别人，伟大的战略洞察力是走入基层、挑战竞争边界的结果。蓝海战略建议绘制战略布局图，将一家企业在市场中现有战略定位以视觉形式表现出来，开启企业组织各类人员的创造性，把视线引向蓝海。

蓝海战略的第三个原则是超越现有需求。通常，企业为增加自己的市场份额努力保留和拓展现有顾客，常常导致更精微的市场细分。然而，为使蓝海规模最大化，企业需要反其道而行，不应只把视线集中于顾客，还需要关注非顾客。不要一味通过个性化和细分市场来满足顾客差异,应寻找买方共同点,将非顾客置于顾客之前,将共同点置于差异点之前,将合并细分市场置于多层次细分市场之前。

蓝海战略的第四个原则是遵循合理的战略顺序。遵循合理的战略顺序,建立强劲的商业模式,确保将蓝海创意变为战略执行,从而获得蓝海利润。合理的战略顺序可以分为四步骤:买方效用—价格—成本—接受。

蓝海战略的第五个原则是克服关键组织障碍。企业经理们证明执行蓝海战略的挑战是严峻的,他们面对四重障碍:一是认知障碍,沉迷于现状的组织;二是有限的资源,执行战略需要大量资源;三是动力障碍,缺乏有干劲的员工;四是组织政治障碍,来自强大既得利益者的反对,"在公司中还没有站起来就被人掠倒了"。蓝海战略根据威廉·布拉顿领导的纽约警察局 20 世纪 90 年代变革,提出了引爆点领导法(Tipping Point Leadership),其理论是在任何组织中,当数量达到临界规模的人们以信心和能量感染了整个组织而行动起来去实现一个创意时,根本性变化就会发生。与组织变革理论转变大众为基点不同,引爆点领导法认为转变大众就要把力量集中于极端,也就是对组织业绩有超凡影响力的人、行为和活动之上。

蓝海战略的第六个原则是将战略执行建成战略的一部分。执行蓝海战略,企业最终需要求助于最根本的行动基础,即组织基层员工的态度和行为,必须创造一种充满信任和忠诚的文化来鼓舞人们认同战略。当人们被要求走出习惯范围改变工作方式时,恐慌情绪便会增长,他们会猜测这种变化背后真正理由是什么。员工距离高层越远就越不容易参与战略创建,也就越惴惴不安。不考虑基层思想和感受,将新战略硬塞就会引起反感情绪。要想在基层建立信任与忠诚,鼓舞资源合作,企业需要将战略执行建成战略的一部分,需要借助"公平过程"来制定和执行战略。实现公平过程的关键不在于新的目标、期望和责任,而在于人们是否清楚地理解了它们。围绕公平过程的原则组织蓝海战略的制定,一开始就将战略执行建成战略创建的一部分,就能够将政治游说和偏袒减少到最低,使人们集中精力执行战略。

二、长尾理论

长尾(The Long Tail)这一概念是由美国《连线》杂志主编克里斯·安德森(Chris Anderson)在 2004 年 10 月的《长尾》一文中最早提出,用来描述诸如亚马逊和 Netflix 之类网站的商业和经济模式。"长尾"实际上是统计学中 Power Laws 和帕累托分布(Pareto)特征的一个口语化表达。一个简单的解释是只要存储和流通的渠道足够大,需求不旺或销量不佳的产品共同占据的市场份额就可以和那些数量不多的热卖品所占据的市场份额相匹敌甚至更大,即众多小市场汇聚成可与主流大市场相匹敌的市场能量。

(一)理论起源

克里斯·安德森喜欢从数字中发现趋势。一次跟 eCast 首席执行官范·阿迪布会面,后者提出一个让安德森耳目一新的"98 法则",改变了他的研究方向。范·阿迪布从数字音乐点唱数字统计中发现了一个秘密:听众对 98%的非热门音乐有着无限的需求,非热门的音乐集合市场无比巨大,无边无际。听众几乎盯着所有的东西!他把这称为

"98法则"。安德森意识到阿迪布那个有悖常识的"98法则",隐含着一个强大的真理。

记录Rhapsody每月统计数据,并把它们画在一张图上,就可以发现该公司和其他任何唱片店一样,都有相同的符合"幂指数"形式的需求曲线——对排行榜前列的曲目都有巨大的需求,尾部快速下降的部分代表的是不太流行的曲目。但是最有趣的事情是深入挖掘排名在4万位以后的歌曲,而这个数字正是普通唱片店的流动库存量(最终会被销售出去的唱片的数量)。沃尔玛在这些排名在4万位以后的唱片上的销量几乎为零,要么沃尔玛就没有销售此类唱片,要么就是此类边缘唱片的少数潜在本地客户没有能够找到它们或者他们就从来没有走进过沃尔玛商店。Rhapsody的需求一直源源不断。不仅位于排行榜前10万的每个曲目每个月都至少会点播一次,而且前20万、30万、40万的曲子也是这样。只要Rhapsody在它的歌曲库中增加了曲子,就会有听众点播这些新歌曲,尽管每个月只有少数几个人点播了它们,而且还分布在世界上不同的国家。

于是,安德森系统研究了亚马逊、狂想曲公司、Blog、Google、eBay、Netflix等互联网零售商的销售数据,并与沃尔玛等传统零售商的销售数据进行了对比,观察到一种符合统计规律(大数定律)的现象。这种现象恰如以数量、品种为二维坐标上的一条需求曲线,拖着长长的尾巴,向代表"品种"的横轴尽头延伸,长尾由此得名。《长尾》在2004年10月号《连线》发表后,迅速成了这家杂志历史上被引用最多的一篇文章。特别是经过吸纳无边界智慧的博客平台,不断丰富着新的素材和案例。安德森沉浸其中不能自已,终于打造出一本影响商业世界的畅销书《长尾理论》。这就是长尾理论的起源。

(二)重要价值

长尾理论是网络时代兴起的一种新理论,它认为,由于成本和效率的因素,过去人们只能关注重要的人或重要的事,如果用正态分布曲线来描绘这些人或事,人们只能关注曲线的"头部",而将处于曲线"尾部"、需要更多的精力和成本才能关注到的大多数人或事忽略。例如,在销售产品时,厂商关注的是少数几个所谓"VIP"客户,"无暇"顾及在人数上居于大多数的普通消费者。而在网络时代,由于关注的成本大大降低,人们有可能以很低的成本关注正态分布曲线的"尾部",关注"尾部"产生的总体效益甚至会超过"头部"。例如,某著名网站是世界上最大的网络广告商,它没有一个大客户,收入完全来自被其他广告商忽略的中小企业。安德森认为,网络时代是关注"长尾"、发挥"长尾"效益的时代。

长尾市场也称之为"利基市场"。"利基"一词是英文"niche"的音译,意译为"壁龛",有拾遗补缺或见缝插针的意思。菲利普·科特勒在《营销管理》中给利基下的定义为:利基是更窄地确定某些群体,这是一个小市场并且它的需要没有被服务好,或者说"有获取利益的基础"。因此,通过对市场的细分,企业集中力量于某个特定的目标市场,或严格针对一个细分市场,或重点经营一个产品和服务,创造出产品和服务优势。

相关口号可以简单清晰地描述出长尾理论的巨大价值,如"涓涓细流,汇聚成河"、"终结二八定律"、"无物不销,无时不售"、"一个小数乘以一个非常大的数字等于一个大数"。

(三)实现条件

Google AdWords、Amazon、iTune 都是长尾理论的优秀案例。但也有很多失败者并没有真正理解长尾理论的实现条件。

首先,长尾理论统计的是销量,并非利润。管理成本是其中最关键的因素。销售每件产品需要一定的成本,增加品种所带来的成本也要分摊。所以,每个品种的利润与销量成正比,当销量低到一个限度就会亏损。理智的零售商是不会销售引起亏损的商品。这就是二八定律的基础。超市是通过降低单品销售成本,从而降低每个品种的止亏销量,扩大销售品种。为了吸引顾客和营造货品齐全的形象,超市甚至可以承受亏损销售一些商品。但迫于仓储、配送的成本,超市的承受能力是有限的。互联网企业可以进一步降低单品销售成本,甚至没有真正的库存,而网站流量和维护费用远比传统店面低,所以能够极大地扩大销售品种。比如 Amazon 就是如此。而且,互联网经济有赢者独占的特点,所以网站在前期可以不计成本、疯狂投入,这更加剧了品种的扩张。如果互联网企业销售的是虚拟产品,则支付和配送成本几乎为零,可以把长尾理论发挥到极致。Google AdWords、iTune 音乐下载都属于这种情况。可以说,虚拟产品销售天生就适合长尾理论。

其次,要使长尾理论更有效,应该尽量增大尾巴。也就是降低门槛,制造小额消费者。不同于传统商业的拿大单、传统互联网企业的会员费,互联网营销应该把注意力放在把蛋糕做大。通过鼓励用户尝试,将众多可以忽略不计的零散流量,汇集成巨大的商业价值。Google AdSense 就是这样一个蛋糕制造机。之前,普通个人网站几乎没有盈利机会。Google AdSense 通过在小网站上发布相关广告,带给站长们一种全新的低门槛的盈利渠道。同时,把众多小网站的流量汇集成为统一的广告媒体。当然,在这里还有一个降低管理成本的问题。如果处理不好,客服成本会迅速上升,成为主要矛盾。Google 是通过算法降低人工管理工作量,但也仅仅做到差强人意。

使用长尾理论必须小心翼翼,保证任何一项成本都不随销量的增加而激增,最差也是同比增长。否则,就会走入死路。最理想的长尾商业模式是,成本是定值,而销量可以无限增长。这就需要可以低成本扩展的基础设施,Google 的 BigTable 就是如此。

(三)成功案例

Google 是一个最典型的"长尾"公司,其成长历程就是把广告商和出版商的"长尾"商业化的过程。数以百万计的小企业和个人,此前他们从未打过广告,或从没大规模地打过广告。他们小得让广告商不屑,甚至连他们自己都不曾想过可以打广告。但 Google 的 AdSense 把广告这一门槛降下来了:广告不再高不可攀,它是自助的、价廉的,谁都可以做的;另一方面,对成千上万的 Blog 站点和小规模的商业网站来说,在自己的站点放上广告已成举手之劳。Google 目前有一半的生意来自这些小网站而不是搜索结果中放置的广告。数以百万计的中小企业代表了一个巨大的长尾广告市场。这条长尾能有多长,恐怕谁也无法预知。一名前亚马逊公司员工精辟地概述了公司的"长尾"本质:现在所卖的那些过去根本卖不动的书比我们现在所卖的那些过去可以卖得动的书多得多。

三、SNS 理论

SNS 全称 social networking services，即社会性网络服务，专指旨在帮助人们建立社会性网络的互联网应用服务。依据六度关系理论，以认识朋友的朋友为基础，扩展自己的人脉。并且无限扩张自己的人脉，在需要的时候，可以随时获取一点，得到该人脉的帮助。在互联网领域，SNS 有三层含义：social network service；social network software；social network site。人们习惯上用社交网络来代指 social network service，用社交软件代指 social network software，用社交网站代指 social network site。SNS 专指旨在帮助人们建立社会性网络的互联网应用服务。

（一）基本含义

SNS 网站就是依据六度关系理论建立的网站，帮用户运营朋友圈的朋友。六度关系理论是美国著名社会心理学家米尔格兰姆（Stanley Milgram）于 20 世纪 60 年代最先提出，基本内容是在人际脉络中，要结识任何一位陌生的朋友，这中间最多只要通过六个朋友就能达到目的。就是说如果想认识一个人，托朋友找朋友找认识他的人，中间不会超过六个人。

现实社会中，人与人的交流是通过人与人之间的介绍、握手来形成一个朋友圈、联系圈的，每个人不需要直接认识所有人，只需要通过他的朋友、朋友的朋友，就能促成一次握手。而普通的网络交际大多数通过某些平台来实现，比如将自己放到一个平台中去，让很多人看到，并且联系你、认识你。两者的优缺点明显，社会性交际优点是可靠，彼此关系建立在可靠的人际网络上，缺点是产生握手的时间长、代价较高；平台式的网络交际优点是成本低，但不可靠。

那么在网络中将该机制拷贝，即在理论上获得可靠与低成本的双重优点。还有一些优点就是，SNS 网络中，在朋友圈内关系往往真实度很高，非常可靠，互相之间不存在所谓网络的"假面具"，因此，比较容易实现实名制；SNS 基于人传人联系网络，一传多、多传多，利用网络这一低廉而快速的平台，网络建立的速度会非常快，这又使得建立人脉网络的成本进一步降低。

（二）发展历程

自 2003 年起，SNS 在美国悄然兴起，SNS 网站如 Facebook、MySpace、YouTube、HuLu 等相继出现，至今在全球范围内依然有强大的影响力。自 2008 年起，SNS 风靡中国，中国的 SNS 网站也逐渐被网友认识和喜爱。如果通过时间轴来分析中国的 SNS 市场的话，从 2002 年到现在，中国的 SNS 市场发展可以分为三个时期。

第一个时期是初始期（2002—2006 年）。中国 SNS 市场进入引入阶段，SNS 市场容量快速扩大，SNS 数量不断增多。第一个时期，SNS 主要以交友和婚介为主，代表厂商有联趣网、亿友网以及初始期后期的爱情公寓、51.com、校内网（现在的人人网）。这个时期市场预期相对高涨，但在用户维系和盈利模式上仍面临一些根本问题。

第二个时期为成长期(2007—2010年)。2007年SNS市场出现被夸大的预期峰值,SNS市场充斥着大量的厂商。2008—2010年进入洗牌阶段,SNS产业问题显现,例如同质化严重、资金不足、没有有效的盈利模式等,部分厂商被淘汰,如360圈。之后的2010年,SNS产业热度下降,多数厂商开始思考探索自己的商业模式,进行创新,实现盈利上的突破。SNS的繁荣一度被认为是热闹的表象,国内大大小小的SNS网站数不胜数,自2008年以来便冲击着人们的眼球,特别是2009年两个开心网的纷争甚嚣尘上,更将SNS网站的娱乐化推向媒体热议的风口浪尖。开心001可以说是SNS里的一个神话,在短短的15个月内,聚集了超过3000万注册会员的超强人气。为了迅速聚拢人气,类似开心网站所做的就是不断推出新玩意,这种建立在互联网却带有一定真实关系的社交型网站,由于模式的新颖以及对娱乐的追求,在短时间内得到众多用户的喜爱。然而当娱乐因素疲乏、新奇感消失时,这个关系网便随之土崩瓦解,这恐怕也就是开心网的用户来得快、去得也快的重要原因。

第三个时期就是从2011年到现在。中国SNS进入理性发展阶段,市场稳定,垄断性质的厂商出现,盈利能力也显著提高。到目前为止,中国的SNS体现为两大阵营。第一阵营的SNS以使用率较高的网站原平台为基础,实力雄厚,占据市场主体地位。如开心网是最早一批以产品功能为卖点,形成人与人之间交互关系的网站;人人网则是以校内起家,高校用户较多;腾讯QQ空间以腾讯IM为基础,拥有庞大的用户群。第二阵营是SNS网站体现个性化营销的长尾现象。如淘宝淘江湖依托于C2C商务平台淘宝网,新浪空间则与新浪博客紧密相连,世纪佳缘、百合网倾向于情感婚嫁。总体来看,第一阵营为主导,第二阵营体现出差异化。

(三)重要价值

六度关系理论的发展与其网络空间的实现,使得构建于信息技术与互联网络之上的应用软件越来越人性化、社会化。软件的社会化,即在功能上能够反映和促进真实的社会关系的发展和交往活动的形成,使得人的活动与软件的功能融为一体。六度理论的发现和社会性软件的发展向人们表明:社会性软件所构建的"弱链接",正在人们的生活中扮演越来越重要的作用。

与"弱联系"的六度关系理论形成重要关联与弥补的则是"强联系"150法则(Rule of 150),二者有机结合可以较好诠释并发挥网络媒介环境下广告传播的最大价值。150法则来源于欧洲的"赫特兄弟会",其有一个不成文的严格规定:每当聚居人数超过150人的规模,他们就把它变成两个,再各自发展。150成为我们普遍公认的个人可以与之保持社交关系的人数的最大值。无论个人曾经认识多少人,或者通过一种社会性网络服务与多少人建立了弱链接,那些强链接仍然在此时此刻符合150法则。这也符合二八法则,即80%的社会活动可能被150个强链接所占有。

因此,若在网络新媒介环境中进行广告传播,可以假定,广告主理论上可以通过某种手段,通过6个人,就可以把他的广告传播到全世界每一个人,尽管一个人保持社交关系的最大数量不超过150人。

（四）传播优势

第一，资源丰富。无论是综合的SNS还是垂直的SNS，都没有特定的用户群体，其中的人员分布很广泛，全国各地的、各行各业的都有，这就给SNS网站以无限的资源，由广大用户在使用中慢慢地帮助SNS网站积累了资源。其实用户就是资源。

第二，用户依赖性高。由于SNS网站积累了较多的资源，所以，SNS用户可以更容易地在网站上找到自己想要的。比如，有些人希望找老乡、找些自己喜欢的东西，通过其他用户提供的资源可以解决这个问题。又如，在SNS认识了一些志同道合的人，所以每天都想上去交流一番，逐渐地形成了一定的用户群体，并有较高的用户黏度。

第三，互动性极强。SNS网站虽然不是即时通信工具，但是它的即时通信效果也是很好的。还有可以写一些消息发给好友，这是极其方便的工具。在SNS网站，人们可以就自己喜欢的、当下热点的话题进行讨论。可以发起一些投票，发出一些问题，调动所有人的智慧。

第四，SNS网站的价值高。第一条提到的丰富的资源就是SNS的最大价值。其实用户可以分为好多种，有人是想通过SNS来多认识些朋友，有人是想通过在SNS上发软文来推广自己的网站，有些人是想写写日志来交到更多志同道合的朋友，有人是想利用SNS的丰富人脉找到工作，等等。这些都体现了SNS网站的价值所在。

（五）广告营销的优势

首先，SNS广告营销可以满足企业不同的营销策略。作为一个不断创新和发展的营销模式，越来越多的企业尝试着在SNS网站上施展拳脚，无论是开展各种各样的线上的活动（例如悦活品牌的种植大赛、伊利舒化奶的开心牧场等）、产品植入（例如地产项目的房子植入、手机作为送礼品的植入等），还是市场调研（在目标用户集中的城市开展调查了解用户对产品和服务的意见），以及病毒营销（植入了企业元素的视频或内容可以在用户中像病毒传播一样迅速地被分享和转帖）等，所有这些都可以在这里实现。为什么这么说呢？因为SNS最大的特点就是可以充分展示人与人之间的互动，而这恰恰是一切营销的基础所在。

其次，SNS广告营销可以有效降低企业的营销成本。SNS社交网络的"多对多"信息传递模式具有更强的互动性，受到更多人的关注。随着网民网络行为的日益成熟，用户更乐意主动获取信息和分享信息，社区用户显示出高度的参与性、分享性与互动性，SNS社交网络营销传播的主要媒介是用户，主要方式是"众口相传"，因此与传统广告形式相比，无需大量的广告投入，相反因为用户的参与性、分享性与互动性的特点很容易加深对一个品牌和产品的认知，容易形成深刻的印象，从媒体价值来分析形成好的传播效果。

再次，SNS广告营销可以实现目标用户的精准营销。SNS社交网络中的用户通常都是认识的朋友，用户注册的数据相对来说都是较真实的，企业在开展网络营销的时候可以很容易对目标受众按照地域、收入状况等进行筛选，来选择哪些是自己的用户，从而有针对性地与这些用户进行宣传和互动。如果企业营销的经费不多,但又希望能够获得一个比较好的效果的时候,可以只针对部分区域开展营销,例如只针对北上广的用户开展线上活动,从而实现目标用户的精准营销。

最后,SNS广告营销是真正符合网络用户需求的营销方式。SNS社交网络营销模式的迅速发展恰恰是符合了网络用户的真实需求——参与、分享和互动,它代表了网络用户的特点,也是符合网络营销发展的新趋势,没有任何一个媒介能够把人与人之间的关系拉得如此紧密。无论是朋友的一篇日记、推荐的一个视频、参与的一个活动,还是朋友新结识的朋友,都会让人们在第一时间及时了解和关注到身边朋友们的动态,并与他们分享感受。只有符合网络用户需求的营销模式才能在网络营销中帮助企业发挥更大的作用。

(六)成功案例

开心网的老用户对于"悦活"这个品牌一定不陌生。因为悦活种子曾经是开心农场中最热门的种子,榨"果汁"送网友,也是当时的热门话题之一。其实这是悦活利用开心农场进行的一次SNS植入广告营销。悦活是中粮集团旗下的首个果蔬汁品牌,在其上市之初,并没有像其他同类产品那样选择在电视等媒体上密集轰炸,而是选择了互联网。当时开心网正火,于是在2009年,中粮集团与开心网达成合作协议,以当时最火的开心农场游戏为依托,推出了"悦活种植大赛",通过SNS站点来进行营销策划。很显然这次的SNS广告营销做得很成功。

在游戏的过程中,用户不但可以选购和种植"悦活果种子",还可以将成熟的果实榨成悦活果汁,并将虚拟果汁赠送给好友。系统会每周从赠送过虚拟果汁的用户中随机抽取若干名,赠送真实果汁。在这次活动的基础上,悦活又在开心网设置了一个虚拟的"悦活女孩",并在开心网建立悦活粉丝群。通过这个虚拟MM,向用户传播悦活的理念。由于该活动植入的自然巧妙、生动有趣,所以活动刚上线便受到追捧,悦活玩转开心农场,把虚拟变成现实,为游戏增加趣味,提升了用户的积极性,两个月的时间,参与悦活种植大赛的人数达到2280万,悦活粉丝群的数量达到58万,游戏中送出虚拟果汁达102亿次。根据某咨询公司调研报告,悦活的品牌提及率短短两个月从零提高到了50%多,品牌价值直线上升,可称为是中国经典的一次SNS品牌营销案例了。

四、创意传播管理理论

互联网构筑了新型的数字生活空间。在数字生活空间中,传统营销传播环境中的企业和消费者的关系转变为生活服务者和生活者的关系。这种变化导致了营销传播模式的革命,进入创意传播管理时代。

(一)基本含义

创意传播管理(creative communication management,CCM)是由北京大学教授陈

第十二章 新媒体广告发展展望

刚提出的一个传播学术语,是在对数字生活空间的信息和内容管理的基础上,形成传播管理策略,依托沟通元,通过多种形式,利用有效的传播资源触发,激活生活者参与分享、交流和再创造,并通过精准传播,促成生活者转化为消费者和进行延续的再传播,在这个过程中,共同不断创造和积累有关产品和品牌的有影响力的、积极的内容。

(二)核心思想

创意传播管理强调,企业必须进行管理创新,设立专门的传播管理部门,对传播进行管理,在此基础上开展创意传播。创意传播的核心要素是沟通元。依托沟通元,运用多种形式,触发数字生活空间的生活者,不断分享和协同创意,共同不断创造有关企业产品和品牌的有影响力的、积极的内容。

(三)广告传播的媒介新环境

第一,在碎片化的时代、平台化的时代,营销也越来越细碎,无论是内部还是外部,整合的难度都在不断加大。向消费者灌输式营销的时代已经过去,现在企业的营销已紧紧和消费者绑定在一起,不仅要了解消费者在说什么,更要知道怎么去和消费者说,去和消费者怎么说。

第二,在新的环境中,技术的变化、企业在营销传播中的角色变化以及在数字生活空间中各种营销传播手段的混融,对传统营销传播的服务模式带来了巨大的挑战。营销传播服务公司必须了解这些变化,不断创新,以适应新时代的需求。没有技术的支持,创意传播管理是无法落地的。而随着创意传播管理的发展,大量的新技术会被不断地研发和应用。在数字生活空间中,一些新技术的应用,将会部分取代原有营销传播服务中的人力劳动。其中冲击最大的应该是传统的消费者调查的执行、内容监测分析、媒体效果和广告效果监测等领域。

第三,在传统营销传播领域,成熟市场的国家和地区无疑有丰富的经验,但是,面对互联网带来的变化,这些经验反而有可能成为阻碍它们创新的羁绊。因为互联网不是传统的延续,而是一场革命。在新的传播环境中营销传播如何发展,当然要以过去的积累为基础,但更需要构建新的解释性的理论框架和模式。

(四)CCM 重要价值

创意传播管理立足于更为崭新的媒介传播环境,尤其是焕然一新的受众环境,站在整合营销传播这一巨人的肩膀上,对传播环境新的革命性变化进行了回应。

这是一个更充分地以消费者为中心的时代。整合营销传播时代,以消费者为中心更多的是一种观念,只能体现在前期通过调查和有限的数据库资源,努力把握消费者的心理和各种信息,形成较准确但单一的诉求;而在创意传播管理时代,数字生活空间的生活者能够随时参与到企业的生产、销售、营销传播、品牌等经营发展的所有层面,企业转型为随时呼应生活者需要的生活服务者。

整合营销传播时代是一个技术引领的时代,虽然舒尔茨教授智慧地洞察到技术应用在营销传播中的价值,但当时所能实现的技术,主要是线下的一些成熟的企业积累下来的既有消费者的资料所形成的数据库技术。在数字生活空间中，创意传播管理的相关技术可以完成监测、内容分析、效果分析，当然还有生活者数据库这一对企业影响重大的新型营销传播技术。而一些新技术还在不断地开发和应用之中。

创意传播管理的创新和发展首先在于把传播从营销层面提升到企业的管理层面。互联网史无前例的变化，使得企业被抛入一个海量的语义空间。在这个数字生活空间的生存、竞争和发展，无时无刻都离不开传播。传播不仅是营销层面的问题，更是企业的整体发展首先面对的问题。所以，企业必须要进行管理创新，成立专门的传播管理部门，通过专业的流程，完成这一艰巨而重大的任务。

创意传播管理的创新和发展其次在于强调在整合的基础上走向协同创意。整合营销传播所说的整合，更主要的是在传统的、复杂的媒介传播环境中，通过整合传播资源和各种营销传播工具，形成单向的、强势的声音；虽然强调互动，但互动是在这种环境中是无法真正实现的。在数字生活空间主导的新的传播环境中，传播渠道呈现碎片化。在这个环境中，对优质的传播资源当然还是要整合，但整合只是基础性的工作，更重要的是在整合之后做什么。创意传播管理强调，通过沟通元的发布，激活生活者参与到分享、再创造中，参与到协同创意中，不断循环，不断创造和传播，积累有关产品和品牌的积极内容，这是在新的环境下有效解决营销传播问题的核心。而在这种变化中，企业在营销传播中地位也发生变化，企业更多地参与到营销传播的整个过程中。

创意传播管理是对整合营销传播的继承和发展，整合营销传播是创意传播管理的基础。正像整合营销传播推动了营销传播产业的转型一样，在创意传播管理时代，营销传播产业将迎来又一次革命。

（五）传播管理的必要性

面对互联网的挑战，企业必须把传播提升到战略和管理层面，改变现有的管理框架，单独建立传播管理部门。在企业目前的管理框架中，尚没有一个部门能够完成数字生活空间有关传播的各项工作。大多数企业的传播部门都从属于企业的市场部门，在这种传统的组织架构下，传播部门既无法与其他部门进行紧密的协作，也不能进入企业的决策中心，很难满足现代企业在数字生活空间中的竞争和发展的需要。

传播管理不仅仅是一个新的观念，更是要落实到企业的组织机制上，通过对传播管理的重新定位，调整现有的组织架构，提高传播管理在组织中的地位，充分发挥其带来的价值。传播管理部门的核心是对数字生活空间内容的监测和管理，支持企业的整体发展。

传播管理可以看做是企业在互联网上设置的"雷达"，全面监测和管理与企业相关的信息。企业希望了解环境，可以通过传播管理监测行业的政策、趋势以及市场动态。企业希望了解自身，可以通过监测企业的新闻报道、搜索排名和关注情况，甚至做得更加细化，比如通过电子商务系统监测产品销售情况，通过论坛监测产品和服务的口碑监测企业作为雇主在员工和求职市场的形象。企业还需要关注竞争，互联网是一个公开的、开放的平台，竞争对手的情况也能通过监测获得。

传播管理为企业捕捉到大量有价值的信息之后，通过数据挖掘和商业智能技术，对数据进行分析，经专业人员的解读和研究，提炼出企业的品牌、产品、销售等策略。传播管理发挥类似企业大脑的作用，面向最高决策者和各个部门提供情报和策略，支持企业进行决策，支持各个部门的工作。企业在互联网上不可避免地会遇到危机，一旦监测到危机可能发生，传播管理就能向企业预警，并且挖掘危机产生的原因、可能的传播源和传播链条，并根据企业的情况，指导企业做出有针对性的反应。

除了决策支持外，传播管理为企业提供的支持还有资源方面的挖掘。很多企业能够从信息的角度去利用互联网，但企业还应该意识到，从互联网中可以获取更多的养分和资源。早期的互联网就是一个突破地理限制的资源交换平台，而现在是一个众包、协同的时代。例如，维基百科是知识的共同创造平台，通过众多生活者的努力，现在的知识专业程度恐怕已经达到了百科全书的水平，而在信息数量上则远远超过了百科全书。

同时，由于传播管理是企业的信息中枢，涉及各个部门，因此在组织架构上，该部门可以处于比其他部门略高的级别。无论如何，这个部门肯定是跨部门的机构，在建立的时候必须要考虑同各部门协调和沟通的方便性。

传播管理的部分职能与广告和公关有关，但又超过了传统的广告和公关活动范畴，更重要的是该部门的运作思路颠覆了原有的营销传播模式。同时，企业原有的负责信息化的部门也同传播管理相关，但原来偏重技术化和企业内部信息化建设的特点远远不能满足传播管理的需求。所以，一种可行的思路是，成立传播管理部门后，将企业原有的负责广告、公关的部门和负责信息化建设的部门并入到传播管理部门。

（六）企业传播管理部门的构建

根据企业规模，传播管理部门肯定有不同数量的专职管理人员，但由于传播管理部门要处理不同部门的大量信息内容并迅速做出判断和反馈，所以如何协调同各部门的关系，是组织建设应该考虑的问题。目前戴尔的做法是由其他部门选派自己部门的员工轮流参与到传播管理的工作中，这是一种可以借鉴的方式。而另一种方式是通过互联网技术，即传播管理部门所汇聚的各种信息和分析策略会在各部门的专门的终端显示，各部门有专人负责直接与传播管理部门进行反馈和沟通。

由首席传播官负责传播管理，以及传播管理部门比其他部门高半级的组织结构设计，能够保证传播管理的工作得到其他各个职能部门的支持，在信息发布、沟通和反应方面形成协作和合力。另外，传播管理所监测到的信息和分析的策略也能够及时提供给其他部门，使传播管理充分发挥信息管理和决策支持的作用，配合企业产品、服务、销售各个层面的工作。传播管理通过监测和分析生活者生活形态、生活者对品牌以及产品和服务的感知和评价、品牌现阶段市场策略效果以及互联网本身特征，可以为企业市场部的市场策略提供建议，包括目标人群的选定、营销手段的选择、市场活动的内容等。

传播管理部门监测与企业相关的产品信息、销售信息、受众信息、行业信息、政府信息、重要利益相关者信息，通过对这些数据的长期监测和深度挖掘，再结合以上分析的市场、销售、产品情况，就能够在某种程度上判断出企业的优势、劣势、问题和机遇，为企业战略规划部门制定企业发展规划、调整战略布局提供决策上的参考。

传播管理部门与企业其他部门之间的关系是双向的，传播管理部门监测的信息可以提供给其他部门,传播管理部门的信息发布和反应同样也需要其他部门的支持。企业在互联网上发布的信息要想符合生活者全方位的需求,就必须更加多样、更加专业。因此,这些信息的发布不能只是由传播管理部门参与,传播管理部门应该是信息的统一出口,而信息的来源应该是企业的产品、服务、销售等各个部门。

传播管理部门需要相关的职能部门合作,共同决定沟通内容,由传播管理部门选择合适的方式及时进行沟通。有些时候生活者的需求不是仅从传播层面就能解决的,企业除了与生活者沟通之外,还需要采取有针对性的措施予以改善和处理,这些都需要各职能部门去落实。比如产品层面的问题,需要改进产品研发和生产;服务层面的问题,需要提高服务质量,与客户进行线下的进一步联系;销售层面的问题,需要优化产品组合和销售渠道等等。

企业传播管理部门应包括四个团队:综合管理团队、精准传播团队、创意传播团队和技术服务团队。在数字生活空间中,企业的传播管理同传统的营销传播不同。传播管理对数字生活空间各种内容的收集和研究并不仅是直接对应营销传播,而是对应企业的各个部门和整体发展,所以,传播管理大于营销传播。

在传播管理部门中,有一个专门的团队是进行综合管理的,这个团队的主要工作是进行信息的监测、汇总和分析,并形成策略,服务于企业的战略和各个部门。由于互联网的特点,精准类传播越来越重要。精准类传播效果突出,其特点是可以测量和控制,与传统的营销传播不同的是,精准类传播还必须根据综合管理团队研究的策略而随时调整,所以,在传播管理部门内部应建立专门的管理团队,负责处理精准类传播的各项业务。创意传播是数字生活空间最具挑战性的方面。在传播管理部门,有一个重要的团队负责创意传播。创意传播要不断地提供高质量的内容,在数字生活空间中产生影响和关注。技术服务团队是传播管理部门的基础和支持,这个团队负责维持传播管理的技术系统的正常运行,承担企业网站和内网等自有传播资源的技术服务。同时,要维护将来建立的内容数据库和生活者数据库。这些团队分工不同,但又相互协作,共同完成企业传播管理的工作。

(七)创意传播的必要性

21世纪,传播环境的巨大变化,主要是互联网等新传播形态的快速发展,对广告业提出了重大挑战。宝洁CMO(首席营销官)吉姆·史丹格曾说:"在1965年时,用三个插播在《新闻60分》中的广告片就可以接触到美国80%以上的成年观众,但是到了2002年时,要用117个黄金时段的电视广告片才能达到同样的效果。在20世纪60年代早期,一天后,一个黄金时段的60秒广告能够被记住40%,而且其中一半内容都不用任何提醒;而现在,一个30秒的广告大约能被记住18%~20%,在没有任何提示下,没有人能记住广告传递的任何信息。"

在这样一个瞬息万变的数字生活空间中,信息繁杂而又容易被遗忘,制作一则能够让人注意并且记住的广告难上加难,而传统的媒体投放型广告服务,也已无法满足生活服务者在互联网这个数字生活空间中进行营销传播的要求。因为面对互联网海量的信息和多元化的内容,加之媒体的多样化和碎片化,作为生活服务者要想引起关注,仅仅依靠网络广告是不够的。进一步说,在以互动精神为核心的互联网上,企业的传播内容不能靠覆盖、靠强制性到达生活者,对生活者产生影响。在这种情况下,如何与生活者沟通,成为互联网传播环境中遇到的新难题。以前那种只要瞄准产品的目标用户,锁定其关注的主要媒体,配合相应的品牌策略,就可以产生传播效果的时代已经一去不复返了。

在数字生活空间中,企业已经不再是单纯的企业,更是为力求满足每一名生活者个性化需求的生活服务者,显然,角色的转变对营销传播提出了全新的挑战。首先是营销传播信息的分散化。在传统媒体阶段,企业利用大众媒体很容易取得传播效果,而在数字生活空间中,人人都是生活者,人人都是传播者,海量信息全球直播。如果作为生活服务者的企业仍然按照传统的传播操作模式,传达的信息就会淹没在信息噪声中,很难产生预期的效果。随之而来的是舆论多元化。在传统媒体阶段,媒体把关人的存在使得内容很容易控制,而在数字生活空间中,各种不同利益的代表可以自由地表达自己的声音,而且非常容易聚合起来放大影响形成舆论。可以说,生活服务者所面临的多元化传播冲击的危险已经达到了空前的程度。此外,各种多元化的传播信息聚到一起,混同生活服务者所有的历史资料在同一时间呈现在生活者面前,使其基本上没有秘密可言。也就是说,在数字生活空间里,生活服务者近乎透明化。在这种背景下,生活服务者要想对生活者和社会发挥导向作用,是难度极大的一项工程,创意传播因此成为其营销传播的第一要务。

在数字生活空间中,没有创意,传播就不会在海量的信息环境中产生任何影响。策略固然重要,但是如果没有好的创意,就等于没有传播,创意重新成为营销传播的核心,并且渗透到营销传播的各个环节、各个层面。究竟什么是创意传播?创意传播是根据生活服务者的策略,依托沟通元进行创意构想,并将沟通元的各种表现形式利用相关传播资源展现,激活生活者在分享、互动和协同创意中创造交流、创造话题、创造内容,进而创造传播效果的营销传播模式。其中沟通元是创意传播的核心要素,是实现复制、延伸和不断传播的创意"元点"。

(八)创意传播的实现

在数字生活空间中,创意传播在创意表现上跟过去已经不一样了。

首先,创意深入整个传播活动的各个环节、各个层面并起着统领全局的作用。它不仅仅是创意人员一个新奇的想法,不仅仅是设计人员对这个想法的具体呈现和执行。在数字生活空间中,每一名生活者都可以成为传播者,创意传播更要适应互联网的互动精神,充分发动生活者的力量,为其提供分享和再创造的创意空间和素材——沟通元,从而建立起生活服务者与生活者的联系,实现数字生活空间中沟通元广泛快速的复制、转发、延伸,达到生活服务者品牌营销传播管理的目的。

其次,创意与技术的结合更加紧密,对技术提出了更高的要求。传统的创意策略固然需要技术,但创意部门通常只有美术和文案人员,只要创意出来了,配合创意的执行技术往往不是问题。但在当前的数字传播环境中,创意部门无法绕开技术单独操作,必须吸纳掌握互联网应用技术的人员,技术不再是配角,甚至已成为创意传播中的重要因素之一。比如传播管理技术,可以通过专业的创意传播管理服务公司开发的传播管理办公系统解决;又如创意表现技术,即怎样通过技术把信息传播出去,到达生活者,什么样的技术可以让传播取得更好的效果,激发他们参与的热情。"很多时候,网络传播的执行和制胜取决于技术的应用,很多成功的网络营销传播案例也是新技术运用的典范。这样的例子比比皆是,特别是在互联网和手机平台上应用得较多。比如 QR Code(二维码)、AR(实景增强)技术,在技术应用和品牌营销传播层面找到了很好的结合点,因此很快被应用到互动网络营销传播中。"创意传播作为创意传播管理的重要一极,与传播管理相互关联,承接呼应,它的提出为生活服务者的营销传播活动指出了明确的方向,保障了在数字生活空间中生活服务者营销传播的任务顺利完成。

(九) 创意传播实现的核心要素——沟通元

创意传播的核心是沟通元。沟通元是创意传播的核心要素,它既是传播的载体,也是实现创意的元点,是创意传播的重要概念。优秀的沟通元在合适的时间利用合适的传播资源发布,会取得令人意想不到的爆炸性传播效果。在传播环境极端复杂的互联网环境下,广告、公关、活动等传统环境下的分类概念已经不适用,各种营销传播手段的边界开始模糊化。沟通元的力量在于为营销传播活动提供核心价值和指导思想。

沟通元有四个特性。第一,明确单一性。沟通元是易于识别、易于记忆的,一则信息应该包含清晰明确的沟通元。在商业信息泛滥的数字生活空间中,如果信息承载的意义过多则会导致生活者理解上的混乱,反而不利于记忆。一个成功的传播过程可以在生活者的脑海里将某一个概念与某一品牌形成清晰而深刻的联系。第二,可分享性。沟通元被发送到数字空间,能够立刻引起受众的关注与讨论,并被自发地进行复制与分享。第三,可延展性。沟通元并不是一成不变的,作为创意传播的核心与起点,沟通元的广度和深度都在传播过程中不断延伸与扩展。第四,可参与体验性。沟通元一定能够为受众提供可参与创造体验的空间,实现从参与者到意见领袖的转变,形成持续传播效果。

沟通元有三种类型:热点关注型沟通元、生活者制造型沟通元和主题传播型沟通元。热点关注型沟通元是指生活服务者传播的内容与热点事件相结合,捆绑投放,依靠热点事件所具有的高关注度和高参与度吸引生活者关注、参与,从而实现生活服务者营销传播的目的。热点关注型沟通元的核心在于热点事件,诸如社会公共事件、重大灾难、体育赛事、节庆日、影片上映、明星绯闻等热点事件都可以成为捆绑结合的载体。生活者制造型沟通元是指由受众自己创造的能够吸引其他受众广泛参与的,甚至参与其中能够再次进行自觉传播的信息内容。主题传播型沟通元是指由受众在相关主题基础上延伸出来的各种附加活动与信息,最终借助制造某一主题或其相关活动来进行信息传播。

创意传播的实现需要三个步骤来实现。第一,寻找沟通元。这是创意传播的起点,选择合适的沟通元是创意传播的最关键的内容,关系到创意传播的成败。第二,选择合适的平台发送沟通元,触发创意传播。合适的平台是沟通元得以创意传播实现的主要情境,是创意传播进行延伸与扩展的重要土壤。第三,激活受众,实现协同创意。激活受众一方面使传播的受众增加,更重要的是扩大沟通元传播范围,激起更深更广的传播。

第三节 新媒体广告的发展趋势

1994年美国新媒体广告起步,1997年中国新媒体广告开始。在全球化营销的浪潮中,中国的新媒体广告也正成为国内许多企业进行国内或国际营销的重要工具。为了更好地为企业的营销服务,新媒体广告的策划、创意与表现水平需要很大的提高。同时来自其他媒体的冲击依然存在,诸如互动电视的出现,将打破原有的由网络媒体垄断的互动优势,这也势必会对新媒体广告产生影响。但不容否认的是,网络媒体自身的技术优势很大,关键在于新媒体广告应如何充分运用自身的技术优势,并且寻求适合自己的广告策略,提升新媒体广告的吸引力。

一、新媒体广告市场前景展望

美国互动广告局(IAB)在报告中宣布,2013年美国网络广告收入达到了创纪录的428亿美元,比2012年增长了17%,2013年的电视广告收入为401亿美元。这标志着在线广告收入首次超过传统电视广告收入。2013年的移动广告收入为71亿美元,较2012年的34亿美元增加了110%。哈佛商学院的研究人员指出,以广告为基础的互联网生态系统对美国的经济发展是一个关键驱动力。

2009年中国互联网广告收入为207亿元,已经超越了户外广告收入。2010年中国网络广告营销市场规模达到300亿左右。2011年中国网络广告营销市场规模达到511.9亿。2012年中国网络广告营销市场达到753.1亿,超过报纸广告规模。2013年中国网络广告市场规模达到1100亿元,同比增长46.1%。艾瑞咨询分析认为国内网络广告市场规模在突破千亿大关之后,随着市场的成熟度不断提高,未来几年将放缓增速,平稳发展,总量持续增长。

由此可见,新媒体是一种极具潜力、富有活力的年轻的广告载体,它具有传统媒体无法比拟的优势。随着网络技术的进一步发展,新媒体广告必将成为一种具有巨大商业潜力的广告传播媒介。

二、新媒体广告的发展趋势

总体来说,新媒体广告将呈现以下九大趋势:

第一,新媒体巨头逐鹿广告。广告业一向是跨行业、高增长的领域,近年来,这一行业在互联网这个互动平台上迅崛起,吸引中外网络巨头掘金新媒体广告市场。国外的AOL、Google、雅虎、Facebook、YouTube等,国内的腾讯、百度、新浪、搜狐、网易、新浪、淘宝、天猫、优酷、土豆等在新媒体广告业的崛起,是新媒体广告业发展的重要标志。如今，中国互联网公司运作逐渐成熟，新媒体广告产业链不断优化，市场规模不断扩大。

第二，新媒体广告市场潜力巨大。新媒体广告取得了飞速发展，全球移动互联网广告市场的扩张是新媒体广告未来发展的最大的推动力量。新媒体广告的发展前景毋庸置疑，可以预见，未来的新媒体广告与传统媒体相比将更胜一筹。但如何良性互动发展好新媒体广告这一新型产业，需要网络媒体、广告代理商以及数据服务商等产业链的共同探索与努力。

第三，新媒体广告将更具创意性。依托多媒体计算机等先进技术发展形成的新媒体广告，除了理性的渲染广告之外，新媒体广告将更加注重广告制作的创意性；在表现方式上营造品牌效应，比如，将更多采用一些具有震撼力的标题与有动态效果的画面；内容上还尽可能想方设法设置悬念，唤起浏览者进一步点击的欲望；新媒体广告在五彩缤纷的信息世界中，将更多采用各种出奇制胜的理念和方法去吸引客户，它将比其他各类媒体的广告更能显出艺术魅力。因此，今后随着时间的推移，各网站、广告商对新媒体广告制作人的要求将更加苛刻，希望新媒体广告制作人具有艺术家的天分、编辑工作者的才能和魔术师般的创意才能。而随着宽带网的普及，越来越多的表现形式将被新媒体广告借用。带宽曾被许多广告制作人员当作创意的瓶颈，新媒体广告设计无法使用多种表现方式来表现品牌，否则将使下载时间延长，导致网民另找站点，影响了广告效果。带宽的加大将使更多的传统广告创意与制作人员加入新媒体广告的队伍。技术门槛的不断降低，将最终使新媒体广告的制作与创意水平得到提高。网络媒体与电视、广播、报纸等传统媒体的融合也将使新媒体广告与传统广告融合。

第四，新媒体广告将催生个性化定制广告。个性化定制是基于数据库的新媒体广告定制体系。简单地说，就是追踪网站用户的在线行为，根据用户的行为找出他们的兴趣和习惯，基于用户兴趣和习惯，为用户提供和他们的兴趣习惯相关的广告。按照不同的新媒体广告的定制系统，可以分为纵向定制和横向定制两种。纵向定制指的是不管这个网络用户访问哪个网站，不间断地向其提供跟其兴趣和习惯相关的广告。打个比方说，有一位网络用户，他常常访问一些财经类网站，关注抵押率方面的信息。根据这些信息，可以确定他可能有买房子的打算，而这时抵押公司就利用他的这个兴趣，向他提供一些关于抵押率的广告。在所有他访问的网页上，打出关于抵押率的广告。这样，不管是看天气预报，还是在阅读体育新闻，这位用户都能看这家抵押公司的广告。横向定制就是根据网络的不同分类，在相同类型的网站打出相关的新媒体广告。还是以上面提到的那家抵押公司为例，按照网络的分类，一般访问财经相关网站的用户，对抵押业务的兴趣会更大一些，因此，该公司应该更多地在与财经相关的网站做关于其抵押服务的广告。不管是纵向定制还是横向定制，可以看出个性化定制新媒体广告的过人之处就在于它的"有的放矢"。针对受众的个性化特点，提供针对性的广告，其广告效果必定会不同凡响。

第五，新媒体广告将更具服务性。为了取得更广泛的广告效果，今后的新媒体广告将会更重视多种语言的应用，让全球更多的人分享广告信息，而且在每一页广告都会注明即时回复的E-mail地址或按钮，使客户能随时实现与广告上或公司企业的互动咨询与对话。充分利用IT网络技术的特点，新媒体广告将更具服务性，微博、微信、APP客户端充满广告表现空间。为了方便客户,许多从事广告的网站除了做一般的在线主页广告之外,还将从事广告的内容分类、储存和发送。今后广告商更有可能通过小型电子邮件、杂志的分类广告,以主动"推"的方式寄给客户。在短小的 E-mail 中附上分类广告,是一种更有成效的发展业务方法,这些广告更有可能被 newsletters 的订户们浏览,这种"强行推销"的方式似乎比被动地在 Web 上列出分类广告清单更能获取良好的回应,它比其他守株待兔式的广告更有主动性、服务性。

第六,新媒体广告监测与效果将更科学有效。对广告主来讲,广告投入能有多少收益,即新媒体广告的效果评价关系到网络媒体和广告主的直接利益,也影响到整个行业的正常发展。理论上,进行新媒体广告活动是以具备精确的定向、反馈和访问量统计技术为基础的。然而事实上,广告监测与效果评估体系一直是新媒体广告发展的瓶颈问题。网站向广告主提供相关的资料及广告监测报告,内容涵盖浏览人数、点击数、访问人次、访问时间、停留时间等数据,对于监测和评估新媒体广告,在一定程度上是具有参考作用的,但往往具有一定的虚假性。国内一些调查公司对在线广告效果进行的抽样调查,往往存在样本不全、调查范围小、针对性差、权威性不足等问题。因而,由第三方对新媒体广告进行科学的监测与评估,非常必要。有了第三方对新媒体广告进行的科学监测与评估,才能有效解决新媒体广告监测与评估的公正性、权威性的问题。

第七,新媒体广告将更有针对性。网民上网冲浪具有较强的目的性,个人用户一般是主动地搜索信息。因此商家新媒体广告只有投放在与自己产品或服务相关的潜在消费者身上才能产生效果,这就必须将新媒体广告定位于目标市场上。同时,实现新媒体广告、订购、支付、配送一体化是十分必要的。大量的实践表明,新媒体广告的最大优势就是能直接通过点击鼠标产生订单,进而实现销售。基于互联网的直接互动性,新媒体广告在营销中的功效并不仅仅限于促销,它可以贯穿于整个销售环节中。新媒体广告的投放必须考虑到目标受众的数量和质量,不顾网民的质量,一味追求"点击率"是不可取的。研究表明,网民的各种属性与网站性质之间存在某种明显的相关性。所谓物以类聚,人以群分,对围棋情有独钟的网民肯定会经常流连于游戏类网站,专注于传媒研究的学者浏览最多的网站是"中华传媒网"和"传媒观察",因而新媒体广告投放者宜密切关注网站建设和运作动向,寻找与自己产品相匹配的网站投放广告。

第八,新媒体广告代理制度将更健全。随着网络媒体的复杂化与多样化,新媒体广告水平不断提高,网络营销要求越来越高,广告主及网络服务商面临日趋激烈的竞争,没有时间和精力,也没有必要的专业水平来处理新媒体广告业务。新媒体广告的运作模式将走向成熟,新媒体广告代理制度将成为新媒体广告活动的主流制度。

第九,新媒体广告管理将走向规范化、法制化。为维护客户的共同利益,新媒体广告的管理将更加规范化。一方面,国家对新媒体广告管理十分重视,颁布一系列的新媒体广告管理法规;另一方面,网站本身随着自己的成熟,对新媒体广告的管理逐步规范和完善。现在新媒体广告的混乱状态大部分是由目前网络人员素质低下、管理经验缺乏等薄弱环节造成的。另外,新媒体广告的价格也将逐渐透明。现在有些网站做广告甚至不收费,因为网站数量增加得很快,有些网站为创造知名度或增加市场份额,把价钱纷纷下降,而随着广告客户的成熟与对广告效果评估的认识,广告客户将主要依赖广告效果而不是广告价格来投放广告。随着网络通道条件的改善、宽频的广泛采用,网络运行的速度可以大幅度提高,这使得新媒体广告的宣传空间更为广阔。但是,大浪之中往往鱼龙混杂,在新媒体广告发布中也存在一些不健康的内容,甚至侵犯了个人版权、名誉权、隐私权等。为了保证网上正常运行,社会各界舆论、行业企业和政府有关方面,都对新媒体广告提出了规范化的要求,并要求建立必要的政策法律制度对此进行约束。可以预见,今后新媒体广告发展必将逐步走上规范化和法制化的轨道。

新媒体是一种崭新的媒介传播载体,新媒体广告既继承了传统广告的长处,又充分展现了自身的特点。随着新媒体广告的不断探索和发展,一定会在广告的发送与接收两方面都给社会带来巨大的利益,因此日益为社会看好,其发展势头锐不可当。随着新媒体的进一步发展,广告传播的环境将日益丰富,新媒体广告形式也将更加多样,其在在策划、设计、制作、发布、效果测评等方面都将有较大改善空间。同时,新媒体广告将在法律法规规范下,发挥好社会信息传播中的媒介作用,促进经济与社会的发展。

本章关键概念

蓝海战略 (blue ocean strategy)
长尾 (The Long Tail)
150 法则 (Rule of 150)
创意传播管理 (creative communication management)

本章思考题

一、简答题
1. 通过相关研究数据分析中国新媒体广告发展的市场规模并解释理由。
2. 针对某一具体品牌,谈谈如何进行创意传播。
3. 新媒体广告的发展有哪些趋势?
4. 结合相关广告法律法规,谈谈将来新媒体广告发展如何规范化管理。

二、案例分析
什么?一个垂直自媒体估值 1 个亿,而且领投的居然是另一个"自媒体"?!是的,这就是 2015 年 7 月轰动业内的自媒体微信公号"餐饮老板内参"完成 Pre-A 轮融资。本轮融资由自媒体大号、著名财经作家吴晓波等联合成立的狮享家新媒体基金领投、另外几家机构跟投,融资规模 2000 万元人民币,估值 1 亿。"餐饮老板内参"的创始人为秦朝,2013 年 7 月,他和一个小伙伴投入 5 万元启动资金,在咖啡馆办公。2014 年 7 月,成为国内第一个获得天使风投的垂直自媒体,估值千万。2015 年 7 月,再次获得到 Pre-A 轮融资,估值 1 亿。据悉,"餐饮老板内参"现有的 14 人几乎全部是内容团队,没有专门的销售人员。接下来,内容原创梯队的扩大和挖掘依然是重中之重,而培训、技术、金融业务板块的招兵买马也会快速展开。

问题:

在以上的案例中,为什么微信公共号作为自媒体营销平台取得如此大影响力?请运用本章相关知识进行分析。

本章推荐阅读书目

《创意传播管理:数字时代的营销革命》

作者:陈刚 沈虹 马澈 孙美玲

出版社:机械工业出版社

出版年:2014 年

内容简介:

《创意传播管理:数字时代的营销革命》是关于新媒体广告的前瞻性思考,其中创意传播管理(CCM)是由北京大学教授陈刚提出的一个传播学术语,是在对数字生活空间的信息和内容管理的基础上,形成传播管理策略,依托沟通元,通过多种形式,利用有效的传播资源触发,激活生活者参与分享、交流和再创造,并通过精准传播,促成生活者转化为消费者和进行延续的再传播,在这个过程中,共同不断创造和积累有关产品和品牌的有影响力的、积极的内容。

本章参考文献

[1] 中国社会科学研究院新闻与传播研究所.中国新媒体发展报告[R].2016.

[2] 陈刚,等.创意传播管理:数字时代的营销革命[M].北京:机械工业出版社,2012.

后记
POSTSCRIPT

在世界范围内，新媒体广告发轫于1994年的美国。1994年10月14日，美国著名的Wired杂志推出了网络版Hotwired，其主页上开始有AT&T等14个客户的Banner广告。这是世界广告史上里程碑式的一个标志。1997年3月，中国的比特网Chinabyte网站主页出现了Intel和IBM的468×60像素动画旗帜广告，这是中国第一个新媒体广告。

2014年8月18日，中央全面深化改革领导小组第四次会议审议通过了《关于推动传统媒体和新兴媒体融合发展的指导意见》，强调要着力打造一批形态多样、手段先进、具有竞争力的新型主流媒体，建成几家拥有强大实力和传播力、公信力、影响力的新型媒体集团。

2016年是互联网进入中国的第二十二个年头。二十余年中，"网络媒体"、"新媒体"、"新兴媒体"、"网络与新媒体"等较多词汇被拿出来描述媒介新变化，国内外学界业界尚对"新媒体"缺乏比较统一的认识，更没有较为权威的概念解读。但共识的是新媒体所包含的形式远远超越目前传统及移动互联网所呈现的形态，新媒体是相对的概念，其内涵与外延不断在变化，也不断被革新。昨日曾经所谓的新媒体可能今天已经不再位列其中，因此以其为载体的新媒体广告也将不断被创新。

近年来，互联网等各类新媒体跻身主流媒体行列，在促进公民获取信息、拓展人际交往、鼓励社会参与、提供实际生活便利等方面发挥的积极作用较为突出，得到了国家领导人的认可与赞誉。因此，对中国乃至全球而言，一个普遍意义上的新媒体时代已经到来！在新媒体的深远影响下，当前的广告教育如何把新媒体的技术与理念系统传授给广大学子，是值得学界深入探讨的具有较强现实意义的课题。

目前，从高校的培养来看，主要有把行业实习融合到相关课程中、单列课程讲授等实现形式，但往往缺乏整体性和系统性。从业界相关情况来看，传统媒体在实施新媒体化战略的进程中急需学界对其人员进行网络传播相关业务的培训来进行助推，而相关支持薄弱。鉴于此，立足于新闻传播教育之需要的新媒体教材的编写尤为重要。

当前全国高校的新闻院系中均开设与新媒体广告相关的课程，该课程是广告学专业和网络与新媒体专业的主干课程，也是新闻传播类其他专业主要选修课程。综观目前国内出版的新媒体广告教材，由于移动互联网技术的迅速发展以及传播理念与形式也相应发生较快的变化，相关教材均没有较新版本出现，无法把新媒介传播学界、新媒体广告业界、互联网技术领域最新研究成果以教材内容的形式呈现给学生，影响到对新闻传播类专业学生的新媒体广告素养与技能的培养。

2014年3月22日，教育部副部长鲁昕在中国发展高层论坛上表示，我国即将出台方案,实现技术技能人才和学术型人才两种类型高考模式。与之相应的是高校人才培养模式的转变与适应。与全国著名新闻院系着力培养研究型人才之不同,近几年新设或省属高校新闻院系则以培养应用型人才为主,课程教材必须服务于人才培养定位之需要,必须满足于业界渴求业务型广告传媒人才之需要。教材编写与课程讲授中均应围绕新媒体广告的相关核心理论掌握,使学生对新媒体环境下广告传播理念进行全新构建,同时着重培养其在新媒体广告业务层次上的驾驭能力。

基于将媒体新变化、新需求融入广告传媒专业教育的考量,我们编写了《新媒体广告》一书。自 2013 年开始筹划至此完稿,此书历时三年。从最初的编写提纲几经讨论、几经修改,到最终集众人之智慧成如今之体系。本书内容力求既能立足移动互联网技术理念的新变化,又能覆盖新媒体广告岗位的工作要求,因此比较具体安排了"新媒体与新媒体广告概述"、"新媒体广告基础理论"、"新媒体广告调查"、"新媒体广告策划"、"新媒体广告创意"、"新媒体广告的设计与制作"、"新媒体的选择与组合"、"新媒体类广告组织"、"新媒体广告受众"、"新媒体广告投放及传播效果测评"、"新媒体广告经营与管理"、"新媒体广告发展展望"等十二章内容。参与编写本书的人员都是在高校专门从事新媒体及广告方面教学研究的一线教师,有着多年的新媒体及广告业务实践或与之相关的教学及研究经验。

本书策划设计组织、编写提纲审定、前期组稿由康初莹(河南工业大学)完成,第一章由刘挧辰(河南工业大学)撰写,第二章由崔磊(华中农业大学)撰写,第三章由张莉(武汉轻工大学)撰写,第四章由康初莹撰写,第五章由康初莹撰写 1—2 节、陆南(河南工业大学)撰写 3—6 节,第六章由陆南撰写,第七章由梅晓春(郑州航空工业管理学院)撰写,第八章由徐鑫鑫(中原工学院)撰写,第九章由梅晓春撰写,第十章由张合斌(河南工业大学)撰写,第十一章由孙晓韵(河南工业大学)撰写,第十二章由张合斌撰写。

康初莹、张合斌、陆南和梅晓春共同完成了本书的审稿统稿工作。

本书是探路之作,在编写过程中,得到了华中科技大学出版社的大力支持,另外,也借鉴了国内外新闻传播学者和各级各类新媒体平台近几年出版或登载的关于新媒体广告传播研究的相关成果,在此一并表示衷心的感谢。

由于时间仓促,水平有限,书中不足和错误之处在所难免,敬请读者批评指正。衷心期待本书能给读者有所帮助,期待着有更多更精彩的新媒体广告的著述问世。

康初莹
2016 年 7 月 1 日

与本书配套的二维码资源使用说明

本书部分课程及与纸质教材配套数字资源以二维码链接的形式呈现。利用手机微信扫码成功后提示微信登录,授权后进入注册页面,填写注册信息。按照提示输入手机号码,点击获取手机验证码,稍等片刻收到4位数的验证码短信,在提示位置输入验证码成功,再设置密码,选择相应专业,点击"立即注册",注册成功。(若手机已经注册,则在"注册"页面底部选择"已有账号?立即注册",进入"账号绑定"页面,直接输入手机号和密码登录。)接着提示输入学习码,需刮开教材封面防伪涂层,输入13位学习码(正版图书拥有的一次性使用学习码),输入正确后提示绑定成功,即可查看二维码数字资源。手机第一次登录查看资源成功以后,再次使用二维码资源时,只需在微信端扫码即可登录进入查看。